먼 나라에서 태어난 나무여
멕시코 해안의 영광이여
맛보는 이를 제압하는 천상의 열매여
……
너는 가슴을 적시는 신선한 비
시인의 부드러운 감정의 원천
오, 달콤한 음료여! 저 먼 별에서 보낸 것인가
너야말로 신들의 양식이로다!

물질 시리즈 5권: 카카오 Kakao
독일 외콤 출판사와 아우크스부르크 대학 환경과학연구소가 함께 내는 책
편집자: 아르민 렐러(Dr. Armin Reller), 옌스 죈트겐(Jens Soentgen)

우리가 날마다 사용하는 물질은 알고 보면 길고 긴 과정을 거쳐 우리 손에 들어온 것이다. 하지만 그 변화무쌍한 뒷이야기들은 완제품에 가려 묻히기 마련이다. 물질의 역사를 추적해보면 그동안 가려졌던 깜짝 놀랄 만한 사실과 만나게 되고, 지구에서 일어나는 수많은 갈등도 드러난다.

물질 시리즈에서는 사회 · 정치적으로 여러 번 우리 역사의 변덕스러운 주인공이 되었던 물질을 선별하고, 그 물질이 걸어온 과정과 사회적 배경에 대해 이야기하고자 한다.

《카카오》는 이 시리즈의 다섯 번째 책이다. 카카오는 중앙아메리카 원주민의 발효 기법과 제조 기법을 통해 새롭게 태어났다. 아메리카를 정복한 유럽 사람들은 카카오를 가져왔고, 이는 곧 널리 퍼졌다. 카카오는 상상력에 날개를 달아 주는 환희의 물질이다. 이 책에서는 아직 한 번도 지면에 발표되지 않은 그림과 자료를 통해 카카오의 달콤 쌉쌀한 역사를 알아보았다.

Title of original German edition: Kakao-Speise der Götter
by Andrea Durry&Thomas Schiffer
© 2011 oekom verlag
All rights reserved.

Korean Translation copyright © 2014 Nature&Ecology, Seoul
The Korean edition was published by arrangement with oekom Verlag, München, Germany through Literary Agency Greenbook, Korea

이 책의 한국어판 저작권과 판권은 저작권에이전시 그린북을 통한 저작권자와의 독점 계약으로 자연과생태에 있습니다.
저작권법에 의해 한국 내에서 보호를 받는 저작물이므로 무단 전재와 무단 복제, 전송, 배포 등을 금합니다.

Kakao

Speise
der Götter

일러두기

● 이 책의 외래어 표기는 국립국어원의 표기법을 따랐습니다. 단, 표기법을 찾을 수 없는 경우에는 **자연과생태** 편집 기준에 맞춰 표기했습니다.

● 참고문헌에 달린 각주는 저자 주이고, 그 외는 옮긴이 · 편집자 주입니다.

● 참고문헌에 기재된 링크의 경우, 해당 홈페이지 상의 문제로 열리지 않는 페이지도 있습니다.

Kakao
Speise der Götter

신들의 양식, 인간의 욕망

카카오

안드레아 더리 & 토마스 쉬퍼 지음 | 조규희 옮김

자연과생태

18세기 분류학자 칼 폰 린네(Carl von Linné, 1707~1778)는 카카오를 '신들의 양식'이라 칭하며 이 작은 갈색 열매의 독특함을 강조했다. 스웨덴 의사이자 식물학자였던 그는 카카오를 단순히 과학적 관찰 대상으로만 여기지 않고, 일상생활에서도 초콜릿을 대단히 높게 평가해, 각종 통증을 완화하고 원기를 회복시켜 주는 용도로 추천했다.

린네는 유럽에서 초콜릿 소비를 적극적으로 권장한 초창기 인물이다. 사실 그가 살던 시대에는 초콜릿의 효능과 인간에 대한 영향을 놓고 의견이 격렬하게 대립하고 있었다. 하지만 린네가 카카오를 신들의 양식이라고 표현한 것이 단지 그의 개인적 취향에 따른 평가가 아닌 것은 분명하다. 약 3천 년 역사를 지닌 카카오 경작과 아메리카와 유럽에서의 독특한 위치 역시 그러한 평가에 한몫했을 것이다.

중앙아메리카에서 고도로 발달한 올멕(Olmec)·마야(Maya)·아즈텍(Aztec) 문명은 카카오로 특별한 맛이 나는 음료를 만들었다. 스페인 정복자들은 이 음료를 '초콜라틀(Chocolatl)'이라 불렀다. 원주민들은 이 음료를 각종 향연에서 즐겨 마셨으며, 신체의 고통과 질병을 치료하는 약으로 이용했다. 본문에서 살펴보겠지만, 카카오의 의학적 효능은 과학 연구에서 여전히 중요한 주제다. 앞으로 카카오의 특정 성분이 설사나 다른 질병 치료제의 성분으로 활용될 수 있으리라는 기대가 크다. 하지만 이러한 희망이 조만간 현실이 될지는 아직 불분명하다.

기호식품과 의약품으로서의 용도 외에도 카카오는 중앙아메리카에서 또 다른 기능이 있었다. 고도로 발달한 옛 아메리카 문명에서는 카카오가 지불 수단으로 사용되었으며, 라틴아메리카 일부 지역에서는 19세기까지도 화폐로 통용되었다. 당시 카카오의 가치가 어느 정도였는지, 개별 거래에서 어떤 일이 있었는지 본문에서 상세히 밝힌다.

중앙아메리카에서 초콜릿 음료는 귀족들만 누릴 수 있는 사치품이었다. 이것은 카카오가 16세기에 유럽으로 유입된 후에도 변하지 않았다. 모든 유럽 국가에서 초콜릿 음료는 사회 최상위계층들만 향유하다가 서서히 영주들이 거주하는 도시들로 퍼져 나갔다. 귀족과 고위 성직자들은 일반인들이 접하기 오래전부터 초콜릿 음료를 마셨다.

이러한 초콜릿의 배타적 성격은 19세기까지 이어졌으며, 커피와 차 같은 뜨거운 음료가 등장한 이후에도 오랫동안 계속되었다. 그 이유는 무엇보다도 생산 비용이 많이 든다는 점과 값비싼 여러 첨가물이 사용되었다는 점에 있었다. 초콜릿에는 주성분인 카카오 말고도 설탕, 바닐라, 계피 같은 이국적인 값비싼 향료가 들어갔다.

여기서 용어상의 어려움이 생긴다. 카카오에서 추출한 음료를 옛 아메리카 문명권에서는 카카우아틀(Cacahuatl)이라 불렀고, 나중에 스페인 정복자들은 초콜라틀이라는 새 이름을 붙였다. 왜 이름이 바뀌었는지는 본문에서 살펴보기로 하고, 여기서는 카카오에서 추출한 음료가 중앙아메리카에서는 '카카오'로, 유럽에서는 '초콜릿'으로 불렸다는 것만 밝혀 둔다. 이해가 편하도록 이 역사적인 사실은 일단 무시하기로 하자.

그 대신 이 책에서 카카오라는 명칭을 사용할 때는 늘 원자재를 말한다는 것, 완성된 생산물은 초콜릿이라고 부른다는 것만 기억하자. 이렇게 해서 여기서는 같은 음료에 두 가지 용어가 사용되는 것을 피한다.

물론 예외가 있기는 하다. 수백 년간 초콜릿이 마시는 음료였다가, 네덜란드인 코엔라트 요하네스 반 하우텐(Coenraad Johannes van Houten)이 1828년 카카오 버터 압축기를 개발했다. 이 기계를 통해 카카오 매스에서 상당량의 지방을 농축해내는 것이 가능해졌다. 덕분에 지방 성분이 적고, 가격이 적당한 카카오 음료가 탄생했다. 이 경우 우리는 위에서 말한 원칙에서 벗어나야 한다. 즉 카카오는 원자재만이 아니라, 기름을 빼낸 카카오로 만든 음료를 의미하기도 한다. 이런 용어상의 문제가 카카오의 특징이다. 이렇게 해서 카카오는 원자재와 최종 산출물의 이름이 똑같은 커피나 차 같은 기호식품과 구별된다.

그럼 다시 유럽에 카카오가 들어온 시기로 돌아가 보자. 유럽에 유입된 다른 기호식품과 마찬가지로 초콜릿도 그 효용과 유해 가능성을 두고 격렬한 논쟁에 휘말렸다. 많은 비판적인 의견 사이에서 곧 초콜릿을 옹호하는 목소리가 나오기 시작했다. 초콜릿이 맛뿐만 아니라 영양도 풍부하고 건강에도 좋다는 의견이었다. 초콜릿은 오랫동안 기호식품이라기보다는 약으로 여겨졌다. 이때 초콜릿을 적극적으로 옹호했던 이들도 17~18세기에 이렇게 널리 퍼질지는 예견하지 못했을 것이다.

19세기에는 초콜릿이 소수 부자들의 사치품에서 일반인들의 소비품으로 변했다. 이러한 변화는 카카오 생산의 확대, 초콜릿 생산의 산업화, 급속히 발전하던 유럽과 북아메리카의 수요 증가 때문이었다. 유럽의 구매력 증대로 인해 초콜릿은 아무리 늦게 잡아도 1차 세계대전 이전부터는 노동자와 회사원들도 살 수 있는 품목이 되었다.

20세기에 들어서는 남아메리카와 서아프리카의 카카오 생산자들이 유럽과 북아메리카 산업국가에 초콜릿 원료를 공급하는 세계무역체제가 형성되었다. 이 체제는 오늘날까지 비참한 노동환경과 열악한 생활환경을 만들었다. 낮은 임금, 열악한 위생 및 의료 혜택 미비, 아동노동 등이 카카오 재배지역 대부분에서 나타나는 현상이다. 카카오가 전 세계에서 가장 문제가 많은 무역 품목이 된 이유는 극심한 가격 변동 때문이다. 따라서 카카오 생산에만 의존하는 많은 생산자들이 경제적으로 큰 어려움을 겪을 수밖에 없다.

예나 지금이나 대규모 초콜릿 생산업체의 본사는 서구의 산업국가에 있으며, 일부 개발도상국들이 자체 생산 시설을 마련해 초콜릿 산업에 참여할 뿐이다. 하지만 이 경우에도 대개는 유럽과 미국의 초콜릿 생산업체나 카카오 가공업체가 실제 소유주인 경우가 많다. 카카오 가공 작업과 동시에 초콜릿 공장도 가동해 수입을 올리는 아주 드문 성공사례는 볼리비아의 카카오 협동조합 엘 세이보(El Ceibo)다. 이 사례는 본문에서 자세히 살펴보도록 하자.

1960~70년대가 되어서야 서구의 산업국가들은 카카오의 세계무역체제를 개혁하는 작업에 착수했다. 하지만 이 노력은 아무런 실효를 거두지 못했다. 대신 공정한 거래를 촉구하는 다양한 민간 차원의 발의가 이루어져 트랜스페어(TransFair)나 게파(Gesellschaft zur Förderung der Partnerschaft mit der dritten Welt, GEPA) 같은 대안무

역기구들이 창설되었다. 초콜릿 분야에서는 이른바 공정무역이 어느 정도는 자리를 잡았다.

하지만 영국과 비교할 때 독일은 아직 초보 단계다. 전체적으로 민간 차원의 발의는 이미 다양한 성공사례를 제시하고 있지만, 국제정치 쪽에서는 아직도 제대로 된 조치를 취하지 못하고 있다. 최근에는 시장 투명성을 확대하려는 노력이 보이기는 하지만, 점차 규모가 커지는 대규모 헤지펀드 쪽의 투기에 대응하려는 목적이 더 크다.

결국, 앞으로도 문제 해결은 소비자의 손에 달려 있다. 어떤 소비를 하느냐에 따라 소비자는 불공정한 무역 조건에 저항하고, 부분적으로는 비인간적인 카카오 재배농민들의 생활 조건과 노동 조건을 바꾸는 일에 일조할 수 있다. 현재 네덜란드와 코트디부아르, 미국과 더불어 가장 큰 카카오 수입국인 독일의 역할이 중요하다. 독일은 2008~2009년에만 카카오를 약 34만 2천 톤 수입했으며, 이는 전 세계 생산량의 10분의 1에 해당한다. 전통적으로 스위스, 영국, 벨기에, 독일이 초콜릿을 가장 많이 소비하는 나라에 속한다. 2008년에 1인당 카카오 소비량이 9킬로그램을 넘은 독일은 세계에서 5위를 차지했다.

하지만 카카오를 직접 생산하는 국가에서 초콜릿 소비량은 미미하다. 전통적으로 이들 국가에서는 초콜릿 소비가 일반적이지 않은데, 이는 소득에 비해 초콜릿 가격이 높기 때문이다. 그에 비해 몇몇 개발도상국에서는 카카오 소비가 눈에 띄게 늘고 있다. 특히 중국과 인도에서는 카카오와 초콜릿 수요가 급격하게 늘었다. 비록 이들 국가가 평균을 웃도는 성장세를 보이지만, 아직은 비교적 소득이 낮은 편이다. 다만 이곳에서의 지속적인 성장세는 계속 지켜볼 일이다.

몇 년 전만 해도 초콜릿은 저렴한 것으로 인식되었지만, 최근에 값비싼 고급 초콜릿이 많이 팔리기 시작하면서 상황이 바뀌었다. 많은 소비자는 비싼 초콜릿을 살 준비가 되어 있다. 다시 초콜릿이 이전의 배타적인 지위를 어느 정도 되찾은 듯하다. 동시에 질에 대한 기대가 높아지면서 초콜릿이 건강에 미치는 영향에 대한 논의가 불붙었다.

칼로리가 풍부한 이 기호식품이 비만을 유발한다는 비판이 일기 시작한 것이다. 지금까지 초콜릿이 과도한 고칼로리 식품이라는 점을 들어 소비를 규제하려는 시도가 없었던 것은 아니지만, 현실화되지는 못했다. 이런 상황을 개선할 방법은 지방, 포화지방산, 당분, 나트륨의 함량을 노랑, 초록, 빨강으로 나타내는 신호등 표시제다. 하지만 정치권과 업계에서는 신호등 표시제 도입을 거부했다. 대신 앞으로는 단순히 영양 성분만 표시될 예정이다.

이 책은 특별한 물질인 카카오를 다룬다. 우리는 먼저 카카오와 초콜릿의 현재를 살펴본다. 식물학적으로 카카오와 그 열매를 짧게 다루고 나서, 보다 자세하게 카카오 재배와 가공에 대해 알아본다. 그리고 이 열매가 유럽과 북아메리카의 초콜릿 공장에 이르게 되는 기나긴 여정도 살핀다. 여기서 무엇보다 강조하고 싶은 것은 카카오가 이 열매에 관여한 모든 이에게 커다란 도전을 의미하는 까다로운 물질이라는 점이다.

그밖에도 카카오 무역의 난제와 카카오 재배농민의 불안정한 노동환경 및 생활환경에 대해서도 언급하며, 카카오와 초콜릿의 파란

만장한 과거와 긴 역사를 다룬다. 스페인 정복 이전과 이후에 메소아메리카에서 카카오와 초콜릿이 어떻게 소비되었는지 그 초창기 역사를 살펴보고 이를 바탕으로 16~17세기 초콜릿이 유럽으로 유입·확산되는 과정을 자세히 소개한다. 이때 중요하게 살펴볼 부분은 초콜릿이 약제에서 귀족들의 기호식품으로 바뀌었다는 점이다. 끝으로 초콜릿 생산의 산업화를 통해 귀족을 위한 사치품에서 모든 이가 즐기는 소비품으로 발전한 과정을 소개한다.

안드레아 더리(Andrea Durry),
토마스 쉬퍼(Thomas Schiffer)

Contents

저자 서문 6

1장 식물 카카오 — 17

칼 폰 린네와 신들의 양식 • 19
열대우림 깊숙한 곳의 열매 • 24
카카오, 까다롭지만 눈부시게 화려하다 • 29

2장 기르고 거두다 — 37

카카오의 변종들 • 40
카카오와 전 세계 재배지역 • 44
카카오는 타고난 환경보호식물? 삼림농법 vs. 단일재배 • 49
위험에 처한 카카오 • 52
카카오 유치원 • 61
향기로운 카카오 원두에 이르는 긴 여정 • 66

3장 카카오와 살아가기 — 77

카카오 재배농민의 일용할 양식 • 79
아동노동, 카카오 재배의 어두운 면 • 82
아동노동을 반대하다 • 85
작은 프로젝트 큰 효과 • 93
새로운 길에서 내딛는 첫 걸음, 공정한 초콜릿 산업 • 97

4장 카카오, 세계무역 품목 — 103

값진 화물, 카카오의 머나먼 여정 • 105
유럽 항구에 카카오가 도착하면 • 114
시험대에 오른 고급 상품 카카오 • 118
소농에서부터 대형 기업까지, 국제 카카오시장 • 122
위험한 매력, 거래소에서의 카카오 • 128
공정거래, 낮은 수준의 성장 • 132

5장 카카오에서 초콜릿이 되다 —————— 143

달콤한 향유를 위한 값진 성분들 • 145
더 빛나고 부드럽게! 초콜릿 제작 공정 • 155
다양한 갈색, 주요 초콜릿 제품들 • 162
오감을 자극하는 초콜릿 즐기기 • 168
초콜릿을 먹으면 행복하지만 살이 찐다? • 170
초콜릿의 세계, 점점 더 진기해지다 • 176

6장 카카오의 기원 —————— 185

여전히 베일에 싸인 고도 문명, 올멕 • 192
카카오의 땅, 마야 • 196
지배자의 음료 • 210
선인장에 앉은 독수리, 아즈텍 • 217
음료 · 약 · 화폐였던 카카우아틀 • 227

7장 카카오와 신세계 정복 —————— 239

기이한 외지인, 스페인 정복자들 • 241
고귀한 음료 초코아틀의 개선 행진 • 252
식민지에서 들여오는 카카오,
잔인하게 이익을 창출하는 무역 • 262

8장 카카오, 유럽에 들어오다 —————— 279

구대륙에 새로운 음료가 나타나다 • 281
약제로서의 초콜릿 • 289
초콜릿의 확산, 해적, 사제, 공주까지 • 300
뜨거운 음료와의 첫 경험 • 312
단식 음료로서의 초콜릿 • 315

9장 카카오의 호화로운 변신, 초콜릿 ———— 321

초콜릿, 이국적이며 에로틱한 귀족의 음료 • 323
초콜릿은 마실 때도 화려하게 • 331
시민계급의 새로운 음료, 국가의 새로운 수입원이 되다 • 336
초콜릿 하우스와 '악마의 학교' • 340
괴테에서 토마스 만까지, 유명한 초콜릿 애호가들 • 343
'증기 초콜릿'으로 가는 길 • 346

10장 초콜릿, 대중 속으로 들어가다 ———— 353

사치품에서 소비품으로 변하다 • 355
갈색 황금의 뒷면 • 357
독일 식민지에서 온 카카오 • 365
혁신의 시대, 초콜릿 생산의 산업화 • 370
쉼 없이 일하며 위기를 즐기다, 초기의 초콜릿 기업가 • 379
초콜릿 공장의 여성 노동 • 388
초콜릿의 변신, 건강 초콜릿에서 학생 초콜릿까지 • 391
위조품과의 전쟁 • 396
달콤하게 유혹하라! 초콜릿 광고의 변천사 • 401
초콜릿, 아이들의 친구가 되다 • 410

전망을 위한 회고 ———— 419

부록 ———— 426

카카오의 이름과 재배지역 • 427
카카오의 재배지역과 확산 경로 • 430

참고문헌 431
사진 및 그림 출처 445
감사의 말 447

1장

식물 카카오

칼 폰 린네와 신들의 양식

"낯선 땅에서 들어와 우리 옛 선조들은 몰랐지만, 지금은 자주 음용되는 커피, 차, 초콜릿 이 세 가지 중에서 사람들이 주로 마시는 것은 커피와 차다. 하지만 이 음료들이 초콜릿보다 더 맛있다거나 몸에 좋은 것은 아니다. 초콜릿은 우리 몸에 그리 강하게 작용하지 않으며, 기운을 소진시키거나 기력을 조기에 빼앗아가지 않고 여러 질병에 도움을 준다. 초콜릿이 없다면 아마 약사들도 병을 고치기 힘들 것이다."[1]

초콜릿에 대해 이런 찬가를 부른 이는 근대 생물학의 창시자 칼 폰 린네(1707~1778)다. 그는 귀족 신분을 얻기 전까지는 칼 닐손 린네우스(Carl Nilsson Linnaeus)로 불렸다. 그는 남부 스웨덴에서 목사 부부 크리스티나 린네우스와 닐스 린네우스의 다섯 자식 중 장남으로 태어났다.

그는 아버지를 따라 목사가 되어야 했으나, 식물학에 관심이 더 많았다. 식물에 대한 그의 열정은 아버지에게서 물려받은 것이다. 아버지는 네 살짜리 아들을 데리고 자연을 거닐었으며 아들의 침대를 늘 꽃으로 장식해주었다. 주위 동식물에게 매료된 린네는 의

죽기 몇 년 전의 칼 폰 린네. 린네는 카카오에 '신들의 양식'을 뜻하는 테오브로마 (*Theobroma*)라는 인상 깊은 속명을 부여했다.

학공부를 시작했다. 당시에 의학수업은 주로 식물학과 생물학 같은 자연과학 교과로 구성되었다. 그는 몇 년간 공부한 네덜란드에서 1735년 의학박사 학위를 받았다. 그곳에 머물면서 여러 저작을 발표했으며, 유럽에서는 처음으로 바나나 재배에 성공하기도 했다.

칼 폰 린네는 각종 학술원 회원이었다. 일례로 현재까지도 노벨 물리학상과 화학상을 수여하는 왕립스웨덴학술원의 창설 회원이다. 그는 스웨덴 국왕 주치의로 임명되었고, 1757년에는 기사 작위를 받았으며 몇 년 뒤에는 귀족 신분을 얻는 등 여러 직위를 부여받았다. 하지만 린네의 가장 큰 업적은 라틴어로 된 이명법(二名法) 분류체계를 개발한 것이다. 오늘날까지 모든 동식물의 과학적 명명의 기초를 이루는 이 방법을 통해 그는 자연을 명확하게 구분하는 데

《식물의 종》(1753)에서 린네는 처음으로 식물에 이명법을 사용했다. 이 체계는 현대의 생물학에서도 그대로 쓰인다. 이 책에서 카카오는 테오브로마 카카오(*Theobroma cacao*)로 명명되었다.

성공했다.

그로 인해 우리는 동식물종을 온갖 언어로 알 필요가 없으며, 라틴어 명칭 하나만 알면 충분하다. 예를 들어 카카오는 당시까지 8가지 개념이 연결되어 *Arboca cacavifera mericanan, Amygdalus similis guatimalensis, Avelana mexicana*[2]로 표기되었지만, 새로운 체계를 따르면 두 단어로 충분하다. 이명식 분류체계의 토대는 해부학적 유사성에 기초하는 인위적인 계통이다. 이 방법으로 린네는 1753년에 먼저 식물을 분류했고, 1758년에 동물을 분류했다.

린네의 식물계 분류체계 방식은 다음과 같다. "식물도 성이 있다는 인식이 보편화되지 않은 그 시대에 린네는 꽃의 암수 성기관의 수에 따른 식물 분류체계를 시도했다. 그리고는 식물의 '결혼'과

꽃잎으로 된 '부부침대'를 언급했다. 많은 식물의 꽃은 물론 한 개 이상의 수술(남편)과 암술(아내)로 구성된다. 따라서 이들의 결합은 일부일처제가 아니다. 첫 번째 식물강(綱)의 단체수술(Monandria) 식물인 경우는 암수 각각 하나이기에 비교적 정상적이라고 할 수 있다. 하지만 그 아래 목(目)의 양체수술(Digynia) 식물로 가면 남자 한 명이 부인 둘을 맞는 셈이다. 아래로 계속 내려가 13번째 강쯤에 이르러 목련이 속하는 복체수술(Polyandria) 식물을 보면, 꽃잎 안에서 미성년자 관람불가인 집단 성교가 이루어진다고 볼 수 있다. 여기서는 20명이 넘는 남자가 여자 한 명이나 여러 명을 상대한다."[3]

당시 사람들은 린네의 분류법에 당혹했다. 하지만 이 방법은 대단히 단순했기에 계속 통용될 수 있었다. 수술과 암술의 수를 세기만 하면 식물을 분류체계에 맞게 정리할 수 있었기 때문이다.

이명법은 속명과 종을 정의하는 수식어의 결합으로 이루어진다. 예를 들면 인간은 호모(*Homo*)라는 속과 사피엔스(*Sapiens*, 영리한, 똑똑한 인간)라는 종소명로 분류된다. 몇몇 동식물에 대해 린네는 매우 기발한 이름을 지었다. 자신의 체계를 통해 그는 후세에 영광과 치욕을 안겨 줄 이름을 분류해 작명했다.

특히 아름다운 식물에는 친구의 이름을, 못생긴 식물에는 자기가 싫어하는 사람의 이름을 붙였다.[4] 이런 식으로 그는 보잘 것 없는 잡초를 시에게스베키아(*Siegesbeckia*, 진득찰)로 분류했는데, 당시 식물학에서 자신의 최대 적수인 요한 게오르그 시에게스베크(Johann Georg Siegesbeck)의 이름을 딴 것이다. 하지만 자신이 매우 좋아했던 식물에게는 인상적인 이름을 붙였다. 카카오도 이런 식물에 속한다.

린네는 이 나무를 테오브로마 카카오(*Theobroma cacao*, 신들의 양식 카카오)라고 명명했다. 이것을 학명으로 선택한 것은 린네였지만, 오늘날 우리는 그가 이 이름을 처음 만든 이는 아니라는 의혹을 품는다. 어쩌면 린네도 파리의 의사 요셉 바쇼가 초콜릿 음료에 대해 쓴 박사 학위 논문을 알고 있었을 것이다. 1684년에 바쇼는 논문에 "초콜릿 음료야말로 정말 고귀한 발명이기에, 넥타나 암브로시아가 아니라 초콜릿이 신들의 양식이어야 한다."고 적었다.[5]

여하튼 이 이름을 보면 린네가 카카오를 얼마나 좋아했는지 알 수 있다. 그는 초콜릿 음료의 맛에 반했을 뿐 아니라, 카카오가 가진 영양에 대해서도 극찬했다. "볶지 않은 열매는 장 림프를 건강하게 하며 건강에 전혀 해가 되지 않는다. 따라서 몸이 말라 근육이 뭉쳤거나 장기에 독한 기운이 있는 이들에게 좋다. 여기서 우리는 왜 매우 더운 기후에 사는 마른 스페인 사람들 대부분이 포도주가 아니라 초콜릿을 다량으로 마시는지 알 수 있다. 그렇다고 이 음료가 추운 지방의 사람들에게는 안 좋을 것이라 생각해서는 안 된다. 왜냐하면, 볶은 카카오는 열이 많은데다 영양까지 결합해 발한 효과 있으며, 차가운 몸에 열기를 되돌려 주기 때문이다."[6]

이 밖에도 린네는 초콜릿에 막강한 치유력이 있다고 보았다. 그는 초콜릿의 효능이 워낙 광범위해서 다른 어떤 약제로는 생각할 수 없을 만큼 매우 다양한 처방에 쓰일 수 있다고 했다. 1777년 린네는 카카오와 초콜릿 음료 첨가제의 건강 증진 효과에 대해 상세한 논문을 썼으며, 각종 질환에 초콜릿을 처방할 수 있다는 결론을 내렸다. 따라서 그는 소모성 질환, 폐결핵, 급격한 체중 감소, 건강 염려증, 우울증, 변비, 장시간 앉아 일하는 이들에게서 발생하는 병들, 과도한 커피 음용에 따른 부작용 등에 초콜릿을 권했다.

또한, 치질 치료제로도 초콜릿 복용을 권장했다. "한 건강한 학생이 치질로 차라리 죽었으면 좋겠다고 할 만큼 고통 받고 있었다. 그는 의사와 다른 사람들이 좋다고 권하는 대로 여러 차례 피를 뽑기도 하고, 아침에 광천수와 맹물을 마셔 보기도 했으며, 우유로 만든 음식 등 온갖 수단을 다 동원해보았지만 상태는 점점 나빠졌다. 초콜릿을 마셔 보라고 권하는 사람들도 있었지만 혈기 넘치는 이 젊은이는 오히려 출혈을 염려해, 이 처방에 아무런 기대도 걸지 않고 복용을 거부했다. 끈질기게 설득을 당한 끝에 청년은 1년간 매일 꾸준히 초콜릿을 마셨고, 효과가 드러났다. 그 후 10년 만에 완전히 건강을 되찾고, 과거의 고통을 까마득히 잊었다."[7]

열대우림 깊숙한 곳의 열매

"당신이 아는 정원과는 전혀 다른 정원을 상상해보십시오. 남아메리카의 무덥고 푸르른 평지에 빽빽한 나무와 덩굴, 여러 식물이 서로 뒤엉켜 자라며 반쯤 어둠이 깔린 정원 말입니다. 습기를 머금은 공기가 무겁게 내려앉아 침묵이 흐르고, 간혹 벌레가 윙윙거리는 소리와 마른 잎이 바스러지는 소리만이 들립니다. 열대의 태양이 인정사정없이 높이 치솟은 초록 아름드리나무의 우듬지 사이로 내리쬐어 수천 갈래의 빛이 어둑한 대지로 미끄러져 들어옵니다. 회색 기운이 도는 갈색 얼룩무늬 가지에 축구공만한 열매가 주렁주렁 달린 우아한 자태의 나무가 바로 이 몽상적인 정원의 진정한 중심입니다. 그것이 바로 카카오입니다."[8]

카카오가 잘 자라는 환경은 열대우림이다. 늘 푸른 열대우림은 북위 20도와 남위 20도 사이의 열대와 아열대 기후지역에 있다. 열대지역에는 사계절이 없다. 1년 내내 무덥고, 거의 매일 비가 내린다. 월 평균 기온은 24~28도며, 강수량은 2천~4천 밀리미터나 된다. 심지어 비가 6천 밀리미터 넘게 내리는 지역도 있다. 이 지역은 기온이 높고 강수량이 많아 평균 습도도 70~80퍼센트로 매우 높다.

카카오는 열대우림에서도 좀 더 특별한 기후, 즉 습도가 80~90퍼센트에 이르고, 연평균 기온이 25~28도며, 강수량은 1천 500~2천 밀리미터인 지역에서 잘 자란다. 이렇듯 열대우림에서도 카카오 재배에 적당한 곳은 많지 않다. 카카오는 매우 까다로운 식물이며 기후가 안정적인 지역에서 잘 성장한다. 이런 날씨의 구체적인 모습을 알아보고자 독일 쾰른 지역 날씨와 비교해보자. 쾰른의 연평균 강수량은 804밀리미터고, 연평균 기온은 9.6도다. 카카오를 이 도시에 심으면 바로 얼어 죽거나 말라 죽는다.

카카오가 제대로 성장하려면 바닥이 깊고, 부식 유기물과 영양분이 풍부한 부드러운 흙이 필요하다. 특히 중요한 것은 마그네슘과 칼륨을 지속적으로 공급하는 것이다. 카카오는 일시적인 홍수는 상관없지만, 늘 물이 흥건하게 고인 흙은 견디지 못한다.[9]

영양분을 잘 흡수하고자 땅속 2미터까지 박혀서 나무를 지지해주는 원뿌리가 있다. 원뿌리 주위로는 수많은 잔뿌리가 붙어 있으며, 대개 지표에서 10~15센티미터 깊이로 박혀 바둑판 격자 모양으로 나무 주위 5미터까지 뻗는다. 열대 토양은 원래 영양분이 부족해 이를 보완해주는 시스템이 필요하다.

천혜의 우림은 습한 기후를 유지하며 필요한 영양분의 대부분을 자체 공급한다. 떨어진 나뭇잎, 가지, 죽은 동물과 나무가 기후조건으로 인해 빠르게 부식되어 지표면에 머물며, 땅 깊숙이 스며들지 못한다. 여기서부터 버섯과 카카오 잔뿌리의 공생이 시작된다. 카카오는 버섯에서 영양분과 물을 얻는 대신 동화산물(Assimilate)이 탄수화물을 분해할 때 필요로 하는 효소를 버섯에게 제공한다. 버섯이 없으면 카카오는 성장에 필수적인 질소와 인산염을 공급받지 못할 것이다.[10]

독일의 숲과 비교하면 열대우림의 또 다른 특징이 분명해진다. 열대우림은 독일 숲보다 훨씬 높으며, 각기 다른 세 가지 층으로 구성된다. 가장 높은 층은 돌출 나무 층으로, 주변의 중간 층 나무와 비교해서 월등히 큰 나무가 단독 혹은 집단으로 서식한다. 중간층 나무가 25~45미터에 이른다면(고층 건물 8~15층 높이), 이 돌출 나무 층은 60~80미터 높이다(고층 건물 20~27층 높이).[11] 10미터까지 자랄 수 있는 카카오는 열대우림에서 가장 작은 수종이며, 제일 아래층에 위치한다. 평지나 농장에서 카카오는 4~6미터 높이로 잘려 재배된다. 이런 과정을 통해서 열매의 수확량이 늘어났으며 동시에 수확하는 일도 수월해졌다.

열대우림은 온대지역과 비교해서 나무의 높이만 차이나는 것이 아니다. 식물과 동물의 종류 역시 열대우림이 훨씬 더 다양해 세계에서 가장 종이 풍부한 숲 지대에 속한다. 지금까지 지구에서 발견된 식물 26만 종과 척추동물 5만 종, 절지동물(곤충, 거미, 게 등) 120만 종 중 적어도 3분의 2 이상이 열대우림에 둥지를 틀고 있다.

열대우림은 카카오의 고향이다. 열대우림의 각기 다른 수종들이 층을 이루는 것을 알 수 있다.

하지만 현재 이러한 종 다양성이 심각한 위험에 처해 있다. 열대림이 훼손되면서 해마다 동식물 3만여 종이 사라져 간다. 1년에 산림의 약 20만 제곱킬로미터가 벌목된다. 100년 전만 하더라도 열대우림은 지구 면적의 10분의 1 가량을 차지했으나 그사이 면적이 반으로 줄어들었다.[12] 여기에는 가구와 종이를 만드는 데 쓰이는 고급 수종의 벌목 외에도 커피, 담배, 카카오 등 단일작물의 대량 재배가 심각한 영향을 끼쳤다.

몇 년 전부터는 거대한 삼림뿐만 아니라, 삶의 터전에서 원주민들을 몰아내는 심각한 양상이 나타났다. 그 자리에 야자수 기름, 옥수수, 콩, 사탕수수와 같이 수요가 급증하는 원료를 재배하려는 대형 농장이 들어섰다. 이 농장들은 바이오 에너지나 농업 에너지 공급자 역할을 맡고 있다. 이 현상은 수요가 급증하는 친환경 원료를 얻고자 하는 녹색 프로젝트가 실제는 생태계에 끔찍한 영향을 미친다는 것을 보여 준다.

또 다른 큰 문제는 농업 재배면적의 확장이다. 열대지역에서 많은 소농은 늘 새로운 경작지를 구하려고 우림을 떠돈다. 토지는 몇 년 이용하면 황폐해져 그대로 방치된다. 따라서 보호경작법을 아는 것이 중요하다. 우림에서 권장되는 삼림농법(Agroforstsystem)이 여기에 해당한다. 이 경작법은 성장 속도가 다른 여러 식물, 예를 들어 콩, 옥수수, 카카오, 바나나를 동시에 기르는 것이다. 이것은 토지의 침식을 최소화해 토양이 마르지 않고, 영양분을 잃지 않도록 한다. 카카오는 생물의 종 다양성 유지와 농지 경작에 모두 도움이 되는 이상적인 식물이다.[13]

우리가 보호경작법을 지키지 않고 밀림을 여러 이유로 계속 파괴한다면, 오래지 않아 지구 전체에 치명적인 결과를 초래할 것이다. 열대우림지역 벌목으로 온실가스 효과가 가속화 되고 지구온난화로 인해 빙하가 녹으면, 결국 심각한 기상변화가 생길 것이다. 영국 정부의 과학자문위원장인 데이비드 킹은 오래전부터 이러한 결과를 경고했다. 그린란드와 남극 빙하 절반이 녹거나 갈라져 바다로 유입되면 세계적으로 해수면은 5~6미터 상승한다는 것이다. 그는 이런 사정을 염두에 두고 2004년 베를린 기후회의에서 이렇게 말했다. "그렇게 되면 지구의 지도를 다시 그려야 할 것입니다."[14]

카카오, 까다롭지만 눈부시게 화려하다

카카오(*Theobroma cacao*)는 벽오동과에 속한다. 앞에서도 언급했듯이, 카카오는 큰 기후 편차를 견디지 못하고 손이 많이 가는 매우 까다로운 식물로, 습한 열대우림의 빛이 잘 들지 않는 가장 아래층에서 자란다. 수천 년 전부터 사람들은 이 나무를 그늘을 드리운 나무 밑에 심어 왔다. 어린 카카오는 반드시 그늘진 곳과 바람을 피할 곳이 있어야 하지만, 어느 정도 성장한 후에는 이런 보호 없이도 잘 자란다. 얼마나 그늘이 져야 하는지 아니면 꼭 그늘이 필요한지는 토양의 조건과 바람의 세기, 건조함 등에 따른다.

햇빛을 차단하지 않은 곳에서는 카카오를 집약적으로 재배해야 하며, 따로 영양분, 광물 거름, 물 등을 공급해줘야 한다. 사실 단독으로 재배한 것이 그늘에서 자란 것보다 수확량이 많지만, 이런 식의 재배는 여러 수종을 함께 키우는 것보다 비용이 더 든다.[15] 그밖에도 장기적으로 보면, 지력이 심하게 손상되며, 강렬한 햇빛을 받은 카카오는 종종 심한 스트레스에 노출되어 몇 년 지나지 않아 수확량이 격감한다.

아무 문제없이 성장한다면 카카오의 수명은 100세에 이른다. 겉모양으로 봐서 이 나무는 우리가 주변에서 보는 과일나무와 별반 다르지 않다. 줄기 모양도 대략 비슷하며, 폭도 20~30센티미터다. 하지만 자세히 살펴보면 조금 차이가 있다. 어떤 카카오는 밝은 색점으로 뒤덮여 있고, 잎도 훨씬 커서 길이가 30센티미터에 이르며, 앞 쪽으로 갈수록 달걀 모양을 이룬다. 잎자루에는 넓은 대가 있으며, 또 잎이 늘 햇빛을 향할 수 있도록 하는 접합부가 있다.

카카오는 상록수며 1년 내내 뒤덮인 잎들이 지붕 형태로 늘어진다. 잎은 약 8주가 지나면 시들고, 새 잎이 난다. 건강한 나무일 경우 새 잎은 연녹색이며, 부분적으로는 담홍빛이나 짙은 담홍빛을 띤다. 새 잎은 늘어지지만 곧 짙은 녹색으로 변하며 곧추선다. 토양이 대단히 건조하거나 작열하는 태양 아래 심으면 잎이 쉽게 떨어진다. 또 이런 잎은 색으로 보면 다른 잎에 비해 밝으며, 매우 작고, 그리 두껍지 않다.

카카오는 종에 따라 심은 지 2년에서 8년 사이에 첫 열매를 맺으며, 수령 10~20세에 수확량이 가장 많다. 카카오의 특징은 열매

•
카카오는 약 100미터까지 자란다. 열매는 나무 꼭대기에 달리는 것이 아니라, 가지나 나무 아랫부분의 굵은 가지에 열린다.

가 보통 우리가 아는 과일나무처럼 나무 꼭대기에 달리는 것이 아니라, 줄기나 나무 아랫부분의 굵은 가지에 열린다는 점이다.

식물학에서는 이런 성장 형태를 꽃줄기라고 부른다. 반면 가지에 열매가 달리는 것은 꽃가지라고 한다. 이는 환경에 적응한 결과며 상록인 밀림에서 벌레가 꽃을 쉽게 찾을 수 있도록 도와주는 역할을 한다. 그밖에도 줄기와 아래쪽으로 난 굵은 가지에 달린 열매는 수확을 수월하게 해준다.

카카오 꽃은 나무의 형성층에서 자란다. 크기는 1센티미터 가량으로 매우 작다. 연약하게 생겼으며, 빛깔은 흰색, 노란색부터 장밋빛이나 빨간색까지 아주 다양하다. 꽃은 화살 모양으로 꽃잎이 5장 달리며, 모두 꽃 속 암술 주위에 정렬한다. 홀로 피거나 다발을 이루어 피며, 줄기에서 직접 피거나 아래쪽 굵은 가지에 핀다. 카카오 한 그루에는 한 해 동안 꽃 3만 5천~11만 6천 송이가 핀다.[16]

카카오 꽃은 흰색이나 노란색, 붉은색이며, 크기는 1센티미터 정도다. 작은 모기를 통해 수정이 이루어진다.

　수정은 모기나 작은 파리, 진딧물이나 개미를 통해 자연스럽게
이루어진다. 수정을 돕는 곤충 중 제일 중요한 집단은 모기다. 그중
에서도 보이지 않을 정도로 작은 모기다. 서인도 제도 원주민들은
이 모기를 '보이지 않는 것'이라고 불렀다.[17]

　경작지에서는 사람이 직접 깃털이나 붓으로 수정을 돕기도 한
다. 카카오에는 꽃이 많이 피지만, 수정된 꽃 중 1~5퍼센트만이 열
매를 맺는다. 땅에 영양분이 부족한 상태에서 열매가 너무 많이 달
리면 지력이 쉽게 약해지기 때문에 몇몇 학자는 이것이 나무의 자
기 보호장치라고 추측한다. 또한 어떤 학자들은 카카오를 자연수정
시키는 곤충이 부족한 탓이라고 주장한다.[18]

　카카오의 또 다른 특성은 자가수정이 가능하는 꽃도 있다는 것
이다. 자가수정이 불가능한 꽃은 다른 나무의 꽃가루가 있어야 수
정할 수 있다. 수정하지 못한 꽃은 이틀이 지나면 진다. 수정이 이루
어지면 열매가 되기까지 대여섯 달이 걸린다. 열매는 처음에는 초

록빛이다가 나중에는 특유의 현란한 색을 드러낸다. 열매 크기는 10~30센티미터며 무게는 300그램~1킬로그램까지 나간다. 열매 모양은 참외나 엄청나게 큰 레몬과 비슷하다.

색과 형태는 나무에 따라 다르지만, 같은 나무에서도 차이가 날 수 있다. "가장 잘 자라는 시기의 커다랗고 다채로운 카카오는 마치 앵무새나 금강앵무새 무리처럼 보인다. 열매가 완전히 익으면 연초록에서 연노랑, 짙은 보라색뿐 아니라 갈색이 도는 주황색에서 진홍색까지 다양한 빛을 띤다. 심지어 같은 나무에서 같은 성장 단계에 있는 두 열매가 다른 색깔을 띠기도 한다. 어떤 열매에는 홈이나 흠집, 함몰된 부분 혹은 사마귀처럼 튀어나온 부분이 있는가 하면, 마치 에나멜 칠을 한 것처럼 매끄럽고 반짝거리는 것도 있다. 껍질이 거칠며, 짙은 점들이 박힌 것도 있고, 어떤 열매에는 껍질에 곤충이나 다른 동물이 만든 것으로 보이는 줄무늬가 있다."[19]

카카오는 상록수이므로 성숙 정도가 각기 다른 꽃과 열매를 동시에 볼 수 있다. 꽃과 열매가 제일 많이 달리는 시기는 지역과 계절, 재배 형태에 따라 다르다. 열매를 수확할 적기를 판단하려면 특별히 훈련된 안목이 필요하다. 실제 늘 새롭게 열매가 익어가므로 2~4주마다 수확한다.[20]

그 외에도 재배지역에서는 수확기를 크게 1년에 두 번으로 나눈다. 우선 주 수확기는 10월에서 다음 해 3월까지고, 5월에서 8월까지가 여름 수확기라고도 불리는 추가 수확기다. 수확량은 주 수확기에 많다. 자연수정을 하면 해마다 카카오 한 그루에 열매가 300개에서 1천 개 열리며, 인공수정을 할 경우에는 3천 500개로 늘어난다.

카카오 과육은 하얀색이며, 점액이 붙어 있지만 맛은 달다. 동물이 아주 좋아한다.

●

카카오를 쪼개면, 안쪽에 풀파(Pulpa)라고도 불리는 과육이 드러난다. 하얀색이며 입맛을 달아나게 하는 점액이 붙어 있지만 맛은 달다. 이 과육의 단맛 때문에 원숭이, 새, 다람쥐 같은 동물이 좋아한다.[21] 이것은 자연의 섭리다. 카카오는 혼자 번식할 수 없으므로 동물의 협력이 필요하다. 예를 들어 수확되지 않은 카카오는 나뭇가지에 달렸다가 부패하는데, 이런 동물의 도움을 받으면 싹을 틔울 수 있다.

카카오 원두는 옥수수와 비슷하게 열매 안쪽에 5줄로 정렬한다. 원두 하나의 크기는 2~4센티미터며 두께는 2센티미터다. 색이나 형태로 봐서는 아몬드와 비슷하다. 열매 하나에는 원두가 20~60개 들어 있다.

이 모든 자료를 살피고 나서도 궁금증은 남는다. 도대체 카카오 하나로 만들 수 있는 초콜릿의 양은 얼마나 될까? 백색 초콜릿이냐, 우유가 함유된 초콜릿이냐, 쓴 초콜릿이냐에 따라 다르지만 100그램짜리 초콜릿 한 판을 만들려면 카카오 원두가 15~100개 필요하다. 그렇다면 열매 하나로 만들 수 있는 양은 대략 초콜릿 반 판에서 세 판 정도다.

주 ─────────

1) Linné 1777, 173쪽
2) Italiaander 1980, 53쪽
3) Friebe 2007, 62쪽
4) Edsmann 1977, 62쪽
5) Italiaander 1980, 53쪽
6) Linné 1777, 176쪽
7) 6)과 같은 책, 184쪽
8) Presilla 2007, 53쪽
9) Schütt&Lang 2006, 654쪽
10) Young 2007, 101쪽
11) www.oroverde.de/regenwaldwissen/waldtypen.html 2011.3.29
12) OroVerde 2006, 5쪽
13) Young 2007, 182쪽
14) Gore 2006, 196쪽
15) Wood&Lass 1989, 121쪽 / Lieberei 2006, 8쪽
16) Rohsius 2007, 5쪽
17) Wood&Lass 1989, 21쪽
18) Young 2007, 93쪽, 116쪽
19) Presilla 2007, 55쪽
20) Hancock&Fowler 1997, 13쪽
21) Mueller 1957, 4쪽

2장

기르고 거두다

지금까지도 카카오의 기원은 정확히 알려지지 않았다. 수백 년 동안 재배된 카카오에 대해서는 많이 알아냈지만, 열대우림에서 야생으로 자라는 카카오에 대해서는 거의 아는 바가 없다. 과거에는 원래 서식지가 아마존 저지대였는지, 중앙아메리카에 또 다른 원산지가 있는지에 대한 논란이 뜨거웠다. 하지만 그사이 카카오 전체 종은 브라질, 페루, 에콰도르 국경 아마존 저지대가 원래 서식지였다는 것으로 합의되었다.[1]

따라서 현재 카카오를 재배하는 중앙아메리카 지역과 남아메리카의 북쪽 해안은 2차적으로 확장된 서식지라고 할 수 있다. 아마존 지역 원서식지와 달리 이곳에서는 다양한 변종 카카오가 자란다. 변종은 베네수엘라 마라카이보 호수 주변의 크리올로처럼 부분적으로는 아주 작은 지역에서 제한적으로 자란다.

그렇다면 어떻게 아마존 지역의 카카오가 중앙아메리카로 옮겨갈 수 있었을까? 추측컨대 아마존 저지대에서 북쪽과 서쪽으로 서식지가 확대된 것으로 보이며,[2] 아마존 북쪽에서 중앙아메리카에 이른 것으로 보인다. 콜럼버스 이전 시기에는 옛 상업 도로를 통해 산 넘고 물 건너 카카오를 널리 퍼트린 사람들의 역할이 컸고, 한편으로는 카카오가 스스로 퍼졌을 가능성도 있다.[3] 중앙아메리카에서 카카오가 자라자, 사람들은 크리올로의 특성을 알아채고는 맛난 음료를 만들고자 대단위로 재배하기 시작했다.

카카오의 변종들

"이전에 우리는 카카오를 지역, 종류, 국가에 따라 마라카이보, 카
라카스, 푸에르토카바예요, 아리다, 아크라 등등으로 명명할 수 있었
다. 지금은 아직까지 자바, 사모아, 말레시아 등의 이름으로 불리는
아시아 쪽 원두를 제외하고는 베네수엘라나 에콰도르, 아프리카 원
두라고 부른다. 이것도 오래가지는 않을 것이다. 대다수 카카오는
교접과 복제, 여러 방식을 통해 보다 수확량이 많고, 카카오 집단
재배농장의 해충에 저항력이 강한 품종으로 개발된 것들이다. 이제
이 향기로운 원두의 미래가 어떻게 될 지는 아무도 모른다."[4]*

식물학자 호세 쿠아트레카사스는 1964년 테오브로마 속을 6개
단위로 나누고 카카오를 22종으로 분류했는데, 그중 6종만이 경제
작물로 이용된다.[5] 우리에게 가장 중요한 종은 초콜릿 생산에 쓰이
는 테오브로마 카카오(*Theobroma cacao*)다. 게다가 이 나무는 전 세계
에 퍼진 유일한 종이다.

나머지 5종에서는 카카오와 비슷한 생산물이 나온다. 예를 들
면 멕시코에서는 테오브로마 바이컬러(*Theobroma bicolor*)를 가
지고 파타스테(Pataxte)라는 음료를 만든다. 브라질에서는 쿠푸

---

* 이 문제를 거론한 사람은 펜실베이니아 주 리티즈에 소재한 월버 초콜릿 컴퍼니(Wilbur Chocolate
  Company)에서 오랫동안 기술 이사를 맡았던 실비오 크레스포(Silvio Crespo)다.

카카오는 22종이 있으며, 각 종마다 열매가 무척 다르다.

아수(Cupuaçu)라고도 하는 테오브로마 그란디플로룸(*Theobroma grandiflorum*)의 과육으로 청량음료, 잼, 술을 만든다. 이 원두를 가지고 쿠푸아수 초콜릿을 만들 수도 있는데, 질이 테오브로마 카카오 초콜릿보다 못하다.

생김새를 근거로 쿠아트레카사스는 테오브로마 카카오를 두 아종(*Theobroma cacao* sub. *cacao* 와 *Theobroma cacao* sub. *sphaerocarpum*)으로 나누었다. 첫 번째 아종에는 중앙아메리카에서 온 크리올로(Criollo)가 속한다. 다른 아종에는 중앙 아마존 지역이 원산지인 포라스테로(Forastero)와 그 복제 식물인 트리니타리오(Trinitario), 아멜로나도(Amelonado)가 포함된다. 여기서 복제라는 말은 무성생식을 통해 모식물로부터 획득한 모든 유전적 후손 전체를 말한다.

포라스테로는 원산지에 따라 일부 학자들에 의해 다시 하위 그

룹 2개, 아마존 상부지역 포라스테로(UAF)와 아마존 하부지역 포라스테로(LAF)로 나뉜다.[6] 하지만 이 모든 종이 어떻게 서로 구별되고, 이들의 특성이 무엇인지는 전문가가 아니라면 알 수 없다.

카카오의 계통분류학적 소속

목	Malvales
과	Malvaceae
아과	Byttnerioideae
속	*Theobroma*
종	*Theobroma cacao*
아종	*Theobroma cacao* sub. *cacao* (Criollo)
아종	*Theobroma cacao* sub. *sphaerocarpum* (Forastero와 그 변종)

크리올로(스페인 어로 '토종의'라는 뜻)는 현재 재배지역의 토종 카카오다. 포라스테로와 비교하면 원두는 붉은빛을 띠는 흰색이며, 조금 더 둥글고 무겁다. 크리올로는 질병에 대한 저항력이 약하며 상당히 예민해서 수확량이 많지 않다.[7] 이 카카오는 재배하기는 어렵지만, 특별한 향기가 나 여전히 선호하는 사람이 많다. 메소아메리카 지배층 엘리트들은 이 원두를 즐겼으며 스페인 정복자뿐만 아니라 유럽 귀족도 대단히 좋아했다. 크리올로 원두는 감미로운 향기로 둘도 없는 미적 체험을 제공했으며, 18세기까지 세계시장을 지배했다.[8]

크리올로는 종류가 다양하고 열매 껍질이 연하다. 맛은 부드럽고, 풍부한 과일 맛이 난다. 또 과육은 포라스테로보다 당분이 많다. 크리올로 원두는 맛이 오래 지속되지만, 아프리카 포라스테로는 맛이 오래 가지 않으며 향기도 특별히 낮거나 못하지 않고 늘 일정하다. 크리올로는 국제 카카오시장에서 가장 비싼 가격에 거래된다. 전 세계에서 재배되는 카카오의 약 5퍼센트가 이 고급 종에 속한다.

포라스테로(스페인 어로 '외국의'라는 뜻)는 재배지역에 새로 들어온 종을 뜻한다. 크리올로와 달리 이 나무는 대단히 저항력이 강하고 수확량이 많다. "거친 포라스테로는 재배 민족의 전사나 일벌레 같다. 그들은 대규모 농장에서 생산성을 증대시키고, 카카오 질병에 대해 강한 면역력을 보여 준다. 생산자에게는 향이 깔끔하고 가장 값싼 원두인 셈이다."[9]

열매 껍질은 두껍고 딱딱하다. 원두는 납작하고 길며 대개 짙은 보랏빛을 띤다. 맛은 달기보다는 되레 씁쓸하고 시다. 물론 여기에도 예외는 있다. 품질이 좋은 원두는 풍부한 맛을 낸다. 포라스테로는 세계적으로 카카오 생산량의 80퍼센트 정도를 차지한다.

트리니타리오는 크리올로와 포라스테로의 교배종이다. 18세기, 허리케인 때문인지, 전염병 때문인지 크리올로를 재배하던 트리니다드 섬의 농장 대부분이 파괴되었다. 사람들은 황폐해진 농장에 대체 종으로 남아메리카에 서식하던 포라스테로를 심었다. 이때 새로운 교배종이 생겼으며, 사람들은 이 교배종이 처음 등장한 섬 이름을 따서 트리니타리오라고 명명했다.[10] 이 카카오는 크리올로와 포라스테로의 특성이 결합되어, 생산성과 저항력이 높을 뿐 아니라 향기도 뛰어나다. 현재 이 나무는 세계 카카오 생산량 10~15퍼센트를 차지한다.

트리니타리오는 복제된 다양한 카카오 종을 대표하는 총칭으로 쓰인다. 오늘날 교배를 통해서 생겨난 종은 1천여 종이 넘으며,

이 중에서 포라스테로 교배종과 트리니타리오 교배종이 전 세계에서 주로 재배된다. 크리올로의 특성을 보여 주는 트리니타리오 종과 크리올로 변종은 그 특성 때문에 고급 카카오로 분류되며, 포라스테로 종과 그 복제종들은 소비용 카카오로 불린다. 전통적으로 소비용 카카오는 가나, 코트디부아르, 나이지리아, 카메룬, 브라질의 바히아 지역, 말레이시아, 인도네시아에서 생산된다. 이보다 비싼 고급 카카오 종은 주로 에콰도르, 베네수엘라, 자메이카, 그라나다, 트리니다드 토바고, 자바, 사모아에서 재배된다.

최근의 분자생물학 연구에 따르면, 카카오 하위 종들 간 차이는 아주 미미해서 더 세부적인 분류는 근거가 없다. 크리올로, 포라스테로, 트리니타리오는 단지 카카오의 산지를 말할 뿐이며, 원칙적으로 모든 카카오는 서로 교배가 가능하므로 한 종에 속한다.[11]

현재 카카오를 체계적으로 분류하는 연구에서 사용되는 방법은 생화학적, 분자학적 특징을 살피는 것이다. 영국 리딩 대학 유전자 데이터은행에는 1만 7천 개가 넘는 복제종이 있고, 트리니다드 웨스트 인디스 대학 코코아연구센터에는 3천 개가 넘는 복제종이 있다.[12] 이들 연구센터의 목적은 카카오 종 다양성을 보존하고 아직도 수없이 많은 아마존 지역 야생 카카오 종을 분류하는 것이다.

카카오와 전 세계 재배지역

우리는 어느 대륙에서나 카카오를 찾을 수 있다. 하지만 재배 조건이 까다로워 재배는 특정 지역에서만 가능하다. 2008~2009년 수확기에 전체적으로 카카오 364만 200톤이 생산되었다. 이 중 70퍼센트가 아프리카에서, 13.5퍼센트는 카리브 해 주변과 중남미에서, 16.5퍼센트는 아시아에서 생산되었다.

제일 수확량이 많은 나라는 122만 3천 200톤을 생산한 코트디부아르며, 다른 나라들과 격차가 크다. 뒤를 이어 가나가 66만 4천톤, 다음으로 인도네시아가 49만 톤을 생산했으며.[13] 아프리카에서는 지난 30년간 큰 폭으로 카카오 재배를 지원했으며, 오늘날 가장 큰 카카오 생산 대륙이다. 서아프리카에서는 오직 소농 규모의 혼합경작, 즉 150만 가구가 약 7만 제곱킬로미터에서 카카오를 재배한다.

가나에서는 카카오의 평균 수령이 높아 나무 절반이 수령 30년 이상이다.[14] 이것은 앞으로 수확이 격감할 것을 의미한다. 서아프리카와 중앙아프리카에서 카카오 무역은 오랫동안 이른바 마케팅위원회(Marketing Board)를 통해 국가의 통제를 받았으나, 나중에 가나

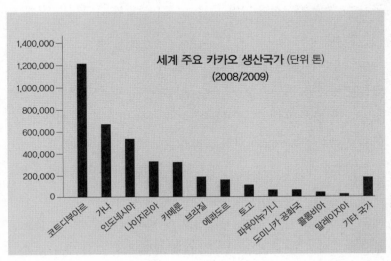

를 제외하고는 모두 해체되었다. 가나에서도 그 구조는 느슨해졌으나, 여전히 어느 정도는 국가의 통제가 존재한다.

1947년 창설된 코코아마케팅위원회, 즉 코코보드(COCOBOD)는 내부 중간거래상을 통해 전체 카카오 구매를 감시한다.[15] 여기서 생산자가격이 확정되는데, 과거에는 이 가격이 세계시장 가격의 40~50퍼센트였으며, 이것은 생산자의 생존을 유지하기 위한 최소한의 비용에 지나지 않았다. 현재 생산자가 세계시장 가격의 70퍼센트 가량을 받는 것과 비교하면 무척 낮은 가격이다.[16] 이러한 가격정책 탓에 가나의 많은 농민은 카카오를 가격이 비싼 토고나 코트디부아르로 밀수출했다. 여러 차례 코코보드의 민영화에 대한 논의가 있었지만, 현재는 중단된 상태다. 가나 정부는 가장 중요한 외화 수입원이 정부의 통제를 받아야 한다는 의견을 유지하고 있다.

코코보드는 여전히 생산물 수출과 묘목 구매를 통제한다. 또한, 품질 검사, 살충제와 살균제 확보 업무를 맡고, 농민에게 대출도 제공하며, 병충해와 질병 박멸 분야 연구를 지원한다. 해마다 전체 카카오의 30~40퍼센트가 새싹팽창바이러스(Cacao Swollen Shoot Virus)와 흑점병(Black Pod Disease)으로 해를 입는다.[17] 코코보드는 질병 박멸을 지원하며, 해를 입은 수종을 교체해준다. 덧붙여 이 기구는 품질 수준을 맞추는 데 큰 가치를 둔다. 따라서 이곳에서 생산되는 소비용 카카오는 늘 신뢰할만한 품질을 유지한다.

이 지역 카카오는 주로 아마존 하류지역이 원산지인 포라스테로에서 나오며, 아멜로나도라고 부른다. 긴 발효 과정을 거친 뒤 이 열매를 햇볕에 말린다. 향이 부드럽고, 풍부하므로 선호하는 초콜릿 생산자가 많아 맛 테스트 시 기준으로 사용된다. 고급 밀크 초콜릿

용의 원료로는 제일 비싸다.

카카오 원산지인 아메리카 대륙은 1970~1980년대까지 세계에서 두 번째로 비중 있는 재배지역이었지만, 이제는 아시아 대륙에 추월당했다. 아시아 국가들은 카카오 가격이 기록적인 수준이었던 1970년대부터 집중적으로 카카오 재배에 뛰어들었고 지금까지 여전히 재배하고 있다.

첫 번째 카카오는 아주 일찍 아시아 대륙으로 들어왔다. 17세기 스페인 사람들이 필리핀에서 카카오 재배에 성공했고, 그 후 말레이시아와 인도네시아로 퍼져 나갔다. 수백 년 동안 인도네시아에서 카카오 재배는 보잘것없는 수준이었다. 1950년대에서 1970년대 초까지도 수확량이 약 1천 톤으로 아주 적었다. 1970년대 말에 사정이 순식간에 변했다. 1980년 수확량은 1만여 톤이었고, 1990년에는 15만 톤 정도가 되었다.[18]

카카오는 널리 재배되었고 생산량도 급속도로 증가했다. 말레이시아와 인도네시아의 특징은 재배면적이 엄청나게 넓다는 것이다. 2.6~4.3제곱킬러미터에 이르는 대규모 농장도 드물지 않다. 전체 생산량 중에서 이런 대규모 농장의 생산량이 인도네시아에서는 18퍼센트, 말레이시아에서는 34퍼센트에 이른다.[19] 한편, 비용이 저렴한데다가 병충해와 질병의 피해가 덜했기 때문에 그사이 소농도 자리를 잡았다.

인도네시아에서는 주로 아마존 상부지역 종과 트리니타리오가 재배된다. 크리올로는 소량으로, 거의 자바 섬에서만 재배된다. 지난 몇 년간 인도네시아에서는 병충해 박멸에 전력을 기울였다. 그러나 카카오꼬투리천공충(Cocoa Pod Borer)이 끊임없이 퍼져 나갔다. 2000~2004년에 병충해 피해가 10퍼센트나 증가했고 당연히 수확량은 급감했다. 인도네시아 정부는 개선된 재배 방식과 저항력이 강한 식물추출 약품을 이용해 이 병충해의 확산을 제지하려고 했다. 물론 많은 농가를 다 관리하는 것은 어려운데다 대다수 농민에게는 재정적인 부담이 몹시 컸다.

아메리카에서 카카오 생산이 급감한 것은 무엇보다 대륙에서 가장 큰 생산국인 브라질의 수확량이 준 탓이다. 수확량이 대량으로 감소한 원인은 빗자루병(Witches' Broom)의 창궐이다.[20] 이 곰팡이는 1980년대에 브라질에서 처음 등장했으며, 단일재배라는 경작 형태와 전염병 관리 소홀로 인해 1990년대에 확산되어 엄청난 피해를 끼쳤다. 이후 약 70퍼센트까지 수확량이 격감했다. 지금도 브라질 경작지 99퍼센트에서 곰팡이 균이 발견된다. 최근에는 곰팡이 균에 강한 수종을 식수하면서 수확량이 안정을 되찾았다. 원래 브라질에서는 나중에 서아프리카로 이식된 아마존 하부지역 아멜로나도(Lower Amazon Amelonado) 카카오를 주로 재배했는데, 그사이 트리니타리오 변종들이 널리 퍼졌다.

카카오 생산지에서 가공이나 소비가 이루어지지 않는 것은 모든 재배지역에서 공통으로 나타난다. 브라질, 콜롬비아, 에콰도르, 인도네시아, 코트디부아르처럼 몇몇 예외가 있을 뿐이다. 이곳에서는 그사이 카카오 원료를 카카오 매스와 버터, 가루로 현지에서 가공하는 비율이 눈에 띄게 늘어났다. 앞으로 이 비율은 계속 증가할 것으로 예상한다.[21]

카카오는 타고난 환경보호식물? 삼림농법 vs. 단일재배

"크고 작은 음지나무는 함께 자라는 많은 덩굴식물과 더불어 카카
오와 다른 식물을 수정시키는 벌레에게 이상적인 서식처를 제공한
다. 따라서 나는 카카오를 우리에게 초콜릿을 주는 즐거움뿐 아니
라 생명을 선사하는 식물이라고 생각한다. 카카오는 타고난 환경보
호식물이다."[22]

전 세계적으로 카카오는 두 가지 방식으로 경작된다. 소규모 농
장과 엄청난 대규모 농장이다. 카카오의 약 80퍼센트는 소규모 농
장에서 생산된다. 주로 서아프리카, 중남미, 파푸아뉴기니에서 찾
아볼 수 있으며, 규모는 0.005~0.1제곱킬로미터고, 대개 자체 소비
나 판매를 위해 경작되는 다른 식물과 함께 혼합경작된다. 경작지
의 이러한 구성은 우림의 복층 구조를 그대로 따른 것이다. 이 방법
은 지력이 고갈되지 않고, 카카오가 큰 나무 아래서 바람과 햇빛으
로부터 보호받을 수 있다.

그밖에도 과학자들은 삼림농법(Agroforstsysteme)이 곤충에게 서
식처와 영양분을 제공한다고 말한다. 여기에는 카카오 꽃을 수정시
키는 곤충도 포함된다. 덧붙여 삼림농법은 전염병 보호에도 탁월
한 효과가 있으며, 낙엽을 포함한 식물 퇴적물이 땅심을 높인다. 소
규모 농장에서 단위당 수확량은 천차만별이다. 여기에는 여러 가지
요소들이 작용한다. 기후조건 이외에도 카카오 종, 질병, 병충해, 수
종의 나이도 큰 영향을 미친다.

대규모 농장은 주로 말레이시아와 인도네시아에서 운영되며, 일

삼림농법으로 카카오를 재배하는 코스타리카의 농장.
카카오는 키 큰 나무의 그늘에서 성장하며, 바람과 햇빛으로부터 보호받는다.

●

부는 브라질, 트리니다드와 에콰도르에도 있다. 0.1~4.3제곱킬로미
터에 이르는 광대한 경작지에서 주로 단일재배한다. 이런 단일재배
에서 나무의 밀도는 제곱킬로미터 당 100만 그루에 이르기도 한다.

카카오와 음지나무가 함께 자라는 대규모 농장 대부분에서는 제
곱킬로미터 당 10만~20만 그루를 심는다.[23] 수확량 손실을 막으려
면 물과 농약, 살충제, 비료를 공급해주는 등 늘 관리를 잘해야 한
다. 대규모 농장에서는 카카오 수령이 25년 정도 되면 어린 묘목으
로 대체한다.

대규모 농장은 소규모 농장보다 훨씬 더 생산성이 높다. 대규모
농장에서는 성인 한 명이 열매 1천 500~2천 개를 절개해 원두를 채

취한다. 열매 약 20개에서 원두 1킬로그램 정도가 나온다. 작은 농장에는 이만큼의 열매가 없으니 수확량은 매우 적을 수밖에 없다. 대규모 농장에서는 제곱킬로미터 당 30만 킬로그램 가량이 수확되는 반면, 소규모 농장에서는 약 200킬로그램이 생산된다.[24]

　　대규모 경작지에서는 익는 열매가 많기 때문에 보통 일주일에 한 번 수확한다. 열매는 보통 익은 정도가 비슷해 품질 손실 없이 가공할 수 있다. 소규모 경작지의 수확 과정은 대개 2주나 4주에 한 번 이루어진다. 발효하기 충분한 양을 확보하려다 보니 할 수 없이 익은 정도가 다른 열매를 한꺼번에 수확하는 경우도 있다. 그러므로 다음 과정에서 향을 제대로 발산하지 못해, 결국 나중에 좋은 품질을 얻지 못하기도 한다.

에콰도르 마나비 지방의 비교적 규모가 작은 단일재배 경작지. 대규모 단일재배농장에서는 제곱킬로미터 당 100만 그루를 심기도 한다. 이런 경우 자주 물을 주고, 살충제와 인공비료도 주기적으로 뿌려 줘야 한다.

하지만 대규모 농장 역시 풀어야 할 과제가 많다. 우선 엄청난 면적의 우림을 개간해야 하는데, 이는 자연에 대한 대규모 개입을 뜻하며, 기후변화에 치명적인 영향을 미친다. 단일재배를 계속하면 토양은 자연적인 방식으로 더는 양분을 공급받지 못하며, 지력은 점차 고갈된다. 일정한 수확량을 확보하려면 끊임없이 비료를 뿌려야 하므로, 대규모 경작지는 흔히 아주 척박한 상태로 관리된다. 하층토는 부식물이 거의 없어 작은 잡초 하나 자라지 않는다. 이것은 다시 토양침식으로 이어진다. 다시 말해 양분이 풍부한 토양도 바람이나 물에 의해 침식되는 것이다.

거대 농장의 또 다른 문제는 질병과 해충이 빠른 속도로 퍼질 수 있다는 점이다. 이에 대처하려면 살충제와 농약을 뿌려야 한다. 대규모 농장은 수확량이 많기는 하지만, 비료, 살충제, 농약 등을 계속 투입해야 하므로 비용이 무척 많이 들어 경제적이라고 볼 수 없다.

위험에 처한 카카오

카카오 경작에는 수많은 질병이 따른다. 또 병충해나 곰팡이 균도 엄청난 피해를 일으킬 수 있다. 전체 생산량의 30~40퍼센트는 전염병으로 인해 폐기된다고 보면 된다.[25] 몇몇 지역에서는 전염병 규모가 워낙 커서 수확 자체를 망치는 경우도 있다. 많은 카카오 재배지역에서는 농민들을 위한 세미나를 개최해 가능한 조기에 병충해를 예방해 확산을 방지하는 법을 가르친다. 대규모 경작지나 농장에서는 살충제와 살균제를 투입한다. 질병과 병충해 확산을 막고자 다양한 카카오 변종을 이용하는 것도 검증된 방법이다. 하지만 그런 방식이 널리 퍼지다 보니, 어떤 경작지에서는 순종 카카오를 찾기 어려운 경우도 있다.

카카오는 기후조건이 까다로워 재배하기 어렵지만, 질병과 병충해 역시 재배를 방해하는 큰 문제여서 이에 대처하려는 대규모 연구소가 생겨났다. 20세기 초에 첫 번째로 연구소를 연 곳은 현재 트리니다드의 웨스트 인디스 대학에 소속된 열대농업 제국대학이었다. 그곳에서는 새로운 카카오 종을 발굴해, 옛 경작지의 수종과 교배하며 병충해에 저항력을 갖춘 품종 개발을 시도했다.

제국대학 유전학자 F. J. 파운드는 1930년대 말, 야생 포라스테로 수종을 찾고자 아마존 서쪽 강가와 페루와 에콰도르의 안데스 강 지류 지역으로 첫 채집 여행을 떠났고, 그 여행은 이후에도 수차례 계속되었다. 그가 바라던 것은 새로운 카카오를 찾아내 병에 약한 카카오 수종들과 교배하는 것이었다. 수십 년간 열대농업 제국대학의 과학자들은 자신들이 찾아낸 카카오를 실험농장에서 재배했다. 이후 가장 효과가 커 보이는 수종들이 복제되어 상호 교배되거나 섬에 원래 서식하던 양질의 트리니타리오 개체군과 교배·육종되었다.

이런 과정을 통해 상업적으로 이용할 수 있는 최상의 결과물을 찾아냈다. 수확량도 많고 전염병과 병충해 피해에 저항력이 강한 품종이 탄생한 것이다.[26] 물론 이런 육종과 복제 프로그램이 긍정적인 효과만을 가져온 것은 아니다. 포라스테로 복제종 확산으로 인한 부작용은 크리올로 변종들이 점차 사라진다는 것이다. 병충해에 강한 몇 가지 복제종으로 구성된 경작지는 몇 세대가 지나면 결국 새로운 전염병에 특히 취약하다는 것이 드러났다.

단순히 연구소와 대학만이 카카오 질병 분야에 몰두한 것은 아니다. 미국의 마르스(Mars) 같은 대형 초콜릿 회사도 자체 연구에 나섰다. 인도네시아에서 나방으로 인한 피해가 급증해 수확량이 50퍼센트까지 감소하자, 마르스 사는 2006년 국내외 연구자 및 국가기관과 함께 협력센터 '코코아 지속성장 파트너십'을 발족했다.

목표는 인도네시아에서 지속적이고 미래지향적으로 카카오를 재배하고 무역경로를 개선하며, 수확량이 늘어날 수 있는 새로운 재배기법을 농민들에게 전수하는 것이다. 이를 위해 일련의 연구가 진행되었다. 일례로 연구자들은 어떻게 하면 나방을 퇴치할 수 있는가를 연구했다. 무해한 새로운 살충제 투입 이외에도 방향제를 이용한 생물학적 퇴치법과 저항력이 강한 카카오 수종의 육종 등이 검토되었다.

2010년 가을 마르스 사는 커다란 성과를 발표했다. 미국 농무성, IBM과 함께 잠정적으로 카카오 게놈을 해독한 것이다. 이 중요한 연구 결과는 아직 상용화되지는 않았지만, 카카오 게놈 데이터뱅크(www.cacaogenomdb.org)에서 일반에 공개되었다. 이 데이터는 특허권에 구애받지 않고 모든 과학자가 사용할 수 있으므로, 전 세계 카카오 재배농민에게 도움을 줄 것이다. 이러한 새로운 지식과 더불어 가뭄, 병충해, 질병에 저항력이 강하고 많은 수확량을 약속하는 카카오 수종이 자연적인 방식으로 육종 가능하게 되었다.

농민들과 과학자들이 수년 전부터 안간힘을 다해 싸워 왔던 심각한 질병들을 하나씩 살펴보자. 우선 곰팡이 균에 의한 피해로는 빗자루병, 흑점병, 서리꼬투리썩음병(Frosty Pod) 등이 있다. 그리고 바이러스 질병인 새싹팽창바이러스도 있으며, 해충이나 동물에 의한 수확 피해 역시 큰 문제다. 아래에서 이 내용을 살펴본 뒤 마지막으로 카카오의 영양결핍증과 중금속 오염에 대해 알아보자.

원칙적으로 모든 전염병의 경우, 질병과 해충이 확산되지 않도록 하려면 경작지와 농장을 청결하게 유지해야 한다. 따라서 나무를 일정한 기간마다 절지해주고, 나무 아랫부분에 해가 잘 들도록 해야 한다. 동시에 열매는 적어도 일주일에 한 번은 수확해야 하며 닭똥 같은 거름도 잊지 말아야 한다.

제일 강력한 곰팡이 균 질병 가운데 하나가 빗자루병이다. 이 병은 모닐리오프토라 퍼니시오사(Moniliophthora perniciosa)라는 균에 의해 발생하는 것으로, 1895년에 수리남에서 처음 보고되었다. 발생한 지 불과 몇 년 뒤에 수리남과 가이아나에서 카카오 대부분이 죽었다.[27] 균이 카카오 꽃받침을 공격하면 빗자루 모양의 딱지가 앉기 때문에 빗자루병이라고 불린다. 이 병에 걸리면 카카오, 그중에서도 열매 속 원두가 더는 자라지 못한다. 균은 특히 어린 카카오를 공격해 죽게 만들며, 수령이 많은 나무가 공격 받을 경우에는 쇠약해진다.

이 균이 한번 창궐하면 확산을 막으려 애쓰는 것 말고는 별 방법이 없다. 감염된 가지와 열매를 조기에 태워야 한다. 몇몇 지역에서는 살충제를 사용하기도 하지만 비용이 워낙 비싸서 엄두도 내지 못하는 농부들이 많다. 모닐리오프토라 퍼니시오사 균은 유독 중남미에서만 나타나며, 현재 브라질 바이하의 대형 농장들은 거의 폐허 직전이다. 1937년, 이미 F. J. 파운드가 브라질의 아리바 수종이 이 병에 취약하다는 것을 경고한 바 있다.

지금까지 중남미에서만 확산된 또 다른 병은 1914년 에콰도르에서 처음 발생한 서리꼬투리썩음병(모닐리아병)이다. 이 병을 일으키는 모닐리오프토라 로레리(*Moniliophthora roreri*) 균은 아주 강력한 곰팡이 균 중 하나로 카카오를 직접 공격한다. 병에 걸리면 열매가 부풀고, 껍질에 주름이 잡힌다. 이 균의 포자는 12일 지나면 과육까지 침투해 계속 번진다. 이 병에 감염되면 수확이 전혀 불가능하다고 보면 된다. 얼마나 지독한지는 20세기 초 에콰도르에서의 수확량 변화를 보면 알 수 있다. 1918년에 35.5톤에 달하던 수확량이 이 병이 번졌던 다음 해에는 11톤으로 감소했다. 1920년에는 겨우 1.8톤을 수확했고 전체 경작지가 감염되면서 한 해가 지나서는 수확량이 전무했다.[28]

제일 널리 퍼져 전 대륙에서 발병하는 곰팡이 병은 흑점병(Black Pod)이다. 흑점병은 서리꼬투리썩음병이나 빗자루병과 마찬가지로 오래된 곰팡이 균 질병이며, 1920년부터 보고되었다. 흑점병으로 인해 해마다 전 세계의 카카오 수확량이 20~30퍼센트 감소한다.[29] 흑점병은 피토프토라(*Phytophthora*) 균 7종류가 카카오를 공격하는 병이다. 성장기에 발생하며, 열매에 검은 점이 생기면서 썩고, 열매 속 원두가 더는 영글지 못한다. 또한 이 균은 믿을 수 없이 빠른 속도로 퍼진다. 특히 비가 많이 오거나 기온이 낮으면 더욱 잘 번식한다. 열매가 감염되면, 다른 열매나 나무로 번지기 전에 빨리 제거해야 한다.

곰팡이 균 말고도 바이러스 균에 의한 질병도 큰 문제다. 제일 잘 알려진 바이러스 질병은 새싹팽창바이러스로, 1920년대에 서아프리카 황금해안(Gold Coast)에서 처음으로 관찰되었고, 그로부터 20년 뒤 가나에서 창궐해 수확량을 엄청나게 감소시켰다. 사람들은

1939~1945년까지 해마다 카카오 약 500만 그루가 죽어갔다고 말한다.[30] 지금까지 서아프리카에서만 창궐했다.

이 병의 유발자는 카울리모비리다에(Caulimoviridae) 과(科)에 속하는 바이러스로, 깍지벌레가 수액을 빨아먹을 때 카카오로 전염되며, 가지, 새싹, 줄기가 부풀어 오르는 것을 보고 감염된 것을 알 수 있다. 이 바이러스는 카카오를 고사시킨다. 피해 입은 나무를 잘라 내고 저항력이 강한 카카오 종을 심는 것이 최상의 처방이다.

카카오 경작지에 큰 피해를 입히는 동물도 있다. 카카오 잎, 열매, 꽃을 영양원으로 삼는 벌레는 1천 500종이 넘는다.[31] 이 벌레들이 카카오에 해를 입히는 이유는 여러 가지다. 몇몇 종은 곰팡이 균 질병이나 바이러스를 옮기며, 어떤 종들은 카카오에 해를 입혀 질병이 침투할 수 있게 만든다.

특히 악명 높은 벌레 중 하나가 이전에는 카카오나방이라 불리던 카카오꼬투리천공충(Conopomorpha cramerella, CPB)이다. 이 나방은 카카오에 알을 낳으며, 애벌레가 성충이 되면 열매에 구멍을 내 원두의 성장을 중지시킨다. 이 나방은 동남아시아 지역에서만 나타나며, 1841년에 심각한 전염병으로 분류되었고, 이후로도 꾸준히 큰 수확 손실을 일으켰다. 2000년 인도네시아에서는 600제곱킬로미터가 피해를 입었으며, 피해액만 4억 달러에 달한다.

이 병충해를 해결하려면 살충제를 주기적으로 뿌려야 하는데, 이는 당연히 여러 가지 문제를 야기한다. 살충제가 해충만 박멸하는 것이 아니라 카카오의 수정을 돕는 익충도 제거하며, 어떤 살충제는 사람에게도 치명적이어서 보호 장구를 갖추지 않으면 건강을 크게 해칠 수 있다. 예를 들어 피레트로이드(Pyrethroide)는 농사에 많이 사용되고, 인체에는 비교적 덜 해로운 것으로 알려져 있었지만, 그 성분이 우유나 모유에 축적되어 호르몬 장애나 면역질환을 일으키는 것으로 밝혀졌다.[32]

원숭이나 다람쥐, 새도 카카오에 해를 끼친다. 1956년 도미니카 공화국에서 재미있는 사례가 발표되었다. 그에 따르면 딱따구리는 아주 기발한 방법을 사용한다. 딱따구리가 카카오에 부리로 구멍만 내고 열매는 그대로 내버려 둔 다음, 시간이 지나 다시 열매를 찾아 그동안 열매 속에서 자란 벌레들을 꺼내 먹는다는 것이다.[33]

최근에는 또 다른 동물이 카카오에 해를 끼치는 것으로 드러났다. 아프리카큰달팽이라고도 불리는 거대한 달팽이(*Achatina fulica*)로, 다 자라면 달팽이집만 20센티미터 정도며, 몸은 30센티미터에 달한다. 동아프리카가 서식지인 이 달팽이는 지구에서 가장 큰 육상달팽이에 속하며, 카카오와 새싹을 포함해 500종이 넘는 식물을 먹는다.[34] 최근 다른 지역으로도 유입되어 빠르게 번식해 카카오 경작지에 큰 해를 끼치고 있다. 한번 자리를 잡으면, 몰아내기가 거의 불가능한데, 지금 아프리카에서는 간단한 방식으로 이 문제를 해결하고 있다. 바로 식용하는 것이다.

사람들은 오랫동안 카카오시듦병(Cherelle Wilt)이라고 부르는, 어린 카카오를 공격하는 새로운 전염병에 대해 고민해왔다. 공격당한 열매는 처음에 노랗게 변하고, 점점 검어지면서 썩으며 대개 나무에 달라붙은 채 말라버린 다음, 주로 곰팡이질병에 걸린다. 이 현상은 주로 경작지 전체에서 발생하므로 전염병이라고 추측했으며, 원인에 대한 다양한 의견이 나왔다. 우선 나무 한 그루에 열매가 너무 많이 달리면, 나무가 이런 식으로 일부를 희생시켜 자신을 보호한다는 것이다. 또 다른 해석은 영양결핍. 여기에도 원인이 다양한데, 예를 들면 무기질이나 탄수화물, 수분 부족일 수 있다. 널리 알려진 것은 붕소 결핍이다.

하지만 왜 최근에 급격히 이런 현상이 나타나는가? 많은 경작지, 특히 서아프리카나 아시아의 대규모 농장에서는 몇 년 전부터, 어느 지역은 몇십 년 전부터 카카오를 집약적으로 재배했으나 지력회복은 등한시했다. 그러다보니 카카오에 꼭 필요한 토양 성분이 결핍되었고, 나무는 자신을 보호하고자 열매로 가는 영양을 차단해 썩게 하는 것이다.

지금까지 알아본 질병과 영양결핍 현상은 인체에 영향을 끼치지는 않는다. 하지만 몇몇 카카오 종에서 나타나는 높은 카드뮴 수치는 다르다. 또 비소, 납, 구리, 니켈, 셀레늄, 아연과 같은 중금속이 카카오 원두에 들었으나, 독일연방 소비자보호 및 식품안전부는 2006년 다크 초콜릿에 든 성분 함량을 조사한 뒤 "카드뮴을 제외하고는 다른 중금속 오염은 미미하다."는 결과를 발표했다.[35] 카드뮴이 사람의 몸에 들어오면 어떤 일이 벌어지는가? 카드뮴 함량이 높으면 구토를 일으키며, 신장에 독이 되고, 뼈를 상하게 하며, 신경체계도 해친다. 국제 암 연구소는 카드뮴을 발암물질로 분류했다.[36]

몇몇 카카오 종은 중금속에 유독 취약하지만, 비교적 카드뮴 농도가 높은 화산토양에서는 잘 자란다. 뿌리를 통해 토양으로부터 카드뮴을 흡수하고 축적한다. 이렇게 카카오 원두에 많이 축적된 카드뮴 함량은 나중에 초콜릿에서도 나타난다. 카드뮴 함량은 카카오 재배지역에 따라 차이가 난다. 토양 상태를 놓고 보면 서아프리카의 카카오보다는 남아메리카의 카카오가 카드뮴 함량이 높고, 다크 초콜릿이 밀크 초콜릿보다 카카오 함량이 높으므로 중금속도 많이 들어 있다. 특히 고급 카카오가 많이 함유된 판형 초콜릿이 이에 해당한다. 고급 카카오가 주로 화산토양에서 자라기 때문이다.

지금까지는 초콜릿에 함유된 카드뮴 허용치에 대한 제한이 없었다. 독일연방 위험평가원은 카카오 함량 60퍼센트 이상인 다크 초콜릿에 대해 1킬로그램 당 0.3밀리그램을 최대치로 권장한다.[37] 최대치의 카드뮴이 함유된 다크 초콜릿을 일주일에 150그램 섭취하면, 성인 기준 일주일 최대 허용치의 약 10퍼센트에 이른다.[38] 아이들에게는 당연히 이 수치가 훨씬 높아 허용 가능한 일주일 섭취량의 절반 정도에 이른다. 따라서 독일연방 환경 · 자연보호 · 원전안전부는 초콜릿 소비가 신체 카드뮴 축적량을 높이는 주요 원인이라며 즉시 초콜릿의 카드뮴 허용치 도입이 필요하다고 밝혔다.

하지만 여기서 심각한 문제가 발생한다. 전 세계적으로 통용되는 허용치를 도입하면 몇몇 지역에서는 더는 카카오 재배를 할 수 없게 된다. 이것은 몇몇 카카오 종의 종말을 의미한다. "카카오나 카카오로 만든 산물에 대해 최대 카드뮴 허용치를 도입하자는 독일연방 환경 · 자연보호 · 원전안전부의 제안은 전 세계 전문가 위원회로부터 거부당했다. 이유는 초콜릿에 함유된 카드뮴의 독성이 심하지 않아서가 아니라, 최대 허용치를 도입하면 세계적으로 무역 정책상의 문제가 발생하기 때문이다."[39]

2009년 1월, 유럽 식품안전청(EFSA)의 먹이사슬오염물질위원회(CONTAM)는 식품의 카드뮴 일주일 허용 섭취량을 몸무게 1킬로그램 당 2.5마이크로그램으로 개정 · 발표했다. 당시까지 성인의 주당 평균 섭취량은 2.3~3마이크로그램이었다. 물론 어린이, 채식

주의자, 흡연자 등 위험군의 주당 섭취량은 이 두 배가 되기도 했다. 몇몇 재배지역에서는 이 문제에 대처하고자 카드뮴 함량이 높은 토양에서는 카카오를 재배하지 않는다. 이것은 물론 현지 농민들에게 다른 대안이 제시될 경우에만 가능하다.

카카오 유치원

카카오 재배, 수확, 관리는 모든 재배지역에서 비슷하다. 모두 다 노동집약적이고 장기간에 걸쳐 생산단계가 진행되어 상당한 전문지식이 필요하다. 카카오가 2천 년 전부터 재배되던 전통적인 재배지역에서는 지식이 세대를 거쳐 전수되었다.

지속적으로 높은 수확량을 달성하려면 특별한 관리와 주의가 필요하며 그런 일은 나무를 심기 전부터 시작된다. 우선 전체 입지조건을 준비해야 하기 때문이다. 몇몇 경작지에서는 기존 숲을 이용해 카카오에 그늘을 만들어 준다. 그늘을 제공하는 나무가 없는 경우에는 먼저 이런 나무를 심어야 하고, 정확한 시점에 이식해야 한다. 첫 성장기에 농부들은 커피나무, 디저트용 바나나 혹은 바나나처럼 작지만, 잎이 풍성한 나무들을 이용한다. 강한 햇빛으로부터 어린 나무를 보호하려고 가끔은 천막 형태의 구조물을 이용하기도 한다.

카카오가 열매 맺을 시기에 대비해서 빠르게 자라는 키 큰 나무를 별도로 심으며, 그런 용도로 남동 아시아에서는 야자수, 아프리카에서는 콜라나 망고, 중앙아메리카에서는 마호가니가 애용된다.

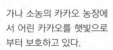
가나 소농의 카카오 농장에서 어린 카카오를 햇빛으로부터 보호하고 있다.

다음 단계로 4~5개월 된 어린 카카오를 이식한다. 수목원에서 키운 50센티미터 정도의 카카오를 그리 촘촘하지 않게 3~4미터 간격으로 심는다.

카카오를 재배하는 방식은 여러 가지다. 고전적인 방식은 씨, 즉 카카오 원두에서 직접 재배하는 방식으로 가장 간단하고 저렴하지만, 시간이 많이 소요된다. 흙을 가득 채운 대접이나 봉지에 건강하고 완숙한 카카오 원두를 심은 다음 물을 충분히 주고, 직접 햇볕을 쬐는 것만 피하면 된다. 약 2주가 지나면 싹이 트고 2~4주가 더 지나면 잎이 생긴다. 잎은 가는 줄기에 비하면 무척 커서 마치 커다란 적록색 날개가 매달린 듯한 인상을 준다. 나무가 어느 정도 자라면 경작지에 옮겨 심으면 된다.

경작지에 오래된 나무가 있다면, 카카오를 접목할 수도 있다. 바로 전통적인 복제 방식이다. 접목은 어미 식물의 특별한 형질, 다시 말해 독특한 맛이나 질병에 대한 저항 능력을 보전하는 데도 적합하다.

다른 번식 방법으로는 휘묻이(취목)와 꺾꽂이가 있다. 휘묻이란, 나무줄기에 상처를 내고 상처 부위를 이끼나 흙으로 일주일 정도 감싸 주면 상처에서 새 뿌리가 나오는데, 이를 절단해 옮겨 심는 것이다. 꺾꽂이는 카카오의 어린 싹을 땅에 심으면서 시작된다. 이 싹에서 뿌리가 내려 새로운 카카오가 자란다. 최근에는 전통적인 육종보다 시간이 덜 들고 병충해에 강하며 늘 비슷한 수확량을 보장한다는 점에서 접목, 휘묻이, 꺾꽂이 방식이 더 많이 사용된다. 게다가 이런 방식으로 재배하면 카카오가 얼마 자라지 않아서부터 가지를 친다. 카카오 원두에서부터 키운 나무는 첫 가지가 나올 때까지는 위로만 곧게 자라 나중에 열매가 매달리는 면적이 좁다.

꽃이 피고 첫 열매가 열릴 때까지 카카오는 무척 손이 많이 간다. 우선 꽃이 피고 나면 새싹을 모두 제거해야 한다. 이들이 나무의 기력을 빼앗기 때문이다. 추가로 가지치기도 해줘야 단단한 나무 형태를 갖춰, 줄기와 큰 가지에만 꽃과 열매가 맺힌다. 그런 사이사이 병충해가 있는지도 살펴야 하고 나무 주위에 잡초가 자라지 않게 벌초도 해야 한다. 이런 작업이 1년 내내 이루어져야 한다. 조금이라도 소홀히 하면, 곧바로 눈에 띄게 수확량이 줄어든다.

지난 30~50년에 처음으로 카카오를 재배하기 시작한 지역에서는 재배 및 수확 방식에 대한 지식이 축적되지 못했다. 그 지역 수확량은 지속적으로 감소할 것이며 결국 가난한 농민은 잿빛 미래에 비틀거리며 주저앉을 것이다. 많은 카카오 재배지역에서는 이 문제에 대처하려는 노력을 벌였으며, 그중 하나가 지원 프로그램이다.

이 프로그램은 확실한 목표를 정한 워크숍을 통해 카카오 관리 전반에 대한 지식과 대안 재배 방식을 전수한다. "농장 소유주들은 일종의 농민학교인, 농장학교에서 필요한 지식을 습득한다. 인도네시아 술라웨시의 마을 오티 출신 박 이르완은 이 학교 출신이다. 그의 농장규모는 0.05제곱킬로미터였다. 워낙 수확량이 줄어들어 카카오를 베어낼 생각이던 차에 대외 개발 원조를 담당하는 미국 국제개발처(USAID)가 제공하는 훈련 프로그램에서 경작 방법을 배운 것이다. 그는 프로그램에서 배운 경작 방법을 적용한 지 여섯 달 만에 제곱킬로미터 당 원두 1.5톤을 수확했다. 이전에는 수확량이 300킬로그램에 불과했다. 국제개발처는 2002년부터 시작해 벌써 농민 6만 5천 명을 교육했다."[40]

나아가 워크숍에서는 삼림농법을 통한 재배와 열대우림 보존이 얼마나 중요한지도 교육한다. 삼림농법에서는 관목, 교목, 야자수 같은 여러해살이와 한해살이풀을 함께 경작한다. 자연적인 종 다양성을 보존하는 것 외에도 농업용 유용식물을 통합 재배하는 것이 가능해진다. 이러한 농업 지원 조치는 궁극적으로 농민 삶의 질을 높이고, 카카오 생산량도 안정시킨다.

베네수엘라 북부 파리아 반도에서 벌어지는 오로 베르데(Oro Verde) 열대림재단의 프로젝트는 삼림농법 재배의 좋은 예다. 프로젝트가 진행되는 세라니아 데 라 세르바타나는 산속 안개구름숲 지역이다. 이곳은 소농들의 화전으로 열대우림 종 다양성이 크게 위협받았다. 현지 파트너로는 토마스 메를레(Thomas Merle) 재단이 활동한다. 이 재단의 목표는 지속적인 발전과 환경보존을 병행하는 것이다. 이것은 이론적 계몽과 실제 환경교육으로 이루어진다.

지금처럼 열대림을 화전으로 이용하는 것 말고 대안적이고 지속적인 경작 가능성을 전수하고, 농민을 위한 새로운 수입원을 창출하는 것이 주요 사업이다. 카카오 재배 역시 이에 해당한다. 과거에 이 지역에서도 카카오가 재배되었지만, 당연히 지속가능한 경작 방식은 아니었다. 앞으로 삼림농법을 도입하므로 변화가 예고된다.

숲의 중요성을 알리는 데 어떻게 하면 원주민들 귀가 솔깃해질 수 있을까 고민하던 재단은 2005년 '우리들의 은신처 숲'을 뜻하는 환경센터 엘 레푸기오 델 보스케(El Refugio del Bosque)를 설립했다. 센터는 지역 및 전국 네트워크에 통합되어 원주민, 학교, 지역 행정기관으로부터 큰 지원을 받는다. 주변 학교 학생들은 정기적으로 센터를 방문해 훼손되지 않은 숲이 그들의 삶에 얼마나 중요한지 체험을 통해 배운다. 이러한 체험은 우림을 지속적으로 보호하는 것의 필요성도 깨닫게 한다.

센터는 모종 재배지 한 곳을 개설했고 다양한 프로젝트를 시작해 친환경 하수처리 장치, 쓰레기 분리수거법과 퇴비제작법을 하나의 재활용 사이클로 묶었다. 이 모든 조치를 통해 열대림을 보호한다는 것이다. 열대림을 보호한다는 것은 인간이 자신의 미래를 확보하고, 또 그 미래를 스스로 만들어 나간다는 것을 의미한다.[41]

향기로운 카카오 원두에 이르는 긴 여정

"오비디아 할머니는 아침 다섯 시면 일어난다. 남편 오비스포와 다섯 손주의 아침을 차려 줘야 한다. 딸이 마을을 떠나 일을 하고 있으므로 다섯 손주를 돌보는 일도 오비디아의 몫이다. 오렌지와 망고, 커피로 아침을 든든히 먹고 남편 오비스포는 카카오 농장으로 향한다. 그사이 오비디아는 집안을 정돈한다. 점심이 되면 그녀도 30분을 걸어 농장에 도착한다. 그녀는 남편에게 도시락을 가져다준다. 콩, 쌀 혹은 국수, 가끔은 고기가 나오기도 한다. 식사를 마치고 두 사람은 계속 일을 한다. 카카오는 손이 많이 간다. 가지를 치고, 벌레를 잡고, 묘목을 옮겨 심는다. 한 달에 두 번은 수확을 한다. 저녁이 되어 부부가 집으로 돌아오면 배고픈 손주들이 기다리고 있다. 이 칠십 할머니가 쉴 시간은 없다. 쉰다고 하는 것이 전통적인 브라질 텔레비전 앞에서 조는 일이다."[42]*

카카오를 수확하는 데는 많은 경험이 필요하다. 경험의 차이는 원두 질을 결정하고 초콜릿의 맛과 향에도 영향을 미친다. 우선 수확 시점이 굉장히 중요하다. 일찍 수확하면 원두가 덜 성숙해 카카오 특유의 향이 나지 않고, 특히 과즙의 당분 함량이 매우 적어 발효 과정이 정상적으로 이루어지지 않는다. 또 너무 늦게 수확하면 이미 원두가 과실 안에서 싹을 피우기 시작한다. 그러면 카카오 특유의 향이 파괴되고, 다른 가공을 하려면 원두가 너무 쉽게 뭉그러

---

* 도미니카 공화국 카카오 농민 오비디아의 일상. 그녀는 결혼했고 자식이 넷이다.

진다.

열매가 제대로 익으면, 벌채용 칼(Machete)로 조심스럽게 따낸다. 높은 곳에 있는 열매는 긴 나뭇가지에 묶은 칼로 딴다. 이때 열매나 나무가 다치지 않게 조심해야 한다. 상처가 나면 열매는 썩고, 상처 부위에는 다시 꽃이 피지 않는다. 그밖에도 나무의 상처에 벌레나 곰팡이, 질병이 생길 위험이 매우 크다. 수확한 열매는 곧바로 바구니에 담아서 바로 그 자리에서 절개하거나, 대규모 집합지로 운반한다. 농장 안에서는 보통 걸어서 이동한다. 말이나 나귀를 이용하는 경우는 매우 드물다. 사람들은 큰 바구니를 머리나 등에 진

나무줄기에서 카카오를 수확한다. 열매는 대여섯 달이 지나야 제대로 익는다.

● 껍질을 열면 하얀 카카오 원두와 과육이 나온다.

● 카카오 껍질은 매우 단단해서 주로 벌채용 칼로 쪼갠다. 이때 원두 껍질이 상하면 벌레나 곰팡이의 피해를 입는다.

채 먼 길을 걸어 운반한다.

　일주일 안에 수확부터 열매 절개 작업까지 이루어져야 한다. 그보다 늦어지면 열매 안에서 원두가 싹을 틔우기 때문이다. 한편 말레이시아 같은 특정 지역에서는 열매를 수확한 뒤에 며칠간 절개하지 않은 채로 놔두면 카카오 향이 더 좋아지고 원두의 산 함유량도 줄어든다는 사실을 알아냈다.[43] 수확을 마치고 나면 우선 병충해를 입거나, 덜 혹은 너무 익은 열매를 가려낸다. 벌채용 칼이나 나무칼 아니면 돌을 이용해 열매를 쪼갠다.

이러한 작업은 높은 숙련도를 요구한다. 어떤 열매는 껍데기가 너무 단단해서 쪼개기가 불가능할 정도일 때도 있다. 게다가 벌레나 곰팡이 피해를 막으려면 절개 중에 원두 껍질이 상하지 않도록 주의해야 한다. 여전히 하얀색을 띤 카카오 원두와 과육은 곧바로 조심스럽게 열매에서 분리해 통이나 자루, 나뭇잎으로 엮은 바구니에 담는다.

조합에 속한 농민들은 카카오 원두를 그 상태로 판매에 넘기지만, 소농들은 가족이 직접 원두를 가공한다.[44] 조합의 경우, 이후 가공 작업은 중앙 집산지에서 이루어진다. 가공 과정에서 통일된 작업절차를 따르게 되므로 상시 감독이 가능하다는 장점이 있다.

열매를 절개한 다음에 발효 과정이 시작된다. 발효 과정은 다음과 같다.

- 원두에서 과육을 분리함
- 원두에서 싹이 나는 것을 차단해 원두를 저장 가능케 함
- 방향 물질 혹은 그 전 단계 물질의 형성
- 원두를 갈색으로 변색함

이 과정에는 여러 방법이 사용된다. 발효기간은 무엇보다 원두 종류에 따라 다르다. 예를 들어 크리올로 원두는 이틀이면 발효가 끝나지만, 다른 카카오 종류는 엿새에서 열흘이 걸린다. 이 단계는 카카오 향을 내는 데 중요한 단계이므로 신경을 많이 써야 한다. 너

무 오래 발효하면 카카오 특유의 향이 사라지고, 발효기간이 짧으면 원두에서 쓴맛이 난다.

"바히아 원두를 제대로 발효해 햇볕에 말리면 향이 균일하다. 기계로 말리면 산성 차이가 워낙 커서 카이피린하 칵테일의 신선한 레몬 향과 상큼한 맛이 나기도 하고, 샐러드에 식초를 너무 많이 쳤을 때처럼 신맛이 나기도 한다. 도미니카 원두는 발효시키지 않으면 고무 타는 냄새가 난다. 하지만 발효만 잘 시키면 코트디부아르의 엄선된 원두와 비교할만한 향이 난다."[45]

한 농장에서 여러 종류 카카오를 재배해 동시에 수확하려면, 꼼꼼하게 살펴야 한다. 일례로 아리바 원두는 하루 이상 발효하면 안 된다. 다른 포라스테로 종류와 섞어 오랫동안 발효하면 아리바 원두의 풍부한 향이 사라지기 때문이다.

정확하게 발효 과정에서는 어떤 일이 일어날까? 우선 카카오 원두를 과즙과 함께 층층이 쌓아 덮어 둔다. 서아프리카의 소규모 농장에서는 이런 더미 방식을 이용한다. 이곳에서는 원두를 바나나 잎이나 무화과 잎 위에 쌓고서 덮는다. 그러면 일종의 발열 상자가 완성된다.

층층이 쌓은 내부에서는 일련의 화학 작용이 일어나고, 효모와 박테리아의 작용으로 과즙이 분해된다. 이 층층이 쌓은 덩어리의 내부 온도는 섭씨 45도에서 52도까지 올라간다. 과즙의 당분이 높아 곧바로 발효되고, 이어 효모가 당분을 분해해 알코올 발효가 진행되어 에탄올이 발생한다. 남은 산성 물질이 빠르게 빠져나가고, 박테리아가 나머지 당분과 에탄올을 식초산으로 바꾼다.

이 과정이 제대로 진행될 수 있도록 당분 함량이 많은 잘 익은

가나의 더미 방식. 발효를 위해 바나나 잎 위에 원두와 과즙을 층층이 쌓아 묵힌다. 효모와 박테리아가 과즙을 분해한다. 이때 원두가 특유의 카카오 향을 내며 갈색 빛을 띤다.

열매만 사용해야 한다. 이때 발생한 식초산이 원두로 파고들어, 원두를 채운 다음 싹을 죽인다. 그사이 과즙은 액체로 변해 흘러나온다. 몇몇 재배지역에서는 넘쳐나는 과즙을 받아서 곧장 마시거나 빵에 발라먹는 잼이나 사탕, 술로 가공한다.

발효 과정 내내 계속해서 원두를 뒤집어 환기해야 줘야 한다. 그래야 발효 과정이 균일하게 이루어지며 원두에 곰팡이가 피는 것을 막을 수 있다. 원두가 제대로 발효되었는지를 알려면, 원두를 잘라 봐야 한다. 원두의 싹이 쪼글쪼글해졌다면 충분히 발효된 것이다.

이런 더미 방식은 소량이나 중간 양 발효에 적당하며, 원두 25~2천 500킬로그램을 발효할 수 있다.[46] 가장 이상적인 양은 약 70킬로그램이다. 더미 방식은 서아프리카 대부분에서 이용한다. 이보다 적은 원두를 발효하려고 몇몇 지역에서는 다른 방법을 고안했다. 땅에 구덩이를 파고 원두를 과즙과 함께 넣은 다음 덮어 놓거나,

원두를 바구니나 판자에 넣고 덮어서 발효하는 방법도 널리 퍼졌다. 라틴아메리카의 일부 지역과 도미니카 공화국, 인도네시아 술라웨시 지방에서는 원두를 열매에서 과즙과 함께 추출한 다음 햇볕에 말린다. 하지만 이런 방식은 원두가 일정 정도 지나면 발효되어 쓴맛이 난다.

많은 원두를 발효하는 방법은 두 가지다. 하나는 나무 상자 방식이고, 또 다른 하나는 납작 상자 방식이다. 이 두 가지 방식은 주로 브라질, 트리니다드, 에콰도르와 말레이시아, 인도네시아, 파푸아뉴기니에서 사용한다. 첫 번째는 2천 킬로그램까지 담을 수 있는 나무 상자를 사용하는 방식으로, 전통대로 상자를 한 줄로 세우거나 계단식 작은 폭포처럼 층을 지어 쌓는다. 통풍과 흘러내리는 과즙을 받으려고 상자 바닥과 측면에 작은 구멍을 낸다. 원두와 과즙은 상자에서 다른 상자를 통과하면서 점차 줄어든다. 덩어리가 나무 상자의 마지막 열이나 계단에 이르면, 발효 과정이 끝난 것이다. 상자 수와 크기는 발효할 원두의 양에 따라 다르다.

두 번째는 가는 널빤지를 바닥에 댄 작은 상자를 이용하는 방식인데, 약 10센티미터 높이의 상자에 원두와 과즙을 채운 후 층층이 쌓는다. 대개 상자를 12~14개 올려 쌓는데, 상자 크기는 대략 90×60×13센티미터다. 상자 크기와 수는 발효 과정과 관련은 없고, 인부 두 명이 제대로 다룰 수 있는 크기라고 보면 된다. 바닥이 막힌 맨 아래 상자에는 아무 것도 넣지 않는다. 여기에 흐르는 과즙이 모인다. 상자는 발효기간 내내 그대로 놔둔다. 이 방식은 발효가 제일 빠르다는 장점이 있지만, 원두 질은 그다지 좋지 않다.

발효는 원두 향을 결정하는 데 대단히 중요한 과정이므로, 카카

납작 상자 방식에 따라 겹겹이 쌓은 상자. 제일 빠른 발효 방식이지만 원두 질을 생각한다면 최선은 아니다.

오 연구의 핵심이기도 하다. 대규모 농장 소유주뿐만 아니라 초콜릿 회사와 무역업자들도 이 화학 과정에 대해 연구하며, 특정한 맛과 품질을 만들고자 발효시간을 단축하거나 과즙을 압착하는 등 새롭고 효율적인 방식을 찾으려고 시도하는 중이다.[47]

발효가 끝난 원두를 저장해 수송하려면, 우선 건조해야 한다. 발효 후 60퍼센트 가량이었던 원두의 수분 함유량은 건조 후에 약 6퍼센트로 줄어든다. 건조 후에 원두 향은 더욱 강해지고, 각 원두 종류마다 고유한 특징을 갖게 된다. 이 과정을 거치면 원두 무게는 반으로 줄어든다. 발효와 마찬가지로 건조에도 다양한 방법이 있다.

대부분 지역에서는 햇빛을 이용해 건조한다. 원두는 야외에서 땅바닥이나 멍석, 탁자 위에 두고 건조한다. 원두가 노출되는 온도는 50도 이하며, 이따금 갈퀴나 나무 삽으로 뒤집어 곰팡이가 생기지 않도록 한다. 그사이 썩은 원두와 잡티를 손으로 골라낸다. 해가

- 갈색 카카오 원두는 건조를 마쳐야 저장이나 수송이 가능하다. 건조는 대개 햇볕에 말리며, 며칠에서 몇 주가 걸린다.

규모가 큰 농장에서는 비 피해를 막고자 원두를 말이식 덮개로 덮거나 지붕 아래로 옮긴다.
-

지거나 비가 오면 원두를 안으로 들여와 비닐로 덮는다. 규모가 큰 농장에서는 덮개나 지붕을 만들어 습기로부터 원두를 보호한다.

보통 건조 작업은 며칠이면 끝나지만, 우기에는 3주까지 늘어나기도 한다. 일부 습한 지역과 우기에는 나무나 가스로 작동되는 오븐, 전기 건조장치 등 여러 가지 인공건조 방식을 이용하기도 한다. 이러한 방식은 날씨에 구애를 받지 않고, 건조시간이 빠르며, 노동력을 절감할 수 있다.[48] 그 대신 향이 풍부해지지 않으며, 장작 향이 카카오에 영향을 줄 수도 있다. "인도네시아 자바 섬에서는 주로 연기 나는 나무를 태워 카카오를 건조한다. 그래서 사람들은 카카오에서 마치 훈제 돼지고기 향을 맡는 듯하다."[49]

전체적으로 인공건조할 때는 원두가 과도하게 빠르거나 뜨겁게 건조되지 않도록 주의해야 한다. 그렇지 않으면 쓴맛이 남기 때문이다. 인공건조 시에는 대체로 60도를 넘기는데, 온도가 무척 높으므로 조심해야 한다. 인공건조는 1~2주 걸린다.

트리니다드와 같은 특정 지역에서는 건조 후에 카카오에 광택을 낸다. 오늘날 이 작업에는 거의 다 기계를 사용한다. 그러면 보기에도 좋고, 해충의 침입도 줄일 수 있다. 예전에는 '광내기 춤'이라는 아주 특별한 기법이 쓰였다. 광내기 춤이란, 우선 말린 원두를 바닥에 펼쳐 놓고, 맨발로 원두 위에 올라가 원두에 아름다운 광택이 날 때까지 춤을 추는 것을 말한다.[50] 이렇게 완성된 카카오 원두는 다시 초콜릿 공장을 향해 긴 여행을 시작한다.

주 ─────────

1) Lieberei 2006, 7쪽/ Cocoa Altas 2010, 2쪽
2) Young 2007, 5쪽
3) Rohsius 2007, 3쪽
4) Presilla 2007, 84쪽
5) Wood&Lass 1989, 11쪽
6) Rohsius 2007, 3쪽
7) 6)과 같은 책, 같은 곳
8) Wood&Lass 1989, 11쪽
9) Presilla 2006, 114쪽
10) Coe&Coe 1997, 33쪽

11) Lieberei 2006, 9쪽

12) Cocao Altas 2010, 10쪽

13) www.kakaoverein.de/rk_32.html 2011.4.20

14) Busch 2005, 10쪽

15) www.cocobod.gh/about.php 2011.4.20

16) Hütz-Adams 2011, 22쪽

17) Deutsche Botschaft Accra 2005, 3쪽

18) Hancock&Fowler 1997, 19쪽

19) Busch 2005, 8쪽

20) Young 2007, 183쪽

21) Schmidt-Kallert 1995, 9쪽/ Hütz-Adams 2011, 16쪽

22) Presilla 2007, 56쪽

23) Rohsius 2007, 8쪽

24) 23)과 같은 책, 같은 곳

25) www.icco.org/about/pest.aspx 2011.4.05

26) Presilla 2007, 48쪽

27) Wood&Lass 1989, 282쪽

28) Cook 1982, 87쪽

29) www.icco.org/about/pest.aspx 2011.4.05

30) Cook 1982, 90쪽

31) Wood&Lass 1989, 366쪽

32) Kittl 2008

33) Cook 1982, 94쪽

34) Neehall 2004, 4쪽

35) www.bvl.bund.de/cln_007/nn_1079864?DE/01_Lebensmittel/03_
UnerwStoffeUndOrganis-men/00_Was_Ist_Drin/08_Suesswaren/01_suesswaren_artikel/
schokolade.html 2009.12.22

36) www.efsa.europa.eu/de/press/news/contam090320.html 2009.12.23

37) Schafft&Itter 2009, 2쪽

38) 36)과 같은 페이지

39) Ökotest 2005, 4쪽

40) Kittl 2008

41) www.oroverde.de/projekte/venezuela.html 2010.9.22

42) www.transfair.org/menschen/produzenten/kakao/ovidia.html?tx_jppageteaser_pi1
[backId]=82 2010.1.06

43) Presilla 2007, 67쪽

44) Rohsius 2007, 17쪽

45) 44)와 같은 책, 83쪽

46) Hancock&Fowler 1997, 14쪽

47) 46)과 같은 책, 15쪽

48) Cook 1982, 40쪽

49) Presilla 2007, 76쪽

50) Wood&Lass 1989, 495쪽/ Presilla 2007, 77쪽

3장

카카오와 살아가기

카카오 재배농민의 일용할 양식

2009년 100그램 초콜릿 한 판 가격은 평균 69센트*다. 이 가격은 어떻게 결정되고, 카카오 재배농민의 몫은 어느 정도일까? 재료 구매가 대략 18센트로 제일 큰 비중을 차지했다. 카카오 원두와 설탕, 우유분말, 분말크림, 향료, 레시틴 등의 구매 비용이다. 8센트는 광고와 마케팅 비용으로 쓰이고, 초콜릿 한 판 생산 가격은 약 4센트며, 포장 비용 역시 4센트 정도다. 69센트에서 농민에게 돌아가는 몫은 약 3센트다.[1] 카카오 재배는 곧 가난한 삶을 의미한다.

오늘날 카카오 재배농민은 전 세계적으로 5백만에서 6백만 명으로 추산한다. 하지만 카카오 재배에 의존하는 사람 수는 훨씬 더 많은데, 대략 4천만에서 5천만 명으로 추산한다.[2] 카카오 재배농민의 삶과 노동환경은 지역과 나라마다 다르다. 또 농민들이 카카오 생산에 의존하는 정도도 차이가 난다. 물론 연구 결과에 따르면 대다수 농민에게는 카카오 재배가 제일 중요한 현금 수입원이다.[3] 카카오가 소규모 농장뿐 아니라 대규모 농장에서도 재배되기 때문에, 재배 규모에 따라 농민들에게 돌아가는 이익이 얼마나 다른지는 다

---

* 1유로는 100센트. 2014년 6월 현재 환율(1유로=1386.58원)로 계산하면 69센트는 약 960원이다.

시 살펴봐야 할 문제다.

대규모 카카오 재배지, 예를 들어 브라질에서는 일종의 보너스 방식을 통해 적은 임금을 받고 노동하는 임금노동자들이 투입된다. 이런 대규모 농장에서는 이른바 아리스타 시스템이 정착했다. 카카오 노동자들은 계약을 통해 일정 면적, 0.03~0.05제곱킬로미터에 대한 모든 책임을 떠맡는다. 이런 노동자들은 도급계약에 따라 채용된 노동자들보다 임금을 약 10퍼센트 더 받는다. 대신 모든 재배 과정과 수확 과정이 그들 책임이다. 아리스타 시스템은 가능한 높은 이윤을 내고자 전 가족이 노동에 매달리는 결과를 낳는다.[4] 아동 노동도 일상이 되었다. 노동 조건은 열악하며 살충제 살포 시 보호

농민들은, 카카오는 다른 나라로 수출하고, 자신들이 먹을 식량은 추가로 생산한다.
사진은 게파(GEPA) 공정무역 프로젝트에 참여한 여성들이다.

장구를 사용하지 않는 일도 다반사다.

소규모 자영농민은 이와 달리 수출용 카카오 재배 외에도 자급 식물을 재배할 수도 있어 기본 식량은 해결할 수 있다. 하지만 노동은 힘겹고 소득은 적다. 카카오 농민들에게 또 다른 큰 문제는 카카오의 가격 변동이 몹시 크다는 것이다. 따라서 장기적인 생활 계획이 대단히 어렵다.

게다가 생산량 증가가 반드시 수입 증대를 의미하는 것도 아니다. 세계시장이 포화 상태에 이르면 카카오 가격이 하락한다. 카카오 재배가 늘어날수록 가난으로 귀결되는 사태를 맞을 수도 있다. 이 과정을 빈곤성장이라고 한다.[5] 2001년, 당사자들이 어떻게 이러한 메커니즘에 대처했는가를 보여 주는 예가 있다. 그해 초과생산 때문에 카카오 가격이 폭락했다. 아프리카의 카카오 최대 생산국인 코트디부아르, 가나, 나이지리아, 카메룬 네 나라는 카카오 가격을 인위적으로 올리고자 힘을 모았다. 그들은 결국 카카오 원두 25만 톤을 소각했고, 카카오 가격은 다시 올랐다.[6]

카카오를 재배하고 수확하는 대다수 농민은 최종 산물인 초콜릿을 즐기지 못한다. 카카오 농민과 그 가족 대부분은 초콜릿 한 조각도 맛보지 못했을 것이다. 심지어 많은 농민은 카카오를 가지고 정확히 무엇을 만드는지도 모른다.

카카오 농민들, 카카오 농장 노동자와 그 가족들은 국가에서 가장 빈곤층에 속한다. 그들의 주거환경은 상수도, 위생 시설, 전기가 공급되지 않을 만큼 열악하다. 열악한 위생 조건은 질병을 유발하며, 의료 시설과 병원은 모두 너무 먼 곳에 있어서 단순한 질병도 큰 병으로 이어지고는 한다. 교통도 형편없어, 의료 시설을 찾아가는 데 몇 달이 소요되기도 한다. 아이들 대다수는 학교가 너무 멀어 교육을 받기도 어렵다. 또 생계를 유지하려면 아이들의 노동력이 필요하기에 학교에 보낼 여력도 없다.

아동노동, 카카오 재배의 어두운 면

많은 카카오 농민은 자식들과 함께 농장에서 일한다. 그중, 서아 프리카에서는 농민 대다수가 자식들 도움에 의존하기 때문에 아동 노동은 필수다. 유엔 특별기구인 국제노동기구(ILO)는 국제적인 노 동 및 사회규범을 제정하고, 실천을 촉구하는 것을 과제로 삼았다. 특히 아동노동에 대한 규정을 분명히 정했는데, 카카오 재배 분야 에서 큰 논의를 일으켰다. 국제노동기구는 두 가지 핵심 노동규범 을 확정했다.

   - 1973년 고용허가를 위한 최소 연령에 대한 협정 138조
   - 1999년 최악의 아동노동 금지와 근절을 위한 신속한 조치에 대한
     협정 182조

협정 138조는 고용을 위한 최소 연령을 의무교육을 받은 연령, 즉 15세 이하는 절대 안 된다고 명시한다. 경제와 학교 시설이 충분 히 개발되지 않은 국가에 한해서만 예외를 둔다. 여기서 최소 연령 은 14세로 내려갈 수 있다. 나아가 국내법으로 13세에서 15세(경제 적으로 열악한 국가에서는 12세에서 14세) 아이들에 대해 가벼운 노동

을 하거나 건강이나 성장에 해가 되지 않고 등교를 침해하지 않는 노동은 할 수 있도록 허용한다.[7]

협정 182조는 최악의 아동노동을 없애는 것을 최우선 과제로 삼는다. 여기서 아동이란 18세 이하 모든 사회 구성원을 말한다. '최악의 아동노동'이라는 표현은 노예제, 인신매매와 같은 노예제와 유사한 행태, 학교에서의 노예 노동과 강제 노동 및 의무 노동 같은 농노 노동, 무장 투쟁에 강제로 동원하는 것을 포함해, 아동 매춘 제공 및 알선, 포르노나 유사 포르노 제작, 마약 거래에 이용하거나 불법 행위에 아이들을 연루시키는 행위, 아동의 건강과 안전, 도덕에 해가 되는 노동을 말한다.[8]

2000년 서아프리카 카카오 농장에서의 아동 노예를 다룬 내용이 언론에 나왔다. 독일, 영국, 미국의 중앙지에 기사가 실렸고, 주요 방송국은 끔찍한 영상의 르포를 방영했다. 아동 납치와 강제 노동에 대한 세계적인 비난이 일었고, 국제노동기구는 서아프리카의 카메룬, 코트디부아르, 가나, 나이지리아에 대규모 조사를 단행했다. 조사 대상은 최악의 아동노동 형태들이었다. 강제 노동과 벌채용 칼을 사용하는 위험한 노동, 과도하게 무거운 카카오 자루 운반, 독성 살충제 살포 등이다.

2002년 발표된 연구는 아동 노예제 규모에 대해 정확한 결과를 내놓지 못했는데, 데이터를 얻기 힘들기 때문이다. 조사 자체에 대한 비판의 목소리가 있지만, 조사된 숫자는 분명한 메시지를 담고 있다. 연구 결과에 따르면 아이들 수만 명이(코트디부아르 한 곳에서만 1만 2천 명) 가족과 떨어진 채 외지 카카오 농장에서 일하며, 아이들 85만 2천 명이(카메룬 14만 8천 명, 코트디부아르 60만 5천 명, 나이지

아홉 살짜리 장 밥티스트가 코트디부아르 시니코송 마을 외곽에 있는 카카오 농장에서 수확한 카카오를 운반하고 있다. 그가 운반하는 자루의 무게는 30킬로그램이다. 장 밥티스트는 학교에 다니지 않는다. 카카오 원두 판매가 가족에게 유일한 수입원이다. 장 밥티스트는 이 원두가 무엇에 쓰이는지 알지 못한다. 그는 초콜릿이 뭔지 모른다. 카카오 농장의 아동노동에 대한 그린피스의 르포에 실린 사진이다.[9] *

•

리아 1만 9천 명) 가족과 함께 살지만, 농장에서 일하고 있다. 그리고 카메룬, 코트디부아르, 나이지리아에는 아이들 15만 2천 700명이 독성 살충제에 노출되었다.

코트디부아르에서 설문에 응답한 아이들 중 29퍼센트는 자신에

---

* 2008년 가을, 기자 미하엘 오베르트와 사진작가 다니엘 로젠탈이 리차드(Richard)를 방문해 카카오 농장에서의 노동에 대해 이야기를 나눴다.

게 고용 관계를 끝내고 집으로 돌아갈 자유가 없다고 답했다. 주 6일 노동에 하루 평균 노동시간은 6시간 이상으로, 어른들과 거의 같은 노동시간이었다. 하지만 임금은 훨씬 적었다. 어른들은 연평균 135달러를 받지만, 아이들은 85달러를 받았다. 또 코트디부아르 농장에서 일하는 아이들은 다른 나라 아이들보다 교육의 기회가 현저히 적었다. 설문 아동 중 3분의 1은 학교 교육을 전혀 받지 못했다.[10]

아동노동을 반대하다

이러한 조사 결과를 근거로 카카오 재배국가에서의 아동노동을 개선하고자 몇몇 사회운동단체가 결성되었고, 프로젝트가 탄생했다. 미국에서는 아동 상황이 특히 열악한 특정 국가들의 상품 수입을 금지해야 한다는 대규모 저항이 일어났다. 이러한 저항을 배경으로 톰 하킨 상원의원과 엘리엇 엥겔 하원의원이 '하킨-엥겔 의정서(Harkin-Engel Protocol)' 초안을 입안했다. 목표는 최악의 아동노동을 근절하고 카카오 농장의 아동 노예를 없애는 것이었다.

2001년 9월 국제 초콜릿 산업, 국제노동기구(ILO), 이익 단체, 비정부기구(NGO), 세계카카오재단 대표들은 이 의정서에 서명했다.[11] 여기에는 2005년 7월 1일 자로 효력이 발생할 '카카오 재배국가에서 아동노동 근절 증명을 위한 초콜릿 업계 표준 실천 6개 조항'과 2002년 7월 1일 자로 출범할 재단에 대한 내용이 담겨 있다.

이러한 협력을 통해 탄생한 재단이 바로 국제코코아기구(International Cocoa Initiative, ICI)다. 이 기구는 2002년 제네바에서 창립했으며 비정부기구, 국제노동기구, 초콜릿 생산업체, 유통업체 대표들과 정치인들로 구성된다. 목표는 카카오 재배국가에서의 아동노동, 특히 강제 노동을 없애는 것이다. 국제코코아기구의 기준은 국제노동기구 협정 29조 '강제 노동'과 182조 '최악의 아동노동'에 따른다.[12]

카카오의 70퍼센트가 서아프리카 소규모 농장에서 재배되기 때문에 국제코코아기구는 우선 이 지역에서 중점적으로 사업을 벌였다. 첫 번째 시범 사업은 2004년 가나와 코트디부아르에서 시작했다. 중노동을 축소하고 보호 의류 및 신발 착용과 아이들이 직접 벌채용 칼과 살충제를 가지고 작업하지 않도록 일을 재분배하는 것이 주요 목표였다. 아이들이 학교에 다닐 수 있도록 하는 것 역시 중요 과제로 삼았다. 국제코코아기구는 추가로 교육 접근성을 높이고자 지역 기구를 지원하며, 전국 단위와 지역 단위에서 중요한 각 지역별 파트너를 교육하고, 인신매매 피해아동 재활센터를 지원한다.

하킨-엥겔 의정서 서명과 국제코코아기구 설립은 아동 착취노동과의 전쟁에서 전망을 밝히는 중요한 한 걸음이었다. 이후 아동노동에 관한 사고 전환이 일어나기를 기대하는 사람들이 많아졌다. 하지만 유감스럽게도 여러 가지 후퇴의 징후가 드러났다. 아동노동 근절 증명 시기가 지켜지지 않아 업계에 2008년까지 시한을 연장해주었으나, 이 역시 준수되지 않았다. 추후 시한은 2010년 말로 확정되었으며, 2010년에는 최악의 조건에서 노동하는 아동의 수를 2020년까지 70퍼센트 감소해야 한다는 내용이 명시되었다. 하지만 원래 확정된 목표가 계속 흔들리고 있어 승인 계획이 더는 실현 가능해보이지 않는다.[13]

미국 뉴올리언스 투레인 대학 페이슨 국제개발 및 기술이전센터는 4년 반에 걸친 프로젝트를 통해 2006년 10월부터 코트디부아르와 가나에서 하킨-엥겔 의정서가 미친 영향을 집중 조사했다. 연구 결과, 몇 가지 사항이 개선되었지만 조약 실현을 위해서는 재정지원을 추가하고 법적인 합의와 구속력 있는 기준 등에 지속적인 투자가 이루어져야 한다는 의견이 나왔다.[14]

또한 2009년 아동노동에 대한 미국 노동부 보고는 상황이 호전되지 않았음을 보여 준다. 보고에 따르면 가나 한 국가만 보더라도 아이들 160만 명이 카카오 재배농장에서 일하고 있으며, 이들 중에는 다섯 살짜리도 있었다. 많은 아이가 과도하게 무거운 짐을 나르거나 살충제를 살포한다거나, 벌채용 칼을 사용해 잡초를 제거하고, 열매를 자르는 등 위험한 상황에서 일하고 있었다.

코트디부아르에서도 비슷하다. 이곳에서는 아이들 약 136만 명이 카카오 농장에서 일하는 것으로 나왔다. 이 아이들 역시 아주 위험한 조건에서 일하고 있었다. 이 중 대다수는 코트디부아르가 아니라 주변 국가, 주로 부르키나파소에서 온 아이들이다. 마지막으로 보고서는 코트디부아르에서 노동하는 아이들 중 거의 절반(49퍼센트)이 학교 교육을 받지 못한다고 밝혔다.[15]

이와 반대로 하킨-엥겔 의정서 입안자인 톰 하킨은 2008년 1월 가나와 코트디부아르 방문에서 강한 인상을 받았다. 그는 문제점이 많이 개선된 것을 확인했으며 국제코코아기구 프로그램에 참여할 수 있었던 아동들과 대화를 나누었다. 톰 하킨은 상황이 진일보한 점에 감명 받았지만, 아직도 개선할 점이 많다고 밝혔다.[16]

2000년에는 카카오 재배국가 농민들 상황을 개선하고, 지속적이고 안정적인 카카오 산업을 지원하고자 세계코코아재단(World Cocoa Foundation, WCF)을 설립했다.[17] 세계코코아재단은 정부, 카카오 가공업체, 무역기구, 비정부기구 간 협력단체다. 70여 개 업체, 기관, 조직이 속하며, 재정과 노하우를 지원한다. 주요 업체로는 아쳐 다니엘스 미들랜드(Archer Daniels Midland, ADM), 바리 깔레바우트(Barry Callebaut), 카길(Cargill), 페레로(Ferrero), 허쉬(Hershey), 크래프트 푸드(Kraft Foods), 린트&슈프룅글리(Lindt&Sprüngli), 마르스(Mars), 네슬레(Nestlé) 등이 있다.

재단의 주요 사업을 살펴보자. 재단은 캐나다 국제발전에이전시(CIDA) 및 미국 국제개발처(USAID)와 공동으로 카메룬, 가나, 코트디부아르, 라이베리아, 나이지리아 등에서 농민의 수입 개선을 위한 프로그램에 착수했다. 이 프로그램은 지속가능한 임업프로그램(STCP)의 일부분이며 카카오 농민들이 협동조합 형태로 결속하는 것을 지원한다. 재단은 금융지원옵션, 판매 기법 개발 및 판매 가격을 높이려는 사업 등을 통해 농민들을 지원한다.

또 다른 프로젝트는 에코스(ECHOES) 연합(교육문제 해결을 통한 카카오 생산가정 지원)이다. 이는 세계코코아재단과 미국 국제개발처, 아프리카 교육기구 및 가나와 코트디부아르 정부 협력 사업으로, 이 두 국가 아이들이 학교 교육을 받을 수 있도록 상황을 개선하는 것이 목표다. 이 프로그램은 교원 교육, 학습 계획 수립 및 농업 지식 전수를 포괄한다. 또한 에이즈와 말라리아 같은 의료문제 해결을 위한 계몽 조치도 이 프로그램의 일부다.

더불어 세계코코아재단은 프로그램을 확대해 안전하고 책임감 있는 노동 방식을 카카오 재배농민에게 교육한다. 건강 커뮤니티

코트디부아르 아베크로 마을 학교. 독일 게파(GEPA, 제3세계협력지원협회)의
공정무역 프로젝트 사업으로 설립되었으며, 아이들의 학교 교육을 보장해준다.

조직에 기초한 이 프로그램은 서아프리카 카카오 농장에서 아이들
의 위험한 노동을 가능한 줄이는 것을 목표로 한다. 세계코코아재
단 사업 중에는 2009년에 출범한 카카오 생계 프로그램도 있다. 4
억 달러 규모인 이 프로젝트는 빌&맬린다 게이츠 재단(Bill&Melinda
Gates Foundation)이 설립했으며(재단이 낸 2억 3천만 달러와 초콜릿 업
계가 낸 1억 4천만 달러의 출자금으로 설립), 코트디부아르, 가나, 나이지
리아, 카메룬, 라이베리아의 카카오 재배농민 20만명의 생활 기반

을 개선하는 것이 목적이다. 프로그램은 카카오 재배농민들에게 개선된 재배 방식, 임·농업 시스템 구축, 개선된 생산 과정, 영업 지식 등을 교육한다.

독일 정부 역시 아동노동과 아동 인신매매 문제 해결에 나섰다. 2002년 독일 기술협력협회(2011년부터 독일 국제협력협회로 변경)는 독일정부 위임을 받아 코트디부아르 아동 인신매매와 최악의 아동노동 해결을 위한 프로젝트를 시작했다. 카카오는 코트디부아르 국가 경제뿐 아니라 소농 60만 명에게도 절대적으로 중요하다. 이 프로젝트는 연방 경제협력개발부가 위임했으며 기간은 2002년 8월부터 2011년 3월까지다.[18]

코트디부아르와의 민간 분야 집중 협력은 2007년부터 2013년까지 독일이 민간과 공공의 협력을 위해 진행하는 또 다른 프로젝트다. 이 프로젝트는 카카오 재배 분야에서 현지 농민들과 직접적인 협업을 시도한다. 이런 방식을 통해 균일한 품질의 카카오를 확보하고 아동노동 금지와 합당한 임금 지불 등 생태학적, 사회적 기준을 준수하도록 노력한다.

이 프로젝트의 목표는 국제적으로 공인된 우츠 인증프로그램(UZT CERTIFIED), 열대림보호연합(Rainforest Alliance) 가입 혹은 공정무역 인증 획득이다.[19] 나아가 독일 국제협력협회는 2010년 3월부터 가나, 나이지리아, 코트디부아르 소농들을 대상으로 다양한 인증 체계의 요구사항들에 대해 교육하고 있다. 왜냐하면 농민들은 여러 인증서가 어떤 사항을 요구하는지, 그들이 준수해야 하는 내용이 무엇인지 정확히 모르기 때문이다.

코트디부아르는 말리나 부르키나파소와 같이 상대적으로 더 가난한 나라에서 일자리를 찾는 사람들이 몰려오는 이민국가다. 현재 이 나라 이주민 비율은 30퍼센트를 넘는다. 연구 결과에 따르면 이곳에는 아동 인신매매와 착취 형태의 아동노동이 만연하다. 이웃 국가와 코트디부아르 농촌 아이들이 구직 알선자들을 통해 이런저런 사업자들에게 팔리고 있는 것이다.

유니세프의 통계에 따르면 서아프리카와 중앙아프리카에서 해마다 아이들 약 20만 명이 아동 인신매매범의 희생양이 되고 있다. 이미 알선 조직, 납치범, 부패한 국경 관리와 경찰 네트워크가 구축되었다. 남자아이들은 주로 카카오 농장에 보내고, 여자아이들은 도시 가정집으로 보낸다. 대체로 아이들은 아무런 보호도 받지 못하며, 육체적으로, 일부는 성적으로 학대받고, 임금을 받는다 해도 액수가 아주 적다. 육체적, 정신적 상처 외에도 부족한 학교 교육은 아이들에게서 미래를 앗아가고 있다. 아이들 대부분은 이 상황에서 빠져나올 가능성이 없다.

독일 국제협력협회는 아이들 생활을 개선하고자 국가, 시민사회, 민간경제인들의 네트워크를 지원한다. 일반인들뿐 아니라 정치, 경제, 행정 분야 결정권자들이 아동 인신매매와 아동노동이 인권을 침해한다는 사실에 경각심을 가져야 하기 때문이다. 이것은 또한 아동보호법 준수를 위한 본질적인 조건이다. 프로젝트에서 아동노동 근절을 위한 이른바 감시위원회를 설치했다.

이 조치는 재정적으로 독일 카카오·초콜릿 업계와 독일 국제협력협회의 공동 지원을 받는다. 2009년 초까지 9천여 명이 360개 감시위원회에서 교육을 받았다. 이를 위해 가이드북을 제작해, 활동가들이 아이들의 노동 행위를 사회화 과정의 노동인지, 착취노동인지

판단할 수 있도록 돕는다. 현재 카카오 재배지역 약 40퍼센트에서 이와 같은 감시위원회가 활동한다.[20]

프로젝트는 지역 정부와 함께 카카오 재배지역 절반 이상을 차지하는 마을 단위에서 아동노동을 근절하려는 조치를 지원한다. 모든 행정 단위에서 아동노동 근절을 위한 감시위원회가 새로 발족해, 경각심을 일깨우려는 조치를 취하고 있으며, 지역 단위에서 아동 권리를 위해 힘쓴다. 이 분야는 인터폴 지역사무소와 함께 코트디부아르 경찰, 세관, 삼림 경찰 등 다양한 질서유지 인력들의 지원을 받는다.

또 이 프로젝트는 해당 아동을 심리적으로 돌보면서 문맹퇴치와 직업 교육을 통해, 앞으로 이 아이들의 사회 재편입을 돕는 비정부기구들을 지원한다. 이를 통해 2006~2007년, 아이들 약 1천 명이 보호를 받았다. 계몽 조치와 함께 행정 단위에서 위원회가 활동한 결과, 이미 아이들 수백 명이 착취노동에서 해방되어 부모가 있는 경우 집으로 돌아갔다. 아동 인신매매와 착취에 가담한 자는 법적으로 고발되어 처벌받았다.

독일연방 경제협력개발부는 추가적으로 카카오를 주제로 한 연구를 지원했다. 연구는 쥐트빈트(Südwind) 협회에서 주관했으며 두이스부르크-에센 대학 평화연구소가 실무를 맡았다. 핵심 사안은 기업이 카카오 분야에서 인권 기준을 준수하는 데 기여하는지 여부였다. 2010년 10월 연구보고서를 발표했는데, 결과는 기대에 미치지 못했다. "카카오와 초콜릿 업계의 상황 전개는 자율적인 과정의 한계를 드러냈다. 상황 개선은 단지 아주 점진적이고 작은 규모로 나타났다."[21]*

작은 프로젝트 큰 효과

앞에서 언급한 대규모 국가 단위 프로젝트 외에도 지난 몇 년 동안 민간 참여에 의한 소규모 프로젝트가 많이 있었다. 이 중 다수는 카카오 분야에서 확고하게 자리를 잡았다. 소규모 프로젝트의 구체적인 모습을 세 가지 예를 통해 살펴보도록 하자.

가나의 쿠아파 코쿠 조합

1990년대 초까지 가나에서 카카오 판매는 전적으로 정부의 통제 아래 있었다. 1992년 경제체계 자유화를 통해 민간 기업의 건립을 허용하기 시작했다. 그해 4월 나나 프림퐁 아브레브레세의 주도로 카카오 농민공동체가 쿠아파 코쿠 조합(Kuapa Kokoo Union)을 설립해 본부를 쿠마시에 두었다.[22] 이 프로젝트는 농민들이 카카오 판매에 직접 관여해 생활 조건을 개선할 수 있도록 만드는 것이 목표다. 쿠아파 코쿠는 지역 언어인 트위말로 '좋은 카카오 농부'라는 뜻이다.

처음부터 쿠아파 코쿠는 네덜란드와 영국의 비정부기구로부터 재정과 전문지식을 지원받았다. 1995년 조합은 처음으로 공정무역 인증을 받았으며, 같은 해에 유럽 공정무역 업체에 카카오를 공급하기 시작했다.

이 조합의 농부들은 쿠아파 코쿠 유한무역회사 주주이기도 하다. 하지만 카카오 수출은 주로 정부 지주회사인 코코아마케팅컴퍼

---

* 인용문은 연구보고서 작성자의 발언이다(쥐트빈트 협회의 2010년 12월 14자 보도자료).

가나 공정무역 프로젝트에서 일하는 여성이 잘 익은 카카오를 수확했다.

•

니를 통해 이루어진다. 현재 농민 약 5만 명이 쿠아파 코쿠에 가입했다. 그들은 2008년 카카오 3만 5천 톤을 생산했는데, 이는 가나 전체 생산량 5퍼센트에 달한다. 이들에게 카카오 재배는 제일 중요한 수입원으로, 전체 수입의 95퍼센트를 차지한다.

카카오 외에도 바나나, 카사바, 참마, 옥수수, 야자 등 각종 과일을 재배하지만, 주로 자급용으로 소비하거나 지역 시장에서 거래한다. 쿠아파 코쿠에서 지원하는 추가 프로젝트는 여성들에게 자신만의 수입을 확보하도록 돕는데, 카카오 껍질을 비누로 가공해 지역에서 판매하는 것이다. 조합은 공정무역 업체뿐 아니라, 영국의 초콜릿 회사 디바인 초콜릿(Divine Chocolate)에도 원료를 공급한다.[23]

도미니카공화국의 코프로아그로 조합

도미니카공화국 카카오 재배농민들이 1984년 설립한 코프로아그로(Cooproagro, Cooperativa de Productores Agropecuarios, 농축산생산자조합)[24]는 카카오 생산자 전국연합체인 코나카도(Conacado)를 만들었다. 코프로아그로 농민들은 2007년 중반까지 코나카도를 통해 유기농 카카오를 판매했다. 2007년 그들은 자체 조직을 결성했는데, 15개 분과 조합으로 구성된 이 조직에 농민들 1천 400여 명이 가입했다. 수확이 끝나면 농민 중 일부만이 직접 카카오를 발효시키고, 전체 농민 중 4분의 1은 발효시키지 않은 카카오 원두를 코프로아그로에 판매한다. 가공과 수송, 수출은 조합이 맡는다. 현재 코프로아그로는 연간 카카오 920톤을 생산한다.

공정하게 거래된 카카오 판매를 통한 추가 수입은 주로 조합의 인프라나 카카오 질 개선을 위해 투자하는데, 예를 들면 도로를 보수하거나 교량을 건설한다. 또 어느 분과 조합에서는 가정에 전기를 공급하고, 마을회관을 재건축하거나 학교 식당을 짓고 학교를 보수했다.

농민들은 수출을 위한 카카오 외에도 자급용으로 바나나, 레몬, 감자, 각종 채소를 재배한다. 과거 이 지역에서는 커피를 상당량 재배했지만, 가격이 계속 하락하면서 점차 카카오 재배로 대체하고 있다.

에콰도르의 칼라리 조합

에콰도르 아마존 저지대에는 어떻게 하면 카카오 재배농민들 생활이 개선될 수 있는지를 잘 보여 주는 사례가 있다. 잡지 〈GEO〉르포 기사는 현지 원주민 세사르 다우아(53세)가 조합에 가입한 후 삶이 어떻게 달라졌는지 전했다.

"카누 한 척, 찬장으로 쓰는 고물 전기오븐 한 대, 땅 위에 기둥을 박아 공중에 떠 있는 초가 한 채, 부모 때부터 경작했던 나포 강 중간 섬에 있는 땅(100×200미터)이 그가 가진 재산 전부다. 바나나, 구아바, 파파야, 카사바로 이루어진 숲에 위치한 이 땅에 다우아에게는 가장 값진 것이 있다. 200개나 되는 어른 키만 한 가지에 진홍빛 열매가 달린 나무 한 그루가 그것이다.

세사르 다우아는 높이가 4미터 정도 되는 나무를 가리키며 이렇게 말했다. '이 나무를 저희 어머니께 바칩니다. 어머니께서 심은 나무거든요.' 다우아의 부모도 매년 2~3월에 이 열매를 수확해, 옅게 레몬 향이 나는 우윳빛 과육에서 원두 3다스를 발라내 시장에 내다 팔았다. 다우아는 중간 상인들에게 받는 카카오 수익만으로는 가족을 먹여 살리기 힘들어 30년 동안 집에서 다섯 시간 보트를 타고 가야 하는 핀카에서 기름을 운반하며 돈을 벌었다.

하지만 2년 전부터 상황이 달라졌다. 세사르 다우아는 칼라리 조합(Kallari-Kooperative)에 가입했다. 조합 사무실과 거래소는 카카오 재배농인 그에게 세계시장으로 나가는 관문이다. 칼라리 조합은 크리스티안 아슈반덴스 펠흘린(Christian Aschwandens Felchlin) 주식회사와 장기간 독점 계약을 체결했다. 이 스위스 초콜릿 회사는 조합원들에게 일반 가격보다 두 배나 높은 가격을 보장해준다. 세사르 다우아는 이제 중간상이 아니라 산디아 마을에 있는 칼라리 조합 집산지로 원두를 넘긴다."[25]

이상 세 가지 예는 각 조직과 새로운 조합 형태를 통해 카카오 재배농민의 생활 조건이 개선될 수 있으며, 아주 작은 변화도 도움이 된다는 것을 잘 보여 준다. 전 세계 전문가들은 이구동성으로 아동노동 문제 해결은 가족들에게 경제적인 대안을 제시할 때만 가능하다고 말한다. 아동노동은 대부분 가난에 의해 야기된 것이다. 따라서 해결책은 지속적인 경제성장에 있으며, 이를 통해 사회적 진보와 빈곤 감소, 보편적인 교육을 이끌어야 한다는 것이다.[26]

새로운 길에서 내딛는 첫 걸음, 공정한 초콜릿 산업

지난 몇 년간 행동주의자들은 카카오 재배국가의 상황이 거의 변하지 않았다고 비판하지만, 초콜릿 업계 대기업들은 새로운 프로젝트를 가동시켰다. 캐드버리(Cadbury)는 2009년부터 자사의 초코바 '대어리 밀크(Dairy Milk)'를 영국과 아일랜드에서 공정거래 초콜릿으로 생산한다. 네슬레(Nestlé)가 뒤를 이어 2010년 1월부터 '킷캣(KitKat) 초콜릿 바'를 이 두 나라에서 공정거래 초콜릿으로 생산하기로 했다.

다른 초콜릿 업체도 지속가능성이라는 새로운 경향을 좇아 자체 프로젝트를 실시한다. 스위스 회사 바리 깔레바우트(Barry Callebaut)는 2005년 9월 코트디부아르 자회사와 공동으로 47개 농민 조합을 위한 장기 조직을 출범시켰다. '품질 파트너'라는 프로젝트를 중심으로 한 이 프로그램은 카카오 농장과 원두 질 향상을 지원해 농민들과 그 가족의 생활환경 개선을 목표로 한다.[27]

이 기업은 다른 프로젝트도 벌이고 있는데, 지역 조합에서 운영하는 프로그램을 통해 아동노동 문제점에 대해 경각심을 일깨운다. 2008년 바리 깔레바우트는 탄자니아 바이오랜드(Biolands)의 지분 49퍼센트를 인수했다. 바이오랜드는 유기농 인증 카카오를 수출하며, 아프리카에서 규모가 가장 큰 수출업체 중 하나다.

바리 깔레바우트는 또 카카오 원두 껍질을 이용해 에너지를 얻는 사업을 진행 중이다. 현재 코트디부아르, 가나, 카메룬, 브라질에 가동 중인 공장 5곳에서 카카오 원두 껍질을 태워 필요한 에너지를 60~100퍼센트까지 얻는다.[28]

2011년 1월부터 바리 깔레바우트는 자사 대표 상품인 최고급 벨기에 초콜릿 4종에 대해 공정무역 인증마크를 붙인다. 이 상품은 제과점이나 쇼콜라티에를 위한 가공용 초콜릿이다.

크래프트 푸드(Kraft Foods)는 2005년부터 열대림보호연합, 독일 개발지원조직(독일 국제협력기구), 미국 국제개발처, 카카오 거래업체 아르마하로(Armajaro)와 공동 협력해 코트디부아르에서 지속가능한 카카오 재배를 지원한다. 2010년부터는 열대림보호연합의 인증마크를 받은 초콜릿으로 코트도르(Côte d'or)와 마라보(Marabou) 두 가지 브랜드를 생산한다. 2012년까지 이 기업은 전 제품에 인증마크를 받은 농장 원두만을 사용하기로 했다.[29]

열대림보호연합은 1987년 창립했으며 국제적인 공익 환경단체다.[30] 종 다양성을 보존하고 지속가능한 경제를 지원하는 것을 목적으로 한다. 또 카카오 재배농민들의 삶을 개선하고 아동노동을 막는 역할도 한다. 단체의 명시적 기준을 준수할 경우에만 열대림보호연합 인증마크를 발급하는데, 그 기준은 논란의 여지가 있다. 비난의 화살은 단체가 농민들에게 최소 구매가와 확정된 최소 임금도 보장해주지 않는다는 것으로 향한다. 게다가 내용물의 30퍼센트만 인증농장 원두를 사용한 상품에 대해서도 인증마크를 준다.[31]

하세스(Hachez)는 '아마존 야생 코코아'라는 브랜드로 지속가능한 상품 라인을 제공한다. 야생 카카오 종 발견 이후 하세스는 야생 카카오가 사용되었다는 것을 인증하는 열대림보호연합과 협력하고 있다. 이 회사는 독일 국제협력협회와 공동으로 브라질에서 카카오 수확과 가공을 위한 인프라를 구축했다.[32]

린트&슈프륑글리(Lindt&Sprüngli)는 2008년 코코보드 및 현지 단체와 협력해 '가나 트레이스블(Ghana Traceable) 프로젝트'를 시작했다. 이 프로젝트는 국내 카카오 판매 모델을 구축하고, 원두 역추적을 통해 판매망을 감독하며, 아동노동과 같은 폐해를 바로 적발하는 것이 목적이다.

이 프로젝트는 수확기 동안 고정된 카카오 가격을 보장해주는데, 이는 서아프리카 다른 나라보다 높은 편이다. 또 지역 재단으로 공급되는 카카오 원두에 대해서는 추가적인 보상을 해준다. 또한 이 프로젝트는 농민들 직업 교육과 위생 및 보건 시설, 교육 시설 등에도 재원을 투자한다.[33]

마르스(Mars)는 2009년 의무규정을 마련해, 2020년까지는 전적으로 지속가능한 생산 과정을 거친 카카오만을 가공하기로 했다. 이 같은 목표를 달성하고자 마르스는 열대림보호연합, 우츠 인증프로그램과 파트너십을 맺었다.[34] 이를 통해 초콜릿 바 발리스토(Balisto)를 2011년부터 우츠 인증을 받은 초콜릿으로 생산하기로 했다.

2007년 우츠 인증프로그램은 카카오에 인증제를 도입했다. 2011년부터는 시장에서 우츠 인증마크가 붙은 초콜릿을 만날 수 있다. 이 마크는 지속가능한 카카오 재배 및 생산을 했다는 것과 산지 추적이 가능하다는 것을 말한다. 또한 농업과 거래에서 선의의 실천, 사회적 기준 및 생태 기준을 준수한다는 것은 말할 것도 없다.[35]

초콜릿 회사 리터(Ritter)는 1990년부터 니카라과에서 민간 개발 프로젝트인 코코아니카(Cocoanica)를 지원한다. 이 프로젝트는 독일의 본에 위치한 개발원조단체인 프로 문도 후마노(Pro Mundo Humano) 협회가 진행한다. 2000년에는 카카오 재배농민들이 처음으로 유럽연합의 유기농 인증을 받았다. 또 2002~2004년까지 독일 기술협력협회가 민관 파트너십의 일환으로 이 프로젝트를 동반 지원했다.

코코아니카 프로젝트는 2007년부터 독일 개발청(DED)의 지원을 받는다. 게다가 농촌공동체개발 및 다양화협회(ADDAC)가 유기농 카카오 재배농민에게 자문 지원을 한다. 2002년 니카라과의 첫 번째 유기농 카카오가 리터 사가 위치한 발덴부흐로 들어왔다. 리터 사가 유기농 카카오에 지불하는 공정한 가격 덕분에 현재 5개 조합이 카카오니카 프로젝트에 참여하며, 해마다 유기농 카카오 약 250톤을 공급한다. 2008년 봄부터 카카오니카 프로젝트의 카카오로 생산된 스포츠 유기농 초콜릿이 시장에 나왔다.[36]

쇼콜라티에 요제프 초터가 경영하는 오스트리아 초터 초콜릿

(Zotter Schokoladen Manufaktur)은 2004년부터 오스트리아 공정무역의 고정 파트너다. 이 회사는 공정무역을 통해 유기농으로 재배된 카카오와 사탕수수 같은 원료를 구매한다. 회사의 모든 제품은 공정무역 초콜릿으로 생산된다.[37]

이처럼 많은 노력에도 불구하고, 여전히 창궐하는 아동 인신매매와 아동노동에 대한 보도를 보면 아직 해야 할 일이 많다.[38] 물론 이런 보도와 언론 기고문들이 몇몇 세부적인 부분에서 논란의 여지가 없지는 않지만, 카카오 재배국가들 상황이 여전히 근본적으로 개선되지 않았다는 것은 분명하다.

상황을 바꿀 책임은 초콜릿 업계에만 있는 것은 아니다. 소비자도 책임을 분담할 수 있다. 미래에 어떤 초콜릿을 즐길 것인지 결정하는 사람은 소비자기 때문이다. 그리고 소비자는 자기가 즐겨 먹는 초콜릿에 쓰이는 카카오가 어디서 오는지, 그곳 카카오 재배농 상황은 어떤지 문의할 수 있다. 친환경적이고 상식적이며, 지속가능한 방식으로 생산된 제품에 대한 수요가 계속 늘어나면, 이에 따른 부가가치가 카카오 재배지역의 농민과 그 가족에게 돌아갈 가능성도 커지는 것이다.

주 ─────

1) Gillies 2009, 26쪽
2) www.worldcocoafoundation.org/learn-about-cocoa/cocoa-facts-and-figures.html
   2011.4.20
3) Hütz-Adams 2009, 7쪽
4) Schmidt-Kallert 1995, 55쪽 이하

5) Hütz-Adams 2009, 11쪽

6) Nimmo 2009, 19쪽

7) www.ilo.org/public/german/region/eurpro/bonn/kernarbeitsnormen/index.htm 2011.04.20

8) 7)과 같은 페이지, 같은 날

9) Obert&Rosenthal 2009, 68쪽

10) ITTA 2002, 14쪽 이하

11) www.harkin.senate.gov/s.a.Harkin-Engel-Protokoll 2001

12) www.cocoainitiative.org

13) Hütz-Adams 2009, 46쪽 이하

14) Payson Center 2011, 72쪽 이하/Hütz-Adams 2009, 51쪽 이하

15) ILAB 2009, 99쪽과 151쪽

16) www.harkin.senate.gov/pr/p.cfm?i=319199 2010.1.03

17) www.worldcocoafoundation.org

18) www.gtz.de/de/weltweit/afrika/cote-d-ivoire/8046.htm 2010.1.04

19) www.gtz.de

20) gtz. 2009

21) Hütz-Adams 2010

22) www.kuapakokoo.com

23) Hütz-Adams 2011, 36쪽

24) www.cooproagro.org / www.gepa.de/p/index.php/mID/4/lan/de. Download Cooproagro 2011.4.20

25) Willenbrock 2006, 142쪽

26) www.ilo.org/public/german/region/eurpro/bonn/kernarbeitsnormen/index.htm 2011.4.20

27) www.barry-callebaut.com/ Download Cabosse 2008/2009, 14쪽

28) www.barry-callebaut.com/ Download Cabosse 2008/2009, 2쪽 2011.4.20

29) SG 12/ 2009, 20쪽 / [www.kraft-foods.de/kraft/page?siteid=kraft-prd&locale=dede1& PagecRef=3047&Mid=3047/ Download Kakaobroschüre 2010.1.09

30) www.rainforest-alliance.org

31) Himmelreich 2010

32) www.hachez.de 및 www.regenwald-institut.de/deutsch/index.html 2011.04.20 / SG 11/ 2009, 42쪽

33) Chocoladenseiten, 2009, 5쪽 / (www.lindt.com/de/swf/ger/das-unternehmen/social-responsibility/

34) www.mars.de

35) www.utzcertified.org

36) www.ritter-sports.de/#/de_DE/company/cacaonica 2011.4.20

37) www.zotter.at/de/das-ist-zotter/fairer-handel.html 2011.4.20

38) Obert&Rosenthal 2009, 74쪽/ 2010년 미키 미스트라티의 독일 공영방송(ARD) 프로그램 내용 참조

4장

카카오,
세계무역 품목

값진 화물, 카카오의 머나먼 여정

세계 카카오 수확량 3분의 2 이상이 서아프리카에서 생산되지만, 원두 가공과 초콜릿 소비는 여전히 북미와 유럽에서 주로 이루어진다. 지난 몇 년간 카카오 생산국 중 몇 나라에만 자체 카카오 가공 및 초콜릿 생산 시설이 건설되었다. 물론 그것도 대개 거대 국제 콘체른*의 지휘에 따른 것이다. 그 예로, 스위스 초콜릿 회사 바리 깔레바우트가 브라질 상파울루 근처에 건립한 초콜릿 공장이다. 앞으로 상황이 달라질지 지켜볼 일이지만, 여전히 카카오를 통한 가치 창출은 서구 산업국가에서 이루어진다.

하지만 카카오 재배국가 가운데 카카오 재배뿐 아니라, 자체적으로 원두 가공과 초콜릿 생산까지 하는 나라의 기업도 있다. 대부분 조합 형태의 소규모 기업들이며, 그리 크지 않은 시장을 겨냥한다. 가장 잘 알려진 예는 볼리비아의 카카오 조합 엘 세이보(El Ceibo)며, 그 시작은 60년대로 거슬러 올라간다.

당시 볼리비아 정부는 고지대 농부와 광부들을 아마존 강 지역에 정착시키고 카카오 재배에 필요한 토지와 농기구, 종자를 제공

---

* 국제적으로 확대된 큰 자본 밑으로 정리·지배되는 기업의 경제적 독점 형태를 말하며, 외국에 지점을 설치할 필요가 있을 때나 보호 관세를 피해 외국에 회사를 세울 필요가 있을 때에 이루어진다. 석유업, 전기 공업, 화학 공업 따위에서 흔히 볼 수 있다.

했다. 농부들은 카카오 재배 경험도, 지식도 없었기 때문에 처음에
는 제대로 결실을 거두지 못했다. 1977년 조합이 결성되고 나서야
상황이 달라졌다. 조합이 생기자 운반 차량도 구매할 수 있었고, 카
카오 가공 설비도 갖췄다.

현재 엘 세이보는 라 파즈 인근 엘 알토에서 자체 카카오 분말
생산 공장을 운영하며,[1] 자체 초콜릿도 생산한다. 제품은 두 가지 계
열로, 다크 초콜릿과 음용 초콜릿이다. 음용 초콜릿은 뜨거운 물에
녹여 마시는 것으로, 압축시킨 초콜릿 판으로 판매한다. 조합은 자
체 초콜릿 제품을 대부분 해외로 수출하지만, 내수 시장에도 해마
다 전체 생산량 3분의 1을 판매한다.

엘 세이보의 예는 카카오 재배와 판매의 어려움과 가능성을 동

●
카카오가 먼 길을 떠나기
전, 무게를 단 뒤 포장한다.
카카오는 주로 서구 산업국
가에서 가공, 소비한다. 이
사진은 가나 쿠아파 코쿠 조
합에서 제공한 것으로, 소농
약 4만 5천 명이 공정무역의
혜택을 보고 있다.

시에 보여 주는 매우 좋은 사례다. 또 다른 경제작물인 커피나 차와 명확히 구분되는 카카오 재배의 특수한 사정도 잘 보여 준다. 대개 카카오는 소농이 재배하는데, 연간 생산량이 많은 경우 100킬로그램 미만이다. 이들에게 카카오는 하루하루 필요한 물품을 구매할 수 있는 아주 중요한 수입원이다. 농민들은 가족을 먹일 식량으로 여러 가지 다른 작물도 재배한다.

카카오는 소농이 재배하지만, 거래는 국제 무역조직을 통해 이루어지므로, 이 과정에서 여러 문제가 발생한다. 우선 수확과 첫 번째 가공 과정이 끝나면 산지사방에 흩어진 작은 농장에서 무역상과 수출업자들이 운영하는 집산지로 원두를 어떻게 모을지가 문제다. 왜냐하면 원두를 집산지에 모아야 가장 가까운 항구로, 최종적으로

근처 거래상으로 이동 중인 카카오 소농들. 사방에 흩어진 경작지에서 거래상과 수출업자 집산지까지 이르는 길은 멀고도 불편하다.

는 북반구 카카오 가공 국가들로 운송할 수 있기 때문이다.

주로 생산지에서 집산지에 이르는 경로에서 다양한 문제가 생긴다. 수송 수단이 미비하고 도로 사정도 열악하며, 기후 상태도 좋지 않지 않은데다가 수송 경로도 길어 간혹 카카오가 상한 상태로 목적지에 도달하기도 한다.

원두는 생산자와 거래상을 통해 큰 외항에 위치한, 유럽이나 북미로 원두를 선적하는 수출업체에게 운반된다. 앞에서 언급했듯이, 카카오 재배농민 상당수는 카카오 판매 수입에 크게 의존한다. 또 카카오 재배가 가족의 유일한 수입원인 경우도 많다. 농민이 가진 수송 수단이 결국 자신이 받게 될 원두 가격을 결정한다. 작은 배와 자전거 혹은 짐을 나르는 짐승 밖에 없다면, 근처의 거래상에 원두를 넘길 수밖에 없다. 이것은 거래상이 제시하는 가격을 받아들여야 한다는 것을 뜻한다.

대개 소농들은 카카오 가격이 천차만별이라는 것을 알지 못한다. 아프리카 여러 국가에서는 과거에 정부가 카카오 가격을 묶어놓았지만, 이제 소농들은 라디오나 신문을 통해 카카오 가격에 대한 정보를 얻어야 한다. 하지만 소농들 대다수가 글자를 모르거나 라디오가 없기 때문에 실제 그럴 가능성은 전혀 없다.

이런 불리한 여건을 해결하고자 지역 곳곳에서 소농들이 조합을 결성해 화물차를 구매했다. 그들은 이런 식으로 카카오 거래에서 자신들의 입장을 근본적으로 개선했다. 예를 들어 코트디부아르 카카오 조합 카보키바(Kavokiva)는 1999년 조합을 설립한 다음, 바로 트럭 몇 대를 구매하고 열악한 도로 보수에 나섰다. 그래야 주변에 흩어진 농민들의 수송망이 확보될 수 있기 때문이다. 현재 조합 차량은 원두 수송뿐 아니라, 환자 수송용이나 여행객들 이동을 위해 쓰이기도 한다.[2] 조합은 직접 원두를 수송해 남는 이윤을 도로나 학교, 병원에 투자하는데, 이는 전체 지역이 수혜를 받는 것을 보여 주는 좋은 예다.

서아프리카에서는 거래상이 직접 카카오 재배농장을 방문해 카카오를 거둬 가는 일이 많다. 중간 거래에는 시리아와 레바논 상인이 중요한 역할을 한다. 1920년대에 시리아 인과 레바논 인이 서아프리카로 많이 이주해와, 현지 경제활동에 상당한 몫을 차지한다. 1950년대의 경우 가나에서는 카카오 수출 5분의 2가 시리아 회사들을 통해 이루어졌다.[3]

가공 전 단계 카카오는 거래상이나 수출업자 손을 거쳐 카카오 가공 국가로 옮겨 간다. 여러 해 전부터 카카오 해외 운송은 쉽게 변질될 수 있는 물품을 전문으로 취급하는 특정 기업이 전담한다. 카카오 원두뿐 아니라 카카오 매스나 카카오 버터 같은 반가공제품도 이런 품목에 속한다.

습도가 높은 열대지방에서는 카카오가 쉽게 상하기 때문에 습한 기후에 장기간 보관하는 것은 절대 금물이다. 그래서 카카오 원두는 보통 수확한 다음 바로 선적한다. 수분 함량이 6퍼센트를 넘으면 곰팡이가 필 수 있으므로, 원두 운송 수단은 건조해야 한다. 또 운송 도중에도 기온과 습도의 변화가 심하면 안 된다. 따라서 가능한 차고 건조하게 저장해야 하며, 충분히 환기해야 한다.

특히 겨울을 포함한 반년 동안은 이른바 '컨테이너의 땀'이라고 불리는 응결수로 인해 카카오 원두가 쉽게 상할 수 있다. 이 물방울은 밤과 낮의 큰 온도 차로 인해 생긴다. 밤에 온도가 급격히 떨어

밤과 낮의 큰 기온 차이로 운송 컨테이너 내부에 응결수가 생기기도 한다. 특히 겨울을 포함한 반년 동안은 운송 중에 카카오 원두가 자주 상한다.

지면 컨테이너 내부의 따뜻한 공기가 응결된다. 그러면 카카오 원두가 축축해지며 상한다. 이를 막으려면 선적하기 전에 컨테이너를 철저히 청소하고 건조시켜야 한다. 그밖에도 컨테이너에 종이나 응결 방지용 비닐을 씌워 물기를 빨아들이게 해 예민한 원두를 보호한다. 가장 좋은 해결책은 통풍 장치가 달린 컨테이너로 원두를 운송하는 것이다. 하지만 이 방식은 비용이 너무 비싸 잘 이용하지 않는다.

습기 말고도 나방, 개미, 쥐며느리 등 해충 피해도 큰 골칫거리다. 이를 해결하려고 원두에 가스를 살포하기도 한다. 좀약도 사용하는데, 문제는 원두 포대에 몸에 해로운 좀약 가루가 앉을 수 있다는 점이다. 혹여 곰팡이가 피기라도 하면 원두 질은 현저하게 떨어진다. 몇몇 곰팡이 버섯은 강한 독성을 띠기도 한다.[4]

운송 도중 카카오 원두가 재발효될 수 있기 때문에 선박이나 부두 노동자들은 늘 주의해야 한다. 이 과정에서 컨테이너에 이산화탄소가 발생하는데, 심한 경우 노동자들이 질식사할 수도 있다. 이를 막으려고 저장실에 들어가기 전 가스를 측정한다. 가스 발생 외에도 높은 온도와 산소 유입 차단과 같은 특정한 외부 조건에서는 원두가 자체 발열해 불이 붙기도 한다. 이런 여러 가지 난관을 생각하면, 원두가 최종 소비 국가에 이르는 먼 여정에 얼마나 많은 문제점이 있는지 잘 알 수 있다. 종종 운송 중의 문제로 카카오 질이 눈에 띄게 나빠지기도 해서 원두 수입상이 추가로 가격을 낮추는 일도 벌어진다. 드문 경우지만, 카카오 일부나 전체 선적 분량이 해상 운송 도중 분실되기도 한다.

효율적인 해상 운송을 위해 몇십 년 전부터 이른바 바코-라이너(Baco-Liner)라는 특수 선박이 이용된다. 이 배는 선적과 하적 사이의 기간이 긴 서아프리카 항구의 어려운 상황을 고려해 개발되었

카카오를 운송할 때는 일반 컨테이너 선박 외에 특수한 선박을 이용한다.
바코-라이너는 선체 내부에 화물을 실은 보트 12척을 수용할 수 있다.
덕분에 선적과 하역 시간을 단축할 수 있고 만선인 항구 외곽에서도 작업이 가능하다.

다. 배 길이는 200미터가 넘으며, 선체에는 무동력 보트 12척을 수용할 수 있다. 각 보트의 길이는 24미터고, 보트 한 척당 카카오 800톤을 선적할 수 있다. 보트를 수용하고자 뱃머리 쪽을 여닫을 수 있게 했으며, 배 선체로 물이 들어오도록 했다. 보트가 모선 선체에 들어오면, 펌프로 물을 빼낸다. 그러면 항해가 시작된다.

바코-라이너를 이용하면 항구에 머무는 시간이 눈에 띄게 줄어든다. 이 배는 보트 3세트를 갖추는데, 한 세트는 선적항에, 또 한 세트는 모선 갑판에, 나머지 한 세트는 하역항에 둔다. 바코-라이너가 항구에 들어오면, 보트들이 한 척씩 하역터미널로 이동한다. 보트 한 척당 노동자 10~15명이 하역 작업을 한다. 보트 한 세트가 하역을 끝내면, 모선은 이미 두 번째 세트를 받아들여 다시 바다로 나갈 채비를 갖춘다.

보트가 독자적으로 짐을 싣고 부릴 수 있기 때문에 늘 만선인 서아프리카 항구에서 출항 지연을 막을 수 있다. 게다가 부두 시설 외부, 즉 항구 앞이나 강 하구에서도 선적과 하역이 가능하다. 바코-라이너의 운항은 다른 화물선과 마찬가지로 정확하게 운항시간표에 따른다. 서아프리카 카카오 선적항에서 함부르크까지는 평균 열흘이 걸린다.[5]

바코-라이너가 서아프리카에서 카카오를 운송할 때 여러 장점이 있지만, 연간 운송량에서 이 특수 선박이 차지하는 분량은 아주 적다. 카카오는 대부분 컨테이너선을 통해 다른 물품 운송과 같은 방식으로 운송된다.

선박을 이용한 카카오 운송에는 여러 방식이 있다. 전통적으로 카카오 원두는 포대에 담아 운송되었다. 이 경우 카카오는 60~70킬

카카오 원두는 전통적으로 포대에 담아 선박으로 운송된다.
하지만 최근에는 비용 때문에 점점 포장하지 않은 상태(벌크)로 대량 운반된다.

●

로그램씩 황마나 사이잘(Sisal) 삼으로 만든 포대로 포장하는데, 당연히 손이 많이 간다. 우선 포대에 담아 포장했다가 나중에 하역이 끝나면 다시 포장을 풀어야 하는 등 일손도 많이 가지만, 무엇보다 시간이 많이 든다.

손이 덜 가고 속도가 빠른 운송 방식은 몇 년 전부터 자주 이용되는 벌크 방식이다. 벌크는 포장하지 않고 배에 쌓아 놓은 화물을 뜻하는 영어 표현이다. 원두를 컨테이너에 싣거나 그대로 배에 실어 운송하므로, 손이 많이 가는 포장 및 포장 제거 작업이 생략되어 시간과 비용을 상당히 절감할 수 있다. 물론 이렇게 운송하면 원두가 해충의 피해를 볼 위험이 상대적으로 크다. 그리고 통풍이 어려

포장하지 않은 채로 카카오 원두를 운송하는 방식을 벌크 방식이라고 한다.

•

워 앞서 말한 대로 원두가 습기로 인한 피해를 입을 수도 있다.

유럽 항구에 카카오가 도착하면

함부르크 항구는 유럽에서 암스테르담 다음으로 큰 카카오 하역장이다. 독일의 다른 항구와 비교해 월등한 차이를 보인다. 2010년 카카오 약 21만 2천 톤이 함부르크 항을 통해서 독일로 들어왔다. 이것은 독일 전체 카카오 수입량 3분의 2에 해당된다. 다른 독일 항구도시들은 카카오 수입만 놓고 보면 그 역할이 미미하다.

브레멘 항은 같은 해에 카카오 약 4천 톤을 받았다. 양도 많지 않은데 왜 여전히 이 항구를 통해 카카오를 받는지 의문이 생길 수 있다.[6] 1890년 요제프 에밀 하세스와 구스타프 린데가 설립한 하세스(Hachez) 초콜릿 공장을 시작으로, 지난 150년간 이 도시와 그 주변에 초콜릿 공장들이 들어섰기 때문이다. 앞으로도 브레멘 항에는 하세스 공장을 비롯한 다른 초콜릿 업체들의 수요 때문에 적은 양이라도 계속 카카오가 들어올 것이다.

유럽 항구에 카카오 원두가 도착하면 우선 검수 절차를 거치고 저장된다. 샘플 검수는 운송 과정에서 원두가 변질되었는지 여부를 살핀다. 중요한 기준은 원두의 습도 함량으로, 하역 항구에서 대략 6퍼센트가 되어야만 저장 시 습도로 인한 피해를 입지 않는다. 경우에 따라서는 하역 항구에서 목적지까지 운송이 오래 걸릴 수도 있어, 원두는 하역 이후 차고 건조한 상태로 보관되어야 한다. 그밖에도 저장 중에 해충의 피해를 입을 위험도 있다.

함부르크 항에서 카카오 원두의 하역, 저장, 추가 운송은 화물 검수회사가 맡는다. 과거 검수원들은 창고에서 도르래를 이용해 카카오 포대를 차곡차곡 쌓는 일을 했다. 육체적으로 무척 고된 일이기에 네 명이 한 조가 되어 일했는데, 거기서 검수원을 칭하는 독일어 '네 사람(Quatiersleute, 라틴어 quartus는 넷을 뜻함)'이 유래했다. 현재 검수원들은 현대식으로 지어진 일층 창고에서 일하며, 크레인, 불도저, 컨베이어 벨트를 이용한다.

함부르크에서 가장 오래된 검수회사 중 하나가 1890년에 창립한 H. D. 코데렐(H. D. Cotterell)이다. H. D. 코데렐 사에는 종업원이 60여 명 있으며 연간 카카오 수만 톤을 취급한다.[7] 카카오 원두를 저장하려면 무엇보다 부지가 커야 한다. 이 회사는 원두를 보관

● H. D. 코데렐은 함부르크 항에서 가장 오래된 검수회사 중 하나다.
1890년 창립해 카카오 원두의 하역, 저장, 추가 운송 등을 한다.

● 함부르크 항구 보관 창고. 보통 카카오 원두는 1년 혹은 그 이상까지 보관한다. 오래 보관하는 이
유는 초콜릿 업체들이 우선 매입을 통해 가격 변동이나 추가물량 변동에 대한 대비다.

하고자 특수한 청결장치를 갖추고 있으며, 2010년 4월부터는 카카오 매스 액화설비도 도입했다. 이 장치를 이용해 회사는 카카오 매스를 액체 상태로 만들어 초콜릿 회사에 공급한다. 이런 식으로 카카오 매스는 전 단계 가공을 거치지 않고 바로 초콜릿이나 카카오 함유 제품으로 가공된다.

부두 노동자들은 카카오 포대를 운송하고 다룰 때, 여러 가지 도구를 사용한다. 제일 중요한 공구는 북부 독일어로 '그리펜 (Griepen)'이라고 불리는 포대용 갈고리로, 나무 손잡이에 날카로운 발톱 모양으로 구부러진 뾰족한 금속 갈고리가 두 개 달린 도구다. 부두 노동자들은 대부분 이 도구를 사용한다.[8]

카카오는 황마나 사이잘(Sisal) 삼으로 된 포대에 담겨 함부르크의 저장 창고에 보관된다. 이 재질의 포대가 카카오 저장에 안성맞춤인 이유는 섬유 결이 수분을 흡수해 습도 조절에 좋기 때문이다. 하지만 주의해야 할 점도 있는데, 카카오 포대로 석유 제품을 취급하면 안 된다. 간혹 그런 일이 발생하면 당연히 석유가 카카오에 영향을 미쳐 질을 떨어뜨린다. 포대에 보관하는 방법 외에 벌크식 보관도 널리 이용된다. 이 방식은 카카오 원두 낱알을 대량으로 쏟아 부은 상태로 보관하는 것이다.

종종 원두를 1년 정도 보관할 때도 있다. 초콜릿 업계가 원두를 오래 보관하는 이유는 물량을 미리 확보해 가격이나 추가수요 변동에 대비하기 위해서다. 심지어 20년 이상 보관하는 사례도 있다.[9] 장기간 보관은 가능하지만, 고가의 카카오는 특유의 향이 줄어들게 된다. 그러므로 운송과 마찬가지로 보관 역시 정확하게 기준을 준수해야 한다. 우선 원두는 건조하게 보관해야 하며, 후추나 야자 씨와 같은 강한 향신료와 함께 보관해서는 안 된다. 카카오 원두에 향신료 냄새가 배기 때문이다.

카카오 거래소와 화물 검수회사, 카카오 거래에 관련된 다른 기업들은 카카오 원료 거래에 참여하는 기업협회 아래 조직된다. 이 협회는 1911년 카카오거래상협회라는 이름으로 창립했다. 이렇게 카카오 거래상들은 강력한 초콜릿 업계에 대해 자신들의 입장을 굳건히 지키고 있다. 현재 카카오협회에는 28개 회원사가 있다. 회원사 중에는 전통적인 카카오 관련 업체 외에도 현재 카카오 업종에서 활동하는 서비스 업체들도 있다. 예를 들면 운송회사와 보험사들도 회원으로 활동한다. 협회 활동 중 특별한 행사는 1952년부터 4년마다 한 번씩 개최되는 '카카오-디너'다. 이 행사에는 정계, 재계, 행정계 인사 약 250명이 참석한다. 이 정례 회동은 관련자들이 정보와 경험을 교환하며, 새로운 관계를 맺고 기존 관계도 돈독히 할 수 있는 좋은 기회기도 하다.[10]

시험대에 오른 고급 상품 카카오

카카오는 농장에서 초콜릿 공장으로 이르는 과정에서 늘 품질 검사를 받는다. 첫 번째 검사는 원두 발효와 건조가 끝난 직후 재배 원산지에서 실시한다. 중간상을 통한 판매 시에도 원두를 검사한다. 최종 인수자에게 원두의 실제 질이 구매계약서상 품질 및 합의된 내용과 일치하는지는 대단히 중요하다. 그러려면 발효, 건조, 운송 과정이 완벽하게 이루어져야 한다.

원두 품질 검사는 함부르크 항구에서 무작위로 카카오 포대에서 추출한 샘플 조사를 통해 이루어진다. 이 작업은 샘플 검수원이 맡으며, 뾰족한 금속관을 포대에 찔러 넣어 샘플을 추출한다. 샘플 추출 때 생긴 포대 구멍은 저절로 다물어진다. 샘플 원두의 겉과 속을 면밀하게 검사하며 크기와 무게를 재고, 때에 따라서는 화학 분석을 하기도 한다.

원두 겉 상태를 보면 일차적으로 품질을 짐작할 수 있다. 원두 색은 최종 산물인 카카오와 초콜릿 외양을 결정하는 중요한 역할을 한다. 가공 과정에서 추가로 변색 작업을 할 수 있기는 하지만, 시간과 비용이 무척 많이 든다. 카메룬에서 생산된 원두는 붉은빛을 띠

가나의 카카오 협동조합 쿠아파 코쿠의 품질 검사 장면.
원두 속 색깔로 원산지와 발효 정도를 역추적할 수 있다.

지만, 동남아시아 원두는 오렌지색이다. 색깔 말고도 원두 크기가 균등해야 하는데, 그래야만 추후 기계 가공이 수월하다.

원두 속 상태는 절단 시험으로 검사한다. 특수 절단기로 카카오 원두 한 줌을 절단해 속 상태를 검사한다. 원두 속 색깔이 점판암 색, 보라색, 밝은 갈색 등 어떤 빛을 띠느냐에 따라 발효 정도와 원산지를 구별한다. 점판암 색과 보라색을 많이 띠는 원두는 발효가 충분치 않았다는 것을 말한다. 이 경우 구매자는 인도를 거부하고 가격 인하 협상을 벌일 수 있다. 또 원두의 수분 함량이 너무 높아서는 안 되므로 수분 함량도 검사한다.[11]

가능한 매년 카카오 원두의 질이 균일해야 하는데, 이는 초콜릿 생산자에게 대단히 중요하다. 물론 카카오 품질은 시기에 따라서나 한 국가 내에서도 매우 심한 편차를 보일 수 있다. 건조 과정을 너무 일찍 끝내거나 제대로 하지 않은 것이 주요 원인으로, 이럴 경우에는 곰팡이가 필 확률이 높아진다. 발효를 제대로 하지 않거나, 아예 하지 않은 경우도 원두에 부정적인 영향을 미친다.

그밖에도 세계시장의 가격 변동이나 생산 국가의 정치 상황 변화도 카카오 품질 악화로 이어질 수 있다. 분쟁지역의 질 낮은 원두가 다른 나라로 운송되어 고품질 카카오 원두와 섞이는 일이 자주 발생한다.[12] 이렇게 되면 특정 재배지역에서 거래 상품 전체의 질이 현저하게 떨어질 수 있다.

질이 낮은 원두는 일반적으로 발효 과정을 거치지 않은 점판암 색과 발효를 제대로 하지 않은 보랏빛 원두가 차지하는 비중이 비교적 높다. 물론 특정 초콜릿 생산업자가 이런 원두에 관심을 가질 수도 있다. 발효가 안 되거나 발효가 덜된 카카오 원두는 폴리페놀을 비교적 다량으로 함유하는데, 이것은 기능성 초콜릿 제품 생산에 꼭 필요한 성분이기 때문이다. 이 특수 제품은 건강에 효과가 있는 다른 내용물을 첨가해 만든다.[13]

원두의 용도에 따라 여러 가지 다른 검사를 실시하기도 한다. 우선 지방 함량, 지방 경도, 유리지방산을 조사하거나 지방융점을 측정하기도 한다. 마지막 두 수치를 살피면 카카오 원두가 성장한 기후조건을 알 수 있다. 유리지방산 함량이 높으면 병충해나 곰팡이 피해를 입은 카카오 원두를 발효했을 가능성이 높다.[14]

정해진 몇 가지 일반적인 기준을 제외하면 원두 질에 대한 요구는 초콜릿 제조업체에 따라 차이가 크다. 어떤 제조업체는 발효 안 된 원두와 쓴맛이 나는 원두를 어느 정도 허용하지만, 다른 업체는 절대 금지할 수도 있다. 카카오에 숨겨진 향에 대한 평가에서도 차이는 무척 크다.

일반적으로 초콜릿 제조업체는 자체적으로 카카오 향 평가단을 운영한다. 에콰도르 아리바는 풍부한 과일 향이 나고, 자바 카카오는 부드럽고 약간 견과류 향이 난다고 평가한다. 물론 향 검사는 볶는 과정을 거쳐 카카오 향이 완전히 형성된 완제품이나 반제품에 해당한다. 그 이전 향은 원두 건조와 발효 과정에서 형성된 것으로 진정한 향의 전 단계다. 현재까지 400여 개가 넘는 카카오 향이 알려지지만, 지금도 새롭게 발견되는 향이 있다.

일반적으로 초콜릿 제품에서는 향이 큰 역할을 하지 못하므로, 초콜릿 업계는 평균적인 카카오 향이면 충분하다는 입장이다. 그래서 특수한 향의 시장 점유율은 아직 미미하지만, 최근 들어 판매가 급상승한 고급 초콜릿의 경우에는 카카오 향이 미치는 영향이 대단하다.

소농에서부터 대형 기업까지, 국제 카카오시장

세계 카카오 생산량은 1960년 이후 꾸준히 증가했으며, 2007~2008년 수확기에는 약 374만 톤을 생산해 신기록을 세웠다. 전년도와 대비해 9퍼센트 증가한 수치였다. 생산하는 양보다 가공되는 양이 많으므로, 그 전해의 세계 카카오 재고량을 살필 필요가 있다. 2008년 말, 재고량은 156만 톤 정도였다.[15] 세계적인 금융·경제위기로 2008~2009년에는 처음으로 세계 카카오 생산량이 360만 톤으로 약간 감소했다.[16] 물론 이러한 하락세가 곧 다시 뒤집히리라는 것이 중론이다.

지난 몇십 년간 카카오는 거의 서아프리카에서 수확했으며, 현재도 전 세계 카카오의 약 70퍼센트를 서아프리카에서 생산한다. 1990년대 아프리카의 카카오시장 점유율은 대략 54퍼센트였다. 최근 아시아와 오세아니아를 합친 두 지역의 세계시장 점유율은 16.5퍼센트 정도며, 라틴아메리카가 매년 카카오 생산에서 차지하는 비율은 약 13.5퍼센트다.[17]

1960~80년대까지 카카오 수출은 아프리카 국가들의 절대적 수입원이었다. 그 이후로는 계속 카카오의 중요성이 감소하면서 원유와 같은 다른 원자재가 그 자리를 차지하고 있지만, 여전히 서아프리카 국가들에서는 카카오가 수출경제의 중요한 버팀목이다. 2003년, 코트디부아르에서 카카오 판매 수입은 전체 수입의 15퍼센트를 차지했고, 70만 명이 여전히 카카오 재배에 종사한다.[18]

과거, 카카오는 주요 수입원으로서의 중요성을 부정적인 방식으로 반복해서 증명했다. 2005년 11월 유엔위원회는 코트디부아르 카카오 전매청에서 이 나라 군비 5분의 1을 조달한다는 것을 밝혔다. 이 행정관청은 카카오 재배농민들에게 군비로 생산자가격 5분의 1을 요구했던 것이다. 거기다 농민들은 여타 세금과 관세, 반군의 도로 차단에 대한 통행료 등도 지불해야 했다.

2009년 유엔보고서도 똑같은 결론에 도달했다. 정부군과 반군 모두 카카오 거래 수입 대부분을 '불투명한 목적'을 위해 사용하며, 아주 미미한 부분만이 공공 재정에 보탬이 된다는 것이다. 보고서는 또 코트디부아르 카카오가 품질이 좋아 가격이 높은 가나 카카오로 둔갑하는 것도 밝혀냈다.[19] 코트디부아르는 카카오 수입이 분쟁지역의 재원 확보에서 어떤 의미가 있는지 여실히 보여 준다. 국제사회가 승인한 코트디부아르 대통령 알라산 와타라는 2011년 1월 반군 지도자 롤랑 그바그보의 주요한 자금원을 차단하려고 카카오 수출금지령을 내렸다.[20]

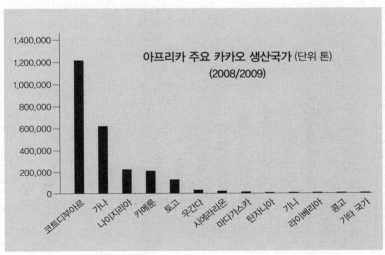

아프리카 주요 카카오 생산국가 (단위 톤) (2008/2009)

출처: 카카오 연합

코트디부아르는 30년 이상 세계 최대 카카오 생산국이었다.[21] 2008~2009년 카카오 1천 223만 3천 톤을 생산해, 가나와 함께 전 세계 카카오 생산량의 절반 이상을 차지한다. 아시아 최대 생산국은 49만 톤을 생산한 인도네시아며, 카카오 생산량 세계 3위다. 브라질은 15만 7천 톤을 생산해 세계 6위며, 라틴아메리카 최대 생산국이다.

카카오 수확량 대부분은 서구 산업국가로 유입된다. 수년 전부터 증가세를 보이는 초콜릿 소비로 카카오 소비는 계속 늘어나는 추세다. 생산국과 마찬가지로 카카오 가공 국가에서도 카카오 수입이 일정 정도 집중해서 나타난다. 전통적으로 네덜란드, 미국, 독일이 주요 카카오 가공 국가다. 흥미로운 것은 최근 개발도상국과 예비 선진국에서도 자체 카카오 가공량이 늘고 있다는 사실이다. 코트디부아르에서는 1992~1993년에 9만 5천 톤에 불과하던 가공량이 2008~2009년에는 41만 9천 톤으로 증가했다. 네덜란드에 이어 세계 제2위의 카카오 가공 국가가 되었으며 미국과 독일이 그 뒤를

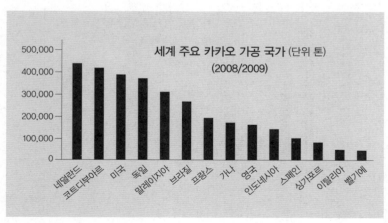

세계 주요 카카오 가공 국가 (단위 톤)
(2008/2009)

출처: 카카오 협회

잇는다.

앞으로는 카카오 생산 국가에서 직접 가공하는 양이 더욱 늘어 갈 것으로 전망된다. 그 이유는 산업국가에서 반제품에 대한 관세 장벽이 철폐되었고, 생산 가격이 하락했으며, 아시아와 라틴아메리카 성장 국가에서 초콜릿 수요가 늘고 있기 때문이다. 이런 배경으로 볼 때 주요 가공업체 입장에서는 카카오 생산 국가에 직접 투자하는 것이 수익을 더 많이 보장해준다. 이 지역에는 앞으로 추가 공장 건설이 계획되어 있다.

코트디부아르의 예에서 알 수 있는 것처럼, 앞으로 견고한 세계 무역체계가 다소 완화될 것으로 보인다. 코트디부아르는 단순히 원자재인 카카오 생산에만 국한하는 것이 아니라, 반제품 시장에서 차지하는 비율을 높이려 한다. 다른 생산 국가 역시 코트디부아르와 같은 방향으로 나아갈지는 지켜볼 일이다. 하지만 아직까지 초콜릿 생산은 산업국가의 수중에 있다.

앞에서 언급했듯이, 카카오 수확은 대부분 소규모 농장에서 이루어진다. 소농들이 세계시장에 거의 모습을 드러내지 못하는 이유는 수확물이 중간거래상을 통해 판매되기 때문이다. 카카오는 거대농장에서 재배되는 사탕수수, 커피, 차 등 여타 열대 경제작물과는 다르다. 서아프리카에서 대규모 카카오 재배농장은 찾아볼 수 없고, 과거에 있었다 해도 제2차 세계대전 이후 모두 사라졌다. 카카오 판매는 일찍부터 몇몇 대형 거래상이 지배했다. 따라서 소농들이 이런 거래 회사에 대항해 자신들의 주장을 관철하기란 늘 힘들었다. 한 가지 가능성은 조합 구매조직을 결성하거나 소비국에 직접 판매하는 것이었다. 하지만 갈등은 지속되었고, 거래소는 구매를 거부했

다. 1930년대 서아프리카 카카오 생산 국가에서 이러한 갈등이 정점에 다다랐다.[22]

제2차 세계대전이 끝나고 가나와 나이지리아 같은 몇몇 서아프리카 국가에서는 이른바 마케팅위원회(Marketing Board)가 결성되었다. 이 위원회는 수확물을 독점 구매해 가격과 수출량을 정하고, 경작에 대한 전문적인 자문, 살충제 공급 및 신용대출을 통해 소농들을 지원했다. 위원회는 농민들에게 여러 도움을 주려 했지만, 경영실패와 부패가 드러났다. 세계은행과 다른 기구들이 위원회에 국제적 압력을 가한 이후에야 이들 국가에서는 카카오 판매가 자유화되었다.[23]

마케팅위원회가 철폐되면서 판매 자유화는 이루어졌지만, 여기에는 두 가지 중요한 문제가 대두된다. 우선 카카오 재배농민들은 이제 직접 거래상과 가격협상을 벌여야 하는데, 당연히 이들은 런던이나 뉴욕 카카오 거래시장의 가격에 대해서는 모른다. 또 하나는 소농들이 더 이상 병해충 퇴치 약품 구매 보조금을 받지 못하므로, 이는 카카오 경작에 심각한 위협이 된다.[24]

소농에서부터 소비자까지
카카오 가격 형성 경로와 다양한 행위자들

카카오 생산자 → 중간 상인 조합 → 수출 업체 → 수입 업체 혹은 거래소 → 카카오 원료 가공 업체 → 초콜릿 제조 업체 → 도소매 업체 → 초콜릿 소비자

카카오 원두   카카오 생산물

카카오 원두 거래는 매우 복잡하며, 여러 단계에서 각기 다른 사람들이 관여한다. 국제 카카오시장에서 주요 구성원은 당연히 카카오 생산자다. 전 가족이 재배에 매달리는 소농 말고도 소작인과 임금노동자를 고용할 여건을 갖춘 중대형 농장이 있고, 일부 지역에는 초대형 농장도 있다. 이 모든 카카오 생산자가 서로 다른 물량을 가지고 세계시장에 등장한다.

제일 간단한 경우는 초콜릿 생산업체가 직접 카카오 재배농민에게 구매하는 것이다. 대형 초콜릿 생산업체나 가공업체가 그렇다. 미국 기업 에이디엠(ADM)이 이런 가공업체에 속한다. 에이디엠은 다른 7개 업체와 함께 연간 세계 카카오 수확량 3분의 2를 가공한다.[25] 대형 업체 외에도 많은 중·소규모 초콜릿 생산업체가 현지 생산자에게서 직접 카카오를 구매한다. 한 예가 앞서 언급했던 오스트리아 회사 초터(Zotter)로, 이 회사는 원두 일부를 직접 나이지리아 재배농민에게 구매한다. 그러나 일반적으로 카카오는 거래상, 투기꾼, 중계상의 경로를 통해 판매된다.

카카오시장에서 판매와 구매에는 크게 두 가지 방식이 있다. 가장 간단한 방식은 이른바 현찰거래인데, 원하는 카카오 양이 납품되면 합의된 가격을 바로 지급하는 방식이다. 이보다 훨씬 복잡한 경우는 선물시장에서 선물환거래를 체결하는 것이다. 여기서는 현재 카카오 수확물뿐 아니라, 내년, 내후년 수확물에 대해서도 미리 거래한다.[26] 이때는 위험부담이 높다. 기후조건 변화, 카카오 질병이나 불안정한 정치 상황 등 수많은 요소가 카카오 거래를 좌지우지하므로 골치 아픈 품목이다.

특히 최대 카카오 생산국인 코트디부아르의 정치적 상황은 카카오 가격에 영향을 많이 미친다. 2002년 현지에서 쿠데타가 일어나자 카카오 가격이 단시간 내에 17년 만의 최고치를 기록했다. 정치적 불안이 지속되어 2010년 다시 내전이 일어나자 2011년 봄, 세계시장을 주도하는 카카오 가공업체이자 수출업체인 에이디엠은 현지에서의 카카오 가공을 중단했다. 게다가 수출금지조치로 카카오 47만 5천 톤이 공급되지 않았다.[27] 가격이 정치적 상황에 의존적이라는 것은 다른 품목도 마찬가지지만, 카카오의 경우 가격 변동이 훨씬 심하다.

위험한 매력, 거래소에서의 원두

농산품 생산은 기상조건이나 병충해의 영향을 심하게 받기 때문에 수요와 공급 비율에 따른 가격 변동이 심한 편이다. 수확이 좋으면 공급량이 많아져 가격이 현저하게 떨어지고, 때에 따라서는 생산가에 못 미치기도 한다. 농산품의 전형적인 가격 위험에 대처하고자 중세시대부터 농산품은 선물거래가 이루어졌다. 구매자는 수확 이전에 일정량을 특정 가격에 구매하기로 계약을 맺는다. 그 가격으로 양측은 차후의 상황을 가늠할 수 있다. 물론 판매자는 가격이 폭등하면 그 혜택을 받을 수 없지만, 가격이 하락하면 큰 손해를 보지 않는다.

나중에는 상시 거래소가 문을 열어 선물거래가 이루어졌다. 첫 번째 거래소가 1570년 런던에서 문을 연 로얄 익스체인지(Royal Exchange)다. 여기서는 금속과 목재 외에 곡물도 거래되었다. 상품

128

선물거래소가 더욱 중요해진 것은 1848년 현재 세계에서 가장 큰 상품 선물거래소인 시카고 선물거래소(Chicago Board of Trade)가 문을 연 다음부터다.

19세기 독일에서도 함부르크, 마그데부르크, 베를린에 상품 선물거래소가 생겼다. 하지만 워낙 투기와 사기가 심해 1896년 거래소법에 따라 금지되어, 점차 해체되었다. 독일에서는 제2차 세계대전이 끝나고 나서 다시 상품 선물거래소가 문을 열었지만, 크게 성공을 거두지는 못했다. 1971년에는 개소한 거래소 중 마지막으로 남았던 거래소마저 문을 닫았다. 1996년, 오랜 논의를 거쳐 다시 하노버에 선물거래소가 문을 열었고, 오늘날 이런 종류의 독일 거래소로는 유일하다.

카카오 선물거래소는 현재 런던과 뉴욕에 있다. 여기서 판매자와 구매자가 만나 가격을 협상한다. 거래가 체결되면, 판매자는 구매자에게 특정한 양을 특정한 가격, 특정일에 납품할 의무를 진다. 양측은 사전에 가격을 확정해 그 가격으로 사업을 계획한다. 이것은 카카오시장의 불안정성을 감안하면 큰 장점이다. 하지만 실제 카카오 가격이 선물거래 체결 전에 하락하거나 상승할 수도 있다. 가격이 하락하면 판매자는 시장가격 이상으로 판매할 수 있기 때문에 큰 이익을 얻고, 반대로 가격이 상승하면 구매자는 시장가격 이하로 구매하기 때문에 큰 이익을 낸다.

실제 선물거래는 훨씬 복잡하게 이루어지기도 한다. 카카오가 여러 차례 판매되어 소유주가 변경될 수 있고, 거래된 카카오 가격이 실제 카카오 가격보다 몇 배나 더 치솟는 데서 그 변화무쌍함이 잘 드러난다.

카카오 가격은 지난 몇십 년 사이에 장기적, 점진적인 하락 추세를 보이며, 비교적 심한 단기 변동 양상을 띤다. 1978~1979년에서 1999~2000년에는 그 가치의 4분의 3이 떨어졌다. 2002년 카카오 가격은 톤당 1천 800달러를 넘어섰지만, 다음 해에 40퍼센트 이상 하락하더니 한동안 그 수준에 머물렀다.

2007년 말부터는 점진적으로 가격이 상승해, 2009년 초 잠시 약세를 보이다 현재까지는 상승세를 이어가고 있다. 톤당 가격이 일시적으로 3천 500달러를 넘어서기도 했지만, 이런 상승은 상당 부분 대규모 기관 투자 덕분에 일어난 것이다. 이들은 수익 상황을 개선하고자 주식과 채권에 투자한 자산을 원자재 쪽으로 옮기고 있다.

2008년 카카오시장은 금융위기 및 그와 연관된 원자재 투기에 심하게 시달렸다. 이는 가격 상승뿐 아니라, 극심한 가격 변동을 유발했다. 미국 5대 투자은행 베어스턴(Bearstern) 강제매각은 금융시

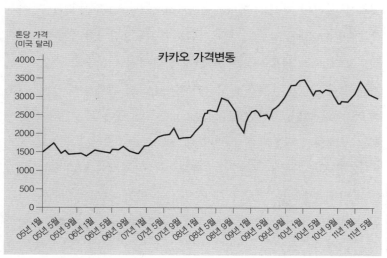

톤당 가격
(미국 달러)

카카오 가격변동

출처: 국제카카오협회

장의 공황 상태를 야기해 원자재 시장의 이윤도 감소시켰다. 그로 인해 카카오 가격은 4일 동안 15퍼센트 하락했다.[28] 하지만 여러 생산 국가에서 수확량이 감소해 공급 상황이 악화되자 가격은 다시 상승하기 시작했다.

이와 관련해 주목해야 할 것은 거래소에서 명시된 카카오 가격은 단순히 평균가를 의미한다는 것이다. 실제 지급 가격은 이 가격보다 상당히 높거나 낮다. 카카오 가격은, 특히 고급 카카오의 경우는 거래소 가격보다 훨씬 높다. 과거 런던 거래소에서 톤당 가격이 1천 파운드였다면, 실제 가나 카카오는 약 100파운드를 추가해야 했으며, 에콰도르 카카오는 수백 파운드를 얹어 거래했다.

실제 카카오 가격이 거래소 가격보다 두 배 혹은 세 배 정도일 때도 있다. 이는 베네수엘라와 에콰도르산 고급 카카오를 사용한 초콜릿 생산이 늘었기 때문이다. 최근에 일반 카카오 생산량은 빈번하게 소비량을 초과하는 반면, 고급 카카오는 급격히 늘어난 수요를 충족하지 못해 공급부족 사태를 겪고 있다.

현재 세계 카카오시장은 대단히 어려운 상황에 처했다. 특히 대규모 투기와 가격 상승이 기승을 부린다. 2010년 여름, 런던거래소에서 톤당 2천 720파운드까지 뛰어 최근 30년 이래 최고가를 기록했다. 카카오 거래상과 가공업자는 거래소 경영진을 방문해 투명성 부족과 눈에 띄는 다양한 예외 사례에 불만을 표시했다. 그들은 특히 이른바 '코너링(cornering)'으로 불리는 행태를 비판했다. 코너링이란, 투기 투자자들이 가격을 높이려고 시장 전체를 싹쓸이하는 것이다. 런던의 헤지펀드 아마자로(Armajaro)가 24만 톤을 구매한 것을 예로 들 수 있다. 카카오시장에서 투기가 늘고 있다는 불만이 커졌는데, 이것은 주로 런던 거래소에 해당한다. 반면 두 번째 큰 거래소인 뉴욕 거래소는 카카오 거래의 규정을 엄격하게 지킨다. 이곳 거래 감독위원회는 매주 각 시장 상황에 대한 보고서를 발표해, 각 거래상이 맺은 계약 건수를 밝힌다.

거래상과 가공업자는 런던 거래소에도 비슷한 조치를 요구했다. 그러나 그렇게 한다고 해도 대형 거래상이 현장 거래에서 자신에게 유리한 고급 정보를 장악하는 것은 저지하지 못한다. 예를 들어 미국의 식품 전문업체 카길(Cargill)은 코트디부아르 아비단에 위치한 모든 창고의 종업원을 고용해서 카카오 반입과 반출을 본사에 보고하도록 한다. 경쟁사의 화물차 운행 횟수를 체크해 현재 공급 상황에 대해 보다 자세한 정보를 수집하는 것이다. 아마자로는 수확 조건을 정확히 판단하고자 자체 기상관측소까지 운영한다.[29]

공정거래, 낮은 수준의 성장

1960년대에 처음으로 진지하게 카카오 수출국과 수입국 간 국제카카오협약이 고려되었다. 가격 변동이 비교적 심하고, 아프리카 국가의 대다수가 카카오에 크게 의존하기 때문이다. 서아프리카 가나가 특히 그러하다.

가나는 영국 식민지 시절부터 다른 농작물을 희생하면서까지 대규모로 카카오 재배면적을 확장했다. 그에 따라 1960년대 중반까지 카카오 생산은 56만 톤 이상으로 증가했다. 당시 가나는 세계 제일의 카카오 생산 국가였다. 소농들이 점점 더 많이 카카오 재배에 뛰어들자 서아프리카 주변국들의 생산량도 급증해 결국 카카오 가격은 하락했다. 카카오 생산 국가들은 하락한 가격을 양으로 만회하려고 정부 지원정책을 시행했지만, 카카오에 대한 의존도를 높이는 결과만 낳았다.

가나는 1980년대 중반까지 외화 수입의 70퍼센트를 카카오 수출에 의존했다. 카카오 가격은 단기간의 심한 변동에 시달리기 때문에 외화 수입 역시 불안정할 수밖에 없다. 1960년 가나는 카카오 수출로 1억 8천 600만 달러를 벌어들였다. 이 수입이 1980년에는 7억 달러로 급상승했다. 1985년에는 3억 6천 600만 달러로 떨어졌고 1987년에는 4억 1천 700만 달러에 머물렀다. 한눈에 봐도 수입 변동이 심한 상황에서 안정적인 국가 재정계획을 세운다는 것은 불가능하다.[30]

이런 상황은 단지 가나만의 문제가 아니라, 원칙적으로 카카오를 생산하는 모든 국가에 해당된다. 어려운 상황을 타개하고자 1972년 1차 국제카카오협약(International Cocoa Agreement, ICCA)이 체결되었다. 이 협약에는 미국과 코트디부아르를 제외한 모든 생산·소비 국가가 참여했다. 주요 합의 사항은 수출 쿼터 시스템을 도입하고, 저장 창고를 설치하는 것이었다. 저장 창고가 있으면 일정 가격 범위 내에서 가격 변동이 있을 때 지원 판매와 구매를 통해 가격 균형을 유지할 수 있다. 두 가지 합의를 통해 카카오 가격을 안정시키겠다는 뜻이었다.

하지만 1972년 카카오 가격이 폭등했을 때, 이 저장 창고는 충분히 설치되지 않아 제대로 역할을 하지 못했다. 협약이 처음부터 아무런 효과를 발휘하지 못하자, 1975년 체결한 2차 협약에서는 가격 변동 범위를 넓혔다. 이후에도 계속 협약은 이루어졌으나 모두 성과를 내지 못했다.

2010년에는 현재까지는 마지막으로 열린 7차 국제카카오협약이 체결, 2012년 발효되었다. 이로써 협약 내용이 처음으로 10년간 효력을 갖게 된 것이다. 앞에서 언급한 두 가지 합의 내용과 마찬가지로 이번 협약 역시 단순히 국제협력 촉진 및 회원 국가의 카카오 산업에 대한 일반적인 지원 등을 담고 있지만, 소농 재배를 지원하고 카카오 품질 개선에 힘을 모은다는 내용이 추가되었다는 점은 주목할 만하다.

가격 변동을 최소화해 최저 가격을 확보하고자, 국가 차원에서 카카오 거래를 규제하려는 시도와 더불어 민간 차원에서 공정거래를 주도하기도 했다. 공정거래의 시초는 1967년, 네덜란드에서 설립한 발전협력재단(S.O.S)이 개발도상국 상품을 비교적 높은 가격에 자국에서 판매할 수 있도록 한 것이다. 독일에서는 1969년 세계은행이 개발원조의 영향에 대해 발표한 보고서(피어슨 보고서)가 교회 내부에서 커다란 논의를 불러일으켰다. 그 결과, 네덜란드의 발전협력재단과 관계를 맺고 제3세계 상점에서 그들의 상품을 판매하는 위원회가 설립되었다.

이후 사안에 따라서 발전협력재단과 의견 대립이 계속되자, 독일에서는 70년대 초에 게파(GEPA, 제3세계협력지원협회)와 같은 독자적인 조직이 생겨났다. 게파는 1975년에 설립했으며 현재 유럽에서 가장 규모가 큰 공정거래 조직이다.[31] 게파는 여러 교회 조직을 통해 운영되며, 공정거래를 통해 남반구의 열악한 생산자를 지원한다. 이를 위해 현지에서 생산자에게 비교적 높은 가격을 지불하고 장기간 거래 관계를 구축하는 데 힘쓰고 있다.

게파의 첫 번째 공정거래 산물은 커피였다. 이후 많은 제품이 공정거래 상품 진열대에 올랐다. 현재 협회는 아프리카, 라틴아메리카, 아시아와 일부 유럽의 40여 개국에서 조합 약 170곳과 판매 조직, 적극적인 민간 기업과 협력한다. 협력 조직들은 원자재를 수입해 독일에서 완제품으로 가공한다. 바나나와 축구공 같이 일부는 이미 완제품 형태로 독일에 들어온다.

게파는 카카오나 초콜릿 제품을 생산하는 데 필요한 원자재를 여러 조합으로부터 공급받는다. 카카오 원두는 코트디부아르의 코보키와(Kavokiwa) 조합과 도미니카 공화국의 코프로아그로(Cooproagro) 조합이 납품한다. 초콜릿 생산에 필요한 사탕수수 당은 필리핀의 알터 트레이드(Alter Trade) 조합에서 들여온다. 초콜릿 생산은 독일에서 이루어진다.

현재 게파는 다양한 카카오 및 초콜릿 제품을 출시한다. 모든 초콜릿 제품에는 대두와 레시틴을 첨가하지 않는다. 대두가 유전공학적으로 변형되었을 위험이 있기 때문이다. 레시틴은 초콜릿을 생산할 때 초콜릿 지방과 수분 성분이 서로 잘 엉겨 붙게 하는 유화제로 쓰이지만, 게파 초콜릿은 오직 카카오 버터만을 사용한다. 반면, 유럽연합은 그 밖의 값싼 대체 지방도 허용한다.

최근 게파의 사업은 비교적 성공적으로 진행된다. 이것은 식품 생산의 이면을 알고자 하는 소비자들의 성숙한 의식 때문이다. 2009~2010년에는 5천 400만 유로 이상 매출이 늘었으며, 현재는 과자류에서도 두각을 나타낸다. 2010~2011년에는 판형 초콜릿 부분에서 약 24퍼센트의 매출 신장을 보였다. 신제품 도입과 주교 형상의 초콜릿 판매로 거둔 크리스마스 특수 덕분이다.

이 같은 성공에도 불구하고 게파는 현재 급등한 커피 원두의 원자재 가격으로 고통 받고 있다. 게파는 이 상황을 가격 인상과 지점 폐쇄, 인원 감축으로 대응하고 있다. 그럼에도 여전히 커피 판매가 전체 매출의 50퍼센트를 차지한다. 단기적인 경기 변동은 차치하더라도, 독일에서 공정거래는 지난 몇 년간 성공을 거두긴 했지만, 판매량에서는 여전히 영국이나 네덜란드와 같은 유럽 국가들에는 미치지 못한다.

영국 초콜릿 생산업체 캐드버리(Cadbury)는 2009년 3월, 앞으로 10년 내에 전 제품을 공정거래 카카오로 생산하겠다고 발표했다. 대형 국제 초콜릿 기업체 중에서는 처음으로 전체 초콜릿 생산 방식의 변화와 지속가능한 카카오 재배 지원을 밝힌 것이다.[32]

규모 면에서는 훨씬 작지만 공정거래 초콜릿 생산을 밝힌 또 다른 회사가 있다. 최근 몇 년 전부터 독일 시장에서도 큰 성공을 거둔 오스트리아의 초터(Zotter)다. 1999년 요제프 초터(Josef Zotter)가 설립한 이 회사는 처음부터 이국적이고 눈길을 끄는 초콜릿을 주력 상품으로 삼았다.[33] 이곳의 제조 방식은 초콜릿 매스를 통상적인 방식대로 형틀에 붓는 것이 아니라, 겹겹이 층을 쌓은 뒤에 붓는다. 모든 작업은 수작업으로 이루어진다.

오스트리아 리게스부르크에 위치한 이 업체에서는 100명이 넘는 종업원이 연간 초콜릿 460여 톤을 생산하며, 다양한 품목 약 180종을 시장에 선보였다. 요제프 초터는 자신의 초콜릿에 에콰도르, 페루, 도니미카 공화국, 니카라과에서 재배된 고급 카카오만을 사용한다. 원자재인 카카오와 설탕은 100퍼센트 공정무역 제품이다. 그

●

카카오를 뜨고 있는 요제프 초터. 그의 오스트리아 초콜릿 공장에서는
공정무역을 통해 들여온 재료와 유기농으로 재배한 첨가물만 사용한다.

밖에 다른 첨가제도 유기농으로 재배한 원자재만 사용한다.

1992년에는 공익기구인 트랜스페어(Transfair, 제3세계와의 공정무역진흥협회)가 설립되었다. 협회의 목표는 아프리카, 아시아, 라틴아메리카의 열악한 농민 가정을 지원하고, 공정무역을 통해 그들의 노동 및 생활환경을 개선하는 것이다. 현재 트랜스페어는 개발 원조, 교회, 환경, 사회사업, 소비자 보호, 조합 및 교육 분야를 망라한 36개 회원 조직으로 구성된다.

위에서 언급한 기관들과 달리 트랜스페어는 상품을 직접 생산하지는 않는다. 따라서 초콜릿도 생산하지 않는다. 그 대신 협회는 공정무역 기준을 준수하는 생산자, 수입상, 가공업체, 거래상이나 초

공정무역의 기준

다음은 공정무역 생산자 등록과 공정무역 인증마크를 획득하려면 조합과 대형 농장이 알아야 할 기준들이다.

조합
- 자율과 민주적인 통제. 조합원들이 공동으로 공정무역을 통한 수익의 사용 방법과 목적을 결정한다.
- 경영과 행정의 투명성
- 추가 인력을 고용할 경우 공정무역의 이점을 공유해야 하며, 사회적 최소 기준을 준수해야 한다.

대형 농장
- 농업 노동자들의 자율적 독립대표기구를 구성해 공정무역의 상급 단체인 국제공정무역인증기구(Fairtrade Labelling Organisations International, FLO)와 교류 및 활동하게 한다.
- 모든 고용인은 노조를 결성해 임금 · 사회보장 · 노동 조건을 집단적으로

협상할 권리를 갖는다.
- 노조와 노동자 조직은 공정무역 참여와 해당 수익의 사용에 대해 사측과 공동으로 결정할 권리가 있다.

사회적 최소 기준
- 강제 노동 및 수탈적 아동노동의 철폐(나이 제한 14세)
- 안전하고 건강을 해치지 않는 노동 조건에 대한 권리
- 동일 노동에 대한 동일 임금
- 성, 인종, 종교 혹은 정치적 소속에 따른 차별 금지

생태적 최소 기준
- 통합작물재배(혼작)
- 생태적 가치가 높은 생태계 보존
- 하수 및 침식 보호 시설 지원
- 점진적으로 살충제와 인공비료를 생물학적 식물 보호제 및 유기 비료로 대체
- 지속적인 생태교육 프로그램 운영

제품에 공정무역 인증마크를 획득하고자 하는 카카오 거래상과 초콜릿 생산업체는 아래 기준을 충족해야 한다.

수입상과 거래상
- 인증 생산자 집단으로부터 카카오와 설탕을 직접 구매
- 카카오 가격 톤당 2천 달러 보장, 사회적 프로젝트를 위해 200달러, 유기농 인증 카카오에 대해서는 300달러 추가 지급
- 수확량에 대한 선 지급
- 장기적 납품 관계 구축

초콜릿 생산업체
- 국제공정무역인증기구 인증 조건과 관련된 내용물은 100퍼센트 공정무역을 통해 수급해야 하며, 이런 내용물이 제품 전체 무게의 51퍼센트 이상이어야 한다.

콜릿 생산업체에 공정무역 인증마크를 부여한다. 이것은 소비자가 상품을 구매할 때, 공정무역으로 생산된 제품을 식별할 수 있도록 돕는다. 위에서 언급한 초콜릿 생산업체 두 곳은 이 기준을 준수하기로 해 공정무역 인증마크를 받았다. 트랜스페어는 정기적으로 업체들의 공정무역 기준 준수 여부를 조사한다.

공정무역 기준 중에서 특히 중요한 것은 보장된 최저 가격 지급, 수확에 대한 선 지급과 장기적인 거래 관계 구축이다. 통제 기준을 준수하는 유기농업을 도입하면 추가 금액이 지급된다. 협회는 기준을 확정하고, 인증마크를 부여하며, 일관된 홍보활동을 벌여 개발도상국의 생산자 가정이 산업국가 시장에 진입할 수 있도록 돕는다. 이런 식으로 개발도상국 생산자에게 현저하게 불리한 기존 시장 구조를 개선한다.

공정무역 기준은 카카오 재배농민에게 제공하는 장점과 가능성에도 불구하고 비판의 목소리는 있다. 예를 들어 공정무역 기준 도입과 검사의 주요 내용이 농민들 실생활을 고려하지 않는다는 점이 흔히 문제로 지적된다. 카카오 재배농민들은 대부분 문맹이므로, 기준 준수 여부에 대한 200개에 가까운 조사 항목을 답하는 데 어려움을 겪는다. 그밖에도 서아프리카의 경우, 많은 농민이 조직화되지 않은 채 조합과 협력할 뿐이다. 그래서 공정무역 기준을 전면적으로 도입하기 어려워, 농민들이 기준 도입에 필요한 비용과 위험요인 전체를 감당해야 한다. 공정무역 카카오 가격이 전통적인 카카오 가격보다 높았을 때는 이 부분이 큰 문제가 아니었지만, 현재는 두 가격이 거의 비슷한 상태다.[34]

2011년 현재 카카오 거래에 참여하는 생산자, 거래상, 제조업체와 국제 공정무역 대표자들은 공정무역 기준을 지속적으로 개발하는 것에 대해 협상을 벌이고 있다. 핵심은 현재 가격과 보상을 확정 짓는 것이다. 하지만 그 전에 우선 카카오 생산 비용을 정의해야 한다. 협상 결과는 2011년 중에 발표될 예정이다.

현재 트랜스페어는 커피, 차, 초콜릿을 비롯해 바나나, 과일 주스, 축구공, 장미에 이르기까지 1천 개가 넘는 다양한 제품을 인증 업체 150곳 이상과 협력해 제공한다. 이 제품들은 활동그룹 6천 개 이상을 통해 공정무역 전문 상점인 벨트라덴 800곳과 슈퍼마켓 3만 곳에서 유통된다.

2009년은 트랜스페어 역사 상 가장 성공적인 해였다. 매출 2억 6천 700만 유로를 올렸으며, 이는 전년 대비 약 26퍼센트 성장한 것이다. 제일 많이 판매된 상품은 커피, 꽃, 열대 과일이다. 얼마 전부터는 유기농 인증을 받은 제품들이 매출에서 차지하는 비중이 크게 늘어, 현재 전체 품목의 70퍼센트에 달한다.[35]

주 ─────────

1) ww.elceibo.org/ www.gepa.de/p/cms/media/pdf/menschen/partner_portraits/menschen_
   EL_CEIBO.pdf 2011.04.12
2) www.gepa.de/p/cms/media/pdf/menschen/partner_portraits/menschen_KAVOKIVA.pdf
3) Bavendamm 1987, 45쪽
4) www.tis-gdv.de/tis/ware/genuss/kakao/kakao.htm 2011.4.12
5) www.baco-liner.de/sailings/sail.html 2011.4.12
6) www.kakaoverein.de/rk_34.html 2011.4.19
7) www.cotterell.de
8) Rath 1988, 162쪽 이하
9) Rohsius 2009, 18쪽

10) Verein der am Rohkakaohandel beteiligten Firmen e. V. 2009, 41쪽

11) Rohsius 2008, 21쪽

12) Verein der am Rohkakaohandel beteiligten Firmen e. V. 2009, 18쪽

13) Rohsius 2008, 191쪽

14) 13)과 같은 책, 21쪽

15) Verein der am Rohkakaohandel beteiligten Firmen e. V. 2009, 4쪽

16) www.kakaoverein.de/rk_32html 2011.4.19

17) 16)과 같은 페이지

18) Busch 2005, 39쪽 이하

19) Hütz-Adams 2010, 23쪽

20) www.theobroma-cacao.de/aktuelles/artikeldetails/article/in-der-elfenbeinkueste-droht-exportstopp-fuer-kakao 2011.4.19

21) www.kakao.de

22) Hanisch 1991, 21쪽

23) Busch 2005, 42쪽

24) 23)과 같은 책, 43쪽

25) 23)과 같은 책, 16쪽

26) Hanisch 1991, 28쪽

27) www.theobroma-cacao.de/aktuelles/artikeldetails/article/adm-schliesst-kakaoverarbeitung-in-der-elfenbeinkueste 2011.4.19

28) Verein der am Rohkakaohandel beteiligten Firmen e. V. 2009, 7쪽

29) www.ftd.de/finanzen/maerkte/rohstoffe/:kakao-kapriolen-london-bringt-licht-in-den-rohstoffmarkt/50166770.html 2011.4.19

30) Schmidt-Kallert 1995, 45쪽 이하

31) www.gepa.de

32) Hütz-Adams 2010, 59쪽

33) www.zotter.at

34) Hütz-Adams 2010, 66쪽 이하

35) www.transfair.org/fileadmin/user_upload/materialien/download/download_jahresbericht0910.pdf 2011.4.19

5장

카카오에서
초콜릿이 되다

달콤한 향유를 위한 값진 성분들

봄에는 부활절 토끼 모양 초콜릿, 겨울에는 산타 모양 초콜릿, 봄과 겨울 사이에는 이런저런 초콜릿 바와 여러 가지 프랄린(Pralinen)* 등, 독일인은 1년에 9킬로그램 이상의 초콜릿과 초콜릿 제품을 소비한다. 독일의 1인당 초콜릿 소비량은 세계 5위다. 1위는 1인당 약 11킬로그램을 소비하는 스위스다.

과거와 비교해볼 때, 지난 몇 년간 독일 시장에는 초콜릿 신제품

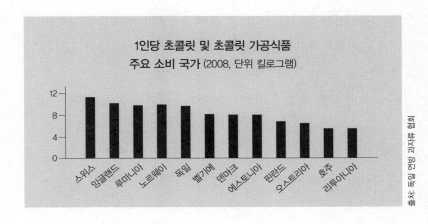

1인당 초콜릿 및 초콜릿 가공식품
주요 소비 국가 (2008, 단위 킬로그램)

출처: 독일 연방 과자류 협회

---

* 설탕에 견과류를 넣고 졸여 만든 것으로 보통 초콜릿 속재료로 쓴다.

이 정말 많이 나온다. 업체들은 새로운 아이디어와 과감한 디자인의 제품으로 경쟁에 나선다. 소비자가 그 많은 제품을 모두 파악하기란 거의 불가능하다. 몇 년 전만 해도 진열대에 네 가지 종류 초콜릿만을 갖추던 슈퍼마켓은 이제 서로 다른 초콜릿 90여 개를 판매한다. 소비자들은 초콜릿 한 판을 사려면 포장지에 적힌 대형 농장 초콜릿이니, 수작업 초콜릿이니 하는 지식도 알아야 한다. 이런 전문 용어를 자세히 살피기 전에 우선 초콜릿 생산의 기본부터 알아보자.

독일에서 초콜릿 합성, 제조, 유통은 여러 법과 규정으로 명확히 정해져 있다. 핵심 내용은 '카카오와 초콜릿 생산품에 대한 규정(카카오 규정)'으로, 현재 적용되는 안은 2003년 12월 15일 자로 발효된 규정이다.[1] 이 규정은 초콜릿이 무엇이고 각 초콜릿 종류에는 어떤 성분이 포함되어야 하며, 최소량은 얼마인지를 밝힌다.

우선 초콜릿이라고 이름을 붙이려면 카카오와 설탕, 두 가지 성분이 들어가야 한다. 분류가 잘 된 과자류 상점 진열대를 주의 깊게 살펴본 사람이라면 실제로는 최소 조건만 갖춘 제품들만 진열된 것을 확인할 수 있다. 당연히 카카오 99퍼센트, 설탕 1퍼센트가 함유된 초콜릿 같은 아주 특별한 초콜릿들도 있다. 이런 초콜릿은 대부분 사람들에게는 전혀 익숙한 맛이 아니겠지만, 찾는 애호가들이 있다. 물론 생산업체는 이런 제품 포장에 과다섭취 시 익숙하지 않은 사람은 구토를 유발할 수 있다는 경고를 표기한다.[2]

카카오 규정은 초콜릿에 대한 정의 말고도, 특별한 예외를 제외하고는 사용이 허용되지 않는 원자재를 열거한다. 예를 들어 곡물가루가 여기에 속한다. 과거에는 초콜릿에 곡물가루를 섞어 양을 늘리거나 비싼 카카오 비율을 줄이기도 했다. 또, 초콜릿이나 우유 맛을 내는 인공향료 사용도 허용되지 않는다.

그렇다면 판형 초콜릿에 사용되는 성분은 무엇인가? 초콜릿 제조에 제일 중요한 성분은 카카오다. 앞서 우리는 카카오에 요구되는 높은 기준이 무엇인지 자세히 알아보았다. 원두의 질은 운송 과정이나 저장에 문제가 있을 때 심각한 영향을 받는데, 이는 당연히 최종 산물인 초콜릿 품질에도 영향을 미친다.

카카오 원두는 종류에 따라 맛과 품질이 달라진다. 초콜릿 생산 업체는 자주 카카오 여러 종류를 섞어 업체가 원하는 특정한 맛과 향을 낸다. 초콜릿 업계는 카카오 종류를 크게 고급 카카오와 소비용 카카오로 나눈다. 어떤 카카오 종을 고급 카카오로 분류하느냐는 생산 국가와 소비 국가 간의 국제카카오협약에 규정되어 있다.[3] 판형 초콜릿에 고급 카카오를 최소 40퍼센트 사용하면 그 제품은 고급 초콜릿으로 불린다. 이 규정은 법적으로 정해진 것은 아니지만, 독일 초콜릿 업계에서는 확실하게 자리를 잡아 현재는 통상적으로 쓰인다.[4]

초콜릿 생산에는 정확히 말해 카카오 원두가 아니라 카카오 매스가 사용된다. 카카오 매스란, 볶은 다음 껍질을 벗겨 분쇄한 카카오 원두를 말한다. 분쇄 과정에서 발생한 열 때문에 원두는 걸쭉해지고 짙은 갈색으로 변한다. 이것이 초콜릿을 만드는 기본 재료다. 제조업체들은 대부분 카카오 매스를 자체 생산하는 번거로움을 택하지 않고, 생산자로부터 반제품을 구매한다. 제조업체는 매스 생산에 아무런 영향도 미치지 못하므로 납품업체에 의존해야만 한다. 고급 초콜릿 생산자들은 직접 '원두'를 생산한다고 밝히기를 좋아하는데, 이 말은 그들이 카카오 매스를 생산한다는 뜻이다. 이것은 초콜릿 제조업자뿐 아니라 소비자에게도 중요한 품질 표시로 간주된다.

카카오 매스 외에도 초콜릿에는 카카오 버터가 첨가된다. 부드러운 맛을 내는 카카오 버터는 원두에 함유된 지방이다. 초콜릿 중에서도 특히 화이트 초콜릿을 만드는 주성분이다. 나중에 자세히 다루겠지만, 카카오 버터는 초콜릿뿐 아니라 화장품을 만들 때 크림과 비누의 농도 조절용으로 사용되기도 한다. 카카오 버터는 체온에 녹아 피부에 잘 흡수되는 데다 부패 속도도 매우 느리고 알레르기도 유발하지 않으므로, 이런 용도로 아주 적합하다. 또한, 과거에는 오랫동안 좌약 보조 성분으로 쓰이기도 했다. 현재는 값싼 대체 성분이 개발되어 실제 사용되는 예는 매우 드물다.

두 번째로 중요한 초콜릿 성분은 설탕이다. 18세기 초반까지는 오로지 사탕수수 당만 쓰다가, 1747년 안드레아스 지기스문트 마르그라프(Andreas Sigimund Marggraf, 1709~1782)가 사탕무에서 설탕 성분을 발견하면서 달라졌다. 오늘날에는 거의 사탕무가 사용되며, 소수 제조업자만 사탕수수 당을 고집한다. 특히 공정무역 분야 회사들이 그러한데, 개발도상국으로부터 원자재를 수입해 이들 국가 경제 발전을 촉진하고자 하는 기구의 활동과 노력 때문이다.

게파와 같은 초콜릿 제조업체는 사탕수수 당, 그중에서도 정제하지 않은 사탕수수 당을 사용하면 특유의 맛을 낼 수 있는 장점을 강조한다. 이 당은 당분과 여러 가지 유기 성분을 포함하며, 이것이 강도 높은 고유의 맛을 낸다.[5] 하지만 상품테스트재단(Stiftung Warentest)이 실시한 판형 초콜릿 비교 조사에서 이 맛은 나쁜 평점을 받았다. 테스트 결과는 '상당히 이상한 맛'이었다. 맛과 관련해서 얼마나 의견이 갈라질 수 있는지 보여 주는 예다.[6]

카카오와 설탕 외에도 초콜릿 종류나 제조업체에 따라 다른 성분이 추가된다. 다크 초콜릿에는 넣지 않는 우유분말을 밀크 초콜릿에는 넣는다. 수십 년 동안 소젖만 사용되다가 근래에는 여러 가지 우유로 다양한 실험을 벌이고 있다. 예를 들어 밀크 초콜릿에 염소나 말 젖을 쓰기도 한다. 이 분야에서 나온 가장 최근의 아이디어 상품은 낙타 젖이 함유된 밀크 초콜릿이다. 이 초콜릿은 두바이 7성급 초호화 호텔 부리 알 아랍에 공급한다. 두바이 명문 가문이 지분을 가진 이 초콜릿 제조사는 향후 유럽 수출을 염두에 두고 있다. 이 특별한 제품 가격은 약 70그램에 5유로다.[7]

초콜릿 첨가제. 왼쪽에서부터 카카오 원두, 카카오 매스, 카카오 버터, 설탕, 우유분말, 초콜릿 매스

이보다 덜 특별한 것이 알프스 밀크 초콜릿이다. 일반적인 밀크 초콜릿과는 달리 이 제품에는 알프스나 알프스 주변 지역에서 생산된 우유만을 사용한다.[8] 하지만 TV 광고에 나오는 것과는 달리 액체 우유를 사용하지는 않는다. 액체 우유를 사용하면 나중에 굳지 않기 때문에 일반적으로 우유분말을 쓴다.

분말 제작법에는 여러 가지가 있다. 드럼건조법은 고온의 드럼으로 수분을 빼앗는 방식이고, 분무건조법은 고온의 기류 속에서 수분을 제거해 분말을 얻는 것이다. 밀크 초콜릿 제조에는 우유분말 외에도 분말크림을 사용하기도 하는데, 크림에서 분말을 얻는 방식은 우유분말과 같다. 크림은 우유에서 얻는 지방질로, 우유가 고체 상태일 때 표면에 분리된다.

독일에서 제일 사랑받는 초콜릿 첨가제는 바닐라다. 바닐라는 아주 소량만 사용하므로 자체 향은 거의 느낄 수 없다. 대신 카카오 향을 강하게 하고 쓴맛을 다소 감소시키는 역할을 한다. 초콜릿에는 천연 바닐라 외에 생명공학적으로 값싸게 제조된 인공 바닐라도 사용된다. 물론 천연 바닐라에 비하면 방향물질 함량이 적으므로 100퍼센트 인공 바닐라로 대체하기는 어렵다. 그러므로 고가의 고

바닐라는 중요한 초콜릿 첨가제다. 카카오 향의 쓴맛을 완화하며, 대개 천연 바닐라 대신 인공 바닐라가 사용된다.

급 초콜릿에는 천연 향이 사용된다.

유럽 다른 나라에서는 바닐라 대신 다른 첨가제를 넣기도 한다. 유럽 사람들 입맛이 서로 다르다는 것을 알 수 있는 한 예로, 영국에서는 전통적으로 민트와 생강을 애용했다. 독일에서는 거의 사용하지 않던 첨가제인데, 최근에는 독일에서도 심심치 않게 찾아볼 수 있다.[9]

레시틴은 초콜릿 맛과 전혀 상관없는 첨가제다. 지방과 기름의 자연 부산물로, 달걀 노른자위와 기름을 함유한 식물에 들어 있다. 산업용으로 사용되는 레시틴은 주로 콩에서 얻고, 다른 제품에서는 유채나 옥수수, 해바라기나 땅콩을 레시틴 원료로 사용한다.

초콜릿 제조에서는 레시틴을 유화제로 사용한다. 수분과 기름을 함유한 초콜릿 성분들이 서로 잘 결합하도록 해준다. 또 초콜릿 농도를 균일하게 만들고자 레시틴을 쓴다. 레시틴이 초콜릿의 흐르는 특성을 개선해 초콜릿 겉면 두께를 균일하게 해주는 까닭이다. 초콜릿 제조 과정에 콩 레시틴을 사용하면 겉포장에 '유화제: 콩 레시틴'이라고 명기해야 한다. 콩은 유전공학적으로 변형된 경우가 많으므로, 꼼꼼한 소비자들은 초콜릿에 사용한 레시틴도 그러한지 따진다.

유전공학적으로 변형된 첨가물이 0.9퍼센트를 넘는 경우에는 반드시 그 비율을 명시해야 한다. 독일에서는 이런 식품을 거의 판매할 수 없으므로, 초콜릿 생산업체는 유전자 변형 첨가제를 사용하지 않는다. 또한, 독일 초콜릿 업계는 특정한 인증 조달업체와 협력하며 사용 원자재 품질도 대단히 엄격하게 관리한다.[10]

앞에서 잠깐 언급했듯이, 최근에는 초콜릿에 색다른 재료를 첨

초콜릿 첨가제가 점점 더 기발해지고 있다.
오드콜로뉴 4711 향수나 감자, 사과, 설탕에 절인 양파를 첨가한 초콜릿도 있다.

•

가제로 쓰는 경향이 두드러진다. 몇 년 전부터 고추를 넣은 초콜릿
이 시중에 유통되고 있는데, 사실 이것은 중앙아메리카의 전통적인
초콜릿으로 돌아가는 것이다. 현재는 매운맛을 내는 초콜릿이 시장
에서 완전히 자리를 잡았다.

초콜릿 외에 마지팬(Marzipan)*, 사탕, 라크리츠(Lakritz)** 등 다
른 과자류에도 고추를 사용한다. 고추 초콜릿이 출시된 이후 여러
이색 초콜릿이 뒤를 이어 나오고 있다. 예를 들면 생강, 백리향, 바
질, 올리브가 첨가된 초콜릿 등이 있으며, 오드콜로뉴 4711 향수가

---

*　아몬드와 설탕을 갈아서 섞은 반죽
**　감초맛 젤리

함유된 초콜릿이나 프랄린도 시장에 나왔다.

다시 카카오 규정으로 돌아가 보자. 이 규정은 초콜릿 종류마다 어떤 재료로 만들어져야 하는지 명시한다. 1933년 발효된 첫 번째 카카오 규정은 수십 년간 초콜릿 제조 기준을 확정하고자 노력한 결과였다. 현실적인 변화에 발맞춰 규정도 여러 차례 개정되어, 현재 카카오 규정은 2003년 12월 15일 발효된 것이다. 이것은 1975년 6월 30일자 규정을 대체한 것이며, 중요한 변경사항을 담고 있다.

여기서는 2000년에 발효된 유럽연합 기준을 반영해 카카오 버터 대신 대체 유지(乳脂) 사용을 허용한다. 덕분에 독일 초콜릿 생산자들은 카카오 버터 함량 5퍼센트 내에서는 특정한 식물성 대용물을 사용할 수 있게 되었다. 이전에는 덴마크, 영국, 아일랜드에서만 카카오 버터 대용물 사용이 가능했었고, 독일과 유럽연합의 몇몇 국가에서는 금지사항이었다. 규정이 변경되자 초콜릿 업계 내부에서 격렬한 논란이 일어났다. 초콜릿 품질이 악화될지도 모른다는 불안감 때문이었다. 카카오 생산이 2만 톤가량 감소할 것이라는 전망도 있었다.[11]

다행히 두 예상이 모두 기우에 그쳤다. 독일 초콜릿 업계가 이 새로운 규정을 허용하지 않기 때문이다. 혹여 이 방식으로 초콜릿을 생산할 경우에는 제품 포장 양쪽에 대체 유지를 사용했다는 사실을 반드시 명기해야 한다. 프랑스와 벨기에에서는 대체 유지를 사용하지 않는다는 사실을 제품 포장지에 다양한 마크로 표기해 알리고 있다.[12] 독일에는 아직 이런 마크가 없지만, 모든 생산자가 카카오 버터만 사용하고 다른 식물성 지방에는 손대지 않는다.

법은 초콜릿에 대해 특정한 첨가물과 카카오 함유 최소량을 규정한다. 이는 카카오 규정에도 명시된 것이다. 초콜릿 한 판에는 카카오가 적어도 35퍼센트는 함유되어야 하며, 카카오 버터는 최소 18퍼센트, 무지방 건조 카카오 매스도 14퍼센트 사용되어야 한다는 것이다.

카카오 규정은 또한, 밀크 초콜릿과 전유(全乳) 초콜릿을 구별한다. 밀크 초콜릿에는 카카오와 우유 함량이 각각 25퍼센트와 14퍼센트면 되지만, 전유 초콜릿은 함량 수치가 훨씬 높다. 카카오 함량이 최소 30퍼센트, 우유 함량은 18퍼센트는 되어야 한다. 흥미롭게도 전유 초콜릿 조건을 충족하고도 유일하게 밀크 초콜릿이라고 표시되는 유명한 판형 초콜릿이 있는데, 바로 밀카 알프스 밀크 초콜릿(Milka Alpenmilch Schokolade)이다.

밀크 초콜릿이나 전유 초콜릿은 카카오 함량이 상대적으로 낮은데 반해, 당분 함량은 매우 높다. 몇몇 초콜릿은 당분 함량이 약 50퍼센트에 이른다. 그에 반해 쌉싸래한 다크 초콜릿은 카카오 함량이 높다. 쓴맛이 연하거나 중간 정도인 다크 초콜릿의 카카오 함량은 최소 50퍼센트며, 강한 경우는 60퍼센트 이상이다.

반면, 카카오 함량의 상한선은 없다. 현재 독일에서 판매되는 비터 초콜릿은 카카오 함량이 70퍼센트 이상인 것도 드문 경우가 아니며, 심지어 몇 년 전까지는 도저히 상상할 수 없었던 카카오 99퍼센트 함량 초콜릿이 시중에 나온다. 쓴맛 혹은 중간 쓴맛인 다크 초콜릿도 카카오 버터 함량은 최소 18퍼센트가 되어야 한다고 규정되어 있다.[13]

더 빛나고 부드럽게! 초콜릿 제작 공정

초콜릿 제조는 손도 많이 가고 시간이 많이 드는 데 비해 초콜릿 가격은 낮은 편이라, 이 부분을 경시하는 경향이 있다. 일반 소비자들은 대부분 초콜릿 한 판을 제작하는 데 3일 정도가 걸린다는 사실을 알지 못한다. 물론 생산업체에 따라 특정한 공정 적용 유무와 적용 기간에는 차이가 많이 난다. 카카오 원두 로스팅과 초콜릿 매스 콘칭(Conching)* 과정에서 생산 기간이 달라지는데, 사용하는 카카오 종류와 원두 품질이 다르기 때문이다. 이제 초콜릿 생산 공정을 살펴보고 일반 초콜릿과 고급 초콜릿의 차이에 대해 자세히 알아보도록 하겠다.

초콜릿 한 판을 생산하려면 보통 카카오를 여러 종류를 혼합한다. 이 과정을 거치면 각 초콜릿마다의 특유한 맛이 나온다. 앞에서 언급했듯이, 카카오 종류에 따라 맛 차이가 크다. 또한, 같은 카카오라도 토질과 강우량, 일조량에 따라 향이 아주 다르다. 카카오 원두 발효와 건조도 향에 큰 영향을 미친다. 따라서 어떤 원두를 선택하느냐가 아주 중요하다.

원두를 어떤 종류끼리 혼합하는지는 제조업체 기밀에 속한다. 원두의 품질을 균일하게 유지하고자 초콜릿 생산업체는 특정 중계상이나 카카오 생산자와 장기간 계약을 체결한다. 이때 생산자는 매해 수확하는 카카오 맛이나 품질에 크게 편차가 나지 않도록 보장해줘야 한다. 편차가 너무 크면 특정 초콜릿이 균일한 맛을 내기

---

* 초콜릿에 부드러운 조직감을 주는 제조 기술

카카오 원두를 세척한 뒤에 로스팅 작업에 들어간다.

힘들기 때문이다. 따라서 이런 사태를 미연에 방지하려면 카카오 원두를 사전에 면밀하게 검사해야 한다.[14]

초콜릿 공장에서는 첫 작업으로 카카오 원두를 세척해 불순물을 제거한다. 이때 흡입 장치, 체, 솔이나 자석을 이용해 마대 자루에서 나온 아마 섬유, 금속 조각, 돌, 작은 가지 등을 제거한다. 이어서 전체 초콜릿 생산에서 가장 중요한 공정인, 카카오 원두를 볶는 로스팅 작업을 한다. 층층이 쌓은 격자나 커다란 회전 드럼에 원두를 넣고 약 150도의 고열 기체를 이용해 가열하는 것이다.

로스팅 과정을 거치면 원두의 수분이 한 번 더 줄어들어 카카오 특유의 향이 발산된다. 로스팅을 마친 원두는 짙은 갈색으로 변한다. 원하는 로스팅 온도에 따라 작업 시간은 35분까지 걸릴 수 있다. 로스팅 시간은 카카오 종류마다 다르므로 서로 다른 카카오를 한꺼번에 로스팅하지 않는다. 일반적으로 초콜릿 생산업체는 원두를 최대한 보호하고 효과적으로 공정할 수 있도록 별도로 로스팅 책임자를 둔다.

다음 공정에서는 원두 껍질을 분리한다. 원두를 잘게 부숴 체나 고열 팬 장치로 껍질을 걸러 낸다. 껍질은 사료나 비료로도 사용할 수 있으며, 과거에는 비싼 카카오에 비해 가격이 저렴해 카카오 껍질차로도 많이 쓰였다. 지금도 카카오 껍질차는 약국이나 건강식품점에서 구매할 수 있다. 그 밖에도 카카오 껍질은 다양한 차에 혼합한다. 껍질에 함유된 테오브로민에 커피의 카페인처럼 혈액순환을 돕는 효과가 있기 때문이다. 물론 카페인에 비하면 효과는 약하지만, 더 오래 지속한다.

잘게 부순 원두는 니브(Nib)라고 부른다. 니브는 회전 금속판으로 된 그라인더로 분쇄한다. 이때 마찰열이 발생하면서 원두에 함유된 지방인 카카오 버터가 녹아나고, 강한 향을 내며 매우 쓴 맛이 나는 짙은 카카오 매스가 생긴다. 이 매스가 초콜릿 제조의 가장 기초 성분이다.

대개 원두를 가공, 생산하지 않는 초콜릿 제조업체 대부분은 이 카카오 매스를 반제품만 전문으로 생산하는 업체로부터 공급받는다. 현재 가장 큰 카카오 가공업체는 미국의 에이디엠과 카길, 스위스의 바리 깔레바우트와 네슬레다. 이 업체들이 가공하는 양이 연간 세계 카카오 수확량의 절반에 해당한다.[15] 이 네 업체는 카카오 매스 외에도 카카오 분말과 카카오 버터도 생산한다. 이들이 세계 대다수 초콜릿 생산업체에 원자재를 공급한다.

카카오 매스는 단순히 초콜릿 생산에만 쓰이는 것이 아니라, 카카오 분말 생산에도 쓰인다. 50~60퍼센트 지방을 함유한 카카오 매스를 90도로 가열해 유압으로 작동하는 카카오 프레스 기계에 넣는다. 유압으로 압축 피스톤이 압축실에 이르면 카카오 매스가 아주 작은 구멍이 뚫린 금속 체로 걸러진다. 이때 약 990바의 압력이 발생하며, 압축 시간과 강도에 따라 카카오 매스 지방 함유량이 달라진다. 압축 과정을 거치면 압축실에는 '카카오 압축 케이크'라고 부르는 카카오 매스의 찌꺼기가 남는다. 이것이 카카오 분말의 기본 재료다.

이 찌꺼기를 잘게 나눈 다음 분쇄한다. 분쇄 과정에서 생기는 마찰열 때문에 카카오 케이크에 포함된 잔여 카카오 버터가 녹지 않도록, 늘 온도를 낮게 유지해 카카오 분말을 계속해서 찬 공기에 냉각시켜야 한다.[16] 초콜릿 업계는 카카오 분말을 지방 함유량에 따라 다양하게 나눈다. 지방량이 많은 카카오 분말은 카카오 버터 함량이 20퍼센트 미만이며, 지방량이 적은 카카오 분말은 20퍼센트 이상이다.[17]

다음 과정에서는 카카오 매스를 여러 가지 첨가제와 혼합한다. 초콜릿 종류에 따라 다르지만, 첨가제는 일반적으로 설탕, 우유분말과 바닐라다. 나중에 초콜릿에 필요한 순도를 얻고자 카카오 매스에 이미 함유된 카카오 버터를 추가로 첨가한다. 카카오 버터는 카카오 가공업체로부터 가열 탱크 차량이나 박스로 공급받는다. 첨가제는 믹서나 반죽기를 이용해 약 30분간 혼합한다. 이때 온도는 40~60도다. 매스에 첨가한 우유분말은 온도가 높으면 견디지 못하므로 온도를 그 이상 올려서는 안 된다.[18] 혼합 결과물로 끈적끈적한 타르 형태인 매스가 나온다. 이것은 매우 거칠어서 입에 넣으면 모래알을 씹는 것 같다.

곱고 부드럽게 녹는 초콜릿을 얻으려면 여기서 다시 정련 과정을 거친다. 이 과정은 초콜릿 매스를 롤러에 앉힌 뒤 금속 정련기 여러 대에 통과시키는 방식으로 진행된다. 매스가 25분의 1천 밀리미터 이하의 순도를 얻으면 모래알처럼 까칠까칠한 당분 입자가 없어진다. 이 과정에서는 특별한 장치가 필요하다. 이 장치가 없으면, 모래처럼 껄끄러운 초콜릿이 만들어진다. 가끔 값싼 초콜릿을 보면, 순도가 떨어지는 것을 알 수 있다. 하지만 모든 이에게 초콜릿 순도가 품질을 판단하는 기준은 아니다. 일반적으로 아이들은 어른들보다 껄끄러운 입자가 든 초콜릿을 선호하며, 이런 초콜릿을 선호하는 나라도 있다. 영국과 프랑스가 대표적이다.

정련 과정을 거치면 몹시 얇은 초콜릿 필름이 만들어지고, 이를

휘젓고 뒤젓는 콘칭을 통해
카카오 매스는 약 90도로 가
열된다.

끌 칼로 들어낸다. 금속 정련기 내부는 텅 빈 채 물로 냉각되므로,
타르 형태인 초콜릿 매스는 아주 미세한 알갱이로 변한다. 이것은
콘칭을 통해 다시 한 번 가공된다.

콘칭은 로스팅과 더불어 초콜릿 제조 과정에서 으뜸가는 작업
공정으로, 초콜릿 맛과 품질에 결정적인 영향을 미친다. 이 공정을
거쳐 초콜릿은 특유의 향과 용해도를 얻는다. 금속 봉이 있는 기계
로 초콜릿 매스를 끊임없이 휘젓고 뒤젓는다. 이때 매스를 섭씨 90
도로 가열하면 습도 함유량이 1퍼센트 이하로 떨어지고, 원치 않던
향은 사라지며 편안한 향이 발산한다.

콘칭은 전체적으로 72시간까지 지속할 수 있다. 여기서 각 초콜
릿 제조업체 간에 차이가 크게 난다. 어떤 제조업체에서는 며칠이

걸리는 반면, 다른 업체는 몇 시간에 끝내기도 한다. 다만 반드시 알아야 할 것은 콘칭 시간이 카카오 종류에 따라 다르다는 점이다. 콘칭은 그 종류의 최상의 향이 나올 때까지 계속한다.

이 중요한 과정을 발명한 사람은 스위스 베른 출신 로돌프 린트(Rodolphe Lindt)로, 그는 우연히 이 과정을 발견했다고 한다. 1879년 린트는 자기 회사 초콜릿에 늘 기분 나쁘게 하얀 막이 생기는 팻 블룸(Fat bloom) 현상으로 고민 중이었다. 그는 이 문제를 해결하고자 초콜릿 매스를 정련기에 넣고 가공했다. 매스를 휘젓고 뒤저으면 과도한 습기를 제거할 수 있을 거라고 기대했던 것이다. 그가 금요일에 정련기 멈추는 것을 깜빡 잊고서 다음 주 월요일 아침 공장에 가보니 정련기는 계속 가동되고 있었다. 본의 아니게 3일간 매스를 휘젓고 뒤저은 결과 기적이 일어났다. 부드럽고, 섬세하게 녹는 초콜릿 매스가 탄생한 것이었다. 현재 콘칭이라고 불리는 이 과정은 그 후 초콜릿 생산의 핵심이 되었다.[19]

콘칭을 마쳤다고 초콜릿 매스 제조 공정이 모두 끝난 것은 아니다. 마지막 단계로 템퍼링(Tempering)이 남아 있다. 이 과정에서 초콜릿 매스는 일정한 온도 변화를 겪는다. 처음에는 50도 정도로 가열했다가 두 번째 단계에서는 34도, 마지막에는 28도로 낮춘다. 그리고 다시 온도를 32도로 올렸다가 30도로 낮춘다.[20] 템퍼링을 통해 초콜릿 보관 기간이 늘어나며, 비단 같은 광채와 똑 부러지는 성질이 생긴다. 이는 모두 초콜릿 품질을 판단하는 데 중요한 요소다. 템퍼링을 끝으로 초콜릿 매스 생산 과정은 끝이 난다. 완성된 초콜릿 매스는 다양한 제품으로 가공된다. 아래에서 중요한 초콜릿 제품들을 간단히 살펴보도록 하자.

다양한 갈색, 주요 초콜릿 제품들

판형 초콜릿

독일에서 생산되는 초콜릿 매스 대부분은 판형 초콜릿으로 가공된다. 이 제품은 독일 초콜릿 산업에서 판매량을 가장 많이 올린다. 판형 초콜릿은 완성된 초콜릿 매스를 형틀에 붓고 넓은 컨베이어 벨트에 통과시켜 생산한다. 매스를 채운 다음 형틀을 살짝 흔들어 매스가 균등하게 차도록 하는데, 이때 간혹 초콜릿 속에 작은 기포가 생길 수도 있다. 물론 기포 함유 초콜릿은 이 경우와는 달리, 형틀에 매스를 채우기 전에 먼저 가스를 주입하는 특별한 제품이다. 기포가 생기면서 초콜릿의 표면이 확대되어, 더 강렬한 맛을 체험할 수 있다는 것이다. 하지만 실제 그런지는 의심스럽다.

헤이즐넛이나 아몬드 같은 견과류 첨가물은 미리 초콜릿 매스와 섞어서 형틀에 채운다. 초콜릿 종류와 상관없이 초콜릿 매스는 형틀에 채운 다음 냉각 터널을 통과시킨다. 여기서 초콜릿은 6도 정도로 냉각되면서 매스가 응축되어, 형틀에서 쉽게 꺼낼 수 있다. 초콜릿 판을 만들려면 추가로 기계 압력을 이용한다. 형틀을 뒤집어 대형 망치로 두드리는 방식도 있다. 그런 다음 컨베이어 벨트를 통과한 판형 초콜릿을 포장하고, 형틀을 처음 공정으로 되돌려 보낸다. 초콜릿 채우는 작업을 다시 시작하는 것이다.

판형 초콜릿보다 손이 많이 가는 것이 셸(Shell) 초콜릿이다. 셸에 들어가는 것이 고형 첨가물이냐 액체 첨가물이냐에 따라 종류가 달라지지만, 판형 초콜릿에 액체 첨가물이 들어가는 경우는 매우 드물다. 제조 방법은, 첨가물이 고형인 경우에는 판 형틀에 첨가물을 넣어 압축하고 그 위에 액체 초콜릿 매스를 부은 후 냉각시킨다. 액체 첨가물일 때는 초콜릿 매스를 초콜릿 형태로 채운 다음 형틀을 뒤집는다. 초콜릿 매스가 흘러나오면 냉각시켜 초콜릿 틀을 완성하고, 여기에 액체 첨가물을 추가한다. 이어서 초콜릿으로 한쪽 면을 다시 덮으면, 이 면이 판형 초콜릿 바닥이 된다.[21]

최근 시장에는 '손으로 떠서(handgeschöpft)' 제작했다는 표시가 붙은 제품이 많이 출시된다. 이 표시는 1995년 오스트리아의 초콜릿 제조업자 요제프 초터가 사용한 이후 널리 퍼졌다. 이것은 업체가 초콜릿을 상당 부분 수작업으로 생산한다는 것을 뜻한다. 이 표현은 산업시대 이전에 종이를 손으로 떠서 생산한 데서 유래한 말로, 제지업계에서 사용하던 개념을 초터가 도입한 것이다. 손으로 떠서 생산한 초콜릿이 큰 성공을 거두자 여타 초콜릿 업체도 이를 받아들여 지금은 하나의 초콜릿 제조방식으로 자리를 잡았다.

초콜릿 바

1922년 마르스(Mars) 사가 처음으로 초콜릿 바를 생산했다. 초콜릿 바 제조는 세 단계로 나뉜다. 우선 초콜릿 바 속을 만들어 드럼 형틀에 넣고 막대 모양으로 평평하게 편다. 두 번째로 여기에 캐러멜을 덮는다. 이중으로 된 매스를 냉각한 뒤 절단기에 이 막대를 넣고 초콜릿 바 형태로 자른다. 끝으로 이 바에 초콜릿을 부어서 덮고 한 번 더 냉각하면 초콜릿 바가 완성된다.[22]

홀로우 초콜릿(Hollow chocolate)

홀로우 초콜릿(모양은 다양하고, 속이 빈 초콜릿)은 19세기 초에 탄생했다. 당시에 이 같은 모양은 사탕류에서만 볼 수 있었다. 오랫동안 초콜릿 형상을 만드는 몰드(Mould) 형틀 제작에 어려움을 겪었다. 여러 재질로 형틀을 제작해보았지만, 재질 대부분이 적합하지 않았다. 예를 들면 목재나 구리가 그러했다. 이후 은이나 아연, 은과 아연 도금 금속을 사용하면서 형틀 문제는 해결되었다. 현재 홀로우 초콜릿 형틀로는 폴리카보네이트를 사용한다.[23]

홀로우 초콜릿 형틀은 두 쪽이고, 자석으로 결합되어 있다. 형상을 제작하려면 우선 형틀을 분리한 다음, 한쪽에 액체 초콜릿을 붓는다. 그러고 나서 원심분리기로 자체 회전축을 따라 형틀을 장시간 회전시킨다. 이때 초콜릿 매스는 균등하게 형틀 외벽으로 나뉘어 응고된다. 냉각이 끝나면 형틀에서 초콜릿 형상을 빼낸다. 두 가지 색을 넣고 홀로우 초콜릿을 만드는 특별한 경우도 있다. 형틀 한 부분에 초콜릿 두 종류 중 하나를 미리 칠하고 냉각시킨 다음, 두 번째 종류를 채운다.

홀로우 초콜릿은 시즌 상품으로, 부활절과 크리스마스에 주로 생산한다. 제일 많이 생산되는 홀로우 초콜릿은 부활절 토끼 초콜릿으로, 2010년 한 해에만 1만 3천 톤 이상이 생산되었는데, 개수로 따지면 무려 1억 3천만 개가 넘는다. 산타클로스 모양 초콜릿을 앞서는 수치며, 시즌 초콜릿 생산의 57퍼센트를 차지한다.[24] 홀로우 초콜릿은 부활절과 크리스마스 외에도 월드컵이나 공룡이 유행할 때처럼 특정 행사나 유행에 따라 생산하기도 한다.

프랄린(Pralinen)

프랄린은 특별한 초콜릿 제품으로, 판형 초콜릿보다 훨씬 더 고

프랄린은 한입 크기여야 하며, 카카오 함량은 최소 25퍼센트다.

●

급스럽고 화려하다. 카카오뿐 아니라 다양한 원료를 넣어 만들 수도 있다. 다만, 프랄린이라고 하려면 카카오 함량이 적어도 25퍼센트는 되어야 하며,[25] 한입 크기여야 한다. 더 크면 콘펙트라고 부른다. 초콜릿 분야에서 프랄린의 역할을 매우 크다.

프랄린의 탄생에 대해서는 여러 가지 설이 있는데, 그중 으뜸으로 알려진 이야기는 다음과 같다. 프랄린은 프랑스가 아니라 독일 레겐스부르크에서 탄생했다. 1663년 레겐스부르크에서 '상시 제국 회의'가 개회되었는데, 프랑스 왕 루이 14세는 이 회의에 플레시-프라슬랭(Plessis-Praslin) 백작 혈통의 슈와쥘 공작을 파견했다. 이 프라슬랭 혈통을 기리고자 아몬드, 대추야자와 마지팬(Mazipan)에 초콜릿을 입힌 달콤한 과자를 만들라는 지시가 떨어졌고, 이를 프랄린이라고 불렀다. 이렇게 공작의 성은 독일에서 불멸의 이름이 되었지만, 그의 조국인 프랑스에서는 그렇지 않다. 프랑스에서는 현재 프랄린을 '쇼콜라(Chocolat)'로 부른다.[26]

다른 설도 있다. 벨기에 회사 노이하우스(Neuhaus)는 회사 창시자의 손자인 쟝 노이하우스가 1912년 프랄린을 발명했다는 것이다.[27] 하지만 프랄린이 그렇게 뒤늦게 발명되었다고 보기는 어렵다. 어쨌든 프랄린의 탄생을 알려주는 자료가 워낙 빈약하다 보니, 이런저런 추측이 난무한다. 오늘날 프랄린 생산의 중심지는 벨기에다. 그곳에는 고디바(Godiva), 레오니다스(Leonidas), 노이하우스 등 유명한 초콜릿 생산업체가 여럿 있다.

프랄린 만드는 법에는 빈 몸통 방식, 붓는 방식, 겹겹이 쌓아 자르는 방식이 있다. 프랄린의 맛과 응고 상태는 초콜릿과 크림의 기본 매스인 가나슈(Ganache)에 의해 결정된다. 가나슈를 제조하려면 카카오 버터 함량이 최소한 31퍼센트 이상인 커버추어(Couverture)를 사용한다. 커버추어와 함께 가정용으로 자주 사용되는 초콜릿 매스는 베이킹 초콜릿인데, 명확하게 규정된 함량은 없다. 일반적으로 베이킹 초콜릿은 설탕 50퍼센트 이상과 카카오 버터 25퍼센트 이하를 함유한다.[28]

초콜릿 제조 공정에는 포장이 따르기 마련이다. 현대적인 초콜릿 공장에서는 이 작업이 대부분 기계로 이루어진다. 손작업은 아주 간단한 공정으로 제한한다. 포장은 초콜릿을 유해한 외부환경으로부터 보호하는 역할을 한다. 하지만 상품테스트재단(Stiftung Warentest)의 연구 결과에 따르면, 포장 자체가 문제가 될 수도 있으며, 포장지 방부제가 초콜릿으로 침투해 방부제가 들어가는 경우도 있다.[29]

포장은 보호 기능 말고도 당연히 상품을 선전하고 소비자에게 중요한 정보를 전달하는 역할을 한다. 독일의 경우 개별 제품에 무엇이 들어 있는지는 '식료품 표시 규정'에 따라 규제된다.[30] 이 규정에 따르면 초콜릿 한 판에 종류와 상품명, 양과 가격을 표시해야 한다. 양과 관련해서는 2009년부터 새로운 규정이 적용된다. 그 전까지는 표준용량이 100그램이었지만, 이제는 효력이 상실되어 제조업체가 다른 무게로도 초콜릿을 판매할 수 있다. 새 규정을 비판하는 사람들은 숨겨진 가격 인상을 염려한다. 초콜릿 포장에는 앞에서 말한 정보 외에도 유효기간, 사용된 첨가물, 유전자 변형 내용물 등을 표시해야 한다.

초콜릿의 품질을 보장하려면 보관이 무척 중요하다. 보관 조건은 원하는 보관 기간에 따라 다르다. 몇 주 정도 보관하려면 섭씨 16~18도와 습도 45~60퍼센트면 충분하다. 장기간 보관하려면 온도를 낮춰야 하지만 10도 이하로 내려서는 안 된다.[31] 3개월 이상 보관하는 경우는 주로 부활절과 크리스마스용 초콜릿과 같은 시즌 상품이다. 수요를 충당하려면 오래전에 생산에 들어가야 하므로 보관 기간도 길어진다.

카카오 버터는 항산화 성질이 강하므로 우유가 함유되지 않은 제품은 초콜릿 질이 현저하게 떨어지기까지는 시간이 걸린다. 이 경우는 18개월에서 24개월까지 보관이 가능하다. 다만 밀크 초콜릿은 우유분말 유효기간이 비교적 짧아 6개월에서 12개월까지만 보관할 수 있다.[32]

제대로 보관하지 않으면 당연히 초콜릿 질에 상당히 영향을 미친다. 빈번하게 나타나는 문제는 초콜릿 표면에 하얀 막이 생기는 팻 블룸과 슈거 블룸이다. 이 문제는 다음 장에서 상세히 살펴보자. 카카오 원두와 마찬가지로 보관된 초콜릿도 해충 피해를 입을 수 있다. 제일 위험한 것은 좀벌레다. 이 벌레의 피해를 막으려고 여러 가지 화학제품을 해충 방지제로 사용한다.[33]

오감을 자극하는 초콜릿 즐기기

값비싼 고급 초콜릿을 찾는 추세가 끊이지 않는다. 최근 소비자 층에서 맛에 대한 의식이 크게 높아졌기 때문이다. 이제 초콜릿은 소비한다기보다 즐긴다는 각별한 의미가 되었다. 이러한 추세가 이어지자, 독일의 거의 모든 대도시에서는 초콜릿 시식 세미나를 개최한다. 그중 소비자들이 유독 좋아하는 행사는 초콜릿과 와인 시식을 결합한 행사다. 이런 행사를 비롯해 평상시 초콜릿을 즐길 때 알아둬야 할 점은 무엇일까?

초콜릿의 품질을 판단하려면 감각을 모두 동원해야 한다. 판형 초콜릿을 개봉하면 먼저 사람의 제일 중요한 감각인 시각이 작동한다. 초콜릿은 카카오 함량과 종류에 따라 색감이 다르므로, 여러 가지 초콜릿을 비교해보는 것이 좋다. 그러고 나면 갈색이 늘 같은 갈색이 아니라는 것을 분명히 알게 된다. 물론 색만 보고서 원두 품질을 알 수는 없다. 전문가라 하더라도 색깔로 원두 원산지를 맞추기는 힘들다. 고급 카카오 종류는 밝은 갈색일 수도, 짙은 갈색일 수도 있다.

초콜릿 품질을 판단하는 데 더 중요한 것은 표면을 관찰하는 것이다. 특별히 주의해서 볼 것은 초콜릿 표면에 나타나는 팻 블룸의 유무다. 팻 블룸은 온도 변화가 극심할 때 하얀 필름막 같은 카카오 버터 결정이 표면으로 떠올라 발생한다. 너무 차거나 습도가 많은 상태에서 초콜릿을 보관해도 설탕 때문에 이와 비슷한 현상이 발생한다. 그러므로 초콜릿의 색이나 상태가 균일한지를 살피는 것이 좋다. 초콜릿은 비단처럼 광채가 나야 하고, 색이 거무튀튀해서는 안 된다.

위에서 언급한 초콜릿 시식 세미나에서는 늘 촉각의 중요성을 강조한다. 판형 초콜릿 표면을 손으로 훑어봐야 초콜릿이 얼마나 반들반들하고 단단한지 알 수 있기 때문이다. 이 두 가지는 초콜릿 품질을 판단하는 핵심적 특성이다.

맛을 보는 데 없어서는 안 될 감각이 후각이다. 잘 알다시피 감기에 걸리거나 코가 막히면 미각은 제대로 작동하지 않는다. 후각으로 판단하는 방법은 두 가지다. 직접후각분석은 초콜릿 냄새를 깊이 들이마시는 것이고, 간접후각분석은 초콜릿 한 조각을 입에 넣어 녹인 다음, 입에 모인 공기를 코를 통해 내보내는 것이다. 이런 방법으로 우리는 초콜릿 향을 느낄 수 있으며, 초콜릿에서 우유나 캐러멜, 바닐라 향이 난다는 것도 알 수 있다.

카카오는 비교적 빨리 향이 변하지만, 훈련이 잘 된 코라면 냄새로도 원두 품질을 분별할 수 있다. 충분히 발효, 건조되지 않았거나 부실하게 보관된 카카오는 나쁜 냄새를 풍기며, 초콜릿 향에도 좋지 않은 영향을 미친다.

초콜릿 품질을 판단하는 데 무엇보다 확실한 것은 미각으로 맛을 보는 것이다. 초콜릿을 입에 넣고 서서히 녹인 다음, 맛을 느끼는 신경과 접촉면을 늘리고자 녹은 초콜릿을 입안 골고루 나눈다. 초콜릿이 녹는 느낌은 어떤가? 이것이 품질을 판단하는 기준으로는 으뜸이다. 초콜릿이 부드럽게 혹은 껄끄럽게 녹는가, 빨리 녹는가, 아니면 입천장에 달라붙는가? 질문에 모두 답하고 나면 맛에 대해 판단할 수 있다. 좋은 초콜릿은 과하게 달거나 쌉쌀하지 않고 균형 잡힌 맛을 낸다. 이런 경험과 연습을 해본 사람이면 한 걸음 더 나아가 초콜릿마다의 상이한 향을 분별하고, 특색을 찾아낼 수 있다.

이런 과정은 초콜릿 품질을 판단하는 데 도움은 되지만, 자신이 좋아하는 초콜릿을 찾아내는 것은 결국 각자의 취향에 달려 있다. 취향에 맞으면 원산지 농장을 표시한 값비싼 초콜릿인지, 슈퍼마켓의 값싼 할인 상품인지는 전혀 중요치 않다. 물론 모든 초콜릿이 일정한 품질 기준을 충족해야 한다는 것은 두말 할 나위가 없다.

초콜릿을 먹으면 행복하지만 살이 찐다?

독일에서는 몇 년 전부터 건강을 생각해 고가의 고급 초콜릿을 찾는 경향과 함께 초콜릿을 먹으면 살이 찌느냐에 대한 토론이 활발하다. 어린이와 청소년 비만이 심각하다는 연구 결과가 많아, 정치권에서도 이에 대한 대책을 촉구하고 있다. 논의 결과, 칼로리가 높은 식료품의 경우 신호등 시스템을 도입하자는 의견과 슈퍼마켓 계산대 앞 매대에 과자류 진열을 금지하고 대신 과일과 채소를 놓자는 제안도 있었다. 실제 초콜릿이 사람 신체와 정신에 미치는 영향은 어느 정도일까? 초콜릿을 섭취하면 정말 살이 찌며, 건강에 해를 끼치는 걸까?

올바른 영양섭취에 대한 공개토론에서 늘 나오는 이야기는 건강하고 균형 잡힌 영양섭취다. 이어서 도대체 그게 무엇이냐는 질문이 항상 나온다. 영양학에서는 몸이 장기간 활동 능력과 건강을 유지하는 데 필요한 영양분을 공급해주는 것을 건강한 영양섭취라고 한다. 여기서 영양분이란 탄수화물, 단백질, 지방과 비타민, 미네랄 물질 및 식이질 섬유소 등을 말한다. 영양분이 어느 정도 필요한지는 나이, 성별, 육체적 활동 정도 등 다양한 요소에 의해 좌우된다.

불균형하거나, 부족한 영양섭취는 영양결핍증이나 질병을 유발할 수 있다. 몇 백 년 동안 이어진 항해시대를 통해 유럽에 널리 퍼진 영양결핍증은 괴혈병이다. 괴혈병은 비타민 C 부족 현상이다. 잇몸 출혈과 근육 감소, 관절염과 같은 수많은 증상을 동반하며, 조치를 취하지 않으면 괴혈병으로 사망할 수도 있다.

오늘날 흔히 볼 수 있는 결핍증은 칼슘이 부족하면 생기는 구루병이다. 대개 영양결핍증을 개발도상국과 연결 짓는데, 독일에서도 특정한 인구 집단에서는 여전히 나타나는 문제다. 양로원과 요양원 노인들 중 3분의 2가 영양결핍에 시달린다는 결과도 있다.

결핍증보다 더 큰 문제는 영양 과다 섭취다. 일반적으로 우리가 섭취하는 음식은 탄수화물 60퍼센트, 지방 30퍼센트, 단백질 10퍼센트로 이루어진다. 하지만 사람들 대부분은 지방과 당분을 과다하게 섭취한다. 동물성 식품을 많이 소비하는 데 반해, 과일과 야채는 적게 먹는다. 이런 불균형한 영양섭취와 더불어 운동 부족도 문제다. 누구나 적당하게 영양을 섭취하고 충분히 운동해야 한다.

독일 영양협회 권고에 따르면 성인은 하루에 2천 600칼로리를 필요로 한다. 밀크 초콜릿 한 판은 약 550칼로리다. 초콜릿이 비만의 원인인지는 여러 가지로 나누어서 살펴봐야 한다. 초콜릿을 얼마나 많이 섭취하는지, 여타 영양섭취는 어느 정도인지, 활동 정도와 운동을 하는지 여부에 따라 다르기 때문이다.

사실 과자류는 하루 평균 영양섭취의 5퍼센트 정도만 차지하기에 비만의 주요 원인이라고 하기는 어렵다. 비만에는 기름진 음식이 미치는 영향이 더욱 크다. 기름진 음식을 과다 섭취하면 비만으로 이어지고 심장마비 위험도가 높아진다. 혈중 콜레스테롤 농도가 상승하기 때문이다. 혈중 콜레스테롤은 포화지방산을 많이 섭취하면 높아지고, 다중불포화지방산을 섭취하면 낮아진다.

물론 하루에 필요한 영양소 30퍼센트는 지방이며, 지용성 비타민을 공급하는 데 제일 큰 역할을 하는 것이 지방이라는 사실도 잊어서는 안 된다. 지방은 포화·단일불포화·다중불포화지방산을 3분의 1씩 섭취해야 한다. 포화지방산은 주로 고기, 버터, 우유 같은 동물성 식품에 들어 있다. 카카오 버터에도 포화지방산의 일종인 스테아르산이 들어 있다. 불포화지방산은 주로 식물성 기름에 함유되어 있다.

정리하자면, 초콜릿을 적당히 즐기면 비만으로 이어지지 않는다. 오히려 초콜릿은 건강하고 균형 잡힌 식품에 속한다. 신체를 편안하게 하는 데 도움이 되는 탄수화물, 단백질, 지방 외에도 여러 가지 미네랄 성분과 비타민을 함유한다. 게다가 초콜릿은 정신적인 성취 능력도 향상시킨다. 초콜릿에 든 당분이 뇌신경세포에 신속하고 효과적으로 에너지를 공급하기 때문이다. 육체와 정신의 성취 능력을 유지하려면 평균적으로 하루에 포도당 60~80그램이 필요하다. 이 양은 시험기간처럼 스트레스 상황에서 훨씬 높아진다.

그밖에도 초콜릿은 신경시스템을 자극해 피로를 완화하고, 신체적인 성취 능력을 향상시키는 테오브로민과 카페인도 함유한다. 테오브로민은 카페인과 비슷하게 혈액순환을 자극하고 기분을 좋게 하는 알칼로이드다. 함량이 지나치게 높으면 환각상태에 이를 수도 있지만, 초콜릿에 함유된 것은 아주 소량이다. 또한, 테오브로민은 의학에서 혈관확장제와 이뇨제에도 쓰이며, 기침을 완화하는 작용도 한다. 곁가지지만, 테오브로민이 인간에게는 긍정적인 영향을 주는 반면, 말, 개, 고양이에게는 치명적일 수 있다. 이들의 몸에는 테오브로민을 분해할 수 있는 효소가 없기 때문이다.

이처럼 초콜릿은 신체·정신적으로 긍정적인 부분이 많지만, 초콜릿을 먹을 때는 자기 절제와 상품 선택 역시 중요하다. 건강을 생각한다면 설탕이 50퍼센트 이상 든 초콜릿보다는 당분 함량이 적고 카카오 함량이 많은 초콜릿을 찾는 것이 좋다.

초콜릿의 특성은 지방과 당분이 결합한다는 것이다. 이런 결합

카카오 원두의 성분

카카오 버터	54퍼센트	단백질	11.5퍼센트
섬유소	9퍼센트	녹말	7.5퍼센트
타닌	6퍼센트	수분	5퍼센트
미네랄 성분	2.6퍼센트	유기산	2퍼센트
테오브로민	1.2퍼센트	당분	1퍼센트
카페인	0.2퍼센트		

출처: www.theobroma-cacao.de

은 다른 식품이나 기호식품에서는 찾아볼 수 없다. 지방과 당분이 분해되면 특정한 성분이 배출되는데, 이 성분이 우리 몸이 편안하다는 기분을 만든다. 의학에서는 초콜릿이 사람을 행복하게 한다는 주장이 계속 나온다. 특히 기분이 우울하거나 어둡고 추운 겨울날, 사람들은 초콜릿을 찾는다. 초콜릿이 사람을 행복하게 만든다는 주장과 이것은 무슨 관계가 있을까?

당분 섭취는 몸에서 세로토닌 수치를 높인다. 세로토닌은 인간 몸에서 여러 가지 기능을 하는데, 그중에서도 심장 순환 시스템에 크게 영향을 미치는 호르몬이다. 세로토닌 수치가 높으면 행복감을 느끼고, 수치가 낮으면 우울해질 수 있다. 그래서 일상생활에서는 세로토닌을 행복호르몬이라고 부른다. 물론 세로토닌 영향은 사람마다 다르다. 어떤 사람은 세로토닌 수치가 상승하면 행복감을 느끼지만, 어떤 사람에게는 반응이 일어나지 않는다.

종종 초콜릿을 즐길 때 느끼는 행복감은 생리학적인 것이 아니라, 심리학적인 것이라는 설명을 듣는다. 초콜릿을 즐길 때 어린 시절 긍정적인 경험을 떠올리는 사람이 많다. 이런 경험은 대부분 칭찬과 관련된 것이며, 사람들이 무의식에 각인된 이 기억을 떠올리는 순간 신체에서 엔도르핀이 생산되어 행복감을 유발할 수 있다.

학자들은 초콜릿이 건강을 촉진하는 데 영향을 준다는 것을 증명하며, 폴리페놀을 그 주원인으로 꼽는다. 폴리페놀은 적포도, 녹차, 카카오 원두에 들어 있다. 카카오 원두를 가공하는 과정에서 상당 부분 상실되지만, 몇몇 제조업체는 좋은 성분을 보호하는 가공 방식을 개발해 폴리페놀 함량을 높인 초콜릿을 출시하고 있다.

이런 초콜릿의 포장지에는 일반적으로 항산화제라는 표시가 있다. 몇 년 전부터 항산화제는 의약품 제조에 필요한 학문적 연구대상이 되었다. 폴리페놀은 심장 및 순환기질환을 예방하고 혈관에 긍정적인 영향을 준다. 다양한 연구에서 카카오에 함유된 폴리페놀이 혈압을 낮추는 역할을 해, 심장순환기질환에 의한 사망 위험을 줄일 수 있다는 결과가 나왔다.

폴리페놀은 혈관기능 개선에도 도움을 주며 동맥경화증 등 여러 가지 질병 치료에도 역할을 한다. 또한 향후에는 설사 치료제와 같은 의약품 개발에 쓰일 것으로 보인다. 유럽 사람에게는 큰 병이 아니지만 개발도상국에서는 설사로 인해 해마다 수십만 명이 목숨을 잃는다. 폴리페놀은 카카오에서 얻을 수 있고, 카카오는 많은 개발도상국에서 직접 재배하므로, 값비싼 의약품의 대안으로 생산할 수 있을 것이다.

카카오가 건강에 미치는 영향과 관련한 논의에서 은근히 대두되는 문제가 초콜릿이 당뇨병의 원인이라는 것인데, 사실이 아니다. 당뇨병의 원인은 인슐린을 생산하는 췌장의 기능장애다. 이 병을 가볍게 여겨서는 안 된다. 제대로 치료받지 않으면 시력을 상실하고, 신장이 손상되며, 심하면 사지를 절단해야 한다. 당뇨병은 단순히 당분을 섭취하지 않는다고 치유되는 것이 아니며 의학적으로 인슐린 치료를 받아야 한다. 당뇨를 앓는다고 해서 초콜릿을 완전히 포기해야 하는 것은 아니며, 적당량을 섭취하면 괜찮다.

어떤 초콜릿 제조업체는 '유해한' 설탕 대신 '유해하지 않은' 과당이나 설탕 대체재인 소르비톨이나 이소말트(Isomalt)를 첨가한 당뇨환자용 초콜릿도 생산한다. 다만, 이 첨가물이 단맛을 보장해줄 수는 있지만, 초콜릿 맛에는 좋지 않은 영향을 미칠 수 있다. 영양학자들은 당뇨환자용 초콜릿은 필요하지 않으며, 적절한 약품 치료를 병행하며 적당량만 섭취하면 크게 문제가 되지 않는다고 강조한다.

초콜릿과 관련된 또 다른 문제는 알레르기다. 중요한 것은 식품 과민증과 실제 식품 알레르기를 구별하는 것이다. 식품과민증은 단순히 소화에 필요한 효소가 없는 것으로, 신체 방어 반응으로 이어지지는 않는다. 초콜릿과 관련해서는 유당을 소화하지 못하는 경우가 있을 뿐이다. 유당을 분해하는 효소가 결핍된 사람은 우유 성분이 포함되지 않은 다크 초콜릿을 섭취하면 문제를 피할 수 있다.

식품과민증 외에 우유, 콩, 견과류 같이 단백질 식품에 의해 야기되는 식품알레르기가 있다. 그래서 초콜릿 포장지에는 견과류 알레르기가 있는 소비자를 위해 '견과류 잔재가 있을 수 있음'이라는 문구를 넣는다. 이런 문제는 초콜릿 생산 과정의 특성 때문에 발생한다. 견과류 초콜릿에서 밀크 초콜릿으로 생산 공정을 바꿀 때, 처음에 나오는 밀크 초콜릿에 견과류 잔재가 들어 있을 가능성을 배제할 수 없다.

초콜릿의 세계, 점점 더 진기해지다

오래전부터 독일은 미국, 네덜란드와 더불어 세계에서 규모가 제일 큰 초콜릿 생산 국가다. 독일은 2009년, 가격으로 환산해보면 약 47억 유로에 달하는 초콜릿 98만 톤가량을 생산했다. 생산량으로 보면 1999년 이후 처음으로 약간 낮아진 수치다. 독일 초콜릿 내수는 몇 년 전부터 여러 가지 이유로 정체되거나 약간 상승하는 정도에 그치다가, 최근에는 여름 날씨가 너무 더워 다시 하락 현상에 시달리고 있다. 초콜릿 업계는 앞으로도 생산과 판매의 성장세가 미미할 것으로 예상한다. 특히 원자재 가격 상승이 문제다.[34]

초콜릿 업계는 내수 시장 대신 몇몇 아시아 국가에서 초콜릿 수요가 늘어나기에 외국시장에 희망을 걸고 있다. 인도네시아에서는 1999~2003년에 23퍼센트가 증가했으며, 중국은 같은 기간 10퍼센트, 인도에서는 7퍼센트 이상 증가했다.[35] 하지만 여전히 이들 국가의 초콜릿 수요 수준은 매우 낮아서 유럽과 비슷해지려면 오랜 기간이 걸릴 것이다.

여기서 이런 목표가 현실적이냐는 질문이 추가로 제기된다. 아시아 대부분 국가에서 초콜릿에 대한 관심은 매우 미미하다. 일본의 경우 초콜릿 바를 공개적으로 먹으면 사람들에게 경멸어린 시선을 받는 등 초콜릿 소비가 문화적 요소에 의해 제한을 받는다.

그럼에도 독일 초콜릿 생산량의 상당 부분은 해외로 수출된다. 2009년 생산된 초콜릿 중 약 40퍼센트가 외국에서 판매되었다. 생산 수치로 볼 때 과자 산업은 독일에서 중요한 경제 분야로, 현재 5만 2천여 명이 이 분야에 종사한다.[36]

독일의 초콜릿 시장은 소수 대기업이 장악한다. 페레로(Ferrero), 크래프트 푸드(Kraft Foods), 린트&슈프륑글리(Lindt&Sprüngli), 리터(Ritter)를 대표 기업으로 들 수 있다. 그 외에도 많은 혁신적인 중소기업이 주로 고가의 고급 초콜릿 제조분야에서 특화해 대단히 성공적으로 시장에 대응한다. 그중 한 예가 1993년 설립되어 프랄린 생산에 특화된 코페누어(Coppeneur)다. 이 기업의 사례는 어떻게 하면 이미 포화 상태에 이른 시장에서 성공을 거둘 수 있는지를 보여 준다.

이렇게 성공한 소기업은 무궁무진하다. 대기업 역시 이런 사례를 보고 밀크 초콜릿이나 다크 초콜릿 같은 기본 품목 말고도 더욱 다양한 초콜릿을 생산제품 목록에 올리기 시작했다. 혁신을 반기는 분위기는, 몇 년 사이 벌어졌던 식품 스캔들을 바라보며 각성된 품질을 선호하게 된 소비자들의 의식과도 연관성이 깊다.

초콜릿 업계에서는 〈초콜릿〉이나 〈찰리와 초콜릿 공장〉 같은 영화가 초콜릿에 대한 관심을 크게 높인 것으로 본다. 화폐 단위가 유로화로 통일되면서 가격 인상이 가능해진 것 역시 초콜릿 관심도를 높인 중요한 사건 중 하나다. 업체들의 자금 상황이 여유로워져 특이한 초콜릿을 생산할 수 있게 된 것이다.

앞서도 이야기했듯, 독일에서는 몇 년 전부터 카카오 함량이 높은 고급 초콜릿을 찾는 경향이 두드러진다. 초콜릿 제조업체들은 카카오 원두 선택에 점점 더 비중을 두며, 경쟁적으로 새롭고 진기한 카카오로 만든 제품을 출시하고 있다. 초콜릿 역시 포도주처럼 원두 원산지를 포장지에 표시한다. 마다가스카르, 자바, 베네수엘라산 카카오 원두는 뛰어난 품질을 보증한다.

고급 카카오 원두로 만든 초콜릿에는 이따금 포도주 품종을 나타낼 때 쓰는 '크뤼(Cru-)'나 '그랑 크뤼-(Grand Cru-)'란 표시가 붙는다. '그랑 크뤼'는 포도 재배에서 나온 말로 최고 특산물을 뜻한다. 물론 이 표시가 특허 상품을 의미하는 것은 아니므로, 여러 초콜릿 제조업체가 다양하게 사용한다. 현재 쓰이는 '그랑 크뤼-퀴베(Grand Cru-Cuvee)'라는 표현은 여러 가지 고급 카카오 원두를 사용해 제조된 초콜릿을 말한다.[37]

몇몇 초콜릿 제조업체는 한 걸음 더 나아가 상품에 쓰인 원두를 재배한 카카오 농장도 표시한다. 이런 초콜릿을 농장 초콜릿이라고 부른다. 이 중 몇몇 카카오는 수요가 높아 공급이 부족해졌고, 이는 카카오 거래시장에서 가격 폭등으로 이어지기도 했다. 이런 경향이 얼마나 지속될지는 예상하기 어렵지만, 시장에서 일정 정도 포화 상태가 관찰되기는 한다.

이색적인 첨가제를 넣은 초콜릿도 마찬가지다. 얼마 전까지만 해도 고추 초콜릿이 특별한 것으로 여겨졌다면, 지금은 이미 대중화되었다. 현재 초콜릿 시장에는 고추에 이어 와인 초콜릿, 치즈 초콜릿, 양파 초콜릿 등 다양하고 별난 첨가물이 들어간 초콜릿이 출시되어 소비자들 반응을 살피고 있다. 첨가물은 계절에 따라 달라진다. 겨울에는 적포도주로 맛을 낸 초콜릿이 나오고, 여름에는 과일을 채운 초콜릿이 사랑받는다. 과일 초콜릿의 첨가물은 몇 년 전만 해도 딸기나 버찌가 대부분이었다면, 지금은 선택 폭이 무척 넓어졌다.

예측컨대 향후에는 유기농 초콜릿의 시장 점유율이 계속 높아질 것이다. 대기업들이 이 시장에 주목하는데, 일례로 리터 사는 2008년 유기농 초콜릿을 시장에 내놓았다. 최근에는 이른바 '기능성' 초콜릿이 약진하고 있다. 특정 소비자를 타깃으로 한 초콜릿으로, 지방을 줄인 초콜릿이나 무설탕 초콜릿 등이 해당한다. 우유 알레르기가 있는 이들을 위한 무유당 초콜릿도 있다.

지난 몇십 년간 일부 초콜릿 제품은 엄청난 인지도를 얻었다. 어떤 제품은 어린 시절 동반자로, 소비자의 수많은 기억과 결부된다. 헷갈릴 여지없이 소비자에게 분명하게 각인된 것이다. 이런 제품 중 상당수는 이미 진정한 컬트(cult)의 지위를 누리며, 소비자에게도 강력한 영향을 준다. 한 연구 결과에 따르면, 사람들은 동일한 제품도 특정 브랜드 포장을 입히면 훨씬 맛있게 느낀다고 한다.[38]

다른 상품 세계와 마찬가지로 초콜릿도 잘 알려진 브랜드 제품이 많고, 이 중에는 백년 역사를 자랑하는 곳도 있다. 밀카(Milka) 초콜릿도 그중 하나다. 얼마 전, 밀카는 독일에서 제일 사랑받는 초콜릿으로 선정되었다. 1901년부터 생산된 이 초콜릿은 전유(全乳) 초콜릿 1세대에 속한다. 제품 이름에서도 새롭고 중요한 첨가제가 드러난다. 밀카(Milka)라는 상표는 우유(Milch)와 카카오(Kakao)의 알파벳 첫 음절을 딴 것이다. 밀카는 1900년대 당시 일반적이던 다크초콜릿을 몰아냈다.

1900년 즈음 스위스 초콜릿 업계는 우수한 품질로 전 유럽에서 대단한 호평을 받으며 전성기를 맞고 있었다. 당시에는 어느 나라에서 제조되었는가가 초콜릿 판매고를 올리는 중요한 요소였으므로, 슈샤드(Suchard) 사도 밀카가 스위스 제품이라는 것을 알리고자 온갖 방법을 동원했다. 처음 제품을 출시했을 때는 포장에 스위스를 상징하는 알프스 산과 전나무, 동물을 넣었다.

1906~1936년, 밀카 초콜릿의 첫 번째 핵심 캐릭터는 세인트버나드 종인 바리(Barry)였다. 1973년에는 보라색 젖소가 등장해, 바리와 지금까지 유명했던 다른 광고 캐릭터들을 한 순간에 젖혔다. 보라색 젖소 인지도가 어느 정도인지는 1995년 바이에른 주 그림대회에 참가한 아이들 4만여 명 중 3분의 1이 젖소를 보라색으로 그렸다는 데서도 잘 알 수 있다.

밀카 초콜릿이 왜 하필 보라색을 포장에 선택했는지는 분명하지 않다. 하지만 이 색은 1901년부터 밀카 제품에 전형적으로 쓰이기 시작했으며, 2004년 10월 7일 연방대법원 판결에 따르면 보라색은 밀카 제품 포장에만 사용될 수 있다. 왜 보라색을 쓰게 되었는지에 대해서는 추측이 난무하지만, 밀카 초콜릿 성공에 대해서는 이론의 여지가 없다. 연간 4억 개가 생산되는 밀카 초콜릿은 독일에서 가장 많이 판매되는 초콜릿이다.

● 세인트버나드 종 '바리'가 1906년~1931년 밀카 초콜릿 광고에 등장했다.

스위스 제품이라는 것을 분명하게 알 수 있는 또 다른 브랜드는 토블레로네(토블론, Toblerone)다. 이 초콜릿은 긴 삼각형으로, 1908년 테오도르 토블러(Theodor Tobler, 1876~1941)와 생산책임자 에밀 바우만(Emil Baumann, 1883~1966)이 개발했다. 토블레로네는 토블러(Tobler)라는 이름과 꿀, 아몬드, 누가를 섞은 과자를 뜻하는 토로네(Torrone)를 합쳐 만든 신조어다. 한눈에 띄는 삼각형은 소비자들에게 확실히 각인되어, 스위스에서는 긴 삼각형 물건은 전부 토블레로네라고 부른다. 토블레로네 모양은 마터호른(Matterhorn) 산에서 영감을 받은 듯하다.

마터호른 산은 토블레로네 최초의 포장 이미지로 쓰였으며, 이후 독수리나 곰 그림을 넣어 스위스 산악 세계와의 연관성을 더욱

1930년대 에나멜 간판. 독특한 삼각형인 토블레로네 초콜릿 광고에는
웅장한 스위스 마터호른 산이 등장한다.

●

강조했다. 밀카 초콜릿의 보라색과 마찬가지로 토블레로네의 긴 삼
각형도 전매특허나 다름없어 다른 제조업체가 사용해서는 안 된다.

주 ——————

1) www.gesetze-im-internet.de/bundesrecht/kakaov_2003/gesamt.pdf 2011. 4. 21
2) Frankfurter Allgemeine Sonntagszeitung. 2006년 10월 29일자
3) Info-Zentrum Schokolade 2004, 79쪽
4) www.icco.org/about/growing.aspx 2011.4 21
5) www.oekolandbau.de/verarbeiter/zutaten-und-zusatzstoffe/suessungsmittel/zucker-
   rohzucker-ruebenz-ucker 2011.4.21
6) test 11/2007, 27쪽
7) www.ksta.de/html/artikel/1233584019904.shtml 2011.4.21
8) www.gesetze-im-internet.de/bundesrecht/kakaov_2003/gesamt.pdf 2011.4.21
9) Pehle 2009, 17쪽

10) www.ritter-sport.de/#/de_DE/quality/article/gentechnik 2011.4.23

11) Tilmann 1999, 13쪽

12) www.theobroma-cacao.de/wissen/wirtschaft/gesetze 2011.4.23

13) Pehle 2009, 17쪽

14) Douven 1999, 13쪽 이하

15) Busch 2005, 16쪽

16) Info-Zentrum Schokolade 2004, 54쪽 이하

17) Pehle 2009, 98쪽

18) Douven 1999, 72쪽

19) Lindt 1995, 46쪽 이하

20) Info-Zentrum Schokolade 2004, 72쪽

21) 20)과 같은 책, 77쪽

22) 20)과 같은 책, 88쪽 이하

23) Durry 2001, 177쪽 이하

24) www.infozentrum-schoko.de/schoko-news.html 2011.4.23

25) www.gesetze-im-internet.de/bundesrecht/kakaov_2003/gesamt.pdf 2011.4.23

26) Info-Zentrum Schokolade 2004, 17쪽

27) www.neuhaus.be/de/unsere-kreationen/pralinen.aspx 2011.4.23

28) Pehle 2009, 101쪽

29) test 11/2007, 27쪽

30) www.bundesrecht.juris.de/lmkv/index.html 2011.4.23

31) Fincke 1965, 260쪽

32) 31)과 같은 책, 261쪽 이하

33) 창고에서 발생하는 일반적인 피해에 대해서는 Finke 1965, 265쪽 이하

34) www.bdsi.de/de/presse/news/pm_2010_003.html 2011.4.23

35) Busch 2005, 22쪽 이하

36) Bundesverband der Deutschen Süßwarenindustrie 2009, 17쪽

37) Pehle o.J.,164쪽 이하

38) www.sueddeutsche.de/gesundheit/162/379966/text 2011.4.23

6장

카카오의 기원

"카카오 원두는 휴대하기 편해서 식량으로도 유용하다. 크기는 작지만 영양가도 높고 기분을 자극하는 성분도 풍부하기 때문이다. 아프리카에서 사막을 다닐 때는 쌀, 고무, 시어버터가 사람들에게 도움을 준다면, 신대륙에서는 초콜릿과 옥수수가루가 있어 안데스 고원과 사람이 살지 않는 광활한 밀림에 접근할 수 있다."[1]

1799년부터 1804년까지 5년간 아메리카 대륙을 탐사한 알렉산더 폰 훔볼트(Alexander von Humboldt, 1769~1859)는 초콜릿 음료를 알게 되었다. 그는 이 맛있는 식품에 감탄해 카카오 원두를 여행 비상식량으로 이용했으며, 끊임없이 이 원두에 대해 언급했다.

오늘날 우리가 아는 유용식물 중 상당수는 중남미가 원산지다. 예를 들면 해바라기, 감자, 호박, 옥수수, 아보카도, 담배, 토마토, 콩, 카카오가 그렇다. 카카오에서 얻는 초콜릿은 많은 사람이 매일 즐기는 친근한 식품이 되었다. 초콜릿 맛을 떠올린다면 훔볼트가 그 맛에 얼마나 열광했는지 누구나 쉽게 짐작할 수 있을 것이다. 하지만 이 단맛의 역사가 훨씬 과거로 거슬러 올라간다는 것을 생각하는 사람은 드물다. 이제 이 역사를 거슬러 올라가 카카오가 초콜릿 음료에서 시작해 오늘에 이르는 길을 따라가 보자.

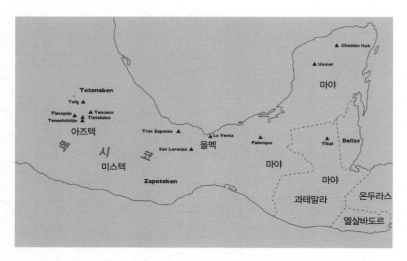

현재 멕시코와 그 남부 주변 국가에 해당하는 메소아메리카의 올멕, 마야, 아즈텍 거주 지역

●

학자들 대부분은 초콜릿 음료가 메소아메리카에서 발원해 세상을 정복했다고 추론한다. 메소아메리카는 1943년부터 사용한 단어로, 중앙아메리카의 특정 문화를 공유한 지역을 일컫는 말이다. 스페인 침략 바로 전 시대에 현재 멕시코 영역이자 대략 남위 21도에 있는 과테말라 전 지역과 벨리즈, 온두라스와 서경 88도 지역인 엘살바도르가 메소아메리카에 속한다.[2]

이 지역에 자리 잡았던 모든 문화에는 일정한 공통점이 있다. 추측하건대 이 문화권에서는 카카오를 알고 있었고, 귀족들 사이에 초콜릿 음료가 널리 퍼져 있었을 것이다. 이 지역은 도시국가 형태로 조직되었다. 이 도시들은 현란한 건축물, 웅장한 궁전, 큰 사원과 거대하고 화려한 도로를 갖춘 중요한 의식을 거행하는 중심지였다.

대도시에서 발견된 거대한 구기 경기장 폐허는 지금까지도 여

치첸 이차의 구기 경기장. 후에고 데 페롤타 경기장은 남아 있는 마야 문명 구장 500개 이상 가운데 가장 중요한 곳이다. 이 경기장은 크기로 볼 때 종교 행사 목적으로 쓰인 것으로 추정된다.

•

전히 수수께끼로 남아 있다. 아마도 구기 경기에 숭배 의미를 부여한 듯하다. 또 돌로 된 부조와 항아리가 발견되기도 했으며, 여기에 새겨진 몇 가지 문양을 보면 포로들을 동원한, 변형된 구기 경기도 있었던 것 같다. 여기서 패배한 팀은 제물로 바쳐진 것으로 보인다.[3] 메소아메리카에서 발생한 어떤 문화에서도 철은 발견되지 않았다. 대체물로 흑요석이 사용되었다. 이 돌로 아주 날카로운 칼을 제작했다.

서로 다른 민족들이 유사한 달력 체계에 따라 살았으며, 여러 문화가 문자 체계를 발전시켰다. 예를 들어 멕시코 남부 산악지방 민족 미스텍(Mixtec)이 그렇다. 이들의 전성기는 서기 900년 무렵에 시작해서 약 600년 뒤에 끝났다. 코디체스라고 불리는 미스텍 문자들 중 8개가 여전히 남아 있다. 코덱스(Codex)라고도 하는 이 문자

카카오 위에 앉은 원숭이 모양. 점토를 구워 만들었으며 서기 600~900년에 만든 것으로 추정된다.

는 줄거리가 있는 만화와 비슷한 울긋불긋한 상형문자다.

　이 문자에서 카카오는 여러 번 언급된다. 코덱스 중 하나인 빈 코덱스(Vienna Codex)에는 결혼식을 묘사하는 것 중, 김이 무럭무럭 나는 초콜릿 한 잔이 상형으로 그려져 있다.[4] 다른 문자인 소우체-누탈 코덱스(Zouche-Nuttall Codex)에는 족장 '재규어 발톱'의 결혼식이 '열세 마리 뱀'으로 표현되며, 신부가 신랑에게 값진 초콜릿이 담긴 잔을 건네는 장면이 있다.[5] 이 두 코덱스에 초콜릿이 나온 사실로 보아 당시 사람들이 이 음료에 중요한 의미를 부여했다는 사실을 알 수 있다. 그렇다면 그들은 어떻게 카카오를 맛볼 생각을 했는지, 카카오를 처음 먹은 사람은 누구였는지 궁금해진다.

　다채롭게 번쩍거리는 진기하고 커다란 열매가 달린 카카오를 떠올리면, 사람들 눈에 잘 띄었을 거라고 쉽게 예상할 수 있다. 또 원숭이 같은 동물이 늘 이 열매를 조물거리며 먹는 것을 봤다면, 메소아메리카 주민들이 이 열매를 따먹어 봤을 것이라는 건 당연해 보인다. 정확히 언제 그 일이 일어났는지는 알 수 없지만, 3천여 년 전에도 카카오는 중앙아메리카뿐 아니라 남아메리카에서도 잘 알려졌다는 사실은 이미 밝혀졌다.

남아메리카에서는 카카오 과육만 사용했다. 사람들은 이 과육에서 음료를 얻거나 발효시켜 알코올음료를 만들었다. 중앙아메리카에서는 과육뿐 아니라 원두도 가공했다. 과육에 만족한 남아메리카인들과 달리, 중앙아메리카 인들은 자연스럽게 카카오 원두를 가지고 이런저런 실험을 해봤다.

두 학자, 나다니엘 블레터와 더글러스 C. 댈리가 이와 관련해 흥미로운 이론을 제시했다. 그들은 자극적인 맛이 나고, 카페인을 함유한 향신료를 찾으려는 사람들의 시도가 주요 동기였다는 가정을 세웠다. 남아메리카에는 주민들에게 흥분제로 쓰이는 몇 가지 식물이 있었던 반면(예를 들어 마테, 구아라나, 담배 등), 메소아메리카에는 카페인을 다량 함유한 식물이 없었다. 이때 주민들은 카카오 원두가 테오브로민과 카페인이라는 두 가지 자극적인 물질을 동시에 제공한다는 것을 알고,[6] 카카오 원두를 이용했다. 이것이 초콜릿 음료의 탄생 배경이다.

카카오를 뜻하는 가장 오래된 상형 묘사는 중앙아메리카가 아닌 페루에서 나왔다. 학자들은 약 2천 500년 된 토기에서 카카오 형상을 확인했다.[7] 언제부터 카카오를 재배했는지는 명확히 밝혀지지 않았지만, 카카오를 확인할 수 있는 가장 오래된 토기는 멕시코에서 출토되었다. 하나는 치아파스의 파소 데 라 아마다에서, 다른 하나는 베라크루스의 엘 마나티 유적지에서 나왔다. 학자 테리 G. 포위스는 치아파스에서 출토된 토기 연대를 기원전 1900년으로 봤으며, 또 다른 토기는 올멕 이전 시기인 기원전 1750년으로 봤다.[8]

연구자들은 특수 분석방법을 통해 북부 온두라스 울루아(Ulúa) 강에서 나온 도자기 파편 11개에 카카오가 그려져 있었다는 것을 증명했다. 이 파편들은 기원전 11세기의 산물이다. 카카오 흔적이 발견된 안데스 지방 토기들은 기원전 1000년 무렵의 것으로 추정된다. 이 자료들을 모아 보면 매우 오래전부터 카카오가 광범위하게 퍼졌다는 것을 알 수 있다.

스페인 침략 이전 중남아메리카 인들은 테오브로마 카카오 외에 다른 종류의 카카오도 알고 있었다. 우리는 앞으로 카카오와 초콜릿을 언급하면서 이러한 다른 종들을 계속 다룰 것이다.

여전히 베일에 싸인 고도 문명, 올멕

올멕(Olmec)은 지금의 멕시코 지역에서 처음으로 고도로 발달한 문명을 형성했다. 그들은 기원전 1500년에서 서기 400년까지 활동했으며, 현재 베라크루스 주와 타바스코 주가 위치한 멕시코 만 남쪽에 거주했다.

올멕 문화가 유명해진 것은 주거지역에서 발견된 거대한 두상 때문이다. 지금까지 17개가 발굴되었으며, 크기는 3미터에 이른다. 전문가들은 이것이 올멕 지배자들의 머리일 것으로 추측한다. 부어오른 입술, 둥근 얼굴, 투구는 공통적이지만 표정은 제각각이다. 투

17개가 발굴된 거대한 두
상 중 하나. 크기가 3미터
에 이르는 이 두상은 약 3
천 년 전에 제작되었을 것
으로 추정된다.

두상마다 표정이 달라 당
시 지배자들 얼굴을 본떠
만든 것으로 보인다.

구는 전사나 구기 선수를 나타낸다.

이 거대한 두상은 1862년에 처음 발굴되었다. 발굴자인 호세 마리아 멜가르 이 세라노는 멕시코 전역을 여행하면서 거대한 석상에 대해 여러 차례 들었다. 그는 과거의 예술작품을 발굴하겠다는 생각에 사로잡혀, 소문을 직접 확인하겠다며 탐사에 나섰고 두상을 찾아냈다. 그의 보고는 이 거대한 두상을 알린 최초의 서술이며, 이후 올멕 문화 연구의 기초가 되었다.[9]

지금까지도 올멕 문명은 커다란 수수께끼로 남아 있다. 심지어 이 문명의 원래 이름조차도 알려지지 않는다. 올멕은 스페인 정복 당시 멕시코 북부에 살던 민족 명칭이다. 물론 이 민족은 3천 년 전에 이 지역에서 번성했던, 지금 우리가 올멕이라고 부르는 고도로 발달한 문명과는 관련이 없다.

올멕이란, 나우아틀 어로 '고무가 나는 곳에 사는 사람들'이란 뜻이다. 나우아틀 어는 현재도 멕시코에 널리 퍼진 원주민 언어다. 이 언어는 아즈텍이 사용했으며 나중에는 아즈텍 제국 공용어로 쓰였다. 학자들은 60여 년 전부터 메소아메리카 최초의 위대한 문명을 올멕이라고 불렀다. 올멕이 옥수수를 재배했고 석재 가공 분야에서 뛰어난 솜씨를 보여줬다는 것은 알지만, 일상생활이나 종교 혹은 세계관이 어떠했는지는 여전히 베일에 싸여 있다. 문명에 대해서는 거의 알려진 바가 없는 셈이다.

고고학자들은 넓은 지역에서 발굴한 여러 잔재를 보며, 처음으로 도시와 비슷한 형태를 마련한 것은 기원전 1200년 무렵으로 추정한다. 그 지역은 현재 베라크루스 주 남쪽에 위치했던 산 로렌초다. 이 도시는 코아차코알코스 강 고원에 자리 잡았다. 강에 접해 산다는 것은 무역에 유리했기에 현무암, 점판암, 비취, 흑요석 등과 카카오 같은 원자재가 산 로렌초로 들어왔을 것이다. 시간이 지나면서 라구나 데 로스 세로스, 라 벤타, 트레스 사포테스 같은 올멕 문명의 또 다른 중심지들이 생겨났다. 이 지역에서는 지배자들의 거대한 궁전과 사원, 수로 등이 발굴되었다.

문자 형태로 전승된 마야나 아즈텍 문명과는 달리 올멕 문명에서는 문자로 된 아무런 유물이 없다. 1990년 말, 카스카할(Cascajal) 석판이 발굴되기 전까지 학자들은 올멕이 문자 문명이 아니었다고 추측했다. 카스카할 석판은 A4 용지 크기로 무게는 약 12킬로그램이다. 현재까지는 아메리카 대륙에서 제일 오래된 문자 문명의 증거라 할 수 있다. 석판 외에도 진흙 형상 일부와 파편이 발굴되었다. 이런 것을 근거로 연구자들은 카스카할 석판을 기원전 900년 전 산로렌초 시기 유물로 본다.[10] 석판에는 기호 62개가 단어나 문장 형태로 정렬되어 있다. 아직까지 이 문자기호는 해독되지 않았다.

이처럼 올멕 문명에 대해 알려진 바가 거의 없는데, 그들이 정말 카카오 혹은 초콜릿 음료를 알고 있었을까 하는 의문이 제기된다. 그러나 열대와 아열대기후가 분포된 멕시코 만 해안지역은 카카오가 자라기에 둘도 없는 천혜의 조건이다. 따라서 올멕이 그곳에서 카카오를 발견하고 이를 재배했을 가능성은 충분하다. 얼마 전까지 올멕이 카카오 음료를 마셨다는 것을 증명할 근거가 없었지만, 2008년 엘 마나티 유적지 토기에서 카카오의 흔적이 검출되었다. 최근에는 산 로렌초 도시 유적에서도 이와 같은 흔적이 확인되었다. 이것은 기원전 1800~1000년에 올멕 귀족들이 카카오 생산물을 즐겼다는 것을 증명하는 근거가 된다.[11]

언어학 쪽에서도 올멕이 카카오를 이용했다는 또 다른 증거를 내놓았다. 오랫동안 올멕이 어떤 언어를 사용했는지는 분명치 않았는데, 최근 언어학자들이 수수께끼의 실마리를 찾았다. 그들은 올멕이 믹세-소케어(Mixe-Zoque) 원형을 사용했을 것이라고 추측한다.[12] 이 언어는 지금도 남부 멕시코에서 사용되는 언어와 같은 어군이다. 믹세-소케어 원형을 따른 수많은 단어는 주변 문명으로 흡수되어 현재까지 유지되고 있다.

카카오에 해당하는 단어 역시 그렇다. 학자들은 카카오가 원래는 '카카와'라고 발음되었고, 기원전 1000년경에도 믹세-소케어 원형 어휘에 속했다는 것을 밝혔다.[13] 이런 추론을 통해 올멕이 카카오라는 단어를 알고 있었다는 것이 입증되었다. 카카오가 그들 어휘 중 하나였다면 카카오 씨앗에서 음료를 제조했다는 개연성은 성립한다.

카카오의 땅, 마야

마야라는 용어는 콜럼버스 이전 시대에 이미 고도로 발달한 문명을 이룬, 잘 알려진 중앙아메리카 원주민을 말한다. 그들은 독일과 엇비슷할 만큼 넓은 지대에 살았다. 동쪽은 유카탄 반도, 남쪽에는 치아파스, 과테말라, 엘살바도르, 온두라스 같은 고지대로 이루어져 있었다. 서쪽으로는 리오 그리할바 강 하류가 자연 경계를 이루었다.

오늘날에도 마야의 약 800만 명이 멕시코, 과테말라, 엘살바도르, 벨리즈, 온두라스에 살고 있다. 정복 전쟁, 식민 지배, 억압에도 불구하고 마야는 지금까지 자신들의 문명을 보존·전승해왔다. 카카오와 초콜릿 조리 역시 지금까지 그들의 일상에 속한다. 초콜릿은 유럽에서 생각하듯이, 포장된 상품에 한정되지 않는다. 멕시코에서는 카카오 원두와 매스를 원료 형태로 사거나 무척 신선하게 조리된 초콜릿 음료를 길거리에서 즐기는 것이 흔하다. 믹세-소케어 문화에 인접해 카카오를 알게 된 1천 500년 전에도 이들은 카카오를 좋아했을 것이다. 대규모로 카카오를 재배했고, 아즈텍 같은 주변 민족들에게 팔기도 했다.

스페인이 정복하기 이전의 마야 코텍스(Maya Codex) 중 현재 전승되는 것은 3개뿐이므로, 그 시기 마야 문명에 대해 정확하게 파악하는 것은 힘들다. 당시를 파악할 수 있는 자료는 콘키스타(Conquista) 이후 마야가 직접 작성한 문건이다. 콘키스타는 1492년 크리스토퍼 콜럼버스가 상륙한 이후 중앙아메리카와 남아메리카 대륙을 정복하고 개척했던 100년간의 과정을 말한다.

스페인 선교사들은 현지 귀족들을 라틴어 체계로 교육했으며, 그 영향으로 마야는 16세기 중반부터 라틴 알파벳을 음차해, 자신들의 언어로 문서를 작성했다. 이에 대한 중요한 문건은 스페인 정복자들과 선교사들이 제공했다.

마야 문명과 문자 파괴에 결정적인 역할을 한 인물로는 프란시스코 수도사 디에고 데 란다(Diego de Landa, 1524~1579)가 대표적이다.[16] 스페인 카스틸리엔에서 귀족 아들로 태어난 그는 프란시스코 수도원에 입회해 1549년 선교사로 유카탄에 들어왔다. 1572년 유카탄 주교로 임명되었고 1년 뒤에 성직에 취임했다. 그는 1566년 유카탄에서 작성한 보고서에 마야의 생활, 관습, 건축, 종교, 세계관, 문자에 대해 상세히 기술했다. 비록 그 자신은 마야 문명에 대해 전혀 호감을 보이지 않았지만, 데 란다의 문건은 그 시대를 아는 데 중요한 증언 중 하나가 되었다.

마야에 대한 다른 중요한 정보는 고고학과 비문 연구, 언어학 분야에서도 나온다. 다만 조사 유적 중 많은 부분이 상류층의 것들로, 무덤 부장품이나 문건, 폐허 도시의 채색 장식과 벽의 잔해 등이다. 학자들은 귀족 생활과 활동에 대해서는 몇 가지를 밝힐 수 있지만, 인구 대다수를 구성했던 가난한 계층에 대한 정보는 거의 알지 못한다. 올멕과 마찬가지로 마야의 기원도 불명확하다.

마야의 첫 주거 흔적은 기원전 1800년대로 거슬러 올라가며, 서기 250~900년이 이 문명 전성기였다. 주거 형태는 점토와 나무로 된 집들의 작은 집합체였다. 위계질서가 약한 농촌 공동체 형태가 대부분이었으며, 한 마을에 20가구 이상은 살지 않은 듯하다. 시간의 흐름에 따라 주거지역이 확대되어 기원전 600년 즈음에는 최초의 도시들이 생겼다. 분명한 위계질서가 잡힌 복잡한 사회 형태가 완성되었고 전문직종이 탄생했다. 예술가, 수공업자, 농부, 전사, 상인, 귀족, 사제와 지배자 가문이 생긴 것이다.

서기 400~500년에는 이미 작은 도시국가가 많이 생겼다. 이 도시국가들은 중심지와 주변부인 농촌 형태로 구성되었다. 이 정치적 단위 규모는 아마도 걸어서 하루에 도달할 수 있는 정도였던 것으로 보인다.

그러던 중, 몇몇 도시가 다른 도시보다 막강해져서 상호 종속관계와 위계질서가 생겨났다.[15] 마야 주거지역 저지대에 위치한 티칼

시가 한 예다. 이 도시는 규모가 크고 인상적인 도시들 중 하나였다. 전성기였던 680~830년에는 인구가 9만~12만 5천 명이나 되었다. 유럽 정복자들의 보고를 보면 그들이 이 도시들을 처음 대면했을 때 얼마나 감탄했는지 잘 나타난다. 고국에서도 그토록 규모가 큰 도시는 알지 못했기 때문이다.

디에고 데 란다는 자기가 유카탄에서 처음 본 도시들에 대해 이렇게 밝혔다. "만일 유카탄이 건축물 수나, 크기, 아름다움으로 보아 이름을 떨치고 유명해져야 한다면 (……), 그 명성은 페루나 신 스페인처럼 널리 퍼져야 마땅하다. 이 수많은 건축물은 지금까지 우리가 이곳 인디아에서 발견한 것 중 으뜸이다. 건축물은 수가 많은데다 널리 퍼져 있고, 매우 정교하게 깎은 네모난 돌로 지어져 감탄하

치첸 이차 사원 중심에 위치한 계단 피라미드

지 않을 수 없다. 전성기에 견주면 미흡한 점이 있다 하더라도, 여전히 이렇게 훌륭하고 건축물이 많다는 것은 정말 놀랍다(······)"[16]

마야 도시는 대개 원형으로 구성되었다. 중앙에는 치첸 이차 시와 같이 사원이 있었다. 사원 가까이에 지배자와 가족 궁전이 있고, 그 옆으로 귀족들 저택이 있었다. 중요한 지역들은 포장도로로 연결되었다. 도심을 빙 둘러 상인들 집이 있고, 그 주위에 장인(匠人)들이 살았다. 밖으로 갈수록 집 건축 자재는 여기저기서 쉽게 구할 수 있는 것으로 대체되었다. 농부 주거지역은 보통 목재, 진흙, 식물에서 얻는 재료로 지어졌다. 대도시 주변에는 농민 거주지뿐 아니라 작은 지방 도시도 흩어져 있었는데, 이 도시들은 대도시로 진입하는 입구 역할을 했다.

도시국가들 간에는 늘 이런저런 이유로 충돌이 있었다. 따라서 중요한 원자재나 카카오 같은 고급 물품의 무역로에 대한 통제는 자주 전쟁의 원인이 되었다. 또 다른 전쟁의 이유는 인력을 확보하려는 경쟁이었다. 아이와 부녀자를 붙잡아다가 자기 사회에 편입시키는 것 말고도 전쟁포로를 확보해야 했다. 포로는 신에게 제물로 바치거나 노예로 팔 수 있는 아주 값진 '물건'이었다.[17]

마야 도시들을 분류하다 보면 사회적 구분이 분명하게 드러난다. 사회는 크게 귀족과 일반 자유민으로 나뉜다. 마야 문명에서 가장 높은 계층은 세습 귀족이며, 지배자와 그 가족이 선두에 위치했다. 사제도 이 계층에 속하는지는 아직 분명하게 밝혀지지 않았다. 지배자나 그와 가장 가까운 친척이 종교적인 직무를 맡는 것도 가능했다. 제일 중요한 경제활동 분야인 원거래 무역, 카카오 농장 관리, 염전 이용도 귀족에게만 허용되었다.[18]

마야 사회 근간은 일반 자유민이며, 농민을 첫 손가락에 꼽을 수 있다. 도시를 먹여 살릴 식량을 경작했기 때문이다. 부유한 상인들도 일반 자유민에 속했다. 화가, 석공, 금세공업자, 미장공, 재단사 등이 속하는 예술 수공업자는 아마 농민보다 지위가 높았을 것이다. 일반 행정과 종교 행정을 전담한 이들도 예술 수공업자와 계층이 비슷했을 것으로 추측된다. 궁전·사원 시종, 회계사, 징세원, 교사, 궁전 서기, 마야 달력을 제작하는 사제 등을 예로 들 수 있다.

사회적으로 가장 낮은 계층은 노예였다. "노예는 세습되거나 노예와 결혼해도 마찬가지다. 또한 특정 경제사범들은 그 벌로 노예가 되기도 했다. 이런 노예들은 특히 귀족이나 아이칼 카카오 농장에서 중노동을 했다."[19] 아이칼은 부자 상인을 뜻하는 마야 어다.

농부들이 재배하던 식량 중 제일 중요한 것은 옥수수였다. 볶거나 가루로 사용했으며, 음료와 죽뿐만 아니라 다른 음식도 만들었다. 옥수수는 생활의 토대였으므로 성스러운 식물로 여겨지며 신의 선물로 숭배되었다. 마야는 신이 옥수수 줄기로 사람을 창조했다고 믿었다. 처음에 신은 흙과 나무로 사람을 만들려 했는데, 제대로 되지 않자 옥수수로 만들었다는 것이다. 그래서 마야는 스스로를 옥수수 인간이라고 불렀다.[20]

마야는 옥수수나 다른 식량 생산을 위해서 이동경작을 했다. 이것은 지구에서 제일 오래된 경작법 중 하나로 중앙아메리카에서는 지금도 이용된다. 산림과 밭의 교대농법을 이동경작이라고 한다. 이 방식은 소각과 함께 이루어진다. 우선 숲의 나무를 모두 베어 내고 나무 밑동과 관목을 태운다. 불이 숲 전체로 번지지 않고 일정한 면적에서만 불을 내려면 특별한 기술이 필요하다. 이렇게 불을 놓으면 재 형태로 거름을 얻을 뿐 아니라 해충도 박멸하는 중요한 부수 효과가 생긴다.

숲을 다 태우면 3년 정도는 농사를 지을 수 있다. 이 기간이 지나면 다시 소금과 미네랄 물질이 토양으로 스며들도록 5년간 그대로 두어야 한다.[21] 이런 식으로 농사를 지으려면 면적이 넓어야 한다. 이동경작으로는 많은 사람을 먹여 살릴 수 없다. 인구수가 급격히 늘기라도 하면 경작의 집중화가 일어날 수밖에 없으므로 열대림을 계속 개간해야 한다. 숲을 태울수록 산림은 황폐해지는 악순환이 발생한다. 물론 마야 농부들이 이동경작만 한 것은 아니다. 새로운 발굴 작업을 통해, 여러 가지 인공관개 시설을 경작에 이용하는 등 농업지리학을 중심으로 다양하게 경작한 것이 밝혀졌다.[22]

옥수수 외에 중요한 유용식물은 호박, 콩, 고추, 고구마, 유카, 아보카도, 토마토였다. 풍성한 식단에는 당연히 고기류도 포함되었는데, 이는 부유한 시민들만 누릴 수 있었다. 여기에는 다양한 조류 외에도 스페인 정복자들이 무척 좋아했던 칠면조, 사슴, 패커리(중남미에 서식하는 멧돼지)가 있고, 강과 호수, 바다에서 잡은 생선도 포함된다. 디에고 데 란다는 식량으로 쓰이는 여러 동물에 대해 상세히 밝혔다. "작은 야생 양(작은 붉은사슴을 말함)은 매우 날쌔고 짙은 갈색에 가까운 색을 띤다. 돼지는 우리 돼지와 차이가 많이 나는데, 배꼽이 등에 있고 냄새가 지독하다. 우리 것과 비슷한 토끼는 안면이 길쭉하지만, 납작하지는 않고 우리 산양과도 닮았다. 크기도 큰데다 고기 맛이 무척 좋다. 또 아주 비루하게 생긴 작은 짐승은 밤이면 굴이나 후미진 곳을 돌아다닌다. 모양은 산토끼와 비슷하며 겁이 많고 앞으로 깡충깡충 뛰면서 이동한다. 앞니가 무척 길고 가늘며

꼬리가 우리 토끼보다 짧다. 털 색깔은 초록빛이 나고 무척 어둡다. 집에 가두면 온순하고 곁을 잘 준다. 그 짐승은 줍(Zub)이라고 부른다(금토끼, 유카탄에서는 아구티라고도 한다). 인디언들은 이것을 잡는 데 아주 특별한 함정을 이용한다."[23]

우리는 마야가 남긴 문건을 통해 그들 일상에 관한 중요한 정보를 얻을 수 있다. 마야 문자는 기원전 4세기나 3세기에 기원했으며, 스페인이 정복하던 17세기에 잊혔다. 2천 년 역사를 거슬러 올라가는 이 문자는 중앙아메리카에서 제일 오래되었다.

현재 추측으로는, 마야가 믹세-소케어 문자 체계를 받아들여 계속 발전시킨 것으로 보인다. 콜럼버스 이전의 다른 상형문자와 달리 마야 문자로는 단어를 소리 나는 대로 모두 적을 수 있다. 그리고 발음된 말의 문법 형태도 그대로 적을 수도 있다. 200년 넘게 마야 상형문자 해독 작업을 벌이고 있지만, 아직도 완벽하게 해독하지 못했다.[24] 마야에게는 문자기호가 700개 이상 있었지만, 학자들도 300~400개 기호만 사용했다.

마야는 글을 돌에 새겼을 뿐 아니라, 코덱스처럼 책에 적어 넣기도 했다. 무화과나무 껍질로 만든 몇 미터나 되는 긴 껍질종이에 매우 얇게 석회를 발라 글을 썼다. 폭이 좁은 이 두루마리 종이를 연속 용지처럼 접었고, 나무로 책 표지를 만들었다. 어떤 문건들은 재규어 가죽으로 표지를 만들었다. 마야 책이 얼마나 있었는지를 밝히는 것은 불가능하지만, 양이 엄청났으리라 추정된다.

그 수많은 책은 습도가 높은 열대기후 조건에 희생되었을 것으로 보지만, 이보다 더 비극적인 것은 스페인 사람들의 파괴욕이었다. 그들은 종교적 열정으로 마야 코덱스를 체계적으로 파괴했다.

디에고 데 란다 같은 광신자들은 그렇게 해야 원주민 사제들의 권력을 영원히 뿌리째 제거할 수 있다고 믿었다. 그는 이 과정을 이렇게 기술했다. "우리는 마야에게서 이런 글자로 된 책을 수없이 발견했다. 책들은 모두 미신과 악마의 속임에 사로잡혀 있었기에 우리는 한 권도 남김없이 이 책들을 불태워 버렸고, 인디언들은 심히 슬퍼하며 탄식했다."[25]

코덱스는 철저히 파괴되었으며, 살아남은 것은 오직 세 건뿐이었다. 오늘날 이 마야 코덱스들은 드레스덴 코덱스(Dresden Codex), 마드리드 코덱스(Madrid Codex), 파리 코덱스(Paris Codex)와 같이 소장된 도서관 지명에 따라 불린다. 이 세 코덱스 모두 마야 북쪽 저지대에서 나왔으며, 스페인 침략 바로 전에 작성된 것들이다.

문자는 사제와 귀족만 사용할 수 있었으므로, 전체 인구의 약 1퍼센트만 코덱스를 읽을 수 있었다. 서기는 문서를 통해 정치적, 역사적 사건을 영원히 문자로 남겼으며, 종교의식과 세계의 탄생, 전쟁 상황, 지배자의 출생과 혼인, 삶에 대해서도 전한다. 드레스덴과 마드리드 코덱스에는 카카오가 언급되어 있다. 하지만 카카오 조리법과 사용에 대한 내용은 없다.

카카오가 음료로 널리 퍼졌다는 것 역시 문서가 아니라, 토기 글자와 그림을 통해 알려졌다. 카카오를 표현한 장식이 화려한 용기는 당연히 귀족만 사용할 수 있었다. 도자기는 일상생활에서 흔히 쓰였지만, 동시에 특권을 나타내는 대상이기도 했다. 값비싼 도자기는 특별한 손님, 동맹세력 혹은 휘하 군주에게 선물로 주었다. 이 도자기들은 사회적 결속을 강화하는 데 쓰인 것이다. 또 고인의 부장품으로 저승 가는 길에 도자기를 한 아름 안겨 주기도 했다.[26] 여기

204

서 도자기 속 음료는 망자의 식량이 아니라, 특별히 존경하는 조상을 위한 선물로 생각했다.

메소아메리카 다른 문명과 마찬가지로 마야 문명에서도 물레를 알지 못했기에 도구를 사용하지 않고 토기를 제작했다. 이 토기에 그림을 그린 수공 장인들의 손재주는 대단했다. 그들은 사회적으로 지위가 높은 귀족에 속했을 것이다. 그림은 마야 지배계층 세계를 보여 주며, 궁중 생활이나 역사적 사건, 신화 세계와 같은 주제를 다룬다. 궁중 생활을 그린 항아리에서는 카카오와 열매, 원두, 초콜릿 음료 그림을 자주 볼 수 있다. 몇몇 도자기에는 손에 카카오를 들고 있는 원숭이나 다람쥐가 그려져 있다. 이 두 동물은 지금도 자연스

점토를 구워 만든 행사용 잔.
서기 500년~700년

카카오를 손에 든 원숭이 모습이 담긴 잔.
서기 550~900년

레 카카오를 퍼뜨린다.[27]

　도자기에 쓰인 상형문자를 눈여겨보면, 도자기 제작 과정도 알 수 있다. 인류학자이자 비문학자인 마이클 D. 코에가 밝혀낸 바로는, 도자기 상형문자는 늘 특정한 순서로 이루어진다. 그는 이것을 '일차 기본 순서(Primary Standard Sequence)', 간단히 PSS라고 불렀다. 1970년대, 코에는 이 상형문자를 해독할 수는 없었지만, 가장 중요한 해독 기초를 마련해준 것이다.

　이 기초에 따라 나중에 도자기 상형문자 순서를 풀어 보니, 다음과 같은 정보가 담겨 있었다. 우선 이 음료를 헌정하는 대상이 신인지 아니면 특정한 인물인지를 알려 주는 헌사가 나온다. 그다음에는 도자기 형태에 대한 묘사가 나오는데, 이 도자기가 잔인지 대접인지를 알 수 있다. 이어서 도자기를 만든 장인이 표면을 어떻게 가공했는지, 긁어 새긴 것인지, 그림을 그린 것인지를 설명한다. 어떤 도자기에서는 글쓴이 이름이 들어가 있기도 하다. 뒤이어 초콜릿 조리법이 나오고, 맨 마지막에 주문자 이름이 나온다.[28]

　기다랗고 얇은 도기는 흔히 초콜릿을 즐기는 데 쓰인 것이다. 또한, 옥수수가루를 물에 불리고 꿀을 넣어 단맛을 낸 죽 같은 음료인 아톨레(Atole)는 대개 편평한 접시 같은 도자기에 뜨겁게 담아서 제공했다는 것도 알 수 있다. 학자들은 이런 전통적인 아톨레 말고 '초콜릿 아톨레'도 있었다는 것을 밝혀냈다.[29] 멕시코와 과테말레에는 여전히 카카오로 조리하는 아톨레가 수없이 많다.

　최근에는 원래 초콜릿 음료에 옥수수나 아치오테(Achiote) 같은 첨가물이 들었다는 것도 알았다. 아치오테는 남아메리카가 원산지인 아나토 관목 씨앗인데, 현재도 향료나 염료로 쓰인다. 짙은 빨간

색이며 부드럽고 풍부한 맛이 난다.

여덟 살부터 마야 문자를 배우기 시작한 뛰어난 비문학자, 데이비드 스튜어트는 처음으로 상형문자를 해독했다. 그것은 카카오를 나타내는 것이었다. 그는 빗살무늬가 새겨진 물고기 그림이 음절 카(ka)이고, 브(w)로 끝난다는 것을 알아냈다. 물고기는 빗을 뜻하는 캄(Kamm)의 'ka'를 나타내는 기호라는 사례가 많지만(빗은 물고기 가시를 나타낸다.), 스튜어트는 전체 그림을 ka-ka-w, 즉 카카오라고 읽었다.[30]

단어 ka-ka-w(카카오)를 뜻하는 두 가지 상형문자

●

발굴된 도자기와 코덱스에 그려진 상형문자는 카카오뿐 아니라, 마야의 일상생활에 관한 이야기를 많이 담고 있다. 그 덕분에 세계 창조와 신, 일상생활의 흐름 등을 알 수 있다. '구세계'라고 하는 유럽에서는 숫자 10이 중요한 역할을 해서 일상생활에서도 십진법이 상용되지만, 마야에서는 숫자 20에 기초한 이십진법이 일상적으로 쓰였다. 덧붙여 그들은 당시 유럽 사람은 전혀 모르던 0이란 개념도 알았다. 계산 공식은 모두 20을 기초로 했으므로, 거래 또한 이십진

법에 따라 이루어졌다. 저울이 없었기에 무게가 아니라, 물건 수를 꼼꼼히 세어 거래했다.

숫자 20을 기본으로 해서 잘 고안된 계산 체계는 마야가 시간을 나누는 기초가 되었다. 그들은 복잡한 순환력에 맞춰 살았으며, 이 역법 체계는 유럽 사람들이 점령하기 전 메소아메리카의 중요한 업적 중 하나다. 마야는 천문대에서 별의 운행을 관찰했다. 그래서 그들은 양력뿐 아니라 달의 변화와 금성 궤도도 알았다. 마야의 양력 계산에 따르면 1년은 365.242129일이다.[31] 소수점 이하 수를 조정하려고 그들은 윤년을 도입했다. 여기서도 마야는 유럽 사람들보다 앞섰다. 마야의 계산은 당시 율리우스력보다 훨씬 정확했기 때문이다.

마야는 20일을 한 달로 계산해, 1년을 18개월로 나눴다. 남는 5일은 마지막 18월에 덧붙였고, 그래서 5는 종종 불행의 숫자로 여겨졌다. 모든 달에는 각각 명칭이 있었다. 달력에는 공식적인 목적으로 사용된 합(Haab)과 의식에 쓰인 예언력인 촐킨(Tzolkin)이 있었다. 촐킨은 20일을 한 달로 계산하고 1년을 13개월로 나누므로 1년이 260일이 된다. 과테말라의 키체(Quiché) 원주민, 익실(Ixil) 원주민, 맘(Mam) 원주민들은 지금도 이 달력을 사용한다. 합과 촐킨을 서로 연결시키면 52년마다 일치한다.

마야는 신을 숭배하고자 1년을 일정한 기준에 따라 나누었다. 신의 세계는 복잡하게 얽힌 신전으로 구성되었다. 신은 지역과 시간에 따라 각각 의미가 달라진다. 몇몇 신은 일정한 시기나 지역에만 그 의미가 국한된다.

신, 수호정령, 조상 간의 차이도 모호하다. 신들 중에는 특히 원초적인 자연의 힘을 부여받은 신이 중요하게 여겨졌다. 예를 들어 비의 신 차크(Chaac), 태양을 인격화한 신 키니치 아하우(K'inich Ajaw)가 그렇다. 마야 신전 중심에는 옥수수의 신 익심(Ixiim)이 있다. 그는 마야의 삶을 받쳐 주는 식량을 대표하기 때문이다. 카카오 역시 독자적인 신과 연결된다. 하늘이나 지상을 대변하는 신 외에도 죽음의 신, 지하세계 신이 있다.

신과 수호정령은 늘 보살핌을 받아야 했다. 수호신들과 사람들 사이를 중개하는 지배자의 막중한 임무는 신격화된 조상과 신을 보살피고 그들에게 제물을 바치는 일이었다. 제사를 지낼 때는 카카오를 바치거나 코팔나무 향을 피우고, 각종 숭배물로 치장하는 등 다양한 의식이 펼쳐졌다. 의식 후에는 신을 위해 사혈하는 고행과 인간 제물 봉헌이 뒤따랐다. 이렇게 제물을 바치는 의식은 특별한 축제나 고통스러운 상황이 극심했을 때 이루어졌다.

대개 노예와 같은 전쟁포로나 아이들, 혹은 잘 생긴 남녀가 인간 제물이 되었다.[32] 마야 전성기가 끝날 무렵에는 인간 제물 수가 늘어났다. 생활이 어려워지자 인간 제물을 통해 신들을 위무하기 위해서였다. 이 시기는 마야 도시의 몰락 시기인 서기 750~900년과 일치한다. 도시들은 서로 다른 시기에 다른 과정을 거치며 몰락했다. 모든 도시가 똑같은 몰락의 특징을 보이지는 않았다.

지금까지 마야 문명 몰락 원인이 무엇인지는 명확히 밝혀지지 않았다. 아마 이런저런 영향들이 서로 얽혀서 몰락에 이른 듯하다.[33] 다만 짐작하건대 몰락의 주요한 원인은 도시의 인구 과잉이었을 것이다. 과테말라에서 제일 큰 지방인 엘 페텐에는 현재 36만 7천 명이 살고 있는데, 8세기에는 이 지역에 약 1천만 명이 살았던 것으로 추정된다.[34] 어떤 지역에서는 가뭄이 계속되었고 숲도 연이어 파괴되는 등, 지력 고갈을 원인으로 볼 수도 있다. 점차 정치 질서가 해체되고, 신의 왕국은 몰락의 길을 걸었다.

"인구수가 한계를 넘어서자, 사람들은 살아남고자 점점 더 많은 자원을 요구했다. 하지만 지배계층이 몰락했기에, 농업 생산을 발전시킬 수 있는 정치 세력이 없었다. 결국 거대한 저수지, 계단식 밭, 관개 시설 등을 건설하고 식량과 생필품을 생산, 배분할 노동력을 확보할 수 없게 되었다."[35]

우선 귀족들이 대도시를 떠났다. 농민들은 이 폐허의 도시에서 100~200년 동안 더 남아 궁전을 점령했다. 그 뒤 수십 년 사이에 마야 수백만 명이 지금의 엘 페텐 지역인 저지대를 떠나 유카탄이나 현재 과테말라 고지대인 남부로 이동했다. 마야 도시들은 오랫동안 방치되었고 열대우림으로 뒤덮여 몇백 년간 완전히 잊혔다.

지배자의 음료

마야는 아마 서기 3~4세기, 카카오라는 말을 믹세-소케어 문명권에서 받아들인 것 같다.[36] 믹세-소케어에서 카카오는 '카카와(Kakawa)'라고 한다. 마야는 이 단어를 빌어 '카카우(KaKaw)'로 발전시켰다. 특히 인상적인 것은 마야가 카카오를 야생에서 자라는 나무에서 얻은 것이 아니라, 테오브로마 카카오라는 종자를 개발해 대규모 농장에서 재배했다는 점이다.

카카오 재배는 마야에게 귀중한 경제 활동이었다. 카카오는 열대지방에서만 자라며, 그 안에서도 일정한 기후조건이 되어야 한다.

이런 이유로 카카오 재배는 지금 멕시코 타바스코 주 동쪽 촌탈파 지역과 과테말라의 태평양 연안 지역, 멕시코 남동부인 지금의 치아파스 주에서만 이루어졌다. 카카오 재배지역에는 관개 시설이 잘 설계되어 대규모 수확이 가능했다.[37] 또 카카오는 원거리 무역업자들의 기발한 거래 시스템을 통해 마야 전 지역으로 퍼졌고, 나중에는 아즈텍 제국으로까지 유입되었다.

몇몇 지역에서는 애초에 카카오 재배가 불가능했지만, 귀족들은 운에 기대를 걸고 재배를 감행했다. 유카탄 지역이 그런 곳이다. 이곳에서 사람들은 습기가 많은 돌리네 지형을 이용했고, 세노테스(Cenotes)라는 지하 우물에 거름을 채워 카카오를 심었다.

"카카오는 부유한 집안의 개인 재산으로 보이지만, 수확이 많은 것 같지는 않았다. (……) 소코누스코나 촌탈파 같이 전문적으로 카카오를 재배하는 지역과 달리 이 유카탄 돌리네 정원은 돈 많은 마야가 여가시간을 보내는 데 즐거움만 줄 뿐, 그 이상은 아니었다. 말하자면 부유한 미국인들이 맨해튼 펜트하우스 실내 정원에 열대 난초와 맞춤형 토마토를 재배하는 것과 비교할 수 있다."[38]

오늘날 마야가 카카오를 어떻게 즐겼는지는, 대부분 귀족이 쓰던 잔에 그려진 그림이나 글씨에서 알게 된 것이다. 따라서 유감스럽게도 마야 평민들도 초콜릿을 마셨는지, 그럴 금전적인 능력이 있었는지는 알지 못한다. 토기 그림은 카카오 소유가 부와 권력의 상징임을 말해준다.

마야는 초콜릿 음료에 여러 가지 첨가제를 넣었다. 과일과 꽃을 넣어 향을 내거나, 달거나 매운맛을 내게 했다. 하지만 초콜릿을 차갑게 마셨는지, 미지근하게나 뜨겁게 해서 마셨는지에 대해서는 의

홍두깨 같은 밀대와 메타테
(Metate). 메타테는 마야의
기본 식량인 옥수수를 가공
하는 데 쓰였고, 카카오를 가
는 데도 이용되었다.

견이 분분하다. 그들은 카카오를 다양하게 조리하기도 했다. 죽이나 거칠게 빻은 가루 형태로 먹거나, 원두를 홍두깨 같은 밀대로 으깨어 가루로 만든 후, 각종 소스에 양념으로 썼다.[39] 당시 양념은 지금 우리에게는 생소한 것들이 많고, 또 어떤 것은 아예 모른다.[40]

디에고 데 란다의 글을 보면, 마야는 옥수수가루를 넣어 마시는 것을 특히 좋아했다. "그들은 옥수수를 볶고 갈아서 물에 타 마셨다. 여기에 피멘토*나 카카오를 넣으면 아주 상큼한 음료가 되었다. 그들은 옥수수와 카카오 가루로 시럽도 만들었는데, 맛이 아주 좋아 축제 때 사용되었다. 또 카카오에서 버터처럼 보이는 지방을 얻었는데, 이것과 옥수수로 맛있고 질 좋은 음료를 만들었다."[41] 마야는 옥수수를 이용해 영양분이 풍부한 전분질 음료를 만들었다.

널리 퍼진 비알코올 초콜릿 음료 외에 환각성 음료도 있었다. 남

---

* 고추 품종의 하나인 파프리카 씨를 빻아서 만든 향신료

아메리카 여러 문명권에서와 마찬가지로 이들도 과일을 으깨 음료를 발효시켰다. 이 음료는 '나무처럼 신선한 카카오'라고 불렸다. 여기서 '신선하다'는 말은 으깬 과일을 지나치게 오랫동안 발효시켜서는 안 된다는 뜻이다. 만약 그러면 알코올이 식초로 변한다.

마야는 아즈텍과 마찬가지로 음료에 거품이 많이 생기는 것을 좋아했다. 거품이 가득한 카카오 잔 그림이 반복해서 나타나는 것만 봐도 그렇다.[42] 거품은 초콜릿을 항아리에서 잔에 부을 때 높이 들어 따르면 생기는데, 발굴된 잔에서도 이런 그림이 여러 차례 나온다. 풍부한 거품을 좋아한 이유는 거품이 터지면 입에서 거품 속에 있던 향료가 발산되므로 카카오 맛을 더욱 진하게 즐길 수 있기 때문이었다.

식물학자 니사오 오가타는 멕시코에서 연구를 진행하면서 고노로부스 니거(Gonolobus niger)라는 식물을 알게 되었다. 지금도 초콜릿 음료에는 이 식물 성분을 첨가해 거품을 강화하고 부풀어 오르게 하는 효과를 낸다. 콜럼버스 시대 이전의 원주민들도 이 식물을 알고 이용했을 것이다.[43]

초콜릿 음료를 날마다 즐긴 것은 아니다. 약혼식, 결혼식 같은 특별한 날이나 사회적 결합과 정치 동맹을 강화하는 데 기여한 귀족들 축제에 등장했다. "마야는 여러 날 동안 힘들게 이어진 거래와 가격 흥정이 끝나면, 피로연을 열어 이 음료를 마음껏 마셨다. 그들은 이런 잔치를 두 가지 방식으로 즐겼다. 첫 번째로 족장과 귀족 피로연에 초대받은 모든 손님은 나중에 똑같은 잔치를 반드시 베풀었다. 그리고 그때 다른 손님에게 구운 새고기, 빵과 카카오 음료 등을 선물로 넉넉하게 제공했다."[44]

이런 큰 잔치의 사치와 낭비를 잘 보여 주는 것이 귀족 저택에 있는 쓰레기장이다. 발굴 작업 과정에서 엄청나게 큰 쓰레기장을 찾았는데, 아마도 이런 잔치를 벌이면서 생긴 것으로 추정된다. 이 쓰레기장에는 깨진 예술품, 종교 형상들, 특히 잔과 동물 뼈로 가득 한 음식대접들이 발굴되었다.[45] 커다랗고 산더미 같은 쓰레기장이 왜 생겼고, 마야는 이 쓰레기들을 어째서 처리하지 않았는지는 여 전히 의문으로 남는다.

성대한 잔치를 끝낼 무렵 주인은 정치적 동맹관계를 강화하고자 손님들에게 값비싼 선물을 주기도 했다. 주로 케트살(Quetzal) 깃털, 조개, 면 망토와 칠면조, 옥수수가 가득 담긴 바구니, 카카오가 잔뜩 든 자루, 도자기로 만든 초콜릿 음료 잔 등이었다. 이 도자기들은 개 인적인 용도로 제작했지만, 가끔은 종교의식에도 사용했다. 일례로 초콜릿은 유카탄에서 12살 난 아이들의 세례식에 사용되었다. 미리 약속된 개인 저택에 가족들과 사제, 세례 받을 아이들이 다 모이면 의식을 시작했다.

세례식에 사용하는 초콜릿 음료에는 반드시 '처녀물'을 써야 했 다. 이 물은 숲속 나무 구멍과 계곡에서 가져왔으며, 거기에 카카오 와 플루메리아(Plumeria) 꽃을 섞어 내놓았다. 행사 전에 선출된 귀 족은 사제로부터 뼈를 받아 아이들 이마에 아홉 번 문지르고는 초 콜릿이 담긴 항아리에 담갔다. 그리고는 뼈에 묻은 초콜릿을 아이 들 이마와 얼굴 여러 부분, 발가락과 손가락 사이를 칠했다.[46]

디에고 데 란다가 이 세례식을 자세하게 묘사했다. 청소년은 이 의식을 통해 어른 공동체로 편입되어 성혼이 가능한 나이로 인정받 았다. 즉, 일종의 성년식인 셈이다. 데 란다는 세례를 설명하면서 아이들의 얼굴과 몸을 처녀물로 적시는 것은 기독교 성수 세례와 유사하다고 했다. 이러한 의식 일부는 아직도 남아 있어 출생이나 결혼 같은 중요한 행사에서 거행된다.

카카오가 마야에게 대단한 종교적 의미였다는 사실은 신과 연관되어 있다는 것에서도 잘 드러난다. 바로 에크 추아(Ek Chuah) 신이다. 다른 신들과 마찬가지로 에크 추아도 성격이 두 가지다. 전쟁의 신인 동시에 상인, 여행자, 카카오의 신이기도 하다.[47] 마야는 그의 형상을 늘 검은색으로 그렸다. '에크'라는 말은 거의 모든 마야 언어에서 검다는 뜻이다. '추'는 유카탄에서 전갈의 한 종류를 의미한다.[48] 그래서 에크 추아는 긴 전갈 꼬리를 단 모습으로 그려지기도

상인과 카카오의 신 에크 추아(Ek Chuah). 이 신은 보통 검정색이고,
긴 전갈 꼬리를 달고 있다. 간혹 아랫입술은 빨갛고 커다랗게 묘사되었다.
그림 출처는 마야에 관한 내용이 아주 풍부한 마드리드 코덱스다.

했고, 아랫입술이 처진 것으로 묘사되기도 했다.

현재 그레고리우스력에 따르면, 4월 말에서 5월 초에 해당하는 무안(Muan) 달에 카카오 농장 소유주들은 에크 추아, 비의 신 차크(Chaac), 풍요의 신 홉닐(Hobnil)을 기리는 잔치를 벌였다.

"이 잔치 때는 사람들이 참석자 중 한 사람의 농장으로 가서 점박이 개를 제물로 바쳤다. 개의 색깔이 카카오와 비슷했기 때문이다. 그들은 신들의 형상 앞에서 유향을 피웠고 이구아나, 특정한 새의 깃털, 사냥으로 잡은 짐승 등도 바쳤다. 행사에 참석한 시종들에게도 카카오를 하나씩 주었다. 제물과 기도를 바친 후 제사 음식을 먹고, 포도주는 세 잔 이상 마시지 않고 그대로 두었다. 이후에는 처음 잔치를 벌인 이의 집으로 다시 돌아와 즐겁게 술을 마셨다."[49]

카카오는 망자를 매장할 때도 중요한 역할을 했다. 부장품으로 초콜릿 음료를 마셨던 잔뿐 아니라, 카카오 원두도 함께 넣어 주었다. 왕의 부장품으로는 비취 장신구, 가오리 가시, 제례 때 사혈에 사용된 도구, 파이라이트(Pyrite) 거울, 책, 관장용 도구, 동물, 악기, 코팔나무 송진, 부싯돌, 흑요석, 식량과 카카오를 가득 채운 점토 항아리 등이 있었다.

카카오는 치료에도 긴요하게 쓰였다. 스페인 정복 시기의 마야 코덱스에 따르면 카카오는 하복부 통증치료제로 쓰였다. "장에 가스가 찼다면 환자에게 설사약을 처방할 것. 카카오 원두 다섯 알과 노란트럼펫꽃나무(Tecoma stans) 씨앗을 레알 동전(스페인 동전) 위에 올려 양을 잰다. 이것을 섞어 마시게 하면 곧 나을 것이다."[50]

마야에게 카카오는 만병통치약으로 통용되어 설사, 홍역, 산통에 쓰였다. 그들은 카카오 버터가 가벼운 소독 효과가 있다는 것도 알았다. 우선 카카오로 음료를 만들어 차갑게 한 뒤, 표면에 엉기는 버터를 걷어내 사용했다. 카카오 버터는 소독이 필요한 염증, 짐승에게 물린 외상, 비듬 등에 사용되었고, 피부 보호를 위해 몸에 바르기도 했다. 현재도 카카오의 약효에 대한 연구가 집중적으로 진행중이지만, 아직은 초보 단계다.

카카오는 식량과 치료제 말고도 화폐로도 이용되었다. 이 값진 원두를 가지고 시장에 가서 식량이나 생필품과 교환했다. 마야 코덱스가 전하는 바에 따르면 마야는 정교한 공물세 제도를 운용했다. 복속 왕국은 지배 왕국에 공물을 바쳐야 했는데, 카카오로 대신했다. 공물 규모는 코덱스에 정확히 나온다.

선인장에 앉은 독수리, 아즈텍

"오랫동안 우리는 멋진 건물을 내려다보았다. 그리고는 여기 위에
서 다시 한 번 사람들의 왁자지껄한 소리가 한 시간 이상 들리는
북적대는 시장을 바라보았다. 콘스탄티노플과 로마를 본 사람들도
이렇게 사람이 많은 큰 시장은 본 적이 없다고 말했다."[51]

1519년 11월 22일 베르날 디아스 델 카스티요(Bernal Díaz del Castillo, 1492~1581)가 묘사한 장면이다. 아즈텍 수도로 진입한 후, 스페인 사람들은 그 규모와 아름다움에 크게 감탄했다. 베르날 디아스 델 카스티요는 스페인에서 태어나 1514년에 쿠바로 와서 군인이 되었다. 그는 코르도바와 그리할바 강 탐사에 참여했으며, 1519

년 스페인 정복자 에르난 코르테스 휘하에 들어가 아즈텍 제국 정복을 몸으로 겪은 사람이다. 그는 84세에 회고록을 썼으며, 현재 이 회고록은 아즈텍의 멕시코 정복에 대해 가장 신뢰할만하고 정보가 많은 문헌으로 통한다.

아즈텍은 13세기 초, 멕시코 계곡으로 이주했다. 스페인 사람들이 들어온 1519년까지 그들은 거대한 제국을 유지했다. 권력의 심장은 해발 2천 240미터에 위치한 도시 테노치티틀란이었다. 스페인 정복 당시 인구는 15만 명이 넘었을 것으로 추정된다.[52] 이 역사적인 대도시의 자리에는 현재 멕시코 수도인 멕시코시티가 자리 잡고 있다. 현대의 콘크리트 아래 아즈텍의 수도는 매장되어 과거는 간직된 채로 있으며, 대규모 토목공사 때면 몰락한 제국 일부분이 드러나곤 한다.

테노치티틀란은 멕시코 계곡에 자리 잡았으며, 텍스코코 호수 서쪽 지역 몇몇 작은 섬도 이 도시에 속했다. 아즈텍 수도는 제방 도로를 통해 남쪽, 북쪽, 동쪽과 연결되었다. 지금 텍스코코 호수는 과거 규모로 존재하지는 않는다. 이후 스페인 사람들이 이 호수를 개간했기 때문이다. 과거에는 70킬로미터에 달했지만, 지금은 멕시코시티 남쪽에 작은 흔적만이 남아 있다.

물이 빠져나갈 곳 없는 멕시코 분지는 서쪽, 남쪽, 동쪽으로 화산 산악지대와 접하며, 어떤 지역은 해발 5천 미터에 이르기도 한다. 포포카테페틀과 이츠타치우아틀 화산과 면하기 때문이다. 이 도시는 북쪽으로 북미 고원 스텝지대와 연결된다. 해발고도 차로 아즈텍 주거지역은 온도 차이가 매우 심했다.

올멕과 마야 문명에 비하면 아즈텍의 생활은 비교적 많이 알려졌다. 스페인 정복 이후에 쓰인 아즈텍 문건이 많고, 정복자와 선교사도 글을 많이 남겼다. 하지만 그들이 대개 개인적, 정치적, 종교적인 동기로 기록을 남겼다는 것을 잊어서는 안 된다. 이러한 배경에서 스페인 인들이 기술한 아즈텍 역사를, 우선 아즈텍 문명이 종말로 치닫던 시기부터 이야기해보자. 스페인 정복 이전 시기에 쓰인 문건은 정복자들의 열성적인 선교 때문에 파괴되었기 때문이다. 먼 과거 기록들은 그렇게 이야기와 신화의 안개 속으로 사라졌다.

따라서 스스로를 멕시카라고 불렀던 아즈텍의 정확한 기원은 알려지지 않는다. 아즈텍은 스페인에게 정복당한 민족을 나타내는 개념이며, 18세기 예수회 선교사 프란시스코 하비에르 클라비헤로가 도입한 것이다.[53] 이전에는 멕시카나 멕시코 인이라 불리기도 했다. 물론 멕시카라는 말도 완전히 통용되지는 않았으며, 아즈텍을 명시하지도 않았다. 멕시코 인이라는 명칭 역시 근대국가 멕시코의 주민이 된 여러 지방 사람을 가리킨다.

아즈텍이란 단어는 마법의 장소인 아스틀란(Aztlán)을 뜻한다. 학자들은 아즈텍이 13세기 초, '백로의 땅'을 뜻하는 이 지역에서 멕시코 계곡으로 이주했다고 추정한다. 전설의 장소 아스틀란은 멕시코 서부나 북서부에 있었다고 한다. 이주 원인에 대해서는 단지 신화만 전해진다. 아즈텍의 신 우이칠로포치틀리(Huitzilopochtli, 왼쪽의 벌새라는 뜻)는 자신의 민족에게 그들이 아스틀란을 떠나게 될 것이라고 예언했다. 그들은 긴 방랑 끝에 호수의 섬에 도달할 것인데, 거기서 입에 뱀을 물고 선인장에 앉은 독수리를 만나게 된다는 것이다. 그곳에 도시가 건설될 것이고, 아즈텍은 나중에 거기서 세

계를 지배할 것이라고 했다.[54]

아즈텍이 정착한 지역에는 이미 다른 민족들이 살고 있었다. 처음에 아즈텍은 그들에 복종해서 가신이나 농노로 살아갔다. 하지만 곧 이웃들과 갈등을 빚더니 결국 텍스코코 호수의 늪지대 섬으로 쫓겨났다. 그들은 그 섬에서 선인장 위에 앉아 있던 독수리를 만났다. 운명적으로 예언이 적중한 것이다. 오래 걸리지 않아 그곳에 막강한 도시인 테노치티틀란이 생겼고, 중앙아메리카 전체를 다스리는 권력의 출발점이 되었다. 선인장 위 독수리는 후에 근대국가 멕시코의 상징이 되어, 지금도 국기를 장식한다.

도시 테노치티틀란의 형성사는 신화적인 성격이 강하다. 고고학적 유물들은 아즈텍이 이주해오기 이전부터 이 도시에 사람들이 살았다는 것을 밝혀 준다. 오늘날 학자들은 아즈텍이 1320~1350년에 이 지역에 정착했다고 추정한다. 테노치티틀란의 첫 지배자는 아카마피츠틀리였고, 대략 1371년의 일이었다.

이 시기에 아즈텍은 여전히 테파넥의 지배를 받고 있었으며 이들에게 조공을 바쳐야 했고 전쟁에도 동원되었다. 테파넥은 1300년경에 멕시코 계곡으로 이주했다. 그들의 권력은 15세기 초에 최절정에 이르렀으며, 거의 멕시코 계곡 전체를 지배했다. 15세기 중반에 아즈텍이 테파넥에게 승리를 거두고 난 뒤 이들은 아즈텍 제국으로 편입되었다. 제국은 커다란 도시 세 곳과 동맹 왕국들로 구성되었다. 수도 테노치티틀란과 쌍벽을 이루는 도시 틀라텔롤코가 위치한 멕시코, 텍스코코를 수도로 하는 아콜후아, 틀라토판 시가 속한 테파넥이 동맹 왕국들이며, 이들은 모두 멕시코 분지에 자리 잡았다.

동맹은 공동 지도부를 두지 않았다. 공동의 정치적 목표와 관련해서는 서로 일치했지만, 당연히 모든 왕국은 독자적으로 결정을 내릴 수 있었다. 동맹 파트너들 간 관계는 형식상으로 동등했지만, 실제로는 테노치티틀란이 높은 지위를 누렸다. 왕국은 다시 수많은 도시국가로 나뉘었는데, 이들에게는 조공의 의무가 있었다. 이 도시들 역시 정치적으로 서로 결합해 얽혀 있었다. 후에 스페인 사람들은 이렇게 복잡하게 얽힌 시스템을 교묘히 이용해 아즈텍 왕 몬테주마 2세의 통치를 종식시켰다.

면적이 약 32만 4천 제곱킬로미터인 이 대제국의 인구는 정확히 알려지지 않는다. 추정컨대 이 시기에 중앙멕시코에는 1만~1천 200만 명이 살았을 것으로 보인다.[55] 현재 독일 면적이 35만 7천 104제곱킬로미터인 것에 비하면 아즈텍 제국은 독일보다 조금 작은 편이다. 2010년 현재 독일에는 약 8천 230만 명이 산다.

모든 도시국가에는 동등한 지배자가 한 명 또는 여러 명 있었다. 이 지도자들은 행정, 종교, 사법 등을 맡았다. 지배자들의 정통성은 멕시코 계곡으로 이동하는 시기에 만들어졌다. 지배자들은 교차혼인을 통해 사회적 결합을 유지했다. 인구는 두 계층으로 나뉘는데, 그중 10퍼센트가 세습 귀족이었고, 나머지 주민들은 비 귀족이었다. 계층 집단 간 신분이동은 불가능했다. 유일한 예외는 전사였는데, 그들은 특별한 전공(戰功)을 세우면 귀족으로 신분상승할 수 있었다. 귀족 또한 출신과 지위에 따라 계층이 명확하게 구별되었다.

의복, 머리 모양, 장신구도 계층에 따라 미묘하게 차이가 났다. 이를테면 귀족은 면 망토와 가죽 앞치마를 걸치고 황금색 샌들을 신었으며, 귀걸이를 달고 입술에도 장신구를 달았다. 평민은 용설란

실로 옷을 만들어 입고 망토는 무릎까지만 덮었으며, 귀족 앞에서는 샌들을 신을 수 없었다.[56]

오로지 귀족만이 토지를 소유했다. 그리고 토지의 가치는 판매가가 아니라, 그 땅에서 경작되는 기본 식량에 있었다. 귀족은 토지를 경작할 종속 농부가 필요했다. 이들은 수확 일부를 주인에게 바쳐야 했고, 귀족의 집안일을 거들어야 했으며 필요에 따라서는 전쟁에도 동원되었다.

아즈텍 제국에서 여성의 위치는 여러 점에서 지금 유럽의 여성과 비슷하다. 남편 동의 없이도 재산을 소유할 수 있었으며, 고발을 통해 법정에도 설 수 있었다. 그들은 시장에서 일하며 물건도 팔았다. 사제직도 가능했지만, 높은 지위에 오르는 것은 제한을 받았다. 물론 여성 신을 숭배할 때는 여성 사제가 부분적으로 중요한 역할을 했다.

귀족 여성은 아이들과 살림 돌보는 일을 도맡았지만, 활동 범위가 이것에 한정된 것은 아니었다. 남자와 마찬가지로 고등 교육을 받을 수 있었으며, 위대한 전사의 어머니가 되면 특별한 종교적 가치로 인정받기도 했다. 반면, 딸을 선물로 하사하는 일도 다반사였다. 또 여성은 아내로서 남편을 존중하고 그에게 복종해야 했다. 농부와 수공업자의 부인은 가사일과 자녀 양육 외에도 수공업 활동이나 귀족에게 바쳐야 하는 공물을 지불하려고 일도 했다.

평민은 대개 농민과 수공업자로 이루어졌다. 농민과 단순 수공업자는 고된 삶을 살았다. 귀족이 아닌 이들은 귀족의 토지에서 일하고 생활했으며, 그들에게 공물을 바쳐야 했다. 하지만 귀족에게 완전히 얽매인 것은 아니었다.

"비록 그들이 대개는 귀족의 토지에서 여기 저기 흩어져 살았지만, 귀족에게서 벗어날 수 없었던 것은 아니다. 그들은 귀족의 땅을 떠날 수 있었으며, 비슷한 조건에서 다른 귀족의 땅을 경작할 수도 있었다. 최소한 초기 식민지 시대에는 농민들이 이러한 이동을 자주 보였다."[57]

평민 중에서 특별한 위치에 있던 것은 무역 상인인 포츠테카(Pochteca)였다. 그들은 화려한 옷을 입을 수도 없었고 지배자들에게 공물을 바쳐야 했지만, 그럼에도 힘이 막강했으며 부유했다. 그들은 전 아즈텍 제국을 돌아다니며 마야, 타라스크(Tarask)와 무역을 했고, 카카오 같은 고가의 물건을 거래했다. 그뿐 아니라, 고향으로 정보도 가져다주었다. 그들은 지배자들의 눈과 귀로, 일종의 비밀 첩보원 활동을 한 것이었다.[58] 포츠테카는 고가의 물품을 가지고 다녔기에 안전을 위해 늘 대상(隊商)으로 무리지어 다녔다. 종종 어떤 물건을 가지고 다니는지 숨기려고 밤이 되어서야 돌아오기도 했다.

당시는 바퀴나 짐을 운반하는 데 동물을 이용하지 않았기에 원거리 상인에게는 짐꾼이 무척 중요했다. 그들은 물건을 한 지역에서 다른 지역으로 운반했다. 일은 당연히 무척 고됐고 제대로 인정받지도 못했다. 짐꾼은 무거운 짐을 지고 먼 길을 떠나야 했다.

최하층 주민은 트라코틀리(Tlacotli)라 불렸다. 이 말은 보통 노예로 번역되지만 트라코틀리는 노예와는 다른 개념으로, 재산으로 거래되는 사람을 뜻하지는 않는다. 단지 일정한 기간 동안만, 예를 들어 빚을 졌을 때 노동력을 다른 이에게 양도한 사람이다. 의무를 다하고 나면 자유의 몸이 되었다. 의무 기간 중에 결혼 상대자나 태어난 아이는 자유였다. 그러나 반복해서 범죄를 저지르면 평생 트라코틀리로 살아야 했다. 나중에는 시장 판매라는 판결을 받아 노예로 팔려 제물로 바쳐졌다.

수도 테노치티틀란에는 다양한 사회적 계층이 엄격히 분리되어 각각의 구역에 살았다. 도시는 마야 도시와 비슷하게 구성되었다. 외곽에는 가난한 계층의 주거지역이 자리 잡았고, 중앙에는 정원으로 둘러싸인 몇 층 높이 궁전들이 버티고 있었다. 중심 지역과 제례를 거행하는 지역에는 커다란 건물들이 즐비한 데 반해, 주변부에는 작은 집들이 들판과 면해서 줄지어 서 있었다. 이 들판을 '치남파스'라고 불렀는데, 호수 바닥의 흙을 쏟아부어 만든 곳이다. 그러다 보니 호수에는 자연스럽게 들판에 물을 댈 수 있는 수로가 생겼고, 이것을 운송로로도 이용했다.

치남파스는 대단히 비옥해서 1년에 몇 차례나 수확할 수 있었지만, 테노치티틀란 주민을 모두 먹여 살리기에는 충분치 않았다. 귀족이나 수공업자, 전사에 비해 생필품 생산에 종사하는 농민의 수가 상대적으로 적었기 때문이다. 따라서 생필품은 도시 바깥에서 공급 받았다.

아즈텍이 거대한 무역망과 공물 시스템을 발전시킨 것은 이러한 까닭에서 비롯한다. 38개 지방이 테노치티틀란에 공물을 바쳤다.[59] 복속 당한 민족들은 아즈텍 지배자들에게 여러 종류의 공물을 헌납했다. 옥수수, 콩, 호박 같은 기본 식량이나 옷, 창, 군복에서부터 황금, 깃털, 면, 가죽, 바다소라나 꿀 같은 사치품에 이르기까지 품목이 무척 다양했다.

카카오 재배지역에서는 추가로 카카오 원두를 공조했다. 예를 들어 소코누스코에서는 6개월마다 카카오 원두 4천 600킬로그램과 점토와 돌로 만든 카카오 보관 항아리 400개를 공물로 바쳤다.[60] 다른 지방도 카카오 보관 항아리를 공물로 바쳐야 했는데, 반년마다 호박용 대접 800개를 공조했던 틀랄판도 예외는 아니었다.

카카오를 공물로 헌납한 것은 아즈텍 왕 몬테주마 1세 때(대략 1440~1469년)로 거슬러 올라간다. 16세기 멘도사 코덱스(Mendoza Codex)가 보여 주듯이, 모든 공물에 대해서는 장부를 작성했다.[61] 아즈텍은 마야와 비슷한 문자를 사용했지만, 발달이 덜된 형태였다. 아즈텍은 주로 그림을 사용했으며, 상형문자 수는 아주 적었다. 그러므로 완전한 문장은 만들 수 없었고, 인물, 시간, 장소를 표시하는 정도였다.

멘도사 코덱스를 보면 카카오를 공물로 바친 것은 카카오 재배 지역뿐만이 아니었다는 것을 알 수 있다. 예를 들어 테노치티틀란의 자매도시였던 틀라텔롤코 지배자들도 80일 마다 카카오 가루 40 바구니와 밀가루를 공물로 바쳐야 했다. 또한 카카오 가루 한 바구니를 만드는 데 필요한 원두의 수도 못 박아 놓았는데, 한 바구니 당 원두 1천 600개를 갈아 넣어야 한다는 것이다.[62]

공납 의무가 있는 지역에서 온 공물들은 아즈텍 공물 관리인들이 철저히 관리했다. 그들은 아즈텍 중앙권력의 대리인이었으며, 가혹하리만큼 엄격했다. 그래서 늘 증오의 대상이었다. 관리인이 공물 헌납이 지연된 지역을 방문했는데도 아무런 성과가 없으면, 전쟁으로 이어졌다. 오래된 질서는 회복되어야 했기 때문이다.

경제적인 동기 외에 아즈텍 정복 전쟁은 불법 행위를 하거나 다른 문명과 갈등이 있을 때도 일어났다. 또 기존 무역로를 확보하거나 새로운 무역로를 개척할 필요가 있을 때도 전쟁을 했다. 그랬기에 먼 외지에서도 카카오 같은 중요한 물자가 테노치티틀란으로 들어올 수 있었다. 때로는 제물로 바칠 포로를 잡으려고 전쟁을 일으키기도 했다.

지금은 도저히 이해할 수 없는 이유지만, 당시 인간 제물은 아즈텍 역년에서 중요한 역할을 했기 때문이다. 이것은 신을 위무하려는 것으로 메소아메리카에서는 일반적이었다. 특정한 날 제물로 바쳐지는 인간 제물은 경건한 대접을 받았다. 제물로 바쳐질 축제일까지 제일 좋은 옷을 입고 사치스러운 생활을 했으며, 담배를 피울 특권도 누렸다. 희생되기 바로 전에 포로는 '신의 음료'라고 불리는 특별한 음료를 건네받았다. 아마도 환각제가 섞인 초콜릿 음료나 용설란 술인 풀케(Pulque)일 것으로 추정된다.[63]

바람의 신 에카틀은 아즈텍에게 바람, 비, 풍요의 신일 뿐 아니라, 삶을 관장하는 신이기도 하다. 카카오 원두는 에카틀에게 바치는 아주 훌륭한 제물이었다.
구운 점토. 1300년경

바람의 신 에카틀처럼 신에게 사람을 제물로 바치는 것 말고도 사원 축성식, 지배자 취임식, 천재지변과 같은 특정한 계기나 나중에는 스페인에 정복당할지 모른다는 두려움 때문에 많은 사람이 제물로 희생되었다. 이때 필요한 제물을 전쟁에서 붙잡은 포로로 충당한 것이다.

스페인 정복자들의 문건에는 인간이 제물로 희생되는 장면에 대한 묘사가 무척 많이 등장한다. 정복자들은 특정한 계기에 수만 명이 제물로 바쳐졌다고 썼지만, 이 숫자는 현실적으로 설득력이 없어 보인다. 실제로 그랬다면 한 지방 전체에서 사람 자취를 찾아볼 수 없었을 것이기 때문이다.[66] 스페인 사람들이 자신들의 잔혹한 행위를 정당화하고자 희생된 숫자를 부풀렸을 가능성이 크다. 숫자야 어찌되었든 아즈텍에게 인간 제물은 대단히 중요했다. 아즈텍은 인간을 제물로 바쳐야만 태양이 다시 떠오를 것이라고 생각했기에, 이런 종교적 의무를 지켜야만 했다. 일상적 의무 외에도 규정에 따른 다른 일련의 행위들은 제사 달력에 따라 이루어졌다.

음료 · 약 · 화폐였던 카카우아틀

카카오는 아즈텍의 일상과 종교 생활에서도 중요한 역할을 했다. 카카오 재배지역과 카카오를 운반하던 무역로는 엄격하게 감시를 받았다. 이로써 왜 아즈텍이 점차 제국을 남쪽 태평양 연안까지 확장했는지 이해할 수 있다. 바로 이곳에 중요한 카카오 재배지역인 소코누스코가 있었기 때문이다.

•
돌로 만든 카카오.
1250~1521년

이 지역 카카오는 특별히 맛있다는 평을 받았고, 이 지역 점령을
둘러싼 갈등이 끊이지 않았다. 무역상인 포츠테카는 이런 불안정한
상황 속에서 봉기를 사주했다. 아즈텍 전사들이 이 지역을 군사적
으로 보호하고자 파견되었고, 추가로 지금의 멕시코 남부 해안 게
레로에 요새 성곽이 건설되었다. 방어를 위해 온 아즈텍 출신들은
그곳에 정주했다. 그들은 이 지역 방어를 책임지는 동시에 공물 헌
납용으로 카카오도 재배해야 했다. 덕분에 카카오 무역의 걸림돌이
었던 불안정한 상태는 개선되어 이 지역은 안전해졌다. 포츠테카의
계획이 성공한 것이다.

카카오 무역의 또 다른 주요 지역은 베라크루스 해안지역과 지
금의 게레로 주 해안지역이었다. 여기서는 주로 카카오를 공물로
바쳤다.

아즈텍은 카카오를 '카카우아쿠아우이틀(Cacahuacuauhuitl)'이라
고 불렀다.[65] 이 명칭은 카카오를 뜻하는 '카카우아틀(Cacahuatl)'과
나무를 뜻하는 '쿠아우이틀(Cuauhhuitl)'이 합쳐진 말이다. 7년 동안

중앙아메리카를 여행했던 스페인 의사이자 식물학자였던 프란시스코 에르난데스(Francisco Hernandez, 추정 1514~1587)는 카카오를 조사하면서 재배 카카오 종류 네 가지를 열거했다. '쿠아우카카우아틀(나무 카카오 혹은 독수리 카카오)', '메카카우아틀(용설란 실 카카오)', '소키카카우아틀(꽃 카카오)', '틀라카카우아틀(흙 카카오)', 이 네 가지 모두 크리올로에 속하는 것으로 추정된다.

과거 문헌에 따르면 아즈텍은 '카카우아틀'이란 말을 카카오 원두뿐 아니라 초콜릿 음료에도 사용했다. 음료 제조는 마야와 비슷했다. 다만 아즈텍은 주로 차갑게 마신 것으로 보인다.

스페인 선교사이자 아메리카 원주민 문명을 연구했던 프라이 베르나르디노 데 사아군(Fray Bernardino de Sahagun, 1499~1590)은 1569년 12권으로 완성된 저서 《새로운 에스파냐의 일반 역사(Historia general de las cosas de Nueva España)》에서 초콜릿 음료 제조법을 다음과 같이 기록했다.

"카카오 원두를 갈고, 빻고, 부수어 가루로 만든 뒤, 꼼꼼하게 찌꺼기를 분리한다. 그리고는 조금씩, 천천히 물을 붓고 탄산을 가미해 축축이 적신 다음, 체를 받쳐 이리 저리 흔들어 기포가 일게 해 왕관 모양 거품을 만든다. 거품을 걷어 내고 끈적끈적한 상태를 만든다. 이후 잘 건조시키고, 거기에 물을 붓고 잘 저어 준다."[66]

스페인 문헌에 따르면 초콜릿 음료 제조에는 나무 거품기가 쓰였다. 스페인 정복 이전의 코덱스에는 스페인 어로 '몰리닐로(Molinillo)'라고 하는 이 거품기가 언급되지 않는다. 추측컨대 이 도구는 16세기 중반 무렵부터 음료 제조에 쓰이기 시작했고, 스페인에서 들여온 것으로 보인다.[67]

정복 이전 시기에는 초콜릿 음료 제조에 거북등딱지로 만든 젓는 막대와 숟가락을 사용했다. 또 용기를 높이 들어 다른 용기로 붓는 방식도 흔히 썼다. 이렇게 하면 원하는 거품을 얻을 수 있었다. 16세기의 투델라 코덱스(Tudela Codex)에는 이런 제조법이 나온다. 이 문서에는 선 자세로 항아리를 들고 바닥에 놓은 다른 용기에 초콜릿을 붓는 아즈텍 여인이 그려져 있다.

● 카카오 조리에 쓰인 나무 거품기. 스페인 정복 이후에 사용된 것으로 보인다.

아즈텍도 매우 다양한 카카오 조리법을 알고 있었다. 중앙 아메리카에서는 건조 후 빻은 고춧가루를 첨가한 초콜릿 음료를 즐겼다. 고추 종류도 여러 가지여서 한 가지 맛이 아니라, 약한 매운맛부터 무척 매운맛까지 다양했다. 카카오 원두뿐 아니라 과육도 사용했는데, 퓌레를 발효해 환각을 일으키는 음료로 만들었다. 발효 중인 퓌레에는 알코올 성분이 충분히 들어 있기 때문이다. 테노치티틀란 지배자들은 이 음료를 '초록 카카오'라고 불렀다. 여기서 초록은 카카오 색깔을 의미한다. 즉, 완전히 익지 않았다는 뜻이다.

음료의 다른 첨가제로는 꿀, 알로에, 아치오테, 짙붉은 씨앗이 꽃향기를 내는 아나토, 바닐라, 매운 향료인 *Cymbopetalum penduliflorum*, 검은 후추와 유사한 *Piper sanctum*, 향기가 강한 꽃

Magnolia mexicana, 아마도 보리지(*Borago officinalis*) 일종인 꽃 *Plagiobothrys mollis var. vestitus*, 맛이 진하고 후추향이 나는 피멘토가 쓰였다. 그밖에도 옥수수가루나 쌉싸래한 사포딜라 열매를 넣어 풍미를 더하기도 했다. 또 카카오는 음료뿐 아니라, 그냥 먹거나 다른 식품의 양념으로도 쓰였다.

카카오 원두가 워낙 비쌌기에 초콜릿 음료 역시 비싼 사치품이었다. 이 음료를 마실 수 있는 사람은 지배자 가족이나 귀족, 무역상인과 특별한 전사로 한정되었다. 추측컨대 가난한 사람 중에는 군인만이 이 음료를 마실 수 있었을 것이다. 군인들이 행군할 때 초콜릿 음료가 제공되었기 때문이다.[68] 그러나 군인이 전투에 참가하기를 거부하면, 초콜릿 음료는 마실 수 없었다. 뿐만 아니라, 멸시당하고 지위를 나타내는 모든 상징을 박탈당했다. 예를 들면 면으로 된 옷을 입거나 깃털 장식을 할 수도 없고, 맛있는 음식을 먹거나 담배를 피울 수도 없었다.

대부대의 군인 수는 수천에서 수만 명에 이르기도 했다. 이 부대가 행군 도중에 며칠간 친선관계 도시에 입성하면 귀족 전사들과 부대장은 그 시 지배자로부터 환대를 받았다. 그들에게는 숙소뿐 아니라 필요한 모든 것이 제공되었다. 귀족 전사들을 모신다는 뜻으로 특히 값진 식품이 나왔는데, 초콜릿도 여기에 속했다. 부대는 도시를 떠날 때도 구운 옥수수 빵, 콩가루, 옥수수 알갱이, 호박씨, 고추, 카카오 가루 등을 넉넉히 제공받았다.

아즈텍 지도층은 환영식이나 잔치 때 초콜릿 음료를 마셨다. 멘도사 코덱스에도 나오듯이 결혼식 피로연에 이 음료가 나왔다.[69] 또 도미니크 수도사 디에고 두란(Diego Duran, 1537~1588)은 저서

《신 스페인과 대륙의 섬 인디언의 역사(Historia de las Indias de Nueva España e Islas de Tierra Firme)》에서 기술하기를, 아즈텍 왕 몬테주마 1세가 잔치에서 초콜릿 음료를 내놓았다. 당시 사람들은 대부분 그 음료를 대접으로 마셨다. 이 대접은 호리병박으로 만들었는데, 안과 밖에 모두 그림이 그려져 있다. 구운 점토로 만든 용기도 사용했다.

몬테주마 1세의 손님들은 테노치티틀란을 떠날 때 매우 값진 선물들을 하사받았고, 그중에는 카카오 원두도 있었다. 이런 관습은 아즈텍 왕가뿐 아니라, 메소아메리카 전체에 퍼져 있었다. 귀족은 개인적이거나 종교적인 축제에 초대를 받으면 화려한 외투, 옷감, 금, 보석, 면, 꽃, 바닐라 같은 멋진 선물을 지참했는데, 카카오도 그중 하나였다. 이처럼 메소아메리카에서 카카오와 초콜릿 음료는 특권층의 사랑을 받는 기호품이었다.

아즈텍도 마야처럼 카카오를 약으로도 썼다. 방광염, 소화불량, 뱀에 물린 상처, 설사 등에 카카오를 처방했다. 가벼운 소독 효과가 있는 카카오 버터는 미용에 사용했다. 게다가 다른 약품을 처방할 때도 카카오 음료는 늘 기본으로 쓰였다. 여러 신화와 전설은 카카오 음료가 최음제로도 쓰였다고 전한다. 스페인 정복자들도 이러한 카카오의 특성을 자주 언급했다.

"따듯한 식사를 마치고 나면 과일이 나왔는데, 몬테주마 2세는 과일에는 거의 손을 대지 않고 대신 주로 황금 잔에 담긴 카카오 음료를 마셨다. 그것이 성욕을 자극했기 때문이다."[70]

그밖에도 의식에 사용되는 카카오의 상징적 의미는 대단히 컸다. 카카오 원두는 기우제나 다산(多産)제에 쓰였다. 초콜릿 음료는 인간의 피를 상징했다. 아마도 아치오테처럼 붉은빛을 내는 카카오의 색깔과 원두의 비싼 값어치 때문일 것이다. 전사가 귀족으로 신분상승하는 기념일에도 제공되었고, 제물을 바치는 제사에도 초콜릿 음료는 빠지지 않았다.

아즈텍 제국에서도 다른 메소아메리카 문명권과 마찬가지로 카카오 원두를 지불 수단으로 통용했다. 동전 형태의 돈이 없었기에 거래에는 깃대에 붙은 금가루나 카카오 원두를 이용했다. 카카오 원두는 건조한 뒤에는 썩지 않아 장기간 보관할 수 있어 지불 수단으로 적합했다. 그러므로 지배자들이 카카오를 커다란 창고에 잔뜩 보관하고는 삼엄하게 감시한 것도 놀라운 일이 아니다.

당시 그들은 저울이라는 것을 몰랐기에 원두를 무게로 달지 않고 개수로 표시했다. 카카오 원두를 하나씩 세면서 말이다. 당시 사람들은 짐꾼 한 명이 카카오를 자루에 넣고 등에 짊어지고 장시간 걸을 수 있는 분량은 카카오 원두 2만 4천여 개라는 것을 알았다.

스페인에서 온 정복자들도 그 가치를 재빨리 알아채고는 주저 없이 원두를 이용하기 시작했다. 코르테스가 대리인으로 임명한 스페인 정복자 페드로 데 알바라도(Pedro de Alvarado, 1486~1541)와 관련해 다음과 같은 기록이 있다.

"아즈텍 황제가 자기 궁전에 감금되어 있던 어느 날 밤, 인디언 하인들 약 300명이 창고에 침입해 가능한 많이 카카오를 빼돌리고자 동이 틀 때까지 작업을 벌였다. 알바라도 귀에 이 이야기가 들어가자, 그는 몬테주마 왕을 감시하던 알론소 데 오혜다라는 이에게 이렇게 명했다. '네가 보초 교대할 시간에 적당한 때가 되면 나를 불러라. 나도 카카오를 좀 얻어야겠다.'라고 말이다."[71] 이날 밤 스페인 사람들은 몬테주마 2세의 카카오 창고를 급습해, 카카오 원두 4

천 3백 20만여 개를 약탈했다. 그래도 황제가 소유하던 전체 원두의 20분의 1에도 못 미치는 양이었다.

유감스럽게도 스페인 정복 이전의, 카카오의 경제적 가치에 대해서는 알려진 바가 거의 없다. 카카오 원두 한 개의 구매력에 대한 기록은 16세기가 되어야 등장한다. 다음은 1545년 나우아틀 어로 작성된 물품가격표에 나오는 가격이다.

- 암컷 칠면조 한 마리는 투실한 원두 100개, 마른 원두로는 120개에 해당한다.
- 수컷 칠면조 한 마리는 원두 200개
- 멧토끼나 산토끼는 각각 원두 100개
- 작은 집토끼는 원두 30개
- 칠면조 알은 원두 3개
- 신선한 아보카도는 원두 3개, 익은 아보카도는 원두 1개
- 큰 토마토 1개는 원두 1개[72]

소피 D.와 마이클 D. 코이는 1521년 테노치티틀란 점령 당시 일꾼 하루 품삯이 카카오 원두 100개에 해당한다고 밝혔다. 스페인 역사학자 곤살로 페르난데스 데 오비에도 이 발데스(Gonzalo Fernández de Oviedo y Valdés, 1478~1557)가 알게 된 니카라과 니카라오의 화폐 체계에 따르면 집토끼는 원두 10개, 노예 한 명 가격은 원두 100개, 매춘 가격은 원두 8개다.[73] 또 일의 대가로 카카오 원두를 지불하는 일도 흔했으며, 공무를 수행하는 이들도 카카오 원두로 임금을 받았다.

오비에도 이 발데스는 남아메리카 정복에 대한 역사학자들 가운데 가장 중요한 한 명이다. 서인도담당 왕실 서기였던 그는 다섯 번에 거쳐 신대륙을 탐사했으며, 그의 인생을 저서 《인디아의 일반사와 자연사(Historia general y natural de las Indias)》로 엮었다.

카카오 원두가 지불 수단으로 쓰였기 때문에 그 시대 사람들이 화폐인 카카오 원두를 위조했다는 것도 놀랄 일이 아니다. 그들이 생각해낸 방법은 원두 크기를 부풀리거나, 색과 모양을 마치 최상의 카카오처럼 만드는 것이었다. 프라이 베르나르디노 데 사아군은 카카오 원두 위조에 대해 이렇게 기록했다.

"못된 상인들은 원두를 물에 불려서 크기를 부풀리고, 볶아서 외양을 번지르르해 보이게 했으며, 원두에 인공적으로 갈색이나 담홍색을 띠게 해서 손님들에게 속여 팔았다. 이 색이 바로 최상급 원두 색이다. 이들이 어찌나 교묘하게 원두를 다루는지! 원두 크기를 불린 다음 뜨거운 재속에 넣고는 그 주위에 백악이나 젖은 흙을 두르고 한 동안 놓아두면 작은 원두가 커다랗고 신선해 보이는 원두로 변했다. 그들이 사용한 또 다른 위조법은 원두 껍질에 으깬 카카오 덩어리나 검은 왁스를 채워 원두처럼 보이게 하거나 아보카도 견과를 잘게 쪼개서 이것을 원두 껍질에 채우는 것이다. 다 손님들을 속이려는 방법이다."[74]

주 ──────────

1) Humboldt 1812, 121쪽
2) Prem 2008, 3쪽
3) Riese 2006, 53쪽
4) Wolters 1996, 96쪽
5) Klüver 2004, 84쪽
6) Bletter&Daly 2009, 45쪽 이하
7) McNeil 2009, 9쪽
8) www.antiquity.ac.uk/projgall/powis/index.html 2010.11.2
9) Herold 2004, 40쪽
10) Kohler 15. 2006년 9월 Spiegel Online
11) www.pnas.org/cgi/content/short/1100620108 2011.5.25
12) Coe&Coe 1997, 43쪽 이하
13) Riese 2006, 29쪽
14) de Landa 2007
15) Grube 2007, 45쪽
16) de Landa 2007, 163쪽
17) Prager 2007, 121쪽 이하
18) Riese 2006, 116쪽
19) 18)과 같은 책, 같은 곳
20) Popol Vuh 2004, 10쪽 이하
21) de Castro&Teufel 2007, 24쪽
22) Rätsch 1986, 35쪽
23) de Landa 2007, 211쪽 이하
24) Lacadena 2007
25) Rincón 2007, 274쪽
26) de Castro 2007, 95쪽
27) Ogata et al. 2009, 87쪽
28) de Castro 2007, 97쪽
29) Beliaev et al. 2010, 263쪽
30) Coe&Coe 1997, 72쪽 이하
31) de Landa 2007, 230쪽
32) 31)과 같은 책, 81쪽
33) Prem 2008, 18쪽
34) Gugliotta 2007, 84쪽
35) Grube 2007, 59쪽
36) Kaufman&Justeson 2009, 130쪽
37) Young 2007, 28쪽 이하
38) Coe&Coe 1997, 72쪽 이하
39) McNeil et al. 2009, 234쪽
40) Beliaev et al. 2010, 257쪽 이하
41) de Landa 2007, 59쪽 이하
42) Reents-Budet 2009, 207쪽 이하

43) 2010.10.28 니사오 오가타의 강연(Vortrag Nisao Ogata)

44) de Landa 2007, 61쪽 이하

45) Reents-Budet 2009, 206쪽

46) de Landa 2007, 71쪽 이하

47) 46)과 같은 책, 224쪽

48) Rätsch 1986, 81쪽

49) de Landa 2007, 128쪽

50) Wolters 1996, 101쪽

51) del Castillo 1998, 218쪽

52) Prem 2006, 59쪽

53) Thomas 1993, 21쪽

54) Duran 2009, 41쪽

55) Coe&Coe 1997, 88쪽

56) Thomas 1993, 63쪽

57) Prem 2006, 50쪽

58) Rademacher 2004, 104쪽

59) Prem 2006, 56쪽 참조

60) Schmid 1988, 175쪽 이하

61) Codex Mendoza 1984, 9쪽 이하

62) 61)과 같은 책, 41쪽

63) Duran 2009, 186쪽

64) Draper 2010, 56쪽 이하

65) McNeil 2009, 9쪽

66) Coe&Coe 1997, 106쪽

67) 66)과 같은 책, 107쪽

68) Schmid 1988, 44쪽

69) Codex Mendoza 1984, 106쪽 이하

70) Diaz del Castillo 1988, 212쪽

71) Coe&Coe 1997, 103쪽 이하

72) 71)과 같은 책, 120쪽

73) Steinbrenner 2009, 263

74) Mueller 1957, 13쪽

7장

카카오와
신세계 정복

기이한 외지인, 스페인 정복자들

"외지인들이 해변에 있던 것이 사실입니다. 몇 사람은 낚싯대로, 또 어떤 이들은 그물로 고기를 잡고 있었습니다. 그리고는 카누를 타고 노를 저어, 다시 탑이 2개 세워진 모양의 배로 돌아갔습니다. 15명 정도 돼 보였는데, 어떤 이들은 붉은 색, 또 어떤 이들은 파란색, 회색, 초록색 작은 주머니를 들고 있었습니다. (……) 그리고 몇 사람은 머리에 빨간 두건을 둘렀고, 다른 이들은 진홍색 모자를 썼는데, 어떤 것은 대단히 크고 둥글었습니다. 마치 작은 냄비처럼 보였는데 해를 가리기 위한 것 같았습니다. 이 사람들의 피부는 하얗고, 우리 피부보다 훨씬 밝았습니다. 모두들 수염을 길렀고, 머리카락은 귀를 덮고 있었습니다."[1]

1518년 몬테주마 2세에게 보고된 내용이다. 왕이 보낸 이 밀탐꾼들은 육지에서 스페인 사람들을 관찰했다. 아즈텍 사이에서는 이 기이한 외지인에 대한 호기심이 들불처럼 번져 나갔다.

1494년 토르데시야스 조약에서 스페인과 포르투갈은 이미 발견된 신대륙과 앞으로 발견할 지역을 분할했다. 경계선은 카보베르데

제도 서쪽에서 남북으로 이어지는 구분선으로 370레구아*(약 2천 61 킬로미터)에 달한다. 이 조약에서 구분선 동쪽 지역은 포르투갈에 귀속되었고, 서쪽 지역은 스페인 차지였다. 이와 같은 배경을 알면 양 강대국이 정복한 항로를 이해할 수 있다. 이렇게 해서 거대한 식민 제국이 탄생했다. 두 나라는 새로운 땅 발견에만 관심 있었던 것이 아니라, 그 땅을 정복하고 약탈해 조국으로 금과 담배, 카카오 같은 새로운 농산물도 공급했다.

크리스토퍼 콜럼버스의 항해 이후 곧바로 히스파니올라 섬과 쿠바 섬에 정주한 스페인 사람들 수가 늘어났다. 노예와 황금을 찾으려는 목적으로 미지의 서쪽을 향한 원정이 준비되었다.

1511년 유카탄 반도에 최초로 유럽 사람들이 상륙했다. 그들은 파나마에서 산토도밍고로 항해하던 중 좌초해, 난파된 카라벨 선에서 살아남은 선원 15명이다.[2] 에르난 코르테스(Hernán Cortés, 1485~1547)는 나중에 정복 과정에서 난파 선원 중 2명을 만났다. 그 중 한명인 곤살로 게레로는 마야에 머물기를 바랐다. 다른 사람 헤로미노 데 아길라르는 에르난 코르테스 원정대에 가담해 통역자로 중요한 역할을 하게 된다.

중앙아메리카 해안지대를 탐사한 최초 유럽 사람은 후안 폰세 데 레온(Juan Ponce de León, 1460~1521)이었다. 그가 도착한 곳은 유카탄 반도였다. 그리고 얼마 지나지 않은 1517년에는 에르난데스 데 코르도바(Hernández de Córdoba, 1475~1526)가 유카탄 반도를 탐사했다. 그가 마야 땅을 밟자, 전쟁이 시작되었다. 스페인 사람들

---

* Leguas, 옛 스페인 단위. 1레구아는 5,572킬로미터.

스페인 정복자 에르난 코르테스는 아즈텍 제국을 정복해, 스페인의 중앙아메리카 식민지 경영의 초석을 놓았다.

50명이 죽음을 당했다. 1년 뒤에 후안 데 그리할바(Juan de Grijalba, 1490~1527)는 코르도바의 루트를 따라 멕시코 만 깊숙이 진입할 수 있었다. 그는 현지인들과 충돌하지 않고 황금만 찾아내려고 했다. 그리할바는 전설 속 황금 나라를 찾지는 못했지만, 내륙 더 깊숙한 곳에 엄청난 황금이 있다는 것을 알게 되었다.

이 소식을 들은 쿠바 총독 디에고 벨라스케스(Diego Velázquez, 1465~1524)는 대규모 원정단을 파견했다. 이 원정대 책임자로 당시 34세였던 에르난 코르테스가 임명되었다. 코르테스는 스페인에서 귀족의 아들로 태어났다. 하지만 집안에 재산이 많지 않았기에 학업을 중단하고 군인의 길로 나서, 배를 타고 아메리카로 건너왔다.

그곳에서 그는 상당한 재산을 모았고 그 재산으로 벨라스케스의 원정 비용 3분의 2를 부담했다.

코르테스의 휘하에 있던 부하는 그를 이렇게 묘사했다. "코르테스는 건장했고, 균형 잡힌 몸매였다. 그의 얼굴은 늘 잿빛이어서 좋아 보이는 인상은 아니었다. 인상이 진지했지만 눈빛은 매우 인자하고 따뜻해 보였다. 머리와 수염은 까맣고 성긴 머리와 수염에, 어깨와 가슴이 딱 벌어졌고, 늘씬한 몸매에 배는 나오지 않았지만, 약간 안짱다리였다. 대신 허벅지와 다리는 잘 발달했다. 뛰어난 기사였으며 모든 무기를 사용할 줄 알고, 어떤 것 앞에서도 결코 놀라 뒤로 물러서지 않는 용감한 전사였다."[3]

1519년 2월 10일 에르난 코르테스는 배 아홉 척을 거느리고 바다로 나섰다. 출항 전 그의 대원들에게 짧은 연설을 했다고 하지만, 내용은 알려지지 않는다. 범선 돛대에 매단 깃발에 쓴 글을 보면 그가 단지 평화로운 생각만 하지 않았다는 것을 알 수 있다. "동지들이여, 십자가를 따르자. 우리의 믿음이 철석같다면, 그 표시로 승리하게 되리라(Amici, sequamur curcem, et si nos fidem habemus, vere in hoc signo vincemus)."[4]

선발대 두 척이 먼저 떠났다. 원정대에는 선원 110명과 군인 553명, 원주민 200명, 몇몇 원주민 여자와 선교사들도 함께 했다. 거기다 중화기 10대와 경화기 4대, 예비 탄약과 말 16마리도 함께 실었다.[5] 코르테스는 유카탄 반도 해안을 따라 배를 저어 나갔다. 그러다가 4월, 지금의 베라쿠르스 시 근처에 정박했고, 6월 28일에는 그 자리에 빌라 리카 데 라 베라 쿠르스를 건립하고 미지의 땅을 향한 진군을 준비했다.

코르테스는 곧 이곳이 재화가 가득한 거대 지배 세력의 본거지라는 것을 알아차렸다. 하지만 유감스럽게도 그의 임무는 평화적인 교환거래였지 정복이 아니었다. 그는 교활한 간계를 써서 이 딜레마에서 빠져나왔다.

"우선 그는 형식상 그 지역을 스페인 왕 소유로 했다. 그리고는 도시를 건설해 도시 평의회를 구성하고 위원들을 임명했다. 도시 평의회를 통해 오직 왕만이 도시를 책임지는 제도가 마련되었다. 코르테스는 지금까지의 관직과 전권을 평의회 위원들 수중으로 넘긴 다음, 다시 그들을 통해 군사와 민간 부분을 관장하는 제일 막강한 직책을 부여받았다. 코르테스는 쿠바 총독으로부터 독립해, 직접 왕 휘하로 들어가게 된 것이다."[6]

그는 왕의 윤허를 받고자 배 한 척을 스페인으로 보냈으며, 1522년에야 왕의 허락을 받았다. 코르테스는 이러한 간계를 통해서 임시로 법적 관직을 얻었고, 정복 출정의 걸림돌은 제거되었다.

중앙아메리카로 진격하면서 그는 다양한 문명을 접했다. 그곳에서는 많은 언어를 사용하고 있었지만, 공용어는 나우탈 어였다. 거의 모든 곳에서 이 언어를 알아들었고, 부분적으로 나우탈 어로 말하기도 했다. 의사소통에 애를 먹던 스페인 사람들은 우연한 기회에 도움을 받게 되었다. 타바스코 지역 카시케(Kazike, 지역 지배자를 뜻하는 카리브 어)가 코르테스에게 말리날리, 혹은 말린체라고 불리는 원주민 여인을 선사한 것이었다. 이 여인은 후에 돈나 마리나라는 이름으로 스페인 사람들의 통역을 맡아 중요한 역할을 했다. 그녀는 마야 어와 나우탈 어를 할 줄 알았다.[7]

아즈텍 지배자 몬테주마 2세는 스페인 사람들에게 선물을 많이

아즈텍 지배자 몬테주마 2세
초상, 1520년 사망

하사하면서, 수도로부터 멀리 떨어지도록 했지만 허사였다. 그들은
1519년 11월 9일 수도 테노치티틀란으로 입성했다. 처음에 스페인
사람들은 환대를 받았다. 여섯 달 동안 왕의 개인적인 보호를 받으
며 호화로운 생활을 했다.

베르날 디아스 델 카스티요는 아즈텍 지배자를 이렇게 묘사했
다. "몬테주마는 이때 40살 즈음이었다. 키가 크고 늘씬했는데, 약
간은 말라 보였다. 피부는 갈색인 보통 인디언들보다 옅었으며, 검
고 숱이 그다지 많지 않은 고수머리는 귀를 덮고 있었다. 몇 가닥
되지 않지만 검고 멋진 수염을 길렀고, 기다란 얼굴은 늘 즐거운 표
정이었다. 눈은 매우 인상적이어서, 누구나 쉽게 사랑과 진지함 같

은 그의 감정을 읽을 수 있었다."[8]

1519년 5월 에르난 코르테스는 18척을 거느린 스페인 함대가 디에고 벨라스케스의 명을 받고 베라크루스에 상륙했다는 것을 알았다. 디에고 벨라스케스가 이 정복의 성과를 빼앗으려고 코르테스의 출정을 저지하려 한 것이다. 디에고 벨라스케스는 판필로 데 나르바에스의 지휘 하에 에르난 코르테스를 체포하고, 나르바에스를 이 지역의 책임자로 앉히려고 했다. 코르테스는 일단 테노치티틀란에서 약 300킬로미터 떨어진 베라크루스로 피신했다. 수적으로 열세였지만 그는 나르바에스를 제압했다.

그사이 테노치티틀란 상황이 급변했다. 원주민들이 남아 있던 스페인 사람들을 공격한 것이었다. 비록 에르난 코르테스가 황급히 테노치티틀란으로 되돌아왔지만, 그도 이 봉기를 진압할 수 없었다. 코르테스는 몬테주마가 연설을 통해 백성을 설득할 것을 요청했다. 하지만 이 시도도 실패했다. 연설 도중에 몬테주마가 백성에 의해 중상을 입고 얼마 뒤 사망했기 때문이다.

치열한 전투가 벌어졌다. 코르테스와 그의 부대는 항복 직전이었다. 방법은 6월 30일 밤 몰래 테노치티틀란을 빠져나가는 것 밖에 없었다. 후에 이 밤은 '슬픈 밤(Noche triste)'으로 역사에 기록된다. 스페인 사람들이 입은 피해는 막대했다. 다음 해, 코르테스는 군대를 새로 정비해서 아즈텍 지배 세력에 대항하려는 다른 원주민들과 동맹을 맺었다. 1521년 코르테스는 원주민 연합군 10만~15만 명과 스페인 군사 600명[9]을 이끌고 테노치티틀란을 향해 진격했다. 3개월 동안 도시를 포위한 뒤 1521년 8월 21일 마침내 아즈텍 수도를 함락했다.

몬테주마 2세 치하에서 아즈텍 제국은 삼각동맹을 통해 영토를 최대로 확장했다. 아즈텍 제국 권력 구조는 무력에 의한 위협에 기초하고 있었다. 그것은 정치적 통일도 아니었고, 그렇다고 공동 정체성을 기반으로 한 제국으로의 편입도 아니었다. 이 사실은 중앙아메리카 정복 전쟁에서 스페인 사람들에게 유리한 점이었다. 그들은 아즈텍 지배에 염증을 느껴 스페인을 지원할 만반의 준비가 된 부족들을 쉽게 찾을 수 있었다. 물론 스페인이 테노치티틀란을 함락하고 아즈텍 제국과 치룬 전쟁에서 거둔 승리는 단순히 원주민 지원군의 개입만으로 설명될 수는 없다.

도대체 어떻게 수가 적은 스페인 군대가 원주민 수백만 명을 제압할 수 있었을까? 이에 대한 유일한 해답은 없다. 하지만 확실한 것은 스페인 사람들에 대한 아즈텍 지배자의 우유부단하고 모호한 태도가 스페인 사람들의 세력을 확대시킨 원인이라는 점이다.

그밖에도 스페인 사람들은 잔인한 전쟁을 수행하면서 현지인들에게 공포와 두려움을 불러일으켰다. 그들은 원주민들이 모르는 무섭고 기이한 무기를 사용했기 때문에 원주민들 사이에서 불패의 전사로 각인되었다.[10] 한 예로, 아즈텍은 말을 본 적이 없어, 말을 탄 스페인 사람들이 나타나면 공포에 떨었다. 그들은 처음에 말이 죽지 않는다고 생각했으며 말과 기사를 한 몸으로 생각했다.

게다가 원주민들은 신전과 성물이 파괴되었는데도 신들로부터 아무런 반응도 없다는 사실에 충격을 받았다. 신들이 분노하지 않았던 것이다. 많은 원주민은 신들이 자신들을 버렸다고 확신했다. 또 그들은 스페인 사람들 수가 아주 소수고, 심지어 퇴각로도 차단되었다는 것을 알지 못했다. 코르테스는 테노치티틀란으로 진격한

다음, 자신의 병사들이 반란을 일으켜 다시 쿠바로 돌아가는 것을 막고자 모든 배를 불태웠다.

여러 문건에서 스페인 정복자들은 원주민들이 자신들을 늘 신으로 간주했다고 밝힌다. 하지만 현재 이것은, 나중에 스페인 사람들이 자신들의 행위를 정당화하고자 만들어 낸 전술이었다고 추정한다. 아마도 에르난 코르테스와 몬테주마의 만남도 이와 비슷한 것으로 생각된다. 이 추정에 따르면, 몬테주마가 자신의 선조와 스페인 왕 카를 5세를 연결시켰기 때문에 코르테스에게 지배권을 양도했다는 사실이 설명된다.

"이 권력 이양은 사실 코르테스가 교활하게 꾸며 낸 결과물로 볼 수 있다. 코르테스는 카를 5세가 자신에게 부여한 법적 지위를 근거로 아즈텍 제국을 통치한다고 속여, 총독이라는 핵심적 지위를 차지한 것이다. 후대 역사 문헌에서 이 사례는 멕시코 초기에 신처럼 떠받들어진, 수염을 기르고 피부가 흰 지배자 케찰코아틀에 대한 전설과 연결 지어진다. 그가 동쪽으로 길을 떠나며 약속하기를, 다시 돌아올 것이라고 했다는 것이다. 심지어 헤로니모 데 멘디에카와 같은 프란치스코 수도사들은 그 자가 예수라고 믿었다."[11]

아즈텍 제국 수도를 점령한 다음에도 출정은 계속되었다. 정복자들은 원주민들에게 끔찍스러울 정도로 잔인하게 행동했다. 많은 사람이 죽임을 당하거나 노예로 팔렸다. 에르난 코르테스도 1524년 10월 15일, 카를 5세에게 보내는 보고문에서 정복 출정 중 파누코 지방에서 벌어진 일을 이렇게 묘사했다. "지역 지배자와 군 지휘관을 참수형 시켰습니다. 그리고 전쟁 포로 약 200명을 노예로 선포하고 노예 문신을 새긴 다음, 공개 경매시장에 내놓았습니다."[12]

스페인 사람이 원주민을 징벌하고 있다.
정복자 디아고 무뇨스 카마고의 《틀락스칼라의 역사》에 나오는 그림이다.

●

　도미니카 수도회 수사이자, 후에 치아파스 주교가 된 바르톨로메 데 라스 카사스(Bartolomé de Las Casas, 1484~1566)도 이러한 잔혹한 행위에 대해 보고했다. 그는 1502년부터 중앙아메리카에 머물렀으며, 멕시코 정복과 원주민의 파멸을 직접 체험했다. 그는 쿠바 정복 당시 야전 사목으로 투입되었을 때 원주민 약탈에 가담했지만, 1514년부터는 원주민의 현안에 관심을 보였다.[13]

　스페인 사람들의 잔혹함을 경험한 그는 1542년 《서인도 나라들의 황폐화에 대한 짧은 보고》를 썼으며, 여기서 인간 존엄과 자유를 대변했다. 수도 테노치티틀란 정복에 대한 그의 서술은 이렇다. "그들이 멕시코 시와 다른 많은 지역과 도시에서(멕시코 주변 10~20마일에서 무수한 인간이 죽어 나갔다.) 무자비하고 치가 떨리는 잔인한 폭력을 행사하고 난 뒤, 그 폭정은 페스트처럼 주위로 번져 파누코까지 이르러 그곳을 황폐하게 했다. 살아남은 주민 수가 얼마며, 스페인 사람들이 거기서 무슨 짓을 했는지, 경악할 노릇이다. 같은 식으로 그들은 투투테페쿠를 파괴했고, 이어서 이필친고와 콜리마도 짓밟았다. 지금 언급한 지방들은 레온 왕국과 카스틸라 왕국보다 땅이 넓다.

만일 누군가 그들이 이곳에서 행한 약탈과 살해와 잔혹함을 이야기한다면 모두에게 너무나 힘든 일이다. 왜냐하면 모든 것을 묘사한다는 것도 불가능하지만, 그것을 듣는 것만 해도 무척 고통스럽기 때문이다."[14] 많은 사람은 라스 카사스의 보고를 의심했다. 하지만 지금 그가 묘사한 내용 중 중요 부분은 사실로 판명되었다.[15]

테노치티틀란 정복 이후 몇 해 동안 스페인 사람들은 점령 지역을 넓혀 나갔다. 그들은 계속해서 남쪽과 동쪽 내륙으로 진입했다. 카카오 지방인 소코누스코는 1542년 자발적으로 스페인 사람들에게 무릎을 꿇었다. 유카탄 반도는 1542년에 점령되었고 스페인 사람들은 메리다를 수도로 삼았다. 가장 마지막으로 마야 공동체가 함락된 것은 1679년이었다. 바로 라고 페텐 이차 호수에 위치한 이차 요새가 그것이다.

정복 원정이 끝난 뒤에는 그곳 부족들을 선교하는 것이 다음 목표였다. 믿음으로 원주민들을 훈육해 '선량한' 스페인 신앙인으로 만든다는 것이었다. 선교 초기에는 사원과 종교적 상징인 거상들이 파괴되었다. 그 자리에 스페인 사람들은 가톨릭교회를 지었고 마리아상이나 십자가를 세웠다. 곧 이어 탄압은 더 확대되어 개인 생활에서도 전통적인 숭배 행위가 금지되었고 박해받았다. 멕시코 초대 주교 돈 후안 데 수마라가(Don Juan de Zumárraga, 1468~1548)는 원주민 문명 파괴와 선교에 아주 혈안이 되었다.

고귀한 음료 초코아틀의 개선 행진

아마도 크리스토퍼 콜럼버스(Christopher Columbus, 1451~1506)는 유럽 사람으로는 처음으로 카카오를 알았을 것이다. 콜럼버스는 1502년 아메리카를 향한 네 번째 여행에서 과나하 섬에 상륙했다. 지금 온두라스 해안 앞 바히아 섬이 있는 지역이다. 여기서 콜럼버스와 그의 선원들은 아마도 원주민들의 상선 한두 척과 조우한 듯하다. 유카탄 반도 마야의 배였던 것 같다.

"우리는 25명이 노를 젓는 엄청나게 큰 원주민 배를 만났다. 우천 시에 비를 피할 수 있게 야자수 잎으로 엮은 지붕 아래서 선장이 주위를 호령하고 있었다. 그들은 지금까지 신대륙에서 만났던 어떤 사람들보다도 건장했다. 배에는 알록달록한 면직물, 동으로 제작된 기구와 무기들, 점토로 만든 그릇 같은 갖가지 물건이 실려 있었다. 그리고 아몬드처럼 생긴 것도 실려 있었다."[16] 이 '아몬드' 같은 것이 바로 카카오 원두다. 콜럼버스의 아들 페르디난드는 이 아몬드가 신대륙에서는 화폐로 쓰였다고 기록했다.

두 번째로 초콜릿 음료를 마신 것으로 알려진 유럽 사람은 에르난 코르테스였다. 멕시코 전역을 정복하면서 코르테스와 그의 병사들은 카카오에 주목했다. 지금의 타바스코 주에서 그들은 처음으로 카카오 농장을 목격했다. "도시 주변은 옥수수 밭이고, 낮은 지대에는 카카오가 심겨 있었는데, 음료를 만들거나 멕시코에서처럼 지역 화폐로 썼다."[17] 원정 중에 그들은 계속 카카오 농장을 봤다. 이런 장면은 정복자들 기록에 반복해서 등장한다.

정복자들은 초기부터 초콜릿 음료가 고가며 원주민 귀족 사이에 널리 퍼져 있다는 것을 알았다. 베르날 디아스 델 카스티요는 퀴아우이츠틀란 시에 아즈텍 징세원들이 들어왔을 때의 사건에 대해서 이렇게 기록했다.

"우리가 이야기를 나누고 있을 때, 현지 인디언들 몇이 와서는, 지금 멕시코 징세원 다섯 명이 도착했다고 알렸다. 이 말을 들은 지방 관리자들은 하얗게 겁에 질렸다. 그들은 함께 이야기를 나누던 코르테스를 놔둔 채, 예상치 않았던 손님들을 맞아 성찬을 베풀었다. 특히 인디언들이 가장 귀하게 여기는 음료인 초콜릿을 제공했다."[18]

몬테주마의 궁전에 도착한 디아스 델 카스티요는 이 아즈텍 왕의 식사 습관에 대해서도 묘사했으며, 여기서도 다시 한 번 초콜릿에 대해 언급한다. 그는 이 고귀한 음료가 따뜻한 식사 후에 제공된다고 적었다. 몬테주마는 초콜릿을 아주 좋아했던 것으로 보인다. 몬테주마 궁전에는 초콜릿만 담당하는 전속 요리사까지 있었다.[19]

스페인 정복자들은 카카오 원두가 화폐로도 사용된다는 것도 바로 알아차렸다. 코르테스는 카를 5세에게 보낸 서한에서 그 사실을 알렸다. "만다린처럼 생긴 열매입니다. 갈아서 팔기도 하지만, 전 지역에서 동전처럼 쓰여 시장에서 필요한 물건을 구매할 때도 지불 수단으로 사용합니다."[20]

스페인 정복자들은 이러한 관습을 재빨리 받아들였다. 그들은 이후 공물로 카카오 원두를 받았다. 과거 카카오 재배지역은 특별한 지위를 얻었다. 스페인 사람들은 아즈텍의 지불 체계를 바꾸려고 했다. 앞에서 언급했듯이, 아즈텍은 지불 시 액수가 아무리 많아도 카카오 원두 수를 세었다. 스페인 사람들은 이 방식을 간편하게 하고자 저울을 도입했다. 하지만 스페인 사람들의 방식은 제대로 쓰이지 않았다. 늘 원주민들이 스페인 사람들을 속였기 때문이다. 그래서 그들은 원두 수를 세는 과거 방식으로 되돌아갔다.

알렉산더 폰 훔볼트는 자신이 쓴 아메리카 기행문에서 중앙아메리카에서 수백 년 동안 지불 수단으로 사용되었던 카카오 원두가 19세기에도 여전히 사용된다고 썼다. "지금도 멕시코에서는 여전히 카카오를 소액 지불 수단으로 사용한다. 스페인 식민지에서 가장 작은 동전은 반 레알 혹은 1메디오인데, 이곳 사람들은 카카오가 잔돈으로 편하다고 생각해 1메디오 대신에 원두 12개를 지불한다."[21]

남쪽으로 계속된 정복 원정에서 카카오 원두의 중요성을 잘 알던 스페인 사람들이 이를 압박 수단으로 사용했다. 에르난 코르테스는 페드로 델 알바라도(Pedro de Alvarado, 1486~1541)를 과테말라로 보내, 현지인들을 점령하도록 했다. 아티탄에서는 원주민들이 격렬하게 저항했다. 힘겨운 전투 끝에 결국 원주민들이 도주했다. 알바라도는 이 지역 카카오 밭에서 원주민 귀족 두 명을 체포했다. "알바라도는 이 귀족 두 명을 전쟁에서 잡은, 신분이 같은 다른 포로들과 함께 지역 관리자에게 보내 어서 전쟁을 끝낼 것을 전하도록 했다. 그렇게 한다면 모든 포로를 석방하고 정중하게 대접하겠지만, 만일 계속 저항한다면 우트라탄 원주민과 같은 운명을 맞게 될 것이라고 협박하면서, 그들의 카카오를 모조리 없애 버리겠다고 했다. 그러자 사람들이 돌아와, 전쟁을 끝내기를 간청하면서 우리 황제에게 복속했고 금으로 된 선물을 가져왔다."[22]

최초 정복자와 이주자, 선교사도 초콜릿 음료를 알게 되었다. 이 새로운 음료에 대한 그들의 견해는 무척 달랐다. 곤살로 페르난데스 데 오비에도 이 발데스는 이 음료를 높게 평가한 이들 중 하나다. 그는 초콜릿 음료의 색은 아주 혐오했지만, 풍부한 영양가에는 감탄했다. 초콜릿 음료를, 배가 고프거나 갈증이 날 때 몸에 활력을 주기에 아주 좋은 음료라고도 했다. 게다가 그는 카카오 원두와 버터가 원주민에게 치료제로 쓰인다며, 그 의학적 효능에 대해서도 상세하게 보고했다.[23]

오비에도 이 발데스 자신도 카카오 버터 효능을 직접 체험할 기회가 있었다. 한 번은 그가 여행 도중에 발에 큰 부상을 입었는데, 카카오 버터를 가미한 연고를 발랐더니 놀랍게도 빠르게 치유되었다. 이 역사학자는 지금의 니카라과에 거주하던 원주민들이 카카오를 피부를 보호하는 햇빛 차단제로 쓴다는 사실도 밝혔다. 하지만 기독교 신자들은 이 풍습을 지저분한 것으로 받아들인다는 점도 언급했다.

물론 모든 스페인 이주자가 카카오와 초콜릿에 대해 긍정적인 평가를 내린 것은 아니었다. 이 음료는 정말 마실 수 없다고 한 사람도 많았다.

하지만 16세기 말 중앙아메리카에서부터 이 음료의 개선(凱旋) 행진이 시작되었다. 그 주된 원인은 조리법의 변화로, 혁신의 주인공은 설탕이었다. 식민화가 진행되면서 스페인 사람들은 신대륙으로 새로운 식물을 반입했는데, 그 가운데 사탕수수가 있었다. 중앙 아메리카는 사탕수수 재배에 이상적인 환경이었다. 따라서 대규모로 사탕수수 재배가 이루어졌다. 초콜릿 음료를 만들 때 설탕을 가미하는 것은 시간 문제였다. 누가 처음으로 그 생각을 했는지는 밝혀지지 않았는데, 이런저런 수도원들이 스스로 원조라고 다툰다.

시간이 지나자, 또 다른 변화가 일어났다. 마야처럼 뜨거운 초콜릿 음료에 대한 선호가 늘어난 것이다. 추가적으로 매운 향료를 빼고, '몰리닐로(Molinillo)'라고 하는 나무 거품기를 사용해 거품을 만들기 시작했다.[24] 몰리닐로는 끝이 뭉뚝한 자루로, 이 뭉뚝한 부분은 톱니 모양이나 별 모양으로 파여 있다(그림6-15 참조). 하지만 음료의 기본 조리 방법은 변하지 않았다. 우선 발효된 카카오 원두를 불 위에서 볶은 다음, 껍질을 벗기고 원두를 오목한 형태의 절구인 메타테(Metate)에 넣고 갈았다.

제일 큰 변화는 언어에서 일어났다. 16세기 후반부에 이 고귀한 음료에 '초코아틀'이라는 새로운 이름이 붙었다. 스페인 사람들이 들어오기 전까지 메소아메리카 언어에는 없던 것이다.

"알론소 데 몰리나의 첫 〈나우아틀-스페인 어 사전〉(1555년 발간)에서도 그렇고, 〈사하군 대백과사전〉과 다양한 판본으로 전승된 고대 속담 모음집 《우에우에틀라톨리(Huehuetlatolli)》에서도 이 단어를 찾을 수 없다. 이들 문헌에 따르면 초콜릿에 해당하는 말은 카카우아틀(카카오 물)이다. 이 음료가 카카오 원두 가루와 물을 섞어 만들기 때문에 이루어진 당연한 결합이다."[25]

새로운 단어는 어떻게 만들어졌고 또 누가 만들었을까? 유감스럽게도 이 질문에 대한 답은 아직 분명하지 않다. 여러 가지 이론이 있기는 하다. 그중 하나가 멕시코 언어학자 이그나시오 다빌라 가리비의 이론이다. 그는 처음으로 이 단어가 스페인 사람들의 영향으로 파생되었다는 것을 지적했으며, 마야 어로 뜨거운 것을 뜻하는 '초콜(Chocol)'과 물을 뜻하는 아즈텍 단어인 '아틀(Atl)'이 결합한 것이라는 추론을 내놓았다. 이렇게 초코아틀이라는 말이 생겨 나중에 '초콜릿'으로 변했다는 것이다. 스페인 사람들이 이 음료에 새로운 이름을 붙이고자 한 사실이 이론을 뒷받침해준다. 왜냐하면 스페인 사람들은 아즈텍과는 달리 이 음료를 뜨겁게 마시는 것을 선호했기 때문이다.[26]

하지만 왜 카카우아틀(카카오 물)이란 말에서 이런 새로운 단어가 탄생하게 되었는지는 지금까지도 여전히 불분명하다. 이에 대해서도 다양한 이론이 있다. 미국 인류학자 마이클 D. 코우는 로망스 제어(Romance languages)권에서 '카카'라는 어휘가 주로 배설물을 연상시킨다는 것을 지적했다. 카카우아틀도 갈색이고 끈적끈적하니, 스페인 사람들은 자신들에게 친숙한 다른 표현을 쓰고자 했다는 것이다.[27]

스페인 사람들은 초콜릿 음료를 표주박에 따라 마셨는데, 이는 마야도 마찬가지였다. 나우아틀 어로 이 박을 '시칼리(Xicalli)'라고 불렀다. 이후에는 스페인 사람들 영향으로 말이 변해, 구대륙이건 신대륙이건 초콜릿을 마시는 대접을 '히카라'라고 부르게 되었다.

이 모든 변화와 더불어 16세기 말, 중앙아메리카에서는 초콜릿 음료 소비가 급격하게 늘어났다. 이때 카카오 수요는 주로 메소아메리카로 한정되었다. 유럽에는 카카오가 아주 조금만 반입되었고, 초콜릿 음료가 유럽 귀족 사이에서 유행한 것은 17세기에 이르러서였다. 이후 수요가 증가해 나중에는 카카오 공급에 어려움이 생길 정도였다. 무슨 일이 있었던 것일까?

　식민지 개척 과정에서 스페인 사람들은 엔코미엔다(Encomienda)라는 교묘한 경작 시스템을 만들었다. 이는 토지를 그곳 원주민 마을과 함께 엔코멘데레스(Encomenderos)라고 불리는 정복자들에게 부여하는 체계다. 이 임대 시스템을 이용할 수 있는 시기는 두 세대로 한정되었지만, 대개는 대대로 대물림했다.[28] 엔코미엔다는 독립운동 과정에서 소유 관계로 인해 대부분 스페인 사람들 후손에게 넘어갔다. 엔코멘데로스는 자신의 엔코미엔다에 속하는 원주민들에게서 공물과 노동력을 착취했다. 또한 엔코멘데로스는 지역 원주민 족장에게 공물을 받고서 원주민을 감독하는 권한을 줘 재산을 관리했다.

　원주민 족장은 일반 원주민을 개인 시중으로 삼을 수도 있었다. 경우에 따라서는 자신의 농지를 그대로 소유했으며, 심지어 해체된 원주민 지배층과 사제의 토지를 수용할 수 있는 권한도 생겼다. 원주민 지배자들은 스페인 정복자들과 결속해서 더는 백성을 위해 일하지 않았다. 이는 스페인 정복자들의 교묘한 지배 방식으로, 지역 원주민 족장과 일반 원주민 간 차이를 크게 벌린 것이었다.[29] 이론적으로 원주민은 '엔코멘도레스'의 농노가 아니라 스페인 왕의 자유로운 봉신이었다. 하지만 현실은 정반대였다. 원주민은 스페인 정복자 농장에서 힘든 조건을 견디며 일해야 했고, 동시에 공물도 바쳐야 했다.

　1625년부터 1637년까지 과테말라 마을 사목으로 있다가 본국으로 돌아간 영국 도미니카 수도회 수사 토마스 게이지는 1648년 신대륙에서 자신이 관찰한 내용을 담아 발표한 문건에 이렇게 적었다.

"어느 마을에서든 아무리 가난한 인디언일지라도 결혼할 때, 왕에게는 적어도 은화 4레알을, 엔코멘도레스에게는 공물을 바쳐야 했다. 마을이 왕 휘하에 직접 복속되어 있다면 적어도 은화 6레알을 지불해야 했으며, 때로는 두당 은화 8레알을 바치기도 했다. 엔코멘데로스에게 속한 이들은 각자 생산하는 품목에 따라 어디서나 공물로 바치던 옥수수나 꿀, 닭, 칠면조, 소금, 카카오, 양모 담요 등을 현물로 지불했다. 공물로 바치던 담요는 크기가 보통 것보다 훨씬 크고, 엄선된 것이기도 해서 대단히 좋은 평을 받았다. 카카오, 아치오테, 양홍(Carmine)도 공물로 바치려면 늘 제일 좋은 것을 비축했기 때문에 좋은 평을 받았다. 인디언들은 가장 좋은 물품을 바치지 않으면, 채찍을 맞았으며 다른 물품으로 대체해야만 했다."[30]

공식적으로 원주민 노예를 소유하는 것은 1537년 교황 바오로 3세의 칙서 〈하느님의 초월성〉을 통해 금지되었다. 하지만 엔코미엔다 시스템은 지속되었으며 몇몇 지역에서는 18세기 말까지 존속했다.[31] 엔코미엔다는 스페인 지배자들이 노동력 충분히 확보할 수 있도록 보장해주었다. 원주민들은 스페인 사람들에게 착취당했고, 많은 사람이 목숨을 잃었다. 어떤 권리도 없었다. 엔코멘데로스 측 유일한 의무는 자신이 지배하는 원주민을 기독교로 개종시키고, 그들의 생계를 책임지고 보호해주는 것이었다.

스페인 토지 소유자들이 요구했던 공물은 과거 아즈텍 제국에서도 공물이었다. 카카오가 재배되던 지역에서는 카카오 원두가 공물이었다. 물론 스페인 사람들은 이 원두를 화폐가 아닌, 그사이 스페인 사람들 사이에서도 큰 인기를 누리던 음료의 원료로 사용했다.

따라서 지배자들이 카카오가 재배되는 지역의 엔코멘데로스가 되고 싶어 한 것은 당연했다.

18세기부터 생긴 아시엔다(Hacienda)라 불리던 농장은 규모가 작았지만, 경우에 따라서는 100제곱킬로미터에 달하는 큰 농지도 있었다. 당시 원주민을 강제 노역에 동원하는 것은 금지되었으나, 아센데로스(Hacenderos)는 이런저런 방법을 통해 원주민에게 노역을 강제했다. 농장 일꾼은 작은 구획의 토지를 부여받고 자급 농사를 지었으며, 그 대가로 노동력을 제공해야 했다.

아센데로스들은 일꾼들의 어려운 상황을 이용해서도 돈을 벌었다. 예를 들면 그들이 스페인 왕실에 바쳐야 하는 세금을 선납해주거나 비싼 대출을 해주었다. 많은 원주민이 이렇게 빌린 돈 때문에 빚의 수렁에 빠졌다. 결국 그들은 빚을 갚으려고 수년에 걸쳐 자신의 노동력을 아시엔다에 제공해야 했다.

정복 전쟁과 탄압 외에도 강제 노동, 천연두와 말라리아 등 유럽 사람들과 함께 온 전염병으로 멕시코에서만 수백만 명이 목숨을 잃었다. 스페인 정복 이전, 지금의 멕시코 지역에는 원주민이 약 2천 520만 명 살았지만, 11년 뒤에는 1천 680만 명으로 줄었다고 한다. 그로부터 채 100년이 지나지 않은 1605년에는 다시 110만 명으로 축소되었다.[32]

유카탄 반도의 광신적인 주교 디에고 데 란다 같은 사람도 자신이 담당하던 지역의 피폐한 상황에 대해 보고했다. 그에게도 스페인 사람들이 들어온 이후 마야의 인구수가 심하게 준 것이 눈에 띈 것이다.

"(……) 그 이후 주민들은 여러 가지 재난을 참아냈지만, 스페인 사람들이 이 지역으로 들어오자 또 다른 재난이 많이 일어났다. 하느님은 전쟁뿐 아니라 다른 형벌도 내리셨다. 많지는 않지만, 살아남은 사람들은 기적이라고 할 수 있다."[33]

전 지역에서 인구가 감소했다. 가장 중요한 카카오 재배지역이던 소코누스코도 마찬가지였다. 카카오 농장에서 일했던 원주민들이 죽어갔다. 생산량이 감소하자 스페인 정복자들은 인구가 줄어드는 것을 막고자 이런저런 시도를 했다. 우선 그들은 고지대에 살던 원주민들을 불러들여 카카오 농장에서 일을 시켰고, 노동을 몰아붙이면서 감독하는 감시원들까지 배치했다. 하지만 이러한 조치는 실패했으며 당연히 카카오 생산량도 계속 감소했다.[34] 16세기 말에는 카카오 주요 재배지역이던 소코누스코와 과테말라에서 지금의 와하카, 푸에블라, 멕시코 시로 카카오를 옮겨 심었다.

카카오가 원주민들에게 어떤 의미였는지는 희생 제의에서 잘 드러난다. 그들이 과거 자신들의 신에게 카카오 원두를 바쳤듯이, 스페인 정복 후에는 가톨릭교회에 바쳤다. 어떤 수사들은 이 관습을 경이로운 수입원으로 보고, 원두를 개인 용도로 착복하기도 했다.[35]

이 시기에는 다양한 계층의 원주민뿐만 아니라 스페인 이주자들도 초콜릿 음료를 마셨다. 특히 귀족 부인들은 이 음료에 빠져 도저히 헤어나지 못할 정도였다. 이는 토마스 게이지가 지금의 산 크리스토발 데 라스 카사스에 체류했을 때의 경험담을 통해서도 알 수 있다. 당시 스페인 귀족 부인들은 위가 약해서 고통을 받고 있었다. 그래서 그들은 미사 중에도 초콜릿 음료를 마셔야 했다. 되도록 신선한 음료를 마시려고 원주민 하녀들에게 성당으로 초콜릿을 가져오게도 했다.

당연히 이런 태도는 주교와 갈등을 빚었다. 처음에 주교는 이런 행위를 금지시켰지만 전혀 소득이 없었다. 부인들의 주문은 계속되었고, 하녀들은 초콜릿을 성당으로 가져다 날랐다. 그러자 주교는 미사 중에 초콜릿 음료를 마시는 사람은 모두 교적을 박탈하겠다고 했다. 하지만 그 엄포 역시 도움이 되지 못했다.

부인들은 격분하면서 대성당 미사에 다시는 오지 않았고, 대성당은 거의 텅텅 비었다. 대신 부인들은 작은 성당에서 미사를 보면서 초콜릿 음료를 포기하지도 않았다. 그들이 내는 헌금은 작은 성당으로 몰렸다. 재정적인 손실이 커지자 주교는 초콜릿을 허용하는 모든 신부와 수사는 파문하겠다고 위협했다. 그 뒤, 주교는 곧 병에 걸려 죽었고, 사람들 사이에서는 초콜릿 음료로 독살되었다는 소문이 퍼졌다.[36]

식민지에서 들여오는 카카오, 잔인하게 이익을 창출하는 무역

17세기에 카카오 가격이 폭등했다. 많은 원주민이 사망해 과테말라와 소코누스코에서 카카오 생산이 급감했기 때문이다. 하지만 동시에 카카오 원두에 대한 수요는 증가했다. 유럽에서 초콜릿 소비가 늘어나자 카카오를 재배하는 지역이 다른 곳으로도 확산되었다. 이런 현상으로 이익을 본 이들은 현재의 에콰도르 해안에 위치한 과야킬 지역 농장 소유주들과 지금의 베네수엘라에 거주하던 스페인 정착민들이었다.

페루를 정복하고 난 뒤 스페인 사람들은 과야킬 만에 정착했다.

그들은 남아메리카 열대에 서식하던 포라스테로 야생 카카오를 발견했다. 적도 남쪽인 그곳은 카카오를 재배하기에 천혜의 조건을 갖추고 있었다. "17세기 초에 기존 숲을 벌목한 다음, 이 수종의 재배가 시작되었다. 1635년에는 과야스 분지 전체에 카카오 농장이 들어섰다. 한 해 전에 있던 네덜란드 해적의 침입으로부터 완전히 회복한 지방 수도 과야킬의 거래상들은 과테말라와 멕시코 시장 전체에 카카오를 대량으로 공급했다."[37]

이곳에서 수출하는 카카오 물량이 워낙 많아서 과테말라와 멕시코 카카오 생산자들이 불만을 터뜨렸고, 곧 이어 수입을 금지하는 왕의 칙령이 내려졌다. 물론 이 칙령은 아무런 효과가 없었다.

18세기 말, 전체 카카오의 41퍼센트는 에콰도르에서 생산되었다. 포라스테로 변종 카카오는 소코누스코나 과테말라 산 카카오와 달리 품질이 썩 좋지는 않았지만, 설탕만 충분히 넣으면 여전히 사랑받는 음료가 될 수 있었다. 양도 풍부한데다, 가격도 저렴했다. 과야킬 농장에 아프리카 노예가 투입되자 카카오 생산 비용이 내려가며 자연스레 가격도 하락한 것이다. 식민지 귀족들에게는 천대받던 이 카카오는 가난한 사람들의 카카오로 통용되었다.[38]

또 다른 중요한 카카오 재배지역은 베네수엘라에 있었다. 크리올로 변종 카카오는 이곳의 북쪽 해안을 따라 좁은 띠 형태로 재배되었다. 베네수엘라 수도 '카라카스'의 이름을 딴 이 고품질 '카라카스 카카오'는 베네수엘라 원시림의 야생 수종에서 나온 듯하다. 이 원두의 값어치가 알려지자, 사람들은 카라카스 카카오를 재배하기 시작했다. 멕시코에서도 비슷한 상황이 벌어졌지만, 현지 주민들은 거의 소멸되었기에 농장에서 일할 인력이 부족했다. 이어서 아

노예들은 아프리카에서 붙잡혀 배를 통해 신세계로 끌려왔다.
대부분이 스페인 정복자들의 카카오 농장에서 노동했다.

•

프리카 노예 수입이 시작되었다. 1537년 교황의 칙서에는 원주민 노예만을 금지했으므로, 아프리카 노예들은 금지 대상이 아니었다.

아프리카 노예들이 효과가 검증된 대서양 삼각무역 시스템에 따라 베네수엘라로 들어온 과정은 이렇다. 우선 식민 지배 세력들의 노예선은 무기나 도구 같은 무역 완제품을 서아프리카의 노예 대기 장소로 이동시킨다. 여기서 무역품과 인간 화물인 노예를 교환한 뒤, 노예를 싣고 이들이 일하게 될 사탕수수 · 카카오 · 인디고 · 담배 농장이 있는 신대륙으로 향한다. 신대륙 농장의 수확물은 다시 모국으로 보내 높은 이윤을 남겨 판매한다. 아프리카 사람들은 극도로 열악한 조건에서 짐승처럼 노예선에 쳐 넣어진 다음 결박된다. 현재 추정으로는 이런 항해 시에 100명당 8~10명이 목숨을 잃었다.[39]

노예선 상황을 시인 하인리히 하이네는 이렇게 표현했다.

노예선

두 번째 판본(1855년 경)

−하인리히 하이네

I

화물선장 민혜르 반 코에크가
선실에 앉아 계산하네
선적물의 총액과 대략의 이윤을

"고무도 최상품이고, 후추도 최상품인데다
각각 삼백 자루에 삼백 통이라
사금도 있고 상아도 있네
하지만 검은 물건이 더 낫지

세네갈 강가에서 검둥이 육백 명을
싼 값에 바꿨지
근육은 단단하고, 힘줄은 팽팽하지
최상급 주물로 부어 만든 강철처럼

검둥이와 화주, 유리구슬, 철 기구를
바꾼 거지
이놈들 중 반만 살아남는다 해도
여덟 배의 이익이지

리우데자네이루 항구에 도착해서
삼백 명만 남는다 해도
곤잘레스 페레이로 회사가
두당 백 두카텐*은 주겠지"

갑자기 민헤르 반 코에크의 생각이 끊기네
선원의사 반 데르 스미센 박사가
선실로 들어온 것
이 의사는 비쩍 말랐고
코에는 붉은 사마귀가 덕지덕지 붙었네
"무슨 일이요, 의사 양반" 반 코에크가 소리치네
"내 검둥이들은 어떻소?"

의사는 질문에 고마움을 표하며 말하네
"그것 때문에 드릴 말씀이 있어 왔습니다
오늘 밤에 사망자 수가 무척 늘어서요.

대개 하루에 두 명씩 죽었는데
오늘은 일곱이나 죽었답니다
남자 넷, 여자 셋
손실은 장부에 기입했습니다

제가 시체들을 자세히 들여다보았죠
이 나쁜 놈들이 글쎄 어떨 때는

---

* 옛 유럽의 금화 이름

266

파도에 내던져지게
죽은 시늉을 하지 뭡니까

저는 죽은 놈들에게서는 쇠사슬을 걷어 내고
늘 그렇듯이 이른 아침에
바다로 던져 버리지요

그러면 갑자기 파도를 뚫고 한 떼의
상어들이 솟구쳐 오릅니다
이놈들은 검둥이 고기를 특히 좋아하지요
그놈들이 제 시체 처리 담당입니다

우리 배가 해안을 벗어나면
졸졸 따라와서는
이 짐승들은 입맛을 다시면서
시체 냄새를 알아채지요
시체를 물어뜯는 것을 보면
여간 익살맞지 않습니다
한 놈은 머리를 뜯고, 한 놈은 다리를,
나머지 놈들은 귓불을 삼켜 버리지요

다 먹어 삼키고 나면, 이놈들은
포만감에 차서 배 어귀를 빙빙 돌지요
그리고는 마치 아침식사에 감사하다는 듯이

저를 빤히 쳐다봅니다"

이제 한숨을 쉬며 반 코에크가 말을 꺼내네
"내 어떡하면 이 재앙을 줄일 수 있겠소
어찌하면 이 죽어 나가는 행렬을 멈출 수 있겠소?"

의사가 답하네
"검둥이들이 많이 죽은 것은 다 자기들 탓이지요
그들이 풍기는 악취로 선실 공기가 완전히 썩었습니다

거기다 우울병으로 죽기도 하지요
그놈들은 죽을 만큼 지루하다니까요
분위기를 바꿔, 음악과 춤으로 그 병을 고칠 수 있습니다"

그러자 반 코에크가 외치네 "좋은 생각이요
당신은 정말 나의 충실한 의사라니까
알렉산더의 스승인 아리스토텔레스만큼이나 똑똑하구면

검둥이들이 여기 갑판에서 춤을 추도록
음악, 음악을 연주하시오
춤추며 즐거워하지 않는 놈들에게는
채찍을 휘두를 테니"

Ⅱ

저 높이 푸른 하늘에서
수천 개의 별이 내려다보네
동경에 차 반짝이며, 크고 작은 별들이
마치 아름다운 여인의 눈처럼

인광으로 빛나는 보랏빛 향내로 뒤덮인 바다
속까지 비추네
물결은 탐욕스럽게 일고

노예선은 돛대도 나부끼지 않고
난파된 듯 멈춰 있네
하지만 희미한 등불이 춤추는 갑판을 비추네

항해사는 바이올린
요리사는 피리
수습선원은 북
의사는 트럼펫을 부네

아마 백 명은 되는 흑인 남녀가
소리 지르며, 뛰며, 미친 듯이 원무를 추네
뛸 때마다 리듬에 맞춰 울려 퍼지는 쇠사슬 소리

그들은 미친 듯 흥이 나서 바닥에 발을 구르네

어떤 아름다운 흑인 여자는 정열에 불타 나체의 동료를 껴안고
그사이 흐느끼는 소리

노예감시인은 즐거움을 가르치는 교사
그가 채찍을 휘두르면 지친 검둥이들이
즐거이 춤을 추네

둥둥둥 랄랄랄
음악소리가 바다 속 깊이
멍청하게 잠자던 괴물들을
깨우네
잠에 취해 멍한 수백 마리의 상어 떼가
배로 몰려드네
배를 올려다보더니
놀란 표정

상어들이 아직 아침식사 시간이 아닌 걸 알고는
목젖이 보이도록 입을 벌려 하품 하네. 턱에는
톱니들이 심어져 있네

둥둥둥 랄랄랄
춤은 끝날 줄 모르고
상어들은 조바심에서
자기 꼬리를 물어뜯네

둥둥둥 랄랄랄

춤은 끝날 줄 모르고

민헤르 반 코에크는

돛대에 서서 두 손 모아 기도하네

"오, 주 그리스도여

검은 죄인들의 삶이 당신을 진노케 하더라도

저들이 소처럼 어리석음을 아소서

저희를 위해 목숨을 버리신

주여, 저들의 삶을 지켜주소서

살아남은 검둥이가 삼백이 안 되면

제 벌이는 망한 겁니다"⁴⁰

　이윤을 가져다주는 이 끔찍한 거래에 참여한 것은 스페인 회사만이 아니었다. 포르투갈, 프랑스, 네덜란드, 독일, 영국, 덴마크 회사들도 함께 했다. 노예거래는 세계사에서 가장 어둡고, 규모가 큰 거래 가운데 하나였다. 350년 동안 흑인들 1천 500만~2천만 명이 아프리카에서 아메리카로 끌려와 노예로 팔렸다.⁴¹ 17~18세기에 유럽에 들어온 카카오 중 양이 제일 많은 것은 노예노동으로 운영되던 베네수엘라 카카오 농장에서 재배한 것이었다.

　19세기에도 카카오 농민들 상황은 크게 바뀌지 않았다. 알렉산더 폰 훔볼트는 베네수엘라를 탐사하며 스페인 식민지에서 선교 활동을 하던 카푸친 교단 수도사들이 저지른 만행에 대해 보고했다.

카푸친 교단은 1528년 프란체스코 탁발 수도회 개혁운동의 하나로 탄생했으며, 그 이름은 프란체스코회 수도승이 입던 코트 카푸친에서 유래했다. 카푸친 교단은 아시시 성 프란체스코의 규율을 따랐다. 은둔자로 살면서 가난하고, 고통 받고, 병들고, 집 없는 이들을 위해 헌신해 일반인들의 사랑을 받았다. 지금도 전 세계적으로 수도사 약 1만 2천 명이 활동한다. 하지만 훔볼트는 다음과 같이 당시 상황을 기록했다.

"선교사들은 마을을 마치 수도원처럼 대했다. 모든 것은 종소리 톤에 따라 이루어졌다. 인디오들은 단 한 순간도 자신의 행동에서 자유롭지 못했다. 수사들은 그들을 이리 저리 내몰았으며, 강을 따라 한번 둘러보면 그들의 선교가 얼마나 비참한 결과를 낳았는지 알 수 있다. 인디오들은 어떤 농사도 지으려 하지 않았다. 그들이 산출하는 모든 것은 교단 몫이기 때문이었다. 산 페르난도 데 아타바포에서는 교단이 인디오들을 강제해서 선교 수사에게 카카오 1파네가(Fanega, 약 55.5리터)를 4~6레알에 팔도록 했다. 인디오들이 카카오를 이웃 마을 선교사에게 팔거나 거기서 아마포를 사려고 하면 여지없이 몽둥이세례를 받았다. 모든 교단은 자기 마을에서 독점권을 가졌다."[42]

역사학자이자 훔볼트 전문가인 프랑크 홀은 훔볼트가 여행 중 목도한 또 다른 문제를 지적했다. 카카오나 사탕수수를 재배하고자 벌목한 열대우림이 저수 능력을 상실했고, 증발되는 물이 적어지자 비도 적게 내린다는 것이다. 강과 호수 수위 또한 낮아졌다. 훔볼트는 숲이 없는 곳의 토양은 건조해진다는 것을 알아차렸다. 숲에 가려졌던 흙이 햇빛에 바로 노출되면서 사막화 현상이 나타난다는 것이다.

"토지를 오랫동안 (……) 개간할수록 열대지역에서는 나무가 사라질 것이고, 토지는 점점 더 바람에 바로 노출되어 메마를 것이다. (……) 따라서 카라카스에서의 카카오 재배는 축소될 것이고, 대신 아직 야생 상태인, 비교적 최근에 개간한 동쪽으로 재배지역이 옮겨질 것이다. 훔볼트는 그가 1800년 2월 11일 둘러본 발렌시아 호수(인디언들은 타카리구아라고 부른다.)에서 받은 인상을 예로 삼아서 숲, 물, 기후의 관계에 대해 대단히 주목받는 연구로 확장시켰다."[43]

나중에 신대륙으로 들어온 포르투갈 사람들은 카카오의 추가 산지로 브라질을 개발했다. 이곳에서 카카오 수확은 예수회 선교사들이 주도했다. 예수회는 1534년 이그나티우스 데 로욜라(Ignatius de Loyola, 1491~1556)가 창립했다. 예수회의 제일 큰 특징은 교황에 대한 절대적인 복종이다. 수도회는 남아메리카 식민지에서 대규모로 이윤을 추구해 비판을 받았다. 예수회는 이곳에 대규모 아시엔다를 보유했고, 노예를 동원해 경작했다.

예수회는 17세기 초 아마존 강을 따라 야생으로 자라는 포라스테로 변종 카카오를 발견했다. 그들은 파라과이에서와 마찬가지로 브라질에서도 원주민들을 '알데아스(Aldeas)'라는 마을 공동체로 분할했다. 예수교 선교사들은 이런 방법으로 현지 주민을 파악해 쉽게 감시·통제할 수 있었다. 예수회는 원주민들을 동원해 아마존 강을 따라 야생 카카오를 수확했고, 수출을 위해 선적했다. 사실 이 카카오는 크리올로만큼 품질이 좋지 않아서 이윤을 많이 올리지는 못했다. 하지만 다른 교단과 마찬가지로 예수회도 해상 운송 시에 관세를 내지 않았으므로, 수출은 해볼 만했다. 야생 카카오를 수확하

는 것 외에, 거대한 카카오 농장에서 인공재배도 시도했다.[44]

1640년~1650년에는 상황이 급변했다. 페스트와 홍역이 돌아 많은 사람이 희생되었고, 노동력이 충분치 않자 거래도 마비되었다. 그때까지 카카오는 아마존 지역의 가장 중요한 수출품이었다.

상황이 이렇게 되자 포르투갈의 마르키스 세바스티아오 데 폼발(Marquis Sebastiao de Pombal, 1699~1782)이 포르투갈과 브라질에서 예수회 탄압에 나섰다. 동시에 그는 카카오 생산을 다시 확대할 원대한 계획으로 국립 카카오독점회사를 설립했다. 계획에 따라 남아 있던 원주민들이 카카오 농장에서 작업을 해야 했지만, 그들의 저항이 거셌다.

그러자 폼발은 아프리카 노예를 전면적으로 들여오기 시작했다. 브라질은 노예제가 폐지된 19세기 말까지 제일 규모가 큰 카카오 수출 국가 중 하나로, 특히 나폴레옹 전쟁 중에는 영국에 카카오를 가장 많이 공급하는 국가였다. 이 시기 영국은 더는 베네수엘라 카카오시장에 접근할 수 없었는데, 카카오 수요는 더 커진 상태였기 때문이다. 노예제가 폐지되자 아마존 농장에서 일할 노동력이 다시 부족해졌고, 카카오 생산은 붕괴되었다. 이후 농장은 바히아로 옮겨갔다.

카카오를 재배한 또 다른 지역은 카리브 제도였다. 크고 작은 안틸레스 제도, 아라와크, 타이노의 원주민들은 스페인의 잔혹함, 강제 노동, 외지에서 들어온 질병으로 몰살된 상태였다. 여기서도 얼마 되지 않는 카카오 재배 인구를 아프리카 노예로 메꾸었다. 노예들을 서인도 제도의 농장으로도 데려올 만큼, 카카오는 여전히 중요한 수출품이었다.

하지만 카리브 제도는 전쟁이 끊이지 않는 곳이었다. 유럽 열강과 해적들이 신대륙과 스페인 본토와의 연결망을 단절하고 값진 선적 화물을 약탈하려고 몇몇 섬들을 점령했다. 그들은 특히 스페인의 카카오 무역 독점권을 분쇄하고자 했다. 영국인들은 1660년부터 자메이카와 바베이도스에서 카카오 재배를 장려했는데, 스페인 사람들이 이미 1630년대에 이곳으로 카카오를 들여온 상태였기에, 그 뒤를 잇기만 하면 되었다.[45]

또 프랑스 사람들도 1660년에 과들루프, 마르티니크, 산토도밍고, 아이티, 세인트루시아에서 카카오 생산을 시작했다. 실패를 거듭하다 20년 뒤, 아이티에서 첫 수확을 거두었다. 두 번째로 재배를 시도한 1714년에는 이미 카카오 2만 그루를 재배했다. 1745년에는 10만 그루에 달했고, 1767년에는 15만 그루로, 그해 카카오 수출량은 750톤이나 되었다.[46]

1668년 네덜란드령 수리남과 1732년 프랑스령 카옌 등 주변 내륙에서도 새로운 재배지역이 생겼다. 현재 프랑스령인 기아나의 카옌에서 자연연구가 퓌세 오블은 두 가지 새로운 카카오 품종을 발견했다. 이곳 섬들의 재배 조건은 말할 나위 없이 좋았지만, 프랑스의 카카오 수요를 충족하기에는 턱없이 부족했다. 게다가 섬의 주요 작물은 사탕수수였다.

그사이 스페인도 카리브 해에 카카오 재배지역을 신설하려 했다. 스페인 수사가 멕시코에서 트리니다드로 크리올로 변종 카카오를 들여온 것이 1525년이었다.[47] 1727년에 그곳에 정확히 알려지지 않은 재난이 닥쳤다. 허리케인이거나 역병이었을 것이다. 이때 크리올로 농장 대부분이 해를 입었다. 30년 뒤에 수사들이 다시 카카오를 들여왔다. 이번에는 포라스테로 묘목이었는데, 오리노코 해안지역에서 가져온 것이다. 이것을 크리올로에 접붙였더니 새로운 혼합종이 탄생했다. 바로 트리니타리오다. 덕분에 본격적으로 카카오 생산이 시작되었고, 곧 이 섬은 중요한 카카오 재배지역 중 하나가 되었다.

트리니다드는 짧은 기간이었지만 카카오 밀수의 중요 거점 역할을 했다. 스페인의 독점적 지위를 분쇄하고자 주변 베네수엘라 해안에서 카카오를 밀수입한 것이다. 이때 네덜란드 사람들이 큰 역할을 했다. 이들의 불법거래가 어찌나 성했던지, 일시적이었지만 스페인에서조차 네덜란드 항구를 거쳐야 카카오 수요를 충족할 수 있을 정도였다.[48]

다른 식민지에서도 카카오를 재배하려는 시도가 수차례 있었지만 모두 실패했다. 초기에 잇따라 실패하자 영국, 프랑스, 네덜란드는 사탕수수, 담배, 커피 같은 다른 열대작물 재배에 집중했다. 수백 년 동안 중남미 카카오 생산은 스페인이 지배했던 지역에서 주도했으며, 그중에서도 베네수엘라가 선두주자였다.

"스페인 식민제국의 카카오 수출은 1651~1660년에는 연평균 280톤이던 것이, 1771~1775년까지는 3천 230톤으로, 1790~1799년에는 4천 990톤으로 늘어났다. 이와 비교해서, 18세기 마지막 10년의 중남미 전체 수출량은 평균 6천 13톤이었다. 그중 베네수엘라 혼자서 65.8퍼센트를 차지했고, 에콰도르가 뒤를 이어 16.5퍼센트를, 브라질이 909톤으로 약 15.2퍼센트를 차지했다.

이에 반해 서유럽이나 북·서유럽 열강의 카카오 생산은 보잘 것 없었는데, 카리브 제도에서 17세기와 18세기 초에 생산이 격감한 것이 큰 원인이었다. 18세기 말이 되자, 정확히 1788~1789년에 프랑스령 서인도 제도와 네덜란드령 수리남에서는 580톤과 350톤을 생산했다. 반대로 영국령 자메이카에서는 고질적인 카카오 병충해로 인해 17세기 후반에 연간 수확량이 2천여 톤으로 격감했고, 이후 이 상태에서 회복하지 못했다.⁷

17세기는 카카오 재배의 새로운 시대였다. 중남미에서 시작된 카카오 재배는 전 세계 열대지역으로 퍼졌다. 18~19세기, 식민 열강들은 유럽 시장에 카카오를 충분히 공급하기 어려워지자, 아메리카를 벗어나 세계 곳곳 열대지역에서 카카오 재배를 시도한 것이다.

주 ─────────────

1) Thomas 1998, 84쪽
2) Diaz del Castillo 1988, 66쪽
3) 2)와 같은 책, 613쪽
4) Thomas 1993, 226쪽
5) Prescott 2000, 43쪽
6) Prem 2006, 109쪽
7) Thomas 1993, 284쪽 이하
8) Diaz del Castillo 1988, 210쪽
9) Cortés 1975, 204쪽/ Prescott 2000, 455쪽/ Prem 2008, 86쪽 이하
10) König 1990, 209쪽

11) Prem 2006, 111쪽 이하

12) Cortés 1975, 241쪽

13) Sievernich 2006, 203쪽 이하

14) Las Casas 2006, 64쪽 이하

15) Enzensberger 2006, 174쪽 이하

16) Mueller 1957, 22쪽

17) Prescott 2000, 58쪽

18) Diaz del Castillo 1988, 102쪽

19) 18)과 같은 책, 212쪽

20) Cortés 1975, 83쪽

21) Humboldt 1991, 385쪽 이하

22) Diaz del Castillo 1999, 474쪽

23) Steinbrenner 2009, 262쪽

24) Coe&Coe 2006, 21쪽

25) 24)와 같은 책, 140쪽

26) Graf 2006, 21쪽

27) Coe&Coe 1997, 143쪽 이하

28) Westphal 1990, 218쪽

29) König 1990, 212쪽

30) Westphal 1990, 221쪽 이하

31) 30)과 같은 책, 223쪽 이하

32) König 1990, 211쪽 이하

33) de Landa 2007, 35쪽

34) Coe&Coe 1997, 220쪽 이하

35) Aguilar-Moreno 2009, 276쪽

36) 35)와 같은 책, 287쪽

37) Coe&Coe 1997, 226쪽

38) 37)과 같은 책, 227쪽

39) Graf 2006, 25쪽 이하/ Geschichtliche Weltkunde 1977, 115쪽

40) Enzensberger 1966, 189쪽

41) Holl 2009, 96쪽 이하

42) 41)과 같은 책, 115쪽

43) Menninger 2004, 228쪽

44) Cook 1982, 60쪽 이하

45) Mueller 1957, 47쪽 이하

46) Cook 1982, 56쪽 이하

47) Mueller 1957, 53쪽

48) Menninger 2004, 230쪽

8장

카카오,
유럽에 들어오다

구대륙에 새로운 음료가 나타나다

크리스토퍼 콜럼버스의 아메리카 발견은 세계사적으로 중요한 사건이었다. 하지만 라틴아메리카 원주민에게는 지난 장에서 살펴본 바와 같이 비극적인 결과를 낳았다. 아메리카 발견은 유럽 문화와 경제에 어떤 영향을 미쳤을까? 이번 장에서는 이 문제, 특히 세계무역 상품으로서의 카카오와 유럽 지배층에서의 초콜릿의 의미를 심층적으로 다루기로 한다.

우선 15세기에 포르투갈과 스페인이 신대륙을 찾아 항해를 시작한 원인을 간단히 살펴보자. 기술적인 조건으로는 대양을 항해할 수 있는 선박과 다양한 항해 도구의 발달을 들 수 있다. 하지만 그들이 항로 발견에 나선 것에는 다른 이유도 있을 것이다. 유럽 팽창정책의 중요한 동기 중의 하나는 귀금속, 특히 금과 은에 대한 유럽의 수요였다.

15세기 유럽에서는 귀금속이 부족해 주화 제작이 어려워졌고, 이는 경제 발전에도 걸림돌이 되었다. 유럽은 이전에 금 대부분을 아프리카에서 들여왔다. 아프리카에서 채굴한 금은 대륙 내부에서부터 대상(隊商)들을 통해 힘겹게 북아프리카 항구로 옮겨졌다. 포르투갈이 아프리카로 뻗어나간 것은 금 본거지인 아프리카를 통제하기 위해서였다. 자체 경제를 활성화하겠다는 목적을 가지고.

금과 은에 대한 수요 말고도 향료 역시 신대륙 항해의 또 다른 추동력이었다. 인도로 가는 뱃길을 발견하고자 한 것은 오로지 아라비아 중간 상인을 차단하고 직접 값진 원자재 산지로 진입하겠다는 목적 때문이었다. 마지막으로, 15세기 유럽 사람들을 항해하게 한 세 번째 요인은 당시 유럽에 창궐하던 각종 질병에 대한 치료약을 찾는 것이었다.[1] 이에 대해서는 나중에 다시 언급하도록 하겠다.

포르투갈과 스페인은 항해를 통해 새로운 대륙을 발견하자, 곧바로 공격적인 팽창정책과 식민화를 통해 원주민 토지를 몰수하고 그들을 복속시켰다. 스페인 왕실은 영국과 프랑스와는 달리 새로 획득한 아메리카 식민지에 자국 백성을 이주시키지 않았다. 왕실에게 중요한 것은 경제적 약탈이었다. 그래서 스페인은 라틴아메리카를 정복하자마자 원자재와 식량을 본국으로 수출하는 데 초점을 맞췄다. 페루와 멕시코의 은, 브라질과 쿠바의 설탕이 처음부터 큰 역할을 했다.

스페인으로 은이 대량 들어오면서 스페인과 유럽 경제가 살아났고, 이는 다른 국가의 경제 상황에도 영향을 끼쳤다. 16세기가 지나면서 아메리카 귀금속은 중국과 일본에까지 들어갔다. 추정컨대, 1500~1800년에 전 세계 귀금속 생산량 4분의 3이 아메리카로부터 나왔다. 채굴된 은의 양은 대략 13만 톤에서 15만 톤에 이른다. 이 수입은 막대한 비용이 들어갔지만 결국은 실패한 스페인의 강대국 정책에 쓰였다.[2]

또 다른 중요한 무역품은 설탕이었다. 스페인 식민 지배자들은 대규모 농장에서 사탕수수를 재배했고 이를 유럽으로 수출했다. 크리스토퍼 콜럼버스는 1493년 두 번째 항해에서 카나리아 군도 사탕수수를 히스파뇰라 섬으로 가져왔고, 설탕 정제는 유럽에서 이루어졌다. 콜럼버스는 이때 고급음료인 초콜릿도 알았으며, 이는 곧 귀족과 고위 성직자 사이에서 큰 인기를 누렸다. 그곳에서는 초콜릿에 설탕을 가미해 제조하는 것이 일반적이었다.

시간이 지나면서 신대륙과의 무역 형태는 유럽, 아메리카, 아프리카 간 삼각무역으로 자리 잡았다. 이 무역 형태는 수백 년간 지속되었으며 유럽 국가들의 중요한 수입원이 되었다. 사탕수수뿐 아니라, 담배와 카카오 역시 삼각무역에서 일정한 역할을 했다. 스페인뿐만 아니라 독일을 포함한 다른 유럽 열강들에게 삼각무역은 수입이 확실히 보장되는 사업이었다.

라틴아메리카 사탕수수 농장에는 비인간적인 노동 조건과 생활환경의 희생양이 된 원주민을 대신해 아프리카 노예들이 투입되었다. 아프리카 노예에게도 원주민과 똑같은 운명이 닥쳤다는 것은 잘 알려진 사실이다. 라틴아메리카를 향한 긴 항해를 견디고, 가까스로 살아남은 노예 중 많은 이가 농장에서 혹사당하다가 죽었다.

새로운 식량과 기호품은 거의 대부분 스페인 상류층에게 공급하거나 유럽으로 수출했다. 이 물품들은 유럽 사람들의 식습관과 소비 습관을 지속적으로 변화시켰다. 일례로 감자는 18세기에 독일로 들어와서 지금은 원산지와 무관하게 독일 특유의 음식으로 자리 잡았다. 그렇다면 새로운 음료 초콜릿에 대한 유럽의 반응은 어땠을까? 그리고 당시 학자들은 어떤 판단을 했을까? 그들은 초콜릿에 어떤 의미를 부여했을까?

정확한 연대는 알려지지 않지만 카카오는 다른 뜨거운 음료인

16세기에 유럽에는 아라비아의 커피, 중국의 차, 신대륙의 초콜릿, 이렇게 세 가지 뜨거운 음료가 들어왔다.

커피, 차와 마찬가지로 16세기가 지나면서 유럽으로 들어왔다. 문헌을 보면 여러 연대가 언급되지만 대개 증명되지 않은 것들이다. 과거에는 유럽으로 카카오를 들여온 사람이 스페인 모험가이자 정복자 에르난 코르테스라고 알려졌지만, 이를 뒷받침할 만한 증거가 없다.[3]

우리는 1519년 코르테스가 지금의 멕시코에 도착한 직후 신대륙의 다양한 물품을 실은 배 한 척을 스페인 왕실로 보냈다는 것은 알지만, 그 배에 카카오 원두가 있었는지는 모른다. 멕시코에 들어온 지 거의 10년이 지난 1528년 코르테스가 스페인으로 돌아갈 때, 카카오를 챙긴 것 같지는 않다. 목록에는 에르난 코르테스가 스페인 왕 카를 5세(1500~1558)에게 헌사한 원주민, 다양한 동물과 수많

은 물품이 나열되어 있다. 원주민 귀족, 재규어, 아르마딜로, 외투,
부채, 거울 같은 것이 스페인으로 운반되었지만, 카카오 원두는 없
었던 것으로 보인다.

에르난 코르테스가 카카오 원두를 스페인 왕실에 보내지 않은
것은 무척 이상한 일이다. 그는 일찍이 멕시코에서 카카오의 의미
를 알고는 카를 5세에게 보낸 서한에서 이 사실을 언급하지 않았던
가. 또한 초콜릿 음료가 병사들의 원기회복제로 좋다는 것도 알았
다. 하지만 그가 관심을 두었던 것은 카카오 원두로 음료를 만든다
는 것이 아니라, 원두를 화폐로 사용한다는 것이었다. 나중에 그는
카카오 농장을 만들어서 자신의 원주민 병사들에게 원두를 지급했

다. 아무튼 에르난 코르테스가 카카오를 유럽으로 가져왔느냐 아니냐는 여전히 알 수 없다.

카카오와 초콜릿의 유럽행을 알려주는 첫 번째 실재 증거는 1544년에 나온다. 지금의 과테말라에 있던 도미니크 수도회 수사들과 마야 귀족 일행은 바르톨로메 데 라스 카사스의 인솔 하에 스페인 왕실을 방문했다. 그들이 펠리페 왕자(1527~1598)에게 선사한 많은 선물 가운데 초콜릿 음료를 담은 용기도 있었다. 아마도 과테말라의 조그만 지역에서 도미니크 수도회 감독 아래 마야가 평화롭게 살 수 있게 된 것과 자신들을 친절하게 대해 준 것에 대한 감사 표시로 가져간 듯하다. 유감스럽게도 펠리페 왕자가 초콜릿에 어떤 반응을 보였는지, 혹은 실제 마셨는지는 전해지지 않는다.

물론 스페인 본토와 새로 발견한 중앙아메리카 지역 간 물물 교환이 수시로 이루어졌기 때문에 카카오가 1544년 이전에 스페인에 들어왔을 개연성이 크다. 하지만 초콜릿의 초기 역사와 마찬가지로 근거가 될 만한 해당 문헌이 없다. 대서양 횡단 카카오 무역에 대해서도 마찬가지다. 현존하는 자료를 보면 공식적으로 카카오 원두가 처음 선적된 것은 1585년, 지금의 멕시코 베라크루스에서 스페인 세비야로 오는 선박이었다고 한다.[4]

초콜릿 음료에 대한 유럽 사람들의 첫 반응은 대단히 흥미롭다. 대개는 의심스러운 눈길을 보냈고 비호의적이었다. 많은 이에게 이 낯설고 새로운 맛은 한 마디로 감당하기 힘든 맛이었다. 당시 유럽 사람들에게는 뜨겁거나 차가운 음료가 아주 낯설었다는 것을 염두에 둔다면 이상한 반응은 아니다. 그들에게는 메소아메리카에서 초콜릿 조리에 쓰이던 칠리나 바닐라 같은 향료도 금시초문이었

1541년 신대륙을 향한 지롤라모 벤조니의 출항. 이 이탈리아인은 신대륙에서 15년을 살았다.

●

다. 초기에 이 새로운 음료에 대한 불신과 혐오를 잘 보여 주는 예가 이탈리아 역사가 지롤라모 벤조니(Girolamo Benzoni, 1518~1570)의 발언이다. 그는 거의 15년 동안 신대륙에 살았고 카카오와 초콜릿에 대해 기록을 남긴 최초의 유럽 사람들 가운데 한 사람이다. 그는 1575년에 출간한《신세계의 역사》에 이런 글을 남겼다.

"초콜릿은 사람보다는 돼지가 마셔야 할 음료다. 나는 1년 넘게 이 나라에 살지만, 한 번도 마실 생각을 안했다. 사람들이 사는 마을을 지나가면 인디언들은 내게 늘 이 음료를 제공했고 내가 받아 마시지 않으면 이상하다는 듯이 웃으며 가버렸다. 하지만 한 번은 포

카카오와 원두를 말리는 그림. 이 그림은 1575년 발간된 지롤라모 벤조니의 책 《신세계의 역사》에 수록되어 있다.

도주가 거의 다 떨어져 늘 물만 마실 수는 없어서 다른 사람들처럼 이 음료를 마셔 보았다. 맛은 약간 쌉쌀했다. 마시니 포만감이 있었고 몸도 상쾌해졌지만 취하게 하는 성질은 없었다. 초콜릿 음료는 이곳 인디언에게 가장 좋고 비싼 물건이다."[5]

유럽 사람들이 초콜릿 음료에 대해 대부분 거부감을 나타낸 것은 단지 이상한 맛뿐만 아니라, 색과 점도 때문이기도 했다. 거기다 초콜릿을 빨갛게 만드는 아치오테 열매가 가미되면 그 혐오감은 더 커졌다. 페드로 마르티르 데 앙기에라(Pietro Martyr de Anghiera, 1459~1525)가 구체적으로 묘사했듯이 유럽 사람들은 이 음료를 보고 피를 연상했다.

"초콜릿 음료는 마셔 보지 않은 사람들에게는 혐오감을 유발했다. 이 음료를 마시면 거품 일부가 입술에 그대로 붙어 있다. 빨간색이 들어간 음료의 경우는 마치 피처럼 끔찍해 보였다. 그렇지 않은 거품 색은 밤색이었다. 이렇든 저렇든 보기만 해도 혐오스럽기는 마찬가지였다."[6]

288

새로운 음료에 대한 벤조니나 앙기에라의 반응이 초콜릿 음료를 처음 대했을 때 유럽 사람들이 보이는 전형적인 모습이었을 것이다. 다른 유럽 사람들도 비슷한 내용으로 초콜릿을 언급했지만, 그 맛을 극찬하는 목소리도 있긴 했다.

초콜릿이 일반적으로 통용될 수 있었던 것은 조리법이 바뀌었기 때문이기도 하다. 특히 스페인 사람들이 16세기에 카나리아 군도에서 카리브 제도로 들여온 수수설탕을 가미한 것이 큰 역할을 했다. 여기에 칠리, 귀꽃 등과 같은 낯선 아메리카 향료를 쓰지 않고 유럽 사람들에게 오래전부터 친숙한 아니스(Anise)나 계피 같은 구대륙 향료를 사용한 덕분이기도 하다.

여기에 대해서는 나중에 자세히 살펴보도록 하고, 우선 16세기부터 학자들 간에 벌어졌던 초콜릿을 둘러싼 학문적인 논쟁에 집중하자. 다른 기호식품과 마찬가지로 초콜릿의 유용성과 사람 건강에 미치는 영향에 대한 논쟁이 불붙었다.

약제로서의 초콜릿

스페인 모험가들이 신대륙에서 카카오와 초콜릿 음료를 알고 난 다음, 16세기 이후부터 유럽에서도 점차 이 새로운 음료가 알려지기 시작했다. 입에서 입으로 전해지거나 선원, 선교사, 상인, 학자가 수기로 기록한 문건이나 인쇄된 글을 통해 유럽에 초콜릿이 알려졌다.

이 전파 과정은 유럽 나라마다 차이가 많이 난다. 카카오와 초콜릿 음료에 대한 최초의 정보는 스페인이나 스페인과 밀접한 관계에 있는 나라들에서 퍼졌다. 16세기에는 이탈리아와 네덜란드가 그런 나라였다. 다른 나라들에서는 초콜릿에 대한 정보가 비교적 늦게 흘러들었는데, 독일의 경우는 훨씬 뒤늦게 들어왔다. 초콜릿 음료가 스페인에 처음 들어온 시기로부터 100년 뒤에도 독일에서는 이 음료가 알려지지 않았다. 대신 독일에서는 17세기 말과 18세기에 이상할 정도로 초콜릿 제조와 초콜릿이 인간의 육체에 미치는 영향에 대한 문건이 많이 출간되었다.

초기 문건 가운데 두드러진 것은 카카오의 발견, 재배, 원두 사용법 등이 비교적 상세하게 나온 스페인 정복자, 선교사, 학자의 글이다. 그밖에도 이들 문건에는 여러 차례 반복해서 초콜릿 음료 제조와 사용처, 소비 등의 정보가 상세하게 나온다. 전반적으로 초기 문건을 읽다 보면 저자들이 초콜릿 음료가 가진 기호식품과 약품으로서의 이중적 의미를 잘 알았다는 사실이 눈에 띄며, 이것이 나중에 유럽에서도 초콜릿 음료의 의미를 규정하게 된다.

초기 스페인 기행문으로는 에르난 코르테스와 그의 동반자 베르날 디아스 델 카스티요의 글이 있다. 카스티요는 1538년 멕시코에 있는 많은 동포가 초콜릿 음료를 마셨다는 사실을 전했다. 또한 그는 기행문에서 스페인 총독이 황제 카를 5세와 프랑스 왕 프랑수아 1세 간 평화협정을 기념해 벌인 성대한 잔치에서 유럽에서 가져온 포도주뿐만 아니라 초콜릿 음료도 제공되었다는 사실을 언급했다.[7]

처음에 카카오와 초콜릿 음료에 대해 알려준 이들은 스페인 사람밖에 없었으나, 16세기 말이 되자 다른 유럽 국가에서도 점차 기행문이 나오기 시작했다. 특히 이탈리아 여행자들이 큰 역할을 했다. 기행문에서 초콜릿 음료의 제조 과정과 원기회복 작용을 상세하게 묘사한 이탈리아 상인 프란체스코 카를레티(Francesco Carletti, 1573~1636)가 대표적이다. 에르난 코르테스는 병사들을 위해 초콜릿을 사용한 바 있다. 초콜릿의 원기회복 작용은 후에 유럽에서도 높이 평가 받았으며, 종종 초콜릿 소비 이유로 언급되기도 했다. 이에 대해 프란체스코 카를레티는 다음과 같이 기술했다.

"초콜릿은 힘과 영양을 제공해서 다양한 방식으로 기운을 차리게 한다. 따라서 초콜릿을 즐겨 마시는 사람들은 다른 음식을 통해 충분히 영양을 섭취해도 이 음료를 마시지 않으면 힘을 쓰지 못한다. 초콜릿을 마시지 못하면 마치 기력이 빠지는 것처럼 느꼈다."[8]

카를레티의 기록은 출판되지 못한 반면, 영국인 토마스 게이지의 기행문은 1648년 출간되었다. 토마스 게이지 역시 아주 자세하게 초콜릿 제조 과정을 다루었으며, 중앙아메리카에 사는 스페인 귀족 부인들의 초콜릿 소비를 세밀하게 묘사했다. 초콜릿에 빠진 이들은 스페인 부인들만이 아니었다. 토마스 게이지 자신도 건강 상태를 최상으로 유지하고자 매일 초콜릿 다섯 잔을 마셨다.[9]

16세기가 지나면서 초콜릿에 대해서 기행문 말고도 지리서나 스페인 왕실용 공식 보고문 등과 같은 인쇄물들이 쏟아져 나왔다. 초콜릿 조리에 대해 설명한 최초의 인쇄 문건은 1616년 세비야 근처 마르체나 출신인 바르톨로메오 마라돈의 글이다. 주로 흡연의 위험성을 다룬 문건에서 그는 초콜릿 조리뿐 아니라, 초콜릿이 사람에게 미치는 영향까지도 언급했다.

하지만 그의 초콜릿 지식은 앞 세대처럼 카카오 원산지 여행을 통해 획득한 것이 아님은 분명했다. 오랫동안 카카오와 초콜릿을 연구했던 어떤 학자는 그의 견해를 맹렬하게 비판했다. 그 학자는 아메리카에서 몇 년을 보내고 나서 초콜릿에 대한 초기 베스트셀러를 쓴 안토니오 데 레데스마다.

데 레데스마의 저서 《초콜릿의 본질과 특성에 관한 특이한 논문 (Curioso Tratado de la naturaleza y calidad de chocolate)》은 1631년 출간되었고, 다양한 언어로 번역되어 여러 판본이 나와 초콜릿에 대한 지식을 확산하는 데 크게 기여했다. 의사이자 자연연구가인 요한 게오르크 볼카머(Johann Georg Volckamer, 1616~1693)는 이 책을 이탈리아 학술 여행 중에 알고서 1641년 이 책을 독일로 가져와 1644년 뉘른베르크에서 출간했다.[10]

이 장을 시작하면서 언급했듯이 귀금속과 향신료 말고도 새로운 약제를 찾는 것이 유럽 팽창정책의 주요 동기 중 하나였다. 스페인 왕 펠리페 2세가 프란시스코 에르난데스를 멕시코로 보낸 것에서도 잘 드러난다. 프란시스코 에르난데스는 스페인에서 유명한 의사였으며, 펠리페 2세의 주치의이기도 했다. 1570년부터 1577년까지 이어진 그의 여행 목적은 아즈텍 의술과 스페인 의사들의 능력을 비교한 정보와 당시 멕시코에서 사용되던 약제에 대한 정보 수집이었다.

7년간 현지에 머물면서 그는 3천 종이 넘는 약초를 분류했는데, 이 중 상당 부분은 현대 의학책에 그대로 수록되어 있다. 이 시도는 최초의 근대 자연과학 탐사로 간주된다. 그가 찾아낸 유창목 (*Guaiacum officinale*)과 기나나무(*Cinchona*)는 유럽에서 널리 퍼진 두 가지 질병을 처방하는 데 쓰였다. 카리브 지역이 원산지인 유창목은 유럽 사람들에게 매독 처방약으로 쓰였고, 관절질환이나 간질 같은 여러 가지 병에도 권장되었다. 기나나무가 들어오면서 유럽 사람들은 중세 이후 퍼지기 시작한 말라리아에 대처할 수단을 갖게 되었다.[11] 말라리아는 남유럽에서 자주 나타났지만, 독일 같은 북유럽에서 발생하기도 했다.

이후로도 초콜릿을 비롯한 다른 기호식품의 영향을 다룬 의학·식물학 서적들이 많이 발간되었다. 이 서적들의 저자들은 주로 위에서 언급한 기행문을 참조했으며, 내용을 보면 대부분 의학적인 의미를 다루기 전에 해당 기호식품의 기원과 제조 과정을 상술하고 있다. 당시 독자들 대부분이 초콜릿에 대해 몰랐으므로, 초콜릿 사용법에 대한 설명도 필요했기 때문이다.[12]

카카오와 초콜릿에 대한 이들 초기 문헌 중 몇몇은 큰 성공을 거두어 재판(再版)을 거듭했다. 그런 책 중 하나가 《새롭고 신기한 세 가지. 커피, 중국 차, 초콜릿에 관한 논문(Drey Neue Curieuse Tractätgen. Von dem Trancke Cafe, Sinesischen The, und der Chocolata)》이다. 저자는 필립 실베스트르 뒤포며, 야콥 슈폰(Jacob Spon, 1646~1685)이 라틴어로 번역했다. 이 책은 1671~1705년에 프랑스, 독일, 영국, 네덜란드, 스위스에서 12가지 이상의 다양한 판본으로 출간되었다. 이런 책들은 글 읽기를 좋아하는 일반 독자를 대상으로 했으며, 새롭고 이국적이며 자극적인 내용이 신문이나 잡지 기사체로 쓰였다. 그렇게 해야 가능한 새로운 소식을 빠르게 전해 듣고자 하는 당시 독자의 욕구를 충족시킬 수 있었기 때문이다.

카카오와 초콜릿의 의미를 이해하려면 최소한 당대 의학이나 치료술의 기본은 살펴보아야 한다. 서구에서 의학은 근대에 이르기까지 근본적으로 그리스 의사 히포크라테스 이론에 기초했다. 그에 따르면 인간 몸에는 네 가지 다른 액체가 있는데, 혈액, 점액, 황담

사혈은 전통적인 네 가지 액체설에 따라 육체 내 액체의 균형을 맞추는 오래된 의술이다.

즙, 흑담즙이 그것이다. 히포크라테스는 이 네 가지 액체의 조화로운 균형이 건강을 결정한다고 믿었다. 이 액체 중 하나가 우위를 차지하면, 불균형을 초래해 결국 병을 낳는다는 것이다. 이러한 가정에서 사혈과 같은 특정한 치료요법이나 구토와 설사약 처방 등이 나왔다.

이런 요법이나 처방을 통해 과잉 상태인 신체의 액체를 감소시키고 전체 액체의 균형을 이룬다는 것이다. 나중에 오를레앙의 공작부인이 된 리제로테 폰 데어 팔츠(Liselotte von der Pfalz, 1652~1722)의 1719년 5월 10일자 편지를 보면 이것이 환자에게 어떤 영향을 주는지가 생생하게 표현되어 있다.

"어제 저는 끔찍한 일을 겪었습니다. 몸이 안 좋다고 하니까, 독한 약을 처방해주었는데, 무려 12번이나 고통스럽게 심한 설사를 했습니다. 너무 아프고 진이 빠졌습니다. 그 전날 사혈을 해서 힘이 없는데다 식욕도 없었습니다. 그런데 어제 약을 먹으니 마치 바퀴에 매달린 형벌을 받은 것처럼 넋이 빠졌습니다. 15분 동안은 서 있을 수도, 걸을 수도 없었습니다. 그런 처방을 순순히 받아들인 것을 얼마나 후회했는지 모릅니다."[13]

이 편지를 보면 이런 처방이 환자에게 병보다 더 해로운 결과를 가져왔다는 것을 쉽게 알 수 있다. 심지어 사망 사례도 빈번했다. 하지만 처방은 자의적인 것이 아니라, 정확히 네 가지 액체 이론에 따라 이루어진 것이다.

히포크라테스 학설을 이어받은 페르가몬의 의사 갈레노스 (Galenos, 129~199)는 인체의 액체와 모든 약제는 뜨겁거나 차갑다는 주장을 덧붙였다. 뜨거운 것으로 간주되는 피가 많은 경우는 차가운 약제를 통해 균형을 잡아야 한다는 것이다. 당시 치유론에 따르면 하루의 모든 식사는 병을 예방하고 치유하는 역할을 했다. 그에 따라서 1531년에 나온 요리책에는 이런 말이 나온다. "최고의 의사가 최고의 요리사다."[14] 고대에서 시작된 이 네 가지 액체 학설은 근대 초기 유럽에서 더욱 공고해져 일별, 계절별로 처방이 확대

갈렌이 분류한 바로크 시대 네 가지 액체 체계

액체	특성	장기	기질	계절
피	온·습	간	다혈질	봄
황담즙	온·건	담낭	담즙질	여름
흑담즙	냉·건	쓸개	우울질	가을
점액	냉·습	콩팥	점액질	겨울

되었다.

그 결과 광범위한 네 가지 액체 학설 체계가 구축되었고, 이 체계에 따라 초콜릿 음료에게도 특정한 역할이 주어졌다. 처방 내용에는 특정한 신체의 액체나 장기에 처방하라는 것뿐 아니라 처방 시간까지 지정되었다.[15] 새로 등장한 뜨거운 음료 초콜릿을 체계 속에서 정렬하는 문제는 수십 년간 논란이 되었다. 그만큼 당시 학자들은 이 문제로 무척 난감해했다. 반면, 커피는 모든 특성이 있는 음료여서 환자 기질과 상관없이 모든 환자에게 적합하다는 것으로 문제를 해결했다.[16]

골칫거리인 초콜릿 문제에 대해 프란시스코 에르난데스는 1570년, 당시 학자로는 최초로 면밀한 관찰조사를 통해 다음과 같은 결론에 도달했다. 카카오는 약간 차갑고, 건조한 특성이 있어 진정시키는 작용을 하며, 열을 잡아주는 데 적합하다는 것이다. 그는 특히 카카오의 풍부한 영양도 강조했고, 초콜릿을 더운 날이나 열이 있을 때 먹기를 권했다. 또한 초콜릿에 가미된 향료인 바닐라는 일반적으로 뜨거운 성질로 간주되므로, 가미하는 시기에 주의해야 한다고도 했다.

에르난데스의 초콜릿 평가에 반론이 없었던 것은 아니다. 안토니오 데 레데스마는 초콜릿을 차고 건조한 것으로 분류하며 우울증을 유발할 수 있다고 봤다.[17] 그러나 시간이 지나면서 카카오가 차갑기는 하지만 카카오 원두를 갈아서 '뜨거운' 향료와 물을 섞으면 카카오 성질이 중화된다는 의견이 전반적으로 자리를 잡았다. 이로써 초콜릿 음료도 네 기질 모두에 적합한 것으로 판명되었다.[18]

프랑스 궁전에서도 초콜릿은 호화스러운 음료로 여겨졌다. 귀족과 고위 성직자가 화려한 도자기 잔으로 초콜릿을 마실 때, 파리 대학 의학부에서는 초콜릿의 건강 촉진 작용에 대한 논의가 계속 진행되었다. 귀족 사이에서 초콜릿이 유행하자, 이 주제에 대한 출판물도 급증했다. 기본적으로는 같은 주제를 다루었지만, 처음으로 실제 실험이 진행되면서 출판물의 수준은 이전보다 한 단계 높아졌다.

특히 프랑스 왕립과학아카데미가 두각을 나타냈다. 왕립과학아카데미는 중상주의 창시자인 장 바티스트 콜베르(Jean-Baptiste Colbert, 1619~1683)가 제창해 자연과학 연구를 촉진하려고 설립한 기관이다. 아카데미는 지구 측량을 시도하거나 세계 탐구를 위해 지역 탐사를 실시하는 등 온갖 주제를 다루었는데, 거기에는 초콜릿 음료도 포함되었다. 아카데미 회원 클로드 부들랑(Claude Bourdelin, 1619~1699)은 카카오 원두와 볶은 원두를 연구했으며 다른 회원들은 초콜릿 음료 제조 분야에서 실험했다. 이와 관련해서 특히 관심을 끄는 것은 빌헬름 홈베르크(Wilhelm Homberg, 1652~1715)의 연구며, 그 역시 아카데미 회원이었다.

홈베르크는 무척 흥미롭고 변화무쌍한 삶을 살았다. 그는 식물학, 천문학, 물리학을 집중 연구했으며 이탈리아, 프랑스, 네덜란드, 영국을 돌며 학술 여행을 했다. 스톡홀름에서 왕실 주치의 자문을 맡기도 했고, 로마에서는 의사 개업도 했으며, 나중에는 오를레앙 공작 필립 2세의 주치의가 되었다. 그는 아카데미 학술지에 다양한 논문을 발표했는데, 그중에는 카카오와 초콜릿 음료에 관한 것도 있다. 아카데미 내에서 화학 교수직을 맡았던 홈베르크는 1695년, 연구 중 하나로 카카오 원두와 이것을 끓인 상태에서 걸어낸 카카오 버터를 조사했다. 1715년 카카오 버터가 공식적으로 약품 목

록에 포함된 것은 상당 부분 그의 연구 덕분이다.[19]

아메리카에서 카카오 버터는 오랫동안 치료제로 쓰였고, 나중에는 유럽에서도 일정한 역할을 했다. 사실 카카오 버터를 의학용으로 쓰기에는 사용 가능한 양이 너무 적은데다 카카오 버터를 추출하는 비용 역시 만만치 않았다. 1700년 파리의 약사 에티엔 프랑수아 조프루아(Etienne François Geoffroy, 1672~1731)가 에테르를 사용해 카카오 버터를 추출했지만, 이런 방식은 까다롭기도 하고 비용도 비쌌다. 그러다가 1828년 카카오 버터 압축기가 발명되면서 널리 활용되었다.

빌헬름 홈베르크가 카카오 버터를 과학적으로 연구하는 동안, 다른 학자들은 계속해서 섭취 가능한 초콜릿 음료의 양과 빈도를 연구했다. 프리드리히 대제의 네덜란드인 주치의였던 코넬리우스 본테쾨(Cornelius Bontekoe, 1647~1685)는 1692년 그의 사후 발표된 《인간의 삶, 건강, 병 그리고 죽음에 대한 소고(Kurzen Abhandlung vom menschlichen Leben, Gesundheit, Krankheit und Tod)》에서 이 부분을 언급했다.

이 책은 뒤포와 슈폰의 저작과 함께, 독일에 초콜릿을 알리는 데 크게 기여했다. 본테쾨는 논문에서 특정한 신체적 고통에 시달린다면 매일 초콜릿 음료를 마실 것을 권장했다. 내용은 이렇다.

"건강을 목적으로 초콜릿을 마신다면 하루에 최대 두 번, 오후보다는 이른 아침에 마시는 것이 좋다. 화를 잘 내는 기질이라면 여름에 그냥 물보다는 꽃상추 물에 타서 마시면 간의 열이 가라앉는다. 하지만 변비에 시달리거나 간이 차가운 사람은 대황액을 넣어물 온도가 적당한 5월까지 마시면 가장 좋다."[20]

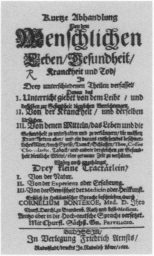

프리드리히 대제의 네덜란드인 주치의 코넬리우스 본테쾨(1647~1685)는 카카오를 즐기는 것이 좋다고 적극적으로 권한 사람이다.

본테쾨의 《소논문》 3장은, 삶과 건강을 유지하고 연장하는 수단 중 음식, 음료, 수면, 차, 커피, 초콜릿, 담배 등 건강에 좋은 식품을 통해 질병과 그에 수반되는 고통스러운 상태에서 벗어날 수 있는 법을 다루었다.

당시 모든 이에게는 이렇게 좋은 초콜릿을 얼마나 자주 마셔도 되는지가 중요한 관심사였다. 본테쾨는 신중하고 적당하게 음용할 것을 권장하면서 스페인 사람들은 초콜릿 소비가 너무 과한데다가 낭비가 심하다고 비판했다. 그는 초콜릿 말고도 다른 기호식품도 병 예방과 치료용으로 권했다. 하지만 정작 자신은 38살에 계단에서 낙상해 사망했다.

초콜릿의 건강 증진 효과에 대한 논란은 계속되었다. 1728년에도 초콜릿 음료 소비에 대해 몇몇 동시대인이 격렬하게 비판했다.

토스카나의 의사 지오반니 바티스타 펠리치는 초콜릿에 대해 이렇게 비판했다.

"내가 보기에 초콜릿 섭취는 사람들 수명을 단축하는 온갖 잘못 중 최악이다. (……) 내가 아는 진지하고 과묵한 사람들은 이 음료를 마시고 말이 많아졌거나 불면과 두통에 시달렸으며, 어떤 이들은 화를 내고 큰 소리를 치기도 했다. 아이들도 초콜릿을 마시면 어쩔 줄을 몰라 하며 가만히 앉아 있지 않고 떠들곤 했다."[21]

그렇지만 시간이 지나자 논의는 점차 수그러들었다. 1739년 파리 대학의 한 박사 논문이 고령에도 초콜릿을 즐기는 것이 좋으냐는 문제에 긍정적인 대답을 내놓자, 초콜릿에 대한 평가가 다시 긍정적으로 바뀌었다. 분명 그동안 초콜릿이 노약자에게 원기회복제로 뛰어난 효과가 있다고 입소문이 돌았을 것이다. 초콜릿에 대한 의학적 지식은 몇 년 뒤에 에티엔 프랑수아 조프루아가 저서에서 요약해 정리했으며, 이 책은 여러 번역본과 판본으로 전 유럽에 확산되었다.[22]

초콜릿의 확산. 해적, 사제, 공주까지

아메리카 대륙 발견과 식민제국 건설로 16세기 이후의 스페인은 유럽의 중심 국가로 발전했다. 따라서 영국, 프랑스, 네덜란드는 무역과 해상약탈로 관심을 돌릴 수밖에 없었다. 국가의 입지가 약화되자 세 나라는 약탈을 통해서라도 스페인의 무역로를 교란해 아메리카 은이 스페인으로 들어가는 것을 방해했다. 스페인 무역선을 겨냥한 프란시스 드레이크(Francis Drake, 1540~1596)의 해적 행위를 잘 알 것이다. 이 행위는 결국 본격적인 국가 간 전쟁으로 확대되었다. 드레이크는 스페인에게 막대한 인명, 금전과 물질적인 피해를 입혔다. 아마 영국인으로서 최초로 카카오 원두를 접한 이는 바로 이 해적일 것이다.

에르난 코르테스가 1519년 정복 원정대를 끌고 중앙아메리카를 밟았을 당시, 유럽에서는 카를 5세가 막강한 지배자로 등장했다. 1520년까지 그는 스페인과 독일의 왕이자 신성로마제국 황제였다. 1556년 그가 사망하자, 아들 펠리페 2세가 권력을 승계해 이른바 스페인 시대를 개막했다. 이 시기의 스페인 풍습과 유행은 전 유럽의 모델이었다. 16세기 말이 되어서야 유럽의 권력 구조가 차츰 변해갔다. 스페인의 주도적 지위는 하락하기 시작했고 프랑스가 그 자리를 차지했다.

하지만 스페인은 17세기 초반까지도 카카오 무역에서는 독점적 위치를 차지했다. 스페인이 중남미 상당 부분을 정복함으로써 당시 세계 카카오 재배지역을 통제했기 때문이다. 따라서 이 시기에 초콜릿은 오로지 스페인 식민지와 본토, 스페인이 점령한 이탈리아와 네덜란드 지역에서만 맛볼 수 있었다. 초콜릿 소비는 스페인에서 시작해 점차 유럽 대도시로 확산되었다. 처음에는 귀족만이 초콜릿을 즐길 수 있었다. 유럽으로 들어오는 초콜릿 양이 적어 오랫동안 사치품이었기 때문이다.

스페인은 아메리카 식민지와의 무역에서 특히 귀금속과 카카오 원두를 엄격하게 통제했다. 1524년부터는 왕립거래소와 아메리카 식민지 중앙 행정관청인 원주민위원회 본부가 있던 세비야를 통해

서만 무역이 이루어졌다. 또 외국 열강과 해적들로부터 무역 운송을 보호해줄 군함도 배치했다.[23]

그러나 다른 열강들이 카리브 해로 진출하면서 스페인의 주도권은 점차 와해되었다. 1620년대 영국과 프랑스부터 시작해, 얼마 뒤에는 네덜란드가 열강의 대열에 합류했다. 이전까지 이 국가들은 원자재와 다른 무역품에 대한 수요를 아메리카 원주민이나 스페인 거래상을 통해 해결해왔다. 하지만 이런 식으로는 소금과 담배에 대한 본국의 수요를 충족할 수 없게 되자, 유럽 열강들은 자체 식민지를 건설하기 시작했다. 이국적인 수출 식물 중 담배가 처음부터 관심의 대상이었다. 나중에 영국인과 프랑스 사람들은 카카오도 재배했는데, 영국은 1655년 점령한 자메이카에서 카카오 재배를 시작했다.

17세기 중반 무렵 스페인과 프랑스 간 무력 충돌이 일어났고, 그 결과 프랑스는 카리브 해의 스페인 식민지를 이양 받았다. 1635년에 마르티니크, 과들루프와 몇몇 작은 섬이 이양되었고, 1651년까지 세인트루시아와 세인트크루아가 그 뒤를 이었다. 1650년대에 프랑스 사람들은 마르티니크에서 카카오 재배를 시작했으나 수확량은 신통치 않았다. 1679년 처음으로 카카오 원두가 프랑스를 향해 선적되었지만, 이후로 사탕수수 재배가 대세를 이루었다. 프랑스 사람들은 마르티니크 외에 아이티에서도 카카오를 재배했는데, 마찬가지로 큰 성공을 거두지는 못했다. 카카오 수출은 오랫동안 낮은 수준에 머물렀으며, 18세기 말에도 해마다 생산량이 수백 킬로그램밖에 되지 않았다.[24]

근대 초기에 스페인의 영향력을 벗어난 유일한 카카오 재배국가는 브라질이었다. 이곳에서는 16세기 중반부터 대규모로 야생 카카오에서 열매를 수확했다. 포르투갈은 여러 가지 면에서 카카오 재배를 지원했는데, 일례로 포르투갈로 수출하는 카카오에 대해서는 관세를 면제해주었다. 1720년대에 본격적인 수출 열풍이 일어난 카카오는 아마존 지역에서 제일 중요한 수출품이 되었다. 포르투갈 카카오의 주요 수입국은 이탈리아와 독일이었다.[25]

16세기 후반 유럽 열강들이 카카오 재배 대열에 합류했는데, 이는 국제 카카오 무역과 초콜릿 소비에 긍정적인 영향을 미쳤다. 스페인의 카카오 무역 독점은 점차 의미를 상실하다 18세기에는 완전히 붕괴되었다. 식민정책이 변하면서 아메리카 무역 중심도 세비야에서 카디츠로 이전되었고, 여기에 무역회사들이 많이 건립되었다.

1700년 무렵에야 본격적으로 카카오가 유럽으로 들어왔다. 스페인의 카카오 무역 독점이 와해되자 무역의 중심이 스페인 세비야에서 리스본, 암스테르담, 런던, 함부르크 같은 다른 항구도시로 분산되었고, 유럽의 카카오 수입도 계속 늘어났다. 물론 이 시기 스페인 궁전에서는 초콜릿이 진작 자리를 잡았고 귀족 사이에서도 널리 퍼진 상태였다. 또한 18세기 말에는 유럽 다른 국가에서는 여전히 초콜릿이 널리 알려지지 않은 반면, 스페인에서는 대다수 인구 층으로 확산되었다.[26]

유럽에서의 초콜릿 확산에 대한 연구와 기록은 지금까지도 미미하다. 확산 경로를 요약할 때 각기 다른 전거를 인용하는데, 이 부분에 대한 지속적인 연구가 시급하다. 대략적으로 초콜릿은 스페인에서 포르투갈로, 그리고 나서 이탈리아에 이르렀다고 가정된다. 이때 염두에 두어야 할 사실은 전체 카카오 무역이 17세기까지는 오로지 스페인을 통해서만 이루어졌다는 것이며, 다른 유럽 열강들은 그 후에야 카카오 원두 무역에 참여했다는 점이다. 하지만 초콜릿이 스페인에서 이탈리아로 어떻게 들어왔는지에 대해서는 세세히 밝혀지지 않았다.

이탈리아는 16세기에 자기 땅 일부를 점령하던 스페인과 밀접한 관계를 맺고 있었다. 스페인 사제와 로마 교황 사이에도 종교적 결합이 끈끈했다. 여기에는 1540년 스페인 출신 이그나티우스 폰 로욜라가 세운 예수회가 결정적인 역할을 했다. 17세기 후반까지 예수회 회원은 1만 6천 명으로 늘어났으며, 유럽과 신대륙에서 대단히 활발하게 활동했다. 예수회의 초콜릿 사랑은 당시에도 유명했는데, 자체적인 카카오 원두 무역을 통해 막대한 이윤을 남겼다. 증거는 없지만, 공식적으로 알려진 것보다 이른 시기에 유럽에서도 카카오 거래 관계가 성립된 것으로 보인다. 아마 예수회도 암암리에 유럽에서의 초콜릿 확산에 기여한 것으로 보인다.

문헌을 보면, 카카오를 이탈리아에 들여온 것은 피렌체 상인 프란체스코 카를레티(Francesco Carletti, 1573~1636)로 기록되어 있다. 카를레티는 1600년 세계여행을 하면서 카카오를 알았으며, 고국에 돌아와서도 매일 초콜릿을 꼭 한 잔씩 마셨다.[27] 그는 1620년 고향인 피렌체로 돌아와 방대한 글을 작성해, 토스카나 대공 페르디난도 1세(Ferdinand I. de Medici, 1549~1609)에게 바쳤다. 하지만 이 글에서 자신이 카카오나 초콜릿을 이탈리아로 들여왔다는 것은 언급하지 않는다. 즉, 실제로 그가 초콜릿을 이탈리아로 들여온 장본인이라고 증명할 증거는 없는 것이다.

다른 학자들은 메디치가 초콜릿을 유럽으로 들여오는 데 막중

한 역할을 했다고 주장한다. 메디치 가문이 초콜릿을 이탈리아로 들여왔느냐는 확실치 않지만, 초콜릿이 유럽 왕실에 자리 잡는 데는 기여한 것으로 보인다. 이와 관련해서 1670년 토스카나에서 열린 호화스러운 피로연으로 유명한 코시모 3세(Cosimo Ⅲ. de Medici, 1642~1723)가 두드러진 역할을 했다. 코시모 3세의 주치의 프란체스코 레디(Francesco Redi, 1626~1697)는 재스민 초콜릿 조리법을 개발했으며, 재스민 외에도 용연향 같은 다른 강한 향료를 가미하기도 했다.

초콜릿이 스페인에서 이탈리아로 건너간 것은 사제들 간의 밀접한 관계 때문이라고 추정되는 반면, 프랑스의 경우는 아마도 왕실 간 관계가 큰 역할을 한 것으로 보인다. 프랑스 왕과 결혼한 스페인 공주들은 새로운 나라에 가서도 초콜릿을 끊지 못했을 것이다.

프랑스에 초콜릿을 들여온 사람으로는 1615년 프랑스 왕 루이 13세(Louis ⅩⅢ, 1601~1643)와 결혼한 스페인 공주 안나(Anna von Österreich, 1601~1666)를 꼽는다.[28] 결혼을 통해 양국 관계가 강화되고 프랑스와 스페인은 밀접하게 연결되었다. 하지만 결혼으로 양국의 경쟁 관계가 완전히 제거될 수는 없었으며, 갈등은 20년 넘게 지속된 전쟁으로 절정에 이르렀다.

루이 13세와 안나의 결혼생활에도 문제가 있었는데, 가장 큰 문제는 아이가 없다는 것이었다. 20년 이상을 기다린 끝에 1638년 첫아이 루이 14세(Louis ⅩⅣ, 1638~1715)가 태어났다. 안나는 남편보다 오래 살았으며 그가 죽자 프랑스를 통치했다. 그녀는 1651년 13살이던 루이 14세에게 권력을 넘겨주었지만, 자기를 무척 잘 따르던 아들에게 오랫동안 영향력을 행사했다.

안나는 스페인에서부터 초콜릿을 알았으며, 이를 프랑스 궁전으로 들여왔다. 그녀는 정기적으로 귀족 부인들과 작은 모임을 가졌는데, 여기서도 초콜릿은 중요한 역할을 했다. "초콜릿에 초대 받는 것은" 궁전의 부인들에게는 아주 큰 의미였다.[29] 모국 스페인과 평화협정을 체결하던 1659년 그녀는 아들을 시켜 초콜릿 조리사 다비드 까이유에게 초콜릿 제조와 판매 독점권을 주도록 했다. 그는 당시 파리에서 커피와 초콜릿을 판매하는 상점을 운영했다.

프랑스 궁중에서 초콜릿은 곧 새로운 친구들을 얻었다. 이 시기 제일 유명한 초콜릿 애호가는 알렉산더 뒤마의 소설《삼총사》로 잘 알려진 리슐리외 추기경의 동생인 알퐁스 드 리슐리외(Alphonse de Richelieu, 1582~1653)였다. 그는 루이 13세의 측근으로 정치적 영향력도 있었지만, 늘 자기보다 명성이 자자한 형의 그늘에 가려 있었다. 항시 권력에 굶주렸던 형과 달리 알퐁스는 어떤 상황에서는 대단히 인간적이었다. 그는 리옹에 페스트가 창궐했을 때 병자 간호에 나서기도 했다.

몇몇 학자들은 그가 프랑스에 초콜릿을 도입한 장본인이라는 견해를 내놓기도 했다. 그가 몸이 안 좋다고 하자 스페인 사제들이 초콜릿을 추천해주었고, 그 후 초콜릿을 즐기게 되었다는 것이다. 리슐리외는 늘 재발하는 우울증 치료제로 초콜릿을 마셨으나, 당시 많은 학자는 초콜릿이 우울증을 유발한다고 보았다.

초콜릿을 프랑스로 들여온 사람이 안나 공주인지 알퐁스 드 리슐리외인지는 확실하지 않다. 하지만 17세기 전반 프랑스 궁중과 귀족 사이에서 초콜릿의 역할이 점점 커진 것은 분명하다. 프랑스 왕비와 리옹 주교가 초콜릿을 선호한 덕분에 초콜릿 소비가 확실히 촉진되었다고 볼 수 있다. 프랑스 사제들은 초콜릿 음료에 대단히 열광했던 것으로 보이며, 특히 리옹의 비숍*들이 초콜릿을 즐겨 마셨다.

리슐리외의 후계자 쥘 마자랭(Jules Mazarin, 1602~1661)도 마찬가지였다. 이탈리아 출신인 마자랭은 로마 예수회 대학과 스페인 살라망카 대학에서 사제 교육을 받았다. 평소 향락과 재산에 관심이 많던 그가 이곳에서 초콜릿을 알았다는 것은 쉽게 짐작할 수 있다. 대학 시절 주사위와 카드놀이를 좋아하는 것으로 유명했고, 나중에는 방대한 예술작품 수집에도 손을 댔다.

초콜릿 조리와 관련해서 고향의 초콜릿 기술을 신뢰했으며, 1654년에는 자신이 원하는 형태와 양질의 초콜릿 음료를 마시고자 이탈리아에서 초콜릿 요리사를 프랑스로 직접 불러들였다. 이 시기 이탈리아는 초콜릿에 관해서는 스페인과 더불어 유럽에서 주도적 위치에 있었으므로, 다른 프랑스 귀족들도 그를 뒤쫓아 이탈리아에서 초콜릿 요리사를 초청했다.[30]

루이 14세도 아버지처럼 스페인 공주와 결혼했다. 루이 14세와 마리아 테레지아(Maria Theresia von Österreich, 1717~1780)의 결혼은 당시 흔한 경우처럼 순전히 정치적인 목적으로 이루어졌다. 이 결혼은 1559년에 프랑스와 스페인 간의 종전과 평화를 유지하고자 추기경 마자랭이 주도했다. 마리아 테레지아는 경건한 가톨릭 신자였고 스페인 궁전에서는 미미한 존재였다. 처음에 그녀는 프랑스어를 전혀 하지 못했고, 나중에도 그리 나아지지 않아서 대화에 참여

---

* 가톨릭에서 주교(主教)를 이르는 말

하는 것을 무척 힘들어했다. 시어머니인 안나 오스트리아가 그녀를 늘 돌봐주었다고 한다. 아마 둘은 고향에서 익숙해진 초콜릿 음료를 마실 때 만났을 것이다. 마리아 테레지아도 자신의 초콜릿 요리사를 스페인에서 불러들였다.

18세기 전반 프랑스에서 초콜릿 수요가 확실히 자리를 잡을 무렵, 화산 폭발과 허리케인으로 카리브 제도의 섬들과 마르티니크 섬 카카오 농장이 파괴되었다. 사람들은 카카오 물량 부족을 걱정했고, 심지어 프랑스 귀족들은 기겁해서 카카오 재고 물량을 찾아 나섰다. 이 시기 프랑스에서 초콜릿 위상을 보여 주는 또 다른 예는 파리와 리옹에서 초콜릿 제조가 중요한 산업분야로 발전했다는 것이다.[31]

16세기에 스페인은 이탈리아뿐 아니라 네덜란드에도 점령 지역이 있었다. 따라서 여기서도 비교적 이른 시기에 초콜릿을 마셨을 것이라고 추측할 수 있지만, 이에 대해서도 확실한 증거는 없다. 1568년 네덜란드는 스페인과 약 80년간 이어질 전쟁을 시작했다. 스페인은 네덜란드 공화국을 인정하고 전쟁을 끝냈다. 전쟁 중에 네덜란드는 계속해서 신대륙으로부터 들어오는 카카오 운송을 저지했고, 군사기지로 사용할 수 있는 카리브의 몇몇 스페인 섬들을 점령했다.

네덜란드가 베네수엘라 앞에 있는 작은 섬 몇몇 곳을 점령한 것은 카카오 무역에서 중요한 사건이었으며, 그 후 본토와의 중요한 밀거래가 가능해졌다. 중요한 무역품은 카카오 원두였고, 네덜란드 사람들은 이것을 도구나 직물 또는 다른 물자와 교환했다. 스페인의 카카오 독점이 서서히 와해되던 18세기까지 이 무역 본거지는 대단히 중요했다. 네덜란드는 카카오와 다른 기호품을 수입하고자 더는 스페인에 의존하지 않아도 되었으며, 자체 카카오 무역을 시작할 수 있었다. 나중에는 그 규모가 커져서 일시적으로 스페인에 카카오를 공급하기도 했다. 이런 식으로 17세기 말 초콜릿은 네덜란드에서 확실히 자리를 잡았다.[32] 특히 네덜란드의 상업도시에서 생기기 시작한 초콜릿 카페에서 초콜릿을 즐길 수 있었다.

이탈리아와 프랑스가 정치적으로 스페인과 밀접한 관계에 있었기에 비교적 초기에 초콜릿을 도입된 데 반해, 영국은 해적과 밀수를 통해 카카오와 초콜릿을 들여왔다. 처음 영국 해적들은 카카오 원두의 가치를 제대로 알지 못했다. 그래서 1579년 영국 해적들은 카카오 원두를 선적한 배 한 척을 양의 분뇨라고 생각해 태워버렸다고 한다.[33] 물론 이 시기에 영국에서도 카카오에 대해 알긴 했지만, 그렇게 큰 반향을 불러일으키지는 못했다.

17세기 초반에야 비로소 토마스 게이지의 기행문이 큰 관심을 모았다. 게이지는 1625년 예수회 선교사로 신대륙으로 건너가 그곳에서 20년 넘게 살았다. 영국으로 돌아온 뒤 그는 초콜릿에 대해 상세히 보고했으며, 제조 과정과 아메리카 식민지에 있는 스페인 상류층에서 카카오가 얼마나 인기 있는지 기술했다.

1655년 영국인들은 자메이카를 점령하면서 처음으로 카카오 농장을 손에 넣었다. 물론 영국의 카카오 재배는 프랑스와 마찬가지로 그리 성공을 거두지 못했다. 카카오를 제대로 관리하지 못한 것도 이유지만, 잦은 병충해 때문이었다. 18세기 후반 영국의 카카오 재배는 일시적으로 중단되었다. 이 시기에는 영국 신문에서도 초콜릿 소비를 권장하는 기사들이 실리기 시작했다.[34]

17세기 무렵, 프랑스와 영국, 네덜란드에서 초콜릿이 자리를 잡았다면, 독일은 30년 전쟁과 그 여파에 시달리고 있었다. 따라서 이 시기에 초콜릿은 독일에서 아무런 역할을 하지 못했다. 유일하게 의학 분야에서만 초콜릿이 사용되었고, 약 사용 입문서와 세금표에만 등장했다. 프랑크푸르트의 공의(公醫) 요한 크리스티안 슈뢰더(Johann Christian Schröder, 1600~1664)는 자신의 개론서 《의학 물리 약제법(Pharmacopoea medico-physika)》에서 초콜릿을 비싼 원기회복제로 분류했다.[35]

독일에서는 초콜릿이 학자들에게 알려지기까지도 오래 걸렸다. 초콜릿이 카카오의 즙이라는 잘못된 추측이 난무했다. 독일에서 초콜릿을 대중적으로 알린 책은 코넬리우스 본테쾨의 저서였으며, 덕분에 독일에서도 열성적인 초콜릿 지지자들이 생겨났다.

카카오와 초콜릿은 북부 상업도시 브레멘과 함부르크를 통해서 독일에 들어온 것으로 보인다. 브레멘은 전 세계와의 무역 거래 말고도, 칼뱅교가 지배하던 17세기 말 네덜란드와도 경제, 문화, 종교적으로 밀접한 관계에 있었다. 게다가 여러 차례 전쟁을 통해서 네덜란드 사람들이 꽤 많이 북부 상업도시로 들어온 상태였다.[36] 네덜란드가 해상무역을 통해 획득한 다양한 무역 물품과 수공업 기술이 브레멘으로 들어왔으며, 17세기 말 네덜란드의 많은 상업도시에서 즐기던 초콜릿도 이때 함께 들어온 것으로 추정된다. 따라서 1673년 브레멘에서 초콜릿을 처음 판매한 얀 얀츠 본 허즈든이 네덜란드 사람이었다는 것은 자연스러운 일이다. 그는 정치적인 갈등으로 전쟁 통에 독일로 피신해 브레멘에서 작은 가게를 열어 초콜릿과 커피를 팔았다.[37]

함부르크는 네덜란드를 제외하고 16세기와 17세기에 브레멘의 중요한 무역 파트너였다. 함부르크는 브레멘 상인들이 암스테르담에서 가져온 물품을 공급 받았다. 그 대가로 브레멘은 스페인이나 이탈리아에서 들어온 물건을 받았다. 17세기에 한자도시*의 무역선은 지중해로 항해했고, 몇 척은 남아메리카까지 나아갔다.[38] 브레멘은 필요한 카카오 물량을 유럽 항구도시에서 조달 받았다. 그중 식민지인 자메이카와 스페인 점령 지역으로부터 물량을 가져오는 영국에서 주로 받았다. 현재 제일 오래된 통계수치는 1770년에 나온 것으로, 이에 따르면 한 해에 초콜릿 2배럴이 보르도에서 브레멘으로 들어왔다.[39]

당시 수많은 공국으로 나뉘었던 독일에는 스페인이나 프랑스처럼 외관이 화려하고 사치스러운 중앙 왕실이 없었다. 독일 궁전 중에서 가장 호화로운 궁전은 베르사유 궁전을 좇은 드레스덴 궁전이었다. 1694년부터 1733년까지 멋진 축제와 화려한 연회를 여는 것으로 유명했던 아우구스트 1세가 드레스덴을 통치했다. 그의 잔치에서 초콜릿은 빠지지 않았다. 아우구스트 1세는 초콜릿을 드레스덴이 아닌 빈과 로마에서 들여왔다. 당시 초콜릿 소비는 상당히 중요했다.[40]

장관 하인리히 폰 브륄(Heinrich Von Brühl, 1700~1763) 백작도 초콜릿 소비에서는 아우구스트 1세 못지않았다. 그도 빈과 로마에서 초콜릿을 주문했다. 그는 1737~1742년에 연 축제와 피로연에서 제대로 갖추면 제공 음식이 2천 200가지가 넘는, 18세기 가장 풍성한

---

* 뤼베크를 맹주로 해 브레멘 · 함부르크 · 쾰른이 4대 주요 도시

식단인 백조식단(Schwanenservice)을 선보였다.

아무리 늦게 잡아도 18세기 초반에는 오스트리아 빈 궁전에서도 초콜릿이 자리를 잡았다. 17, 18세기에 빈은 파리 다음으로 유럽의 중요한 수도이자 초콜릿 소비 중심지였다. 초콜릿이 빈에 들어온 것은 아마 17세기 초였던 것 같다. 당연히 스페인 왕실과의 관계가 중요한 역할을 했다. 빈 궁전도 이탈리아 초콜릿 요리사를 고용했으며, 그는 카카오 원두와 초콜릿 완제품을 구매해 초콜릿 음료를 제조했다. 완제품은 주로 토리노나 밀라노에서 들여왔다.[41]

마리아 테레지아 시대의 궁중 초콜릿 접대 규모를 바탕으로 당시 궁전 초콜릿 접대를 재구성해보면, 대규모 피로연이 아니라 작은 모임에서 초콜릿이 소비되었다는 것을 알 수 있다. 1748년 초콜릿 접대에는 잔을 포함한 초콜릿 대접 12개와 초콜릿 주전자 2개, 은 초콜릿 잔 6개와 은 쟁반 2개에 딸린 초콜릿 잔 하나가 전부였다.

뜨거운 음료와의 첫 경험

19세기 중반까지도 초콜릿을 조리하는 데는 매우 손이 많이 갔다. 하루에서 이틀이 걸렸다. 스페인에서는 카카오 원두를 냄비에 넣고 껍질이 벌어져 분리될 때까지 불로 가열했다. 껍질이 벗겨진 원두를 다시 가열한 다음 돌로 된 강판에 갈아 매스로 가공했다. 그리고는 설탕, 계피, 바닐라 꼭지를 넣고 중간 중간 다시 갈아 주었다. 마지막으로 매스를 판이나 막대기 모양으로 만들었다. 나중에 이것을 뜨거운 물에 녹여 나무 거품기(몰리닐로)로 저어 거품을 냈다. 이후 유럽 다른 지역에서도 이 조리법을 그대로 사용했다. 19세기 초, 코엔라트 요하네스 반 후텐이 카카오 버터 압축기를 발명하고 나서야 조리 사정은 달라졌다.

처음에 스페인 궁중에서는 카카오를 작은 대접에 부어 마셨는데, 이는 중앙아메리카에서 그대로 전수 받은 것이었다. 야콥 슈폰은 저서 《세 가지 신기한 논문》에서 중앙아메리카에서 늘 볼 수 있는 잔을 이렇게 묘사했다. "아메리카 인들과 호기심 많은 유럽 사람들은 이 음료에 사용하는 잔과 대접을 카카오 껍질로 만들었다. 은이나 아연으로 만든 잔으로 마시다 보면 입술을 데기 쉬운데, 카카오 껍질로 만든 잔은 쉽게 뜨거워지지 않기 때문이었다. 크기와 모양이 사용하기에도 편했다."[42]

여기서 잘 드러나듯이 유럽 사람들은 뜨거운 음료를 마시면서 입을 데는 문제에 직면했다. 도자기로 특별한 음용 잔과 조리 잔을 만들어 이 문제를 해결했다. 이 잔이 어떻게 생겼는지는 나중에 살펴보도록 하고, 여기서는 처음 접하는 뜨거운 음료 덕분에 완전히 새로이 개발된 식기에 대해 알아보자.

손잡이가 달린 잔과 나무 손잡이가 있는 주전자 등이 그것이다. 17세기 중반 스페인 귀족들은 초콜릿을 마실 때 잔이 미끄러지지 않도록 가운데 부분이 둥글게 파인 잔 받침이 딸린 '만세리나(Manicerina)'라는 잔을 사용했다. 이 잔은 1639년부터 1648년까지 페루 부왕이었던 마르케스 데 만세라의 이름을 딴 것이다. 그는 공식 연회에서 한 귀족 부인이 초콜릿을 옷에 엎은 것을 보고 이 잔을 개발했다고 한다.[43]

초콜릿은 오랫동안 의약품과 원기회복제로도 판매되었다. 다양한 형태로 제공되었는데, 초콜릿을 상자에 부어서 작은 조각으로 팔거나 동그라미나 롤 모양으로 팔기도 했다. 이 고체 초콜릿을 조금씩 긁어내 초콜릿 음료로 조리했다. 조리법이 다양해지면서 초콜릿을 물이나 우유에 타 먹기도 했다.

프로이센 선제후의 주치의였던 요한 지기스문트 엘스홀츠가 1682년 펴낸 초콜릿 안내서가 좋은 예다. "원기회복 중 제일 강력한 방법은 용연향으로 구운 초콜릿 한 덩어리나 반 덩어리를 잘게 부숴 카르다몬 한 줌, 사프란 3그램, 흰 설탕 한 덩이와 잘 섞어 분말로 만든다. 필요하면, 달걀노른자 2개나 3개를 휘저어 분말과 섞어 죽처럼 되게 한 다음, 펄펄 끓는 우유 반통이나 8온스를 부어서 수저로 잘 젓는다. 따뜻할 때 이 음료를 마시면 된다."[44] 이 시기 독일에서는 초콜릿이 원기회복제로만 통용되었을 뿐, 사치스런 기호식품은 아니었다.

과거 조리법 중 또 흥미로운 것은 존 챔버레인(John Chamberlayne, 1668~1723)이 1684년에 출판한《자연에 맞춰 사는 법》에 나온다. 이 책에서는 과도한 설탕 섭취를 경고하는데, 이는 초콜릿 고유의 성질을 파괴할 뿐 아니라 괴혈병과 폐병을 유발한다는 것이다. 책에 쓰인 초콜릿 조리법은 놀랄 정도로 정확하고 자세하다. "초콜릿 음료와 관련해서는 아래 설명에 맞추는 것이 좋다. 우선 초콜릿을 잘게 조각낸다. 그런 다음 우유 1온스와 물을 잘 끓인 뒤, 여기에 초콜릿 조각 약 0.25리터와 달걀노른자 하나를 넣고 거품이 날 정도로 섞는다. 그리고는 전부 잘 녹을 때까지 가만히 기다렸다가 초콜릿 숟가락으로 잘 저은 다음 대접이나 접시에 담고, 샴페인이나 스페인 포도주 한 숟가락을 넣어 마신다."[45] 여기서는 술을 넣는다는 것이 흥미롭다. 이런저런 조리법을 살펴보면 샴페인과 포도주 말고도 맥주나 화주를 넣기도 한다.

첨가제를 넣지도 않고, 조리도 하지 않은 초콜릿은 맛도 없을 뿐 아니라 건강에도 해로운 것으로 인식되었다.《세 가지 신기한 논문》에도 이런 대목이 있다. "아메리카 인디언 여자들처럼 초콜릿을 갈지도 않고, 조리하지 않은 상태로 덩어리째 먹으면, 심한 변비에 걸리거나 얼굴이 죽은 이처럼 창백해진다. 마치 핏기 없이 얼빠진 처녀처럼 말이다."[46]

단식 음료로서의 초콜릿

초콜릿은 어느 정도 시간이 흐른 뒤에는 유럽 귀족과 고위 성직자의 중요한 기호식품으로 자리 잡았지만, 처음에 그 맛 자체는 부정적으로 평가되어 약제로서만 인정받았다. 초콜릿의 의학적 의미를 따지는 문제 외에도 중요한 문제가 하나 더 있었다. 바로 단식 기간 중 초콜릿을 마셔도 되는가에 관한 것이다. 이에 대해서는 학자들과 성직자들 사이에 뜨거운 논쟁이 있었다.[47]

일단 이 문제는 초콜릿 소비 확산의 걸림돌이 되었다. 1591년, 초콜릿이 금식계율에 위배된다는 것을 처음 지적한 사람은 후안 데 카데나스였다. 영양가가 높으므로, 초콜릿은 음료가 아니라 음식으로 분류해야 한다는 것이었다. 이런 발언에 동시대인은 놀라지 않았다. 초콜릿이 영양가가 높다는 점은 늘 긍정적으로 강조되었고, 에르난 코르테스도 자기 군사들 식량으로 초콜릿이 유용하다고 했기 때문이다.

그럼에도 이 주장에 대해 재빨리 반론이 제기되었는데, 아마 이 시기에 초콜릿 애호가들이 많이 늘어난 까닭일 것이다. 가톨릭교회 검열관 아우구스트 다빌라 파딜라(August Davila Padilla, 1562~1604)는 초콜릿을 금식 중에도 마셔도 되는 포도주와 비교하면서, 초콜릿이 금식계율에 위배되지 않는다는 주장을 펼쳤다. 게다가 파딜라가 그 근거로 제시한 것은 가톨릭교회 최고의 권위인 교황의 결정이었다. 교황 그레고리오 13세(Gregorius XⅢ, 1502~1585)는 이미 두 번이나 단식 기간 중에 초콜릿 마시는 것을 찬성했다는 것이다. 교황의 찬성으로 논쟁은 판가름이 나야 했지만, 그 이후에도 이 문제는 새롭게 불거졌다. 교황 비오 5세(Pius V, 1504~1572)가 1569년 초콜릿을 음료로 분류한다는 허락을 내려도 논쟁은 계속되었다.[48]

단식 기간 중 초콜릿 음용을 둘러싼 수많은 찬성론자와 반대론자 외에도, 논쟁이 진행되면서 초콜릿을 물에 타 마시는 것은 허용해도 다른 첨가물을 넣는 것은 엄격히 금지해야 한다는 등의 다양한 의견이 대두되었다. 예를 들어 세비야 대학 교수 토마스 우르타도는 1645년 초콜릿이 단식 음료로서 가지는 의미에 대해 앞 세대보다 훨씬 더 분화된 의견을 내놓았다. 그도 단식 중에 물을 탄 초콜릿은 허용했지만, 우유나 달걀을 섞은 초콜릿은 금지했으며 단식 기간 중에는 고체 초콜릿을 먹는 것도 반대했다.[49] 우르타도와 마찬가지로 동시대 많은 학자도 특별한 조건에서는 초콜릿 음용을 허락했다. 예를 들면 초콜릿에 빵가루를 넣거나 빵을 찍어 먹는 것이 여기에 속했다.[50]

단식 음료 초콜릿을 둘러싼 논쟁에서 제일 영향력 있는 발언

추기경 라우렌티우스 브란카티는 단식 기간 동안 초콜릿 마시는 것을 허락했다. 그는 초콜릿에 대한 여러 권의 책과 시까지 썼다. 17세기 동판화

을 한 사람은 이후 추기경이 된 라우렌티우스 브란카티(Laurentius Brancati, 1592~1675)다. 그는 1662년에 "액체는 단식을 깨지 않는다."라고 했다. 이 말은 귀찮은 초콜릿 논쟁을 빨리 종결시키려던 사람들이 늘 인용한 말이기도 했다. 브란카티도 굉장한 초콜릿 애호가였으니, 이런 취향이 발언에 당연히 영향을 미쳤을 것이다.

심지어 그는 초콜릿에 대한 책과 다음과 같은 찬가도 썼다.

"위대한 천상의 빛이 여전히 비추는 한
나무 중의 나무여
내게 힘을 주고
내 고결한 감정을 창조하는 자여
오직 너에게서만 내 정신의 힘이 나오니. 오, 하늘의 선물이여

오, 만인이 칭송하는 신의 음료여

앞으로도 잘 자거라, 바쿠스 제국의 신성한 이슬이여

너를 그리며

신이 밝히신 이 새로운 근원을 나는

계속 기리리라

흐르고 흘러 너의 자비를

수많은 인간에게 나눠 주거라!" [51]

하지만 추기경 브란카티도 논쟁을 종식시키지는 못했다. 18세기
까지 많은 학자와 성직자가 이 문제에 매달렸다. 물론 성직자 대부
분은 단식 기간 중에 초콜릿을 먹을 수 있느냐는 문제에 전혀 개의
치 않았다. 로마와 유럽 대도시에서 초콜릿 애호가뿐만 아니라 고
위 성직자를 많이 배출해낸 예수회를 봐도 알 수 있다. 로마에서는
초콜릿이 뇌물로도 쓰였는데, 이것은 초콜릿이 로마에서 누리던 인
기를 잘 보여 준다. [52]

주 ——————————

1) Menninger 2004, 99쪽 이하
2) 1)과 같은 책, 101쪽 이하
3) Coe&Coe 1996, 155쪽 이하
4) 3)과 같은 책, 158쪽
5) 3)과 같은 책, 133쪽 이하
6) von Anghiera (1973)
7) Menninger 2004, 144쪽
8) 7)과 같은 책, 같은 곳
9) Morton 1995, 16쪽
10) Mueller 1957, 36쪽 이하

11) Menninger 2004, 114쪽 이하

12) Wolschon 2007, 28쪽 및 54쪽

13) Menninger 2004, 123쪽

14) 13)과 같은 책, 109쪽

15) Coe&Coe 1996, 152쪽 이하

16) Wolschon 2007, 27쪽

17) Coe&Coe 1996, 147쪽 이하 및 160쪽

18) Wolschon 2007, 33쪽

19) Mueller 1957, 45쪽 이하

20) Italiaander 1980, 15쪽 이하

21) Coe&Coe 1996, 251쪽 이하

22) Mueller 1957, 47쪽 이하

23) Graf 2006, 23쪽 이하

24) Mueller 1957, 47쪽 이하

25) Menninger 2004, 228쪽 이하

26) Schulte-Beerbühl 2008, 416쪽

27) Mueller 1957, 37쪽

28) Coe&Coe 1996, 184쪽

29) Morton 1995, 17쪽

30) Coe&Coe 1996, 187쪽/ Mueller 1957, 50쪽 이하

31) Mueller 1957, 50쪽 이하

32) 31)과 같은 책, 51쪽 이하

33) Coe&Coe 1996, 197쪽

34) Mueller 1957, 56쪽

35) 34)와 같은 책, 61쪽

36) Seling-Biehusen 2001, 22쪽

37) 36)과 같은 책, 22쪽 이하

38) Seling-Biehusen 2001, 39쪽 이하/ Böer 1939, 21쪽

39) Schwebel 1995, 326쪽

40) Mueller 1957, 65쪽

41) Graf 2006 67쪽 이하

42) Wolschon 2007, 53쪽

43) Coe&Coe 1996, 162쪽

44) Mueller 1957, 65

45) Wolschon 2007, 42쪽

46) 45)와 같은 책, 47쪽

47) Coe&Coe 1996, 178쪽 이하

48) Mueller 1957, 38쪽 이하

49) 48)과 같은 책, 39쪽

50) Coe&Coe 1996, 181쪽 이하

51) Kardinal Brancati: Über den Schokoladengebrauch, Rom 1665

52) Mueller 1957, 40쪽

9장

카카오의
호화로운 변신,
초콜릿

초콜릿, 이국적이며 에로틱한 귀족의 음료

유럽에서 처음에는 치료제로 주목 받았던 초콜릿이 17세기부터 널리 퍼진 것은 자극적인 맛과 효과 때문이다. 초콜릿에 대한 인식 변화는 조리법이 유럽 사람들의 입맛에 맞게 변했기에 가능했다. 17세기 중반, 초콜릿은 유럽 궁전에서 자리 잡으며 왕족과 귀족의 필수품이 되었다. 초콜릿을 소비한다는 것은 단지 맛이 좋아서가 아니라, 초콜릿이 상징하는 의미가 강력했기 때문이다. 초콜릿은 자신을 일정한 계층으로 정의하고, 귀족이 아닌 자들과 자신을 구별하는 수단적 사치품이었다.

17~18세기 대다수 귀족 가문 초상화에서는 이러한 특권층의 태도가 잘 표현되어 있다. 사적인 가족 모임이나 주요 인사들의 회동을 그린 그림 등에서 초콜릿은 신분을 상징하는 데 빠질 수 없는 소품이었다. 카카오 재배가 늘어나면서 초콜릿 가격은 하락했지만, 19세기까지 초콜릿은 배타적이고 이국적인 성격을 잃지 않았다.[1]

17세기 초반, 스페인 궁전과의 긴밀한 관계에 힘입어 파리로 들어온 초콜릿은 바로 자리를 잡은 듯하다. 이와 관련한 핵심적인 사건이 1660년 거행된 프랑스 왕 루이 14세와 스페인 공주 마리아 테레지아의 결혼식이었다. 새로운 왕비는 자신의 스페인 하인들과 함

17세기부터 카카오는 유럽 귀족의 고급음료였다. 18세기의 아침식사 그림.
측면에 손잡이가 달리고 은으로 만든 전형적인 초콜릿 주전자가 보인다.

•

께 몇 가지 관습도 함께 들여왔는데, 초콜릿 문화도 여기에 속했다.
처음에는 왕비의 사적인 친교 범위에서만 초콜릿을 제공하다가, 나
중에는 공식적인 행사에도 등장했다. 하지만 마리아 테레지아가 죽
은 지 1년이 지난 1692년에 이러한 관습은 루이 14세의 명으로 종
말을 고했다. 그는 초콜릿을 그다지 좋아하지 않았다.[2]

   17세기 중반부터 프랑스 궁전에서도 초콜릿 음료가 널리 퍼졌
다. 마키즈 드 세비녜(Marquise de Sévigné, 1626~1696)의 1천 500통이
넘는 방대한 서신 교환에 그 내용이 잘 드러난다. 그녀의 편지에는
루이 14세의 궁전 일상이 상세히 담겨 있고, 궁중에서 초콜릿을 즐
겼다는 사실도 나온다. 남편이 죽자, 이 부유한 미망인은 파리에 살

며 문학계 인사들과 교류했다. 많은 인사와 서신을 왕래하면서, 사람들 사이에서 그녀는 재미있고 유쾌한 편지를 쓰는 것으로 유명해졌다. 궁중 여기저기서도 그녀의 편지가 읽혔다. 루이 14세도 그녀의 편지를 알게 되었고, 1662년에는 궁전으로 그녀를 불렀다.

1671년 초, 그녀의 딸 프랑수아즈 마르그리트가 남편과 함께 프로방스로 이주하면서 모녀는 집중적으로 서신을 교환했는데, 이 편지는 그녀가 얼마나 자상한 엄마인지 잘 보여 준다. 마키즈의 몇몇 편지에는 초콜릿 음료도 등장한다. 편지를 보면 초콜릿에 대해 그녀가 이중적인 태도를 보인다는 것과 당시 사람들이 초콜릿이 인체에 미치는 영향에 대해 얼마나 잘못 알았는지도 엿볼 수 있다. 1671년 2월 11일 편지에서 그녀는 딸에게 이렇게 썼다.

"몸이 좋지 않다고, 잠도 제대로 못 잤겠구나. 초콜릿을 마시면 다시 힘이 날게다. 하지만 네게 초콜릿 주전자가 없어서 어떡하나 하고 수도 없이 생각했단다. 아! 내 딸아, 네가 너를 걱정하는 것보다 내가 너를 더 걱정한다고 생각한다면, 틀린 생각은 아닐 게야."

이 편지에서는 초콜릿 주전자가 없어서 초콜릿을 마시지 못하는 딸 걱정을 하더니, 다른 편지에서는 초콜릿 음료의 부작용을 경고했다. 1671년 4월 15일자 편지를 보자.

"얘야, 초콜릿에 더는 이전의 효능이 없다는 구나. 이 시대의 입맛이 언제나 그랬듯이 이번에도 나를 속였구나. 초콜릿이 좋다고 말했던 사람들이 이제는 너나없이 초콜릿에 대해 나쁜 말을 하는구나. 심지어 초콜릿을 저주하고, 병을 일으킨다고 비난하는데, 실제로 초콜릿이 우울증과 심장 두근거림의 원인이라고 한단다. 초콜릿이 얼마 동안은 몸에 좋은 것 같지만 갑자기 열을 일으켜 심하면 사람이 죽을 수도 있다는 게야."

1671년 10월 25일자 편지에서 그녀는 한 발 더 나갔다. "마키즈 드 코에틀로공이 임신 중에 초콜릿을 너무 많이 마셔서 시커멓게 죽은 아이를 낳았단다."

많은 귀족 부인과 신사는 초콜릿이 이국적 취향이라는 걸 강조하려고 흑인 하인을 고용했다. 분명 이때 하인과 주인이 은밀한 관계를 맺는 경우도 있었을 것이다. 하지만 사람들은 이 관계의 결과를 초콜릿 탓으로 돌렸다.

초콜릿에 대한 마키즈 드 세비뉴의 이중적인 태도는 1671년 10월 28일자, 그녀의 마지막 편지에 나온다. "초콜릿과 화해했단다. 그저께는 식사를 제대로 하려고 저녁식사 때 초콜릿을 마셨다. 어제는 저녁까지 단식하려고 초콜릿을 마셨지. 정확히 내가 원한 효과를 보았단다. 그래서 내가 초콜릿을 좋아하지. 내 의도를 딱 맞춰준다니까."[3]

선왕과 마찬가지로 루이 15세도 초콜릿을 좋아하지 않았다. 대신 그는 수많은 정부(情婦)를 두었는데, 그중 마담 드 퐁파두르가 제일 유명했다. 그녀는 초콜릿을 무척 좋아했다. 세브르에 있는 새로운 도자기 공장에 비싼 초콜릿 식기 세트 제작을 의뢰했으며, 이 공장을 지원하기도 했다. 이후 프랑스에서는 초콜릿 주전자와 잔을 공장에서 주문하는 것이 유행했다.[4]

마키즈 드 세비뉴의 편지 외에 당시의 그림에서도 귀족들이 초콜릿을 어떻게 즐겼는지 알 수 있는 정보가 담겨 있다. 귀족들은 주로 아침에 하녀들이 침대로 가져다주는 초콜릿 음료를 마셨다. 물론 아침 말고 하루 중 다른 시간에도 초콜릿을 마셨다. 개인적인 친분이 있는 사람들끼리 초콜릿 회동을 하기도 했다.

그림에는 초콜릿을 마시는 것이 대개 여유로움이나 성애와 연결되어 표현되었다. 초콜릿에 최음제 효과가 있다는 믿음이 널리 퍼졌으며, 이런 속설은 원산지에서 받아들인 것이다. 특히 독일에서는 이 믿음이 무척 오래갔다. 초콜릿은 주로 침대에서 마셨기 때문에 곧바로 성적인 난잡함을 연상시켰다. 최음제 효과는 당시의 문건과 저서에서도 많이 언급되었다. 한 예로 제임스 워즈워스가 1665년 저서 《초콜릿의 성질과 품질에 대한 특이한 이야기》에 발표한 짧은 시를 들 수 있다.

"늙은 부인도 회춘한다네,
  육체의 욕망이 새롭게 살아나고
  욕구가 강해지네. 너도 알겠지
  너, 날카로운 달콤함, 초콜릿이여"

초콜릿을 최음제라고 말한 또 다른 예는 앞서 언급한 존 챔버레인의 《자연에 맞춰 사는 법》에서 찾을 수 있다. 이 책에서 저자는 인간은 다산 준비를 해야 하며, 자손을 많이 낳아야 한다는 성서 내용을 들어 자신의 주장을 정당화했다. 초콜릿을 즐기는 것이 성서의 요구사항을 충족시킬 수 있도록 도와준다는 것이다. 그는 자신의 경험을 바탕으로 초콜릿에 대해 이렇게 썼다.

"여자와의 동침에 큰 효과가 있는데, 진한 향유나 액체가 정낭의 정자를 풍부하게 채워 주기 때문이다. 이는 우리 학자들이 이미 상술한 내용으로서 내 마음대로 부정할 수 없는 사실이다."[5]

초콜릿은 "늦은 나이에 꼭 자손을 보고
싶은" 이들에게 강정제로 권장되었다.

특히 나이든 남자들에게 성적 능력을 회복시켜 준다는 이유로
초콜릿이 권장되기도 했다. 마르틴 엥겔브레히트는 1725년에 삽화
모음집《인간의 혀와 구강》에서 이 주제를 다뤘다. 〈초콜릿〉이라는
삽화를 보면 한 여인이 남자에게 초콜릿을 대접하고 있다. 이 장면
아래 다음과 같은 글이 있다.

"여기 저 먼 서쪽에서 온 음료를 마시세요
은밀한 사랑에는 최고지요
당신의 마음을 자극하고, 몸을 새롭게 할 거예요
내 사랑 어서 마셔요. 그럼 나도 마실 테니
내 마음을 담아 당신께 드려요

먼 훗날 우리의 자손도 봐야 하니까요"

마지막으로 초콜릿과 성애의 결합은 당시 수많은 소설에서도 큰 역할을 했다. 프랑스 작가 사드 후작이 파리 바스티유 감옥에 투옥되어 있을 때 쓴 《소돔에서의 120일》에도 초콜릿이 등장한다. 소설에는 벌거벗은 술탄 부인 여덟 명이 맛있고 매운 초콜릿을 대접하는 장면이 나온다. 하지만 초콜릿이 늘 이런 에로틱한 느낌만 주었던 것은 아니었다. 아주 다른 맥락에서 귀족의 아침식사 대용이기도 했다. 당연히 아이들도 아침식사로 초콜릿을 마셨다.

당시 그림에서도 자주 나타나듯이, 초콜릿에 물 한 잔을 같이 곁들이는 경우가 많았다. 장 에티엔 리오타르(Jean Étienne Liotard, 1702~1789)의 유명한 그림 〈초콜릿을 나르는 처녀〉가 그 좋은 예다. 초콜릿을 마시는 중간 중간에 물도 마시면, 맛 신경이 중화되기 때문에 초콜릿 맛을 더 잘 느낄 수 있다. 물과 비슷한 역할을 한 것이 초콜릿에 곁드는 빵인데, 초콜릿에 찍어 먹거나 초콜릿을 발라 먹기도 했다. 이런 습관도 그림에서 많이 볼 수 있다.[6]

리오타르의 그림에서 알 수 있듯, 마키즈 드 코에틀로공의 경우처럼 초콜릿 시중을 든 사람이 모두 흑인은 아니었다. 종종 젊은 처자가 고용되기도 했다. 이들 중 대부분은 알려지지 않은 채 역사 속으로 묻혔지만, 리오타르 그림의 처녀만은 유명해졌다. 이 그림에 나오는 처녀는 매일 아침 리오타르에게 초콜릿을 대접한 하녀 난딜 발도우프다. 리오타르는 왕비 마리아 테레지아와 그 가족의 초상화를 그리려고 빈으로 왔다가, 이 처녀가 워낙 인상적이어서 1743~1745년에 그녀의 초상화를 그렸다. 이 이야기에도 역시나

장 에티엔 리오타르의 〈초콜릿을 나르는 처녀〉(1744~45년). 접시에는 뜨거운 초콜릿 말고도 초콜릿을 더욱 맛있게 즐기고자, 맛 신경을 중화시키는 물 한 잔이 놓여 있다.

낭만적인 요소가 빠지지 않는다. 하녀 난딜 발도우프는 25년간 자신의 주인인 디트리히슈타인 군주와 은밀한 관계를 유지하다가 결국 결혼했다고 한다.

그림이 완성되자 베니스의 프란체스코 알가로티 백작이 대단한 초콜릿 애호가였던 작센 선제후 프리드리히 아우구스트 2세를 위해 이 그림을 구매했다. 초콜릿을 나르는 처녀의 이미지는 통조림, 포스터, 상표, 카탈로그와 도자기에 자주 사용되었다.

초콜릿은 마실 때도 화려하게

17세기에는 초콜릿 접대에 필요한 특별한 은주전자, 이른바 쇼콜라티에르(Chocolatière)가 개발되었다. 배불뚝이 모양인 이 주전자는 다리가 3개여서 손쉽게 향로에 걸쳐 데울 수 있다. 특징은 여닫게 만든 뚜껑에 작은 구멍이 있는 것이다. 여기에 나무 막대를 꽂으면 기름이 끼지 않고 표면에 늘 부드러운 거품이 생기도록 초콜릿을 저을 수 있다. 주전자에는 도자기나 상아, 나무로 된 손잡이가 달렸는데, 나무는 열이 전도되지 않는 장점이 있다.

● 초콜릿을 젓는 나무 거품기가 달린 쇼콜라티에르. 1781년

덕분에 뜨거운 주전자에 손가락을 데지 않고 초콜릿을 따를 수 있었다.

유럽에는 초콜릿을 따르는 데 은 말고 적합한 다른 재질이 없어서 17세기 유럽 귀족들은 새롭고 뜨거운 음료를 즐기는 데 더없이 적합한 도자기 세트를 중국으로부터 들여왔다. 17세기 중반, 유럽에서 제일 큰 중국 도자기 수입처는 네덜란드 동인도 회사였다. 이 회사는 1615년에만 도자기 6만 9천 세트를 유럽으로 들여왔다. 비교적 대규모로 물량이 수입되었기에, 이 시기 암스테르담에서는 웬만한 가정이면 중국 도자기 세트를 갖추고 있었다.

처음에 유럽 사람들은 중국 도자기가 들어오는 대로 무조건 구매했지만, 곧 특정한 주문을 하기 시작했다. 중국 상인과 도자기 제조업자에게 구매하려는 도자기의 형태를 정확히 알려 주었다. 목재 모델과 스케치를 제작해 보내기도 했다. 그럼에도 불구하고 중국 도자기가 유럽의 요구를 계속해서 충족시켜줄 수 없었던 이유는 중국에는 유럽 사람들이 원하는 모양이 없거나 아주 드물었기 때문이다. 중국인들이 매일 사용하는 찻잔은 손잡이가 없는 반구형 대접 모양이었고, 차 전용 주전자도 없었다. 대신 갈색 고령토로 만든 작고 불룩한 주전자만 있었다.

17세기 중반부터 네덜란드에서 이 주전자를 그대로 본뜨려고 했지만, 성공하지 못했다.[7] 아무리 해도 만족할 만한 결과가 나오지 않았다. 유럽이 중국 도자기 제조의 비밀을 캐내 초콜릿 잔과 몇 가지 주전자를 개발하기까지는 무수한 시행착오를 거쳐야 했다. 오랜 시간 끝에 독자적으로 도자기를 생산하기 전까지 유럽에서는 커피·초콜릿·차 주전자가 똑같았다.

이 분야에서 집중적으로 연구하고, 무수한 실험을 한 끝에 성공한 사람 중 한 명이 요한 프리드리히 뵈트거(Johann Friedrich Böttger, 1682~1719)다. 그는 독일 튀링엔의 슐라이츠에서 태어났으며, 1696년 베를린에서 프리드리히 초른 밑에서 약사 교육을 받았다. 교육을 받는 동안 연금술에 관심을 가졌고 스승의 약국을 은밀한 실험실로 사용했다. 초른은 제자의 관심을 미심쩍게 보았지만, 뵈트거는 1701년에 은전 15개를 금으로 바꾸는 공개실험을 감행했고, 속임수를 써서 실험에 성공했다.

뵈트거의 실험은 순식간에 공적인 관심을 유발했고, 프로이센 왕 프리드리히 1세도 관심을 보였다. 프리드리히 1세가 뵈트거를 궁전으로 불러들였는데, 그가 나타나지 않자 현상금 1천 탈러*를 걸었다. 뵈트거는 추적을 피해 베를린에서 비텐베르크로 달아났다가, 거기서 작센의 선제후 아우구스트의 손에 붙들렸다. 아우구스트는 뵈트거를 시켜 금을 만들도록 했지만 실패했다. 연금술에 실패한 뵈트거는 몇 번이나 도주하려다가 마이센의 알브레히츠부르크로 쫓겨났다.

거기서 뵈트거는 취른하우스 출신인 에렌프리트 발터 폰 취른하우스를 알게 되어, 1706년에 그와 함께 금이 아닌 중국 도자기 모방을 시도했다. 마침내 뵈트거는 '붉은 도자기' 제작에 성공했고,

요한 프리드리히 뵈트거가 아우구스트 선제후에게 자신의 도자기 제조 공법의 장점을 설명하고 있다. 목판화, 1881년

---

* 15~19세기까지 유럽에서 통용된 은화. 독일에서 1탈러는 1마르크의 세 배 정도 되는 금액이었다.

뵈트거의 공법에 따른 도자기 초콜릿 잔.
1710~1713년에 마이센 도자기 공장에서 제조
했다.

1709년 일반에 공개했다. 군주에게 선보인 최초 성공작 중 하나는
유약을 바른 초콜릿 잔과 유약을 바르지 않은 초콜릿 잔이었다.[8]

이듬해 마이센 도자기 공장이 설립되었고, 뵈트거는 말년에 그
곳에서 관리자로 일했다. 그는 1714년에야 조건부기는 하지만, 작
센에 거주해도 된다는 허락을 받았다. 하지만 그는 1719년 37살 나
이로 세상을 떠났다. 아마도 도자기 작업을 하면서 수은과 비소에
중독된 것으로 보인다.

뵈트거의 성과에 힘입어 도자기로 된 초콜릿 잔과 주전자가 제
작되었다. 이 도자기들은 은주전자와는 달리 실린더 모양이지만, 뚜
껑에 나무 거품기를 넣을 구멍이나 손잡이가 있는 것은 똑같다. 이
두 가지 특별한 모양이 없다면 아마도 초콜릿를 마시는 것은 상당히
어려웠을 것이다. 초콜릿 잔도 외양이 독특하며, 손잡이가 두 개다.

초콜릿 음료는 지방 함량이 높아 거품이 무척 많기 때문에, 잔도
그에 따라 길쭉하다. 그래야 거품이 압력을 받아 위로 올라간다. 우
리가 아는 찻잔과 마찬가지로 초콜릿 잔도 빨리 식는 것을 막기 위
해 대부분 뚜껑이 있다. 커피 잔이나 찻잔 혹은 찻주전자와 비교하

측면에 나무 손잡이와 거품기를 넣으려고 만든 구멍이 있는 전형적인 쇼콜라티에르를 갖춘
초콜릿 응접 세트. 마이센 제작. 1740년 무렵

●

면, 초콜릿 잔과 주전자는 모양과 장식이 화려하다는 것을 알 수 있
다. 이런 식으로 초콜릿은 커피나 차와 차별화를 두었다. 원료인 카

카오와 설탕도 값비쌌고, 뜨거
운 음료 중 조리에 가장 손이
많이 간다는 점에서도 여타 기
호식품들과는 수준을 달리했다.
　'굽 높은 찻잔(Trembleuse)'
은 잔에 담긴 내용물의 가치를
드러내는 매우 독특한 초콜릿
잔이다. 이 잔은 받침에 도자기
나 금속으로 된 원형 굽이 있어,

● 빈 도자기 공장 뒤빠키르(DuPaquier)의 '굽 높
은' 초콜릿 잔. 이 잔은 원형 받침이 있어 침대
에서도 편하게 초콜릿을 마실 수 있다. 1725년

잔을 원형 굽에다 넣고 꺼낼 수 있다. 손잡이는 없고 뚜껑만 있는 것도 있다. 이 잔은 초콜릿을 즐기는 데 여러 모로 특화되어 있다. 우선 초콜릿을 위험하지 않게 대접할 수 있으며, 가볍게 저을 수도 있다. 무엇보다 결정적인 점은 침대에서도 마실 수 있다는 것이다. 17세기 중반에는 잔, 잔 받침, 주전자 모양이 통일된 초콜릿 음료용 별도 세트도 제작되었다.

시민계급의 새로운 음료, 국가의 새로운 수입원이 되다

커피와 차는 17세기부터 시민사회에 스며들었지만, 초콜릿은 훨씬 더 늦었다. 왜냐하면 18세기까지는 초콜릿 가격이 비교적 높아 유럽 인구 중 아주 일부만이 그 비용을 감당할 수 있었기 때문이다. 17세기 후반부터는 스페인의 카카오 수입량이 100년 전과 비교할 때 두 배로 늘었고, 다른 유럽 국가들도 자체적으로 카카오 원두를 수입했지만, 늘어나는 수요를 감당하지 못해 초콜릿 가격은 또 상승했다. 1737년 마드리드에서 초콜릿 1파운드의 가격은 노동자 하루 임금보다 두 배 이상 높았다. 18세기 말이 되어서야 가격이 점차 하락하기 시작했다.

초콜릿 가격이 높은 이유는 조리하는 데 쓰이는 다른 첨가물 역시 비쌌기 때문이다. 가장 비싼 첨가물은 설탕이었다. 18세기 중반까지 초콜릿에는 오로지 사탕수수 당만 넣었다. 사탕수수는 8세기부터 아랍 사람들이 스페인 남부에서 재배했으며, 아메리카가 발견되자 경작지는 카리브 해 지역으로 옮겨졌다. 1747년 약사 안드레아스 지기스문트 마르그라프가 사탕무로 만든 설탕을 발명하면서, 비로소 사탕수수의 대체물이 나온 셈이다. 물론 사탕무 설탕이 적당한 가격으로 충분히 공급되기까지는 시간이 걸렸다. 게다가 초콜릿은 조리하는 데도 카카오가 비교적 많이 필요했으므로, 몇 잎만 있으면 아주 손쉽게 만들 수 있는 차와는 많이 달랐다.[9]

초콜릿 한 잔을 만드는 비용과 판매 가격은 여러 가지 요인에 좌우된다. 또 특정한 카카오의 양과 이국적인 첨가제가 얼마나 들어가느냐에 따라 초콜릿 종류도 다양해진다. 특히 바닐라와 같은 비싼 향신료가 들어가면 가격도 엄청나게 뛸 수밖에 없다. 카카오 원두를 수입하느냐 완제품 초콜릿 음료를 수입하느냐에 따라서도 가격은 달라진다. 완제품의 경우 인건비와 관세까지 고려해야 하기 때문이다. 18세기에도 완제품 관세는 카카오 원두에 비해 두 배나 높았다.[10]

초콜릿 무역 및 음료 판매업은 유럽 군주들에게 처음부터 수입원으로 인식되어, 국고의 빈 구멍을 메우는 역할을 했다. 특히 사치스러운 궁중 생활로 유명했던 루이 14세는 해마다 엄청난 자금을 조달해야 했는데, 수입원으로 초콜릿만 한 사치품이 없었다. 따라서 1659년 초콜릿을 전매로 묶어, 수익금을 국고로 환원케 했다. 후에 초콜릿 제조업자들이 이 전매권을 취득하려고 노력하다가 포기한 이유는 취득 비용 역시 만만치 않았기 때문이다.

초콜릿 판매와 무역을 통해 프랑스 국고 일부분이라도 충당하려고 카카오 원두와 매스에도 관세를 부과했다. 초콜릿 음료를 파는 곳도 파리 한 곳으로 제한했다. 판매권 취소와 재부여는 빈 국고를 채우는 데 자주 사용된 방식이다. 네덜란드 같은 무역 국가들도 이

점에서는 프랑스에 전혀 뒤지지 않았다. 1696년 네덜란드에서는 초콜릿 소비세를 신설했다.[11]

프로이센에서는 초콜릿 무역은 물론 초콜릿을 마시는 데도 세금을 부과하는 등 다른 나라들보다 훨씬 강한 조치를 취했다. 프로이센의 왕 프리드리히 1세는 1704년 9월 20일 초콜릿을 마시고자하는 모든 이에게 사전에 2탈러를 지불하고 허가증을 받아야 한다고 공표했다. 이후 프리드리히 1세는 관세율을 4배로 올려, 시민들의 세금 부담은 훨씬 커졌다. 하지만 카카오와 초콜릿 무역으로부터 얻은 수입을 호화로운 궁궐을 유지하는 데 썼던 프랑스와는 달리 일반 국가지출에 사용했다. 1747년 프리드리히 대제(Friedrich der Große, 1712~1786)는 심지어 방물장사의 초콜릿 판매도 금지시켰다. 이런 거래는 보통 사람들이 초콜릿을 얻을 수 있는 유일한 방법이었다. 프리드리히 대제는 후에 안드레아스 지기스문트 마르그라프에게 비싼 초콜릿을 대용할 만한 저렴한 음료를 개발하도록 했다. 결과는 보리수꽃 카카오였는데, 그렇게 널리 퍼지지는 못했다.[12]

프로이센뿐 아니라 다른 많은 독일 도시에서도 카카오 거래와 음료 판매가 규제되었다. 초콜릿 음료를 판매하려면 허가를 받아야 했다. 쾰른의 경우 1736년에 허가 의무가 갱신되었는데, 허가권을 취득한 사람 중 한 명이 바로 나중에 향수로 유명해진 집안의 요한 마리아 파리나였다.[13]

이런 난관에도 불구하고 초콜릿은 새롭게 탄생하던 시민사회에서 자리를 잡았다. 18세기 중반부터 진행된 이 변화 덕분에 수많은 커피 하우스와 초콜릿 하우스가 생겼고, 이런 곳들은 시민 생활의 중심지가 되었다.

17세기 살롱과 커피 하우스의 등장으로, 일반에는 공개되지 않던 귀족들의 공간과는 달리 공개적인 시민계층의 장소가 탄생했다. 이 공간들은 술집을 대신했다. 결과적으로 커피와 초콜릿이 음주 문화를 후퇴시킨 셈이다. 술집은 오랫동안 공적 생활의 중심이었지만, 커피 하우스와 비교하면 질이 달랐다. 음주를 통해 감각이 마비된 상태에서는 새로운 소식과 이념의 교환이 제대로 이루어지지 못했다. 그에 반해 커피 하우스는 완전히 달랐다. 사람들은 이곳에서 각성 효과와 집중력을 촉진시키는 커피나 초콜릿 음료를 마시며 편하게 대화를 나눌 수 있었다.

이렇게 살롱과 커피 하우스는 정치·사회적 문제를 토론하는 중심지가 되었다. 특히 프랑스 커피 하우스는 혁명 이념의 산실이었다. 하지만 독일에서는 그 역할이 미미해 영국과 프랑스에서와 같은 영향을 미치지는 못했다. 커피 하우스 문화는 파리, 런던, 빈 같은 유럽의 대도시에 정착했다. 그 안에서 서로 배우고, 사귀고, 토론하는 커피 하우스가 1730년까지 빈에서만 약 30개로 늘어났다. 커피 하우스에서는 커피만 마신게 아니라, 차나 초콜릿 음료도 마셨다. 시민계급에서 초콜릿이 확산된 데는 커피 하우스가 무시하지 못할 역할을 했다.[14]

18세기 초반에는 시민들이 집에서도 초콜릿을 마시기 시작한 것으로 보인다. 1725년 처음으로 시민권을 획득함으로써 영업이 가능해진 초콜릿 제조업자를 예로 들 수 있다. 따라서 이 시기에 시민도 귀족처럼 집안에서 초콜릿을 마실 수 있었을 것이라 추론할 수 있다. 시민들은 초콜릿 제조업자에게서 초콜릿 매스를 구매해 음료로 가공했다. 초콜릿 제조업자는 초콜릿만 팔 수 있었으며, 커피 하우스처럼 다른 음료는 제공할 수 없었다.

19세기에는 많은 커피 하우스가 제과점이나 레스토랑으로 바뀌었다. 카카오나 커피의 가격 변동을 감안했을 때, 추가 메뉴를 통해 경제성을 확보하려는 이유에서였다. 이런 추세로 과거 커피 하우스가 가졌던 정치적인 의미는 점점 더 뒤로 밀려나, 더는 어떤 역할도할 수 없게 되었다. 이런 업종 변경의 한 예가 나중에 초콜릿 제조업자로 변신해, 전 세계에서 가장 큰 제조업체 중 하나를 창립한 프란츠 슈톨베르크다.

그는 1847년 12월 4일 쾰른에서 카페 로얄(Royal)을 개장했다. 마호가니 가구와 호두나무 가구, 적색과 녹색 벨벳 소파와 커다란 벽거울, 동으로 만든 샹들리에 등 실내장식에 비용을 많이 들였다. 그밖에도 프란츠 슈톨베르크는 카페에 발레 무용수 24명을 등장시켰다. 당시 어떤 술집에서도 볼 수 없던 특별한 것으로, 이른바 귀부인 살롱이 생긴 것이다. 이곳에서는 담배와 카드 등의 사교놀이가 금지되었고, 오후 5시부터는 '현악기의 하모니'가 울려 퍼졌다. 카페는 성공했다. 하지만 2년 뒤에 일부가 화재로 소실되었다.[15]

초콜릿 하우스와 '악마의 학교'

18세기에 들어서부터 초콜릿은 유럽의 귀족만이 아니라 시민도 즐기는 음료가 되었다. 초콜릿 음료도 제공했던 전통적인 커피 하우스 외에도 곧 독자적인 초콜릿 하우스가 자리를 잡았다. 이곳은 주로 귀족들과 신분이 높은 시민계급들이 찾았다.

18세기 즈음, 시민들도 집이나 초콜릿 하우스에서 초콜릿을 마셨다.
그림은 18세기 중반 초콜릿 하우스 모습이다.

●

초콜릿 하우스는 주로 이탈리아, 네덜란드, 영국에서 생겨났다.
1657년 런던에서 문을 연 '코코아 트리 초콜릿 하우스'는 영국 의원
들의 만남의 장소이자 정치적인 토론의 장으로 발전했다. 당시 이
초콜릿 하우스 주인은 개업을 알리고자 런던 한 신문에 다음과 같
은 광고를 실었다. "퀸스 헤드 앨리의 비숍게이트 거리에 위치한 프
랑스 사람 집에서 초콜릿이라고 불리는 고급 서인도 음료를 마실
수 있습니다. 언제든 직접 드시거나 저렴한 가격에 사가지고 가실
수 있습니다."[16]

'코코아 트리'말고도 1697년 런던에서는 또 다른 초콜릿 하우스

'화이트'가 개점해 곧 유명해졌다. 1711년 창업자 프란시스 화이트가 죽자, 그의 아내가 가게를 넘겨받았다. 화이트의 입장료는 비교적 비싸, 상류층 인사들이 주로 드나들었다. 이 하우스는 초기에 연극과 오페라 공연 예매소 역할을 했으며, 베팅 액수가 대단히 높은 카지노로도 유명했다.[17]

뒤이어 귀족과 시민의 초콜릿 하우스가 분리해서 생겨났다. 초콜릿 하우스는 대부분 남자들에게만 출입이 허용되었다. 그들은 대화와 여흥만이 아니라 카드놀이와 신문을 읽을 때도 초콜릿 하우스를 찾았다. 일반적으로 초콜릿 하우스는 신문 여러 종류를 비치했다. 런던 초콜릿 하우스의 경우, 손님들은 입장하면서 입장료로 1페니를 카운터에 올려놓았다.

일부 초콜릿 하우스는 분위기가 그렇게 조용하거나 부드럽지 않았다. 이런 하우스에는 주로 귀족이나 부유한 시민의 젊은 자제들이 출입했는데, 일정한 직업이 없던 그들은 한밤중까지 술을 마셨다. 17세기만 해도 초콜릿은 포도주와 맥주, 독주와 함께 제공되었기에 하우스 분위기는 썩 좋지 않았다. 물론 대단히 정중한 분위기에 담배까지 금지된 초콜릿 하우스도 있었다.

초콜릿 하우스 개업에 반대하는 목소리가 있던 것도 어찌 보면 당연한 일이다. 잠시 동안 검찰총장을 지냈던 로저 노스는 초콜릿 하우스를 위험스러운 인물들의 회동 장소이자 '악마의 학교'[18]로 지목했다. 여기에서 매사를 의심하는 로저 노스의 성격이 잘 드러난다. 그는 스스럼없이 함께 어울리는 분위기와 정치적 주제를 논의하는 것이 원칙적으로 위험하다고 본 것이다.

괴테에서 토마스 만까지, 유명한 초콜릿 애호가들

유명한 초콜릿 애호가를 나열하자면 끝이 없다. 공작이나 추기경 말고도 학자와 지식인, 철학자, 작가도 많다. 그중에서 가장 유명한 초콜릿 애호가는 단연 요한 볼프강 폰 괴테(Johann Wolfgang von Goethe, 1749~1832)일 것이다. 초콜릿과 단 과자에 대한 그의 열정은 집안 내력이다. 그는 초콜릿 음료를 마시면서 하루를 시작했으며, 가끔은 거기다 비스킷이나 살짝 구운 단단한 과자인 츠비박(Zwieback)을 곁들였다고 한다. 초콜릿을 즐기려고 무척 값비싼 베를린 왕립 도자기 공장의 초콜릿 잔도 하나 둘씩 구비했다. 초콜릿

괴테는 초콜릿을 무척 좋아하고 즐겼다. 전해지는 말로는 매일 아침 초콜릿을 마셨다고 한다.

조리는 부인 크리스티아네 불피우스의 몫이었다. 그녀는 남편이 여행을 떠날 때면 늘 초콜릿을 챙겨 주었다. 알렉산더 폰 훔볼트는 괴테에게 초콜릿을 여행용 간편식으로 추천했다.[19]

알려진 바로 괴테는 초콜릿을 선물로 주기도 했지만, 주로 많이 받았다고 한다. 이와 관련해서 흥미로운 것은, 그가 여러 차례 요양차 체류했던 칼스바트에서 알게 된 두 처자, 마리안네 폰 아이벤베르크(Marianne von Eybenberg, 1770~1812)와 사라 폰 그로트후스(Sara von Grotthuß, 1760~1828)와 그의 관계다. 두 처자는 괴테에게 자주 작은 선물을 했는데, 그중에는 초콜릿도 있었다. 괴테가 초콜릿만 받고 감사 편지는 보내지 않은 것으로 보아, 그는 이런 선물을 종종 치근거림으로 받아들인 것 같다. 선물의 절정은 괴테만을 위해 특별 주문한 초콜릿 잔이었다.[20]

1823년 괴테가 울리케 폰 레페초프(Ulrike von Levetzow, 1804~1899)를 흠모했을 때, 그는 그녀의 마음을 얻으려고 초콜릿을 선물하고 짧은 시를 지었다. 다음은 그중 하나다.

"당신은 제게 호의를 갖고 있군요.
 제가 준 작은 선물에도 미소를 짓네요.
 당신 마음에 든다면야
 더 큰 초콜릿도 드리지요."[21]

하지만 괴테의 구애는 성공하지 못했다. 울리케 폰 레페초프는 그의 청혼을 거부했고, 그는 그 상처를 〈마리엔바트의 비가〉를 지어 달랬다.

괴테 말고도 프리드리히 실러(Friedrich Schiller, 1759~1805) 역시 대단한 초콜릿 애호가였다. 그는 글쓰기로 밤을 지새우고는 대낮에 일어날 때마다 맨 처음 초콜릿을 마셨다고 하며, 가끔은 포도주를 타서 마시기도 했다. 괴테와 마찬가지로 그의 작품에서도 초콜릿이 언급된다. 토마스 만(Thomas Mann, 1875~1955)도 초콜릿을 즐겨 마셨고, 선물 받는 것도 좋아했다.[22]

작품에서 초콜릿을 언급한 작가들도 많다. 제일 좋은 예가 찰스 디킨스(Charles Dickens, 1812~1870)다. 그는 《두 도시 이야기》에서 프랑스 귀족이 초콜릿을 마시는 장면을 묘사했다. 이 부분에서 그는 약간은 과장되게 프랑스 귀족의 퇴폐적인 면모를 그렸다. 내용은 이렇다.

"(……) 이 신사양반은 하인 네 명이 거들어 주지 않으면 아침 초콜릿을 목으로 넘기지 않았다. (……) 한 하인이 그의 고귀한 면전에 초콜릿이 담긴 주전자를 바치면, 둘째 하인이 그가 늘 휴대하는 작은 도구를 꺼내 초콜릿을 휘젓는다. 그러면 셋째 하인이 신사가 아끼는 잔 받침보를 깔고 넷째 하인이 초콜릿을 따른다. 이 중 한 명이라도 없으면 신사양반이 멋진 하늘 아래에서 고개를 높이 치켜들어 초콜릿을 마시는 것은 불가능하다. 만일 세 명이 초콜릿 시중을 든다면 그것은 가문의 문장에 먹칠을 하는 것이고, 두 명만 시중을 드는 것은 신사양반에게 죽음이나 마찬가지였다."[23]

작가 로버트 루이스 스티븐슨(Robert Louis Stevenson, 1850~1894)은 심지어 남태평양에서 직접 카카오를 경작했다. 친구에게 보낸 편지에서 그는 그것이 얼마나 지저분하고 육체적으로 힘든 노동인지 썼다.

초콜릿의 가치를 제대로 볼 줄 알았던 사람 중에 작가만 있었던 것은 아니다. 유명한 고고학자이자 고대연구가인 요한 요아힘 빈켈만(Johann Jaochim Winkelmann, 1717~1768)도 거의 매일 초콜릿을 마셨다. 나중에 형편이 기울어 초콜릿 대신 차를 마실 수밖에 없게 된 것을 그는 무척 아쉬워했다.

'증기 초콜릿'으로 가는 길

16~19세기 유럽에서 초콜릿 생산과 조리 방식은 크게 변하지 않았다. 아즈텍 지도자 몬테주마 2세 시기와 마찬가지로 카카오 원두는 여전히 직접 불을 때서 볶았으며, 절구에 넣어 수작업으로 갈아 반죽 형태로 매스를 만들었다. 다만 절구 구조만 약간 변형되어, 육체적으로 힘든 작업을 다소 수월하게 해주었다. 1800년 무렵에는 오목한 형태의 수평 화강암 판 아래에다 목탄을 때서 볶는 작업을 했다. 화강암 대신 부분적으로는 금속을 이용하기도 했다. 카카오 원두를 가는 작업은 국수를 밀 때 쓰는 홍두깨 같은 밀대를 이용했다. 가열하면 원두를 빨리 으깰 수 있지만, 목탄에서 나오는 연기를 생각해보면 상당한 부담이었을 것이다.

이 작업이 육체적으로 얼마나 힘들었는지는 하노버 근처 슈타인후데의 독일 최초 초콜릿 공장에서 일한 노동자의 묘사에서 잘 알 수 있다. 이 공장은 군주 빌헬름 폰 샤움부르크-리페가 1765년 설립한 것이다. 그는 포르투갈 군대의 육군 대령으로 근무하면서 초콜릿을 알게 되었다. 1816년 노동자가 묘사한 작업 과정을 살펴보자.

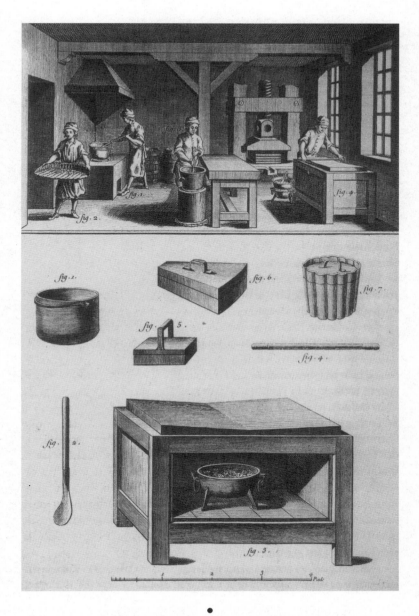

산업생산 이전의 초콜릿 제조. 18세기에 초콜릿 제조를 위해 사용되었던 도구들이다.
아래 그림에서 볼 수 있듯이, 화덕 위에 맷돌 같은 것이 놓여 있다.

"카카오 원두 껍질이 갈라지거나 쉽게 떼어 낼 수 있을 정도로 잘 볶는다. 그러고 나서 원두와 껍질을 분리해 초콜릿 기계(철로 만든 반구형 솥으로 절굿공이가 붙어 있다)에 원두를 일정하게 넣는다. 이 기계 밑에다 은근하게 목탄 불을 지피고, 고정된 절굿공이로 원두가 알갱이 없이 끈적끈적하게 될 때까지 으깬다. 그 다음에는 설탕을 필요한 만큼 넣고 잘 섞는다. 일정한 양을 형틀에 넣어 작업대에서 흔들고 뒤집기를 반복해 초콜릿 표면을 매끈하게 한다."[24]

특히 원두 분쇄 작업이 고된데다 시간도 오래 걸려, 이 부분에서 기술 혁신에 대한 압력이 컸다. 이 작업의 기술적 해결책을 고심하는 과정에서 18세기 말부터 스페인, 네덜란드, 심지어 독일에서도 최초의 원두 분쇄기가 나왔다. 당시 으뜸이었던 기계는 이탈리아인 보첼리가 만든 세로형 절구다. 이 절구는 크랭크를 이용해 서로 연결된 실린더 여러 개가 돌판 위에서 작동할 수 있도록 고안된 장치다. 실린더 자체의 무게로 카카오 원두를 갈아 반죽 형태의 매스로 만들었다. 보첼리가 고안한 기계는 돌판을 불로 가열해 카카오 매스 생산도 간편하게 했다.

이 시기 스페인에서는 나귀의 힘을 빌려 카카오 방앗간을 가동했고, 암스테르담에서는 코엔라트 요하네스 반 후텐이 만든 카카오 제분기를 썼다. 훗날 네덜란드에서 제일 큰 카카오 공장을 창업한 그는 1815년 공장 가동 허가를 받았고, 이후 카카오 원두를 분쇄했다.

원두 분쇄 말고도 초콜릿 첨가제 마쇄와 혼합 역시 초콜릿 생산에서 손이 많이 가는 작업에 속한다. 여기서도 풍력이나 수력을 이용하거나 적합한 기계를 설계해 힘든 노동을 쉽게 하려고 했다. 1811년 프랑스 사람 포앙슬레가 반죽기를 개발하는 데 성공했지만,

기계는 문제가 많았다. 물론 그 시대 다른 기계들도 요구사항을 충족시키지는 못했다. 몇 차례 실패를 거듭하고 나서야 기계공 헤르만이 1841년 급성장하던 초콜릿 산업에 사용할 수 있는 반죽기를 개발했다. 프랑스 초콜릿 회사 메니에(Menier)는 이 반죽기를 사용해 연간 생산량을 3천 250톤으로 끌어올릴 수 있었다.

초기 기계들이 여전히 수력, 풍력, 근력을 이용해 작동되었다면, 19세기 초에 이르러 몇몇 공장에서는 증기 힘을 이용한 기계가 사용되었다. 이 분야에서도 프랑스 초콜릿 업계가 앞서 나갔다. 1819년 펠르티에(Pelletier) 초콜릿 공장이 최초로 증기 기계를 가동시켰다. 같은 시기 영국 브리스톨에 위치한 요셉 프라이(Joseph Fry, 1728~1787) 초콜릿 공장에서도 증기 기계가 돌아갔다.[25]

19세기 중반까지 초콜릿은 여러 분야에서 생산되었다. 약사들도 여러 가지 치료제를 혼합해 초콜릿을 제작해 고객에게 제공했고, 제빵업자, 음료(술) 제조업자와 과자 생산업자들까지 경쟁했다. 그들은 서로 다른 판매소에서 자신들이 제작한 초콜릿을 팔았다. 스위스에서는 과자 생산업자들이 중요한 역할을 했는데, 그들 중 상당수가 훗날 초콜릿 회사를 창업했다. 스위스의 과자 생산업자들은 17세기부터 이웃 나라로 진출해 이름을 날렸다. 스위스로 돌아올 때 그들은 과자나 초콜릿 제조 기법만 들여온 것이 아니었다. 외지에서 쌓은 사업상의 인맥도 그들에게는 중요한 자산이었다.[26]

초콜릿은 고정된 공장에서만 만들어지지 않았다. 스위스에서는 이동거래가 자리를 잡았다. 이탈리아와 프랑스의 이동 작업자들은 카카오 원두를 가지고 도시를 전전하며 현지 고객들에게 팔 수 있을 만큼 충분히 초콜릿을 제조했다. 그들은 큰 장터의 손님들 앞에서 원두를 볶는 솥과 분쇄 판을 걸어 놓고 직접 초콜릿을 만들었다.[27] 그러나 기술 발전, 증기력 이용, 카카오 가격 하락으로 인해 상황이 급격하게 변했고, 이동거래는 완전히 사라졌다.

초콜릿 생산은 1830년대부터 급성장하기 시작했는데, 이에 따라 생산자들 간 경쟁도 치열해졌으며 갈등도 늘어났다. 이를 잘 보여 주는 것이 당시 시장을 차지하려는 경쟁이 격렬하게 벌어졌던 베를린 시장이다.

1817년에 설립된 테오도르 힐데브란트(Thoedor Hildebrand)는 19세기 전반 영향력 있던 초콜릿 기업 중 하나다. 테오도르 힐데브란트는 처음부터 대단히 성공적이었으며 공식 왕실 납품업자로 선정된 1830년까지 계속 번창했다. 왕실 납품업자로 선정되는 것은 당시 기업으로는 무척 중요했다. 금전적으로 이익일 뿐 아니라 기업의 생존도 보장되었기 때문이다.

1828년에는 요한 프리드리히 미테(Johann Friedrich Miethe)가 포츠담에 새로운 초콜릿 회사를 차렸다. 미테는 눈에 띄게 공격적인 광고를 냈다. 자신의 기업을 '포츠담 최초의 증기 공장'이라고 선전했으며, 제품에 증기 초콜릿이라고 이름 붙였다. 이 광고는 마치 초콜릿에 특별히 품질을 향상시키는 증기 처리를 했다는 인상을 주었다. 그밖에도 미테는 경쟁사 테오도르 힐데브란트를 간접적으로 비방했다. 그 회사가 사용하는 카라카스 카카오의 품질이 낮다며, 이는 카카오 분석을 통해 이미 여러 뛰어난 화학자가 확인한 사항이라고 했다.

19세기에는 화학자들을 들이대면서 증명서를 만드는 것이 유행처럼 번졌다. 자신들이 생산한 초콜릿의 품질을 보증하고, 다른 회사의 품질이 낮다는 것을 보여 주는 데 활용되었다. 평가와 그 반대 평가가 엇갈리면서 오랜 기간 동안 논쟁이 벌어지기도 했다.

테오도르 힐데브란트도 미테의 공격에 반대 평가서를 내보이며 즉각 반응했다. 이 반대 평가는 베를린의 유명한 약사이자 화학자였던 지기스문트 헤름브슈테트가 작성한 것으로 1830년 3월 16일 〈국정과 학문 관련 사안 베를린 소식〉이라는 신문에 발표되었다. 그는 이 평가서에서 소비자를 오도하는 증기 초콜릿이라는 말에 시비를 걸면서 미테를 비판했으며, 자신은 카라카스 카카오를 선호한다고 밝혔다. 요한 프리드리히 미테는 이 평가서의 논거에 반박할 수 없었다. 증기 초콜릿을 둘러싼 논쟁은 쉽게 끝났지만, 당시 많은 업자는 '증기 초콜릿'을 앞세우고 베를린 혹은 독일 시장으로 몰려들었다.[28]

미테 사의 증기 초콜릿을 둘러싼 논쟁은 19세기 전반, 기술력이 발전하면서 급속하게 성장한 초콜릿 시장에 나타난 경쟁 압력을 보여 주는 예다. 시장은 국가 규제를 거의 받지 않았기 때문에 모든 갈등은 기업들 스스로 해결해야 했으며, 시장을 통해 조정되었다. 이런 사태는 19세기 후반, 초콜릿의 순도를 둘러싼 논쟁에서도 불거졌고, 이는 초콜릿협회 창립으로 이어졌다.

주 ─────────

1) Graf 2006, 55쪽
2) Coe&Coe 1996, 188쪽 이하
3) 2)와 같은 책, 같은 곳
4) Morton 1995, 35쪽 참조
5) Wolschon 2007, 48쪽 이하
6) Graf 2006, 94쪽 이하
7) Schiedlausky 1961, 18쪽 이하
8) 7)과 같은 책, 23쪽
9) Graf 2006, 94쪽 이하
10) 9)와 같은 책, 77쪽
11) Mueller 1957, 48쪽 이하
12) Italiaander 1980, 81쪽
13) Mueller 1957, 68쪽
14) Graf 2006, 82쪽
15) Joest o.J., 18쪽
16) Mueller 1957, 56쪽 이하
17) Morton 1995, 22쪽 이하
18) Mueller 1957, 57쪽
19) Italiaander 1980, 11쪽 이하
20) Pape 1998, 66쪽 이하
21) Schroeder 2002, 85쪽
22) Italiaander 1980, 15쪽 이하
23) Italiaander 1980, 78쪽. 스티븐슨에 대해서는 같은 책, 103쪽 이하
24) Rheinisch-Westfälisches Wirtschaftsarchiv
25) Mueller 1957, 115쪽 이하
26) Rossfeld 2007, 54쪽
27) 27)과 같은 책, 49쪽
28) Mueller 1957, 119쪽 이하

10장

초콜릿,
대중 속으로
들어가다

사치품에서 소비품으로 변하다

19세기가 지나면서 초콜릿은 귀족적인 사치품에서 일반적인 소비품으로 변했다. 시민들도 초콜릿을 구매할 수 있게 되었는데, 특히 수적으로 팽창하던 하층민들에게 초콜릿은 술 대용품과 원기회복제로 알려졌다. 이런 상황은 여러 가지 변화를 통해 가능했다. 여기서 가장 의미 있는 변화는 수작업으로 만들던 초콜릿을 18세기 말부터 수력과 증기력을 이용해 기계로 만들었다는 점이다.

이렇게 초콜릿은 저렴한 가격으로 대량생산되었다. 19세기 초까지만 해도 초콜릿 업계에서 중요한 역할을 했던 소규모 수공업 제조업체는 19세기 후반에 대규모 산업 제조업체로 흡수되거나 시장에서 퇴출되었다. 오늘날 여전히 활동하는 여러 중요한 초콜릿 회사들은 이 시기에 생겼다.

19세기에는 생산비 외에도 모든 초콜릿 원료 가격이 하락했다. 특히 19세기 말, 처음으로 아프리카에서도 카카오 재배가 시작되면서 가격이 떨어졌다. 유럽 열강들이 집중적으로 아프리카에서 카카오를 재배하며 생산량이 증가한 것이다. 세계적으로 카카오 생산은 1895~1905년에 14만 5천 553톤으로, 두 배 늘어났다.[1]

설탕 역시 비슷한 과정을 겪었다. 설탕은 비싼 사탕수수 대신 저렴한 사탕무가 대체물로 등장하면서 가격이 더욱 빠르게 내려갔다. 카카오와 설탕의 생산 증가는 원자재 가격 하락으로 이어졌고 이는 당연히 초콜릿 가격을 크게 낮추는 역할을 했다. 게다가 독일에서는 1880~1913년에 실질 소득이 해마다 약 1.4퍼센트씩 증가했다. 비록 소득 분배에 있어서는 여전히 분명한 격차가 있었지만, 그래도 이 시기 평균 생활수준은 전반적으로 크게 향상했다.[2]

19세기가 흘러가면서 지속적으로 늘어난 초콜릿 수요는 초콜릿 업계 성장으로 이어졌다. 19세기 후반까지도 프랑스가 양과 질에서 초콜릿 생산의 선두주자였다. 다른 유럽의 기업들은 프랑스식 가공법과 생산법을 따랐다. 이 시기에 유럽의 유명한 초콜릿 공장주들은 프랑스를 찾아, 초콜릿 생산 비밀을 캐내려고 했다.

1874년 빈 세계박람회에서 열린 프랑스 특별전시를 특히 눈여겨 볼만하다. 전시회 보도에 따르면 사람들은 파리 근처 누와시엘(Noisiel)에서 온 초콜릿 생산업자 메니에(Menier)를 주목했는데, 그는 당시 세계에서 최고로 큰 초콜릿 업체를 운영하는 제조업자였다. 이 기업 공장은 건축학적으로도 빼어났으며, 종업원 약 500명을 고용해 연간 초콜릿 4천 500톤 정도를 생산했다. 메니에는 니카라과에 자체 카카오 농장도 가지고 있었다.[3] 메니에는 제1차 세계대전 전까지는 주도적 위치를 지켰다.

19세기 말에 이르자, 유럽 다른 여러 나라의 초콜릿이 프랑스에 맞먹는 품질 수준에 도달했다. 몇몇 경우에는 심지어 그 수준을 뛰어넘었다. 19세기 마지막 20년 동안은 스위스 초콜릿 기업들이 업계에서 차지하는 비중이 엄청나게 커졌다. 빈 세계박람회에서는 스위스 초콜릿 제조업체 7개 중 총 5곳이 수상하기도 했다.[4]

이런 급속한 발전은 여러 스위스 초콜릿 제조업자의 헌신적인 노력의 결과였는데, 특히 필립 쉬샤르(Philippe Suchard, 1797~1884)와 루돌프 슈프륑글리(Rudolf Sprüngli, 1816~1897)의 공이 컸다. 이들은 19세기 말 초콜릿 생산을 근본적으로 혁신한 사람들이다. 콘칭이나 밀크 초콜릿 같은 새로운 기술 발전과 발명은 스위스 초콜릿 제조업자들의 공로다. 스위스 초콜릿은 이 시기에 명성을 얻기 시작해 지금도 그 명성을 이어가고 있다.

독일에서도 1870~1880년에 초콜릿 산업이 크게 성장했다. 초콜릿 공장 수 역시 1875년 142개에서 1895년 178개로 늘었다. 같은 시기 독일 초콜릿 업계 고용자 수는 2천 440명에서 8천 740명으로 늘었다.[5] 외국에 수많은 지점까지 내면서 세계적인 회사로 성장한 쾰른의 초콜릿 공장 슈톨베르크(Stollwerck)는 이러한 독일 초콜릿 발전의 대명사로 꼽힌다. 이 흥미로운 기업의 격동에 찬 역사에 대해서는 나중에 다시 살펴보기로 하자.

갈색 황금의 뒷면

19세기 후반, 유럽과 북미의 초콜릿 수요는 늘어났고, 카카오 생산과 거래 역시 눈에 띄게 증가했다. 비록 이 시기의 유럽 사람들 대다수는 여전히 빈곤과 비참함 속에서 살았지만, 점점 더 많은 사람이 초콜릿을 구매할 수 있는 경제력을 갖추게 되었다. 수공업자와 공장 노동자가 여기에 해당한다. 수입이 늘면서 그들에게 초콜릿은 더는 입맛만 다시고 돌아서야 하는 물품이 아니었다.

생산업자들은 이 새로운 구매층을 겨냥해 퍽 저렴한 초콜릿을 생산했는데, 물론 품질은 매우 낮았다. 초콜릿 생산에는 적합하지 않은 값싼 첨가제를 써서 수요를 맞춘 상품으로, 카카오 함량을 줄이려고 밀가루를 넣었다. 이런 방식은 당연히 비판을 받았으며, 1850년 이후에는 초콜릿 위조 방지와 제조 기준 확정에 관한 요청이 이어졌다.

19세기 말, 카카오 거래는 여러 유럽 국가에서 수익성 있는 사업으로 발전했다. 특히 영국이 이 부분에서 두각을 나타냈다. 영국은 서아프리카 식민지에서 대량으로 카카오를 들여왔다. 이이서 프랑스, 포르투갈, 네덜란드 같은 다른 나라들도 식민지에 대규모 카카오 재배농장을 세웠다. 아프리카와 아시아에 이렇다 할 식민지가 없던 독일마저도 19세기 후반 카카오 원두 생산과 거래에 뛰어들었다. 이 시기까지 카카오 생산 국가는 여전히 라틴아메리카에 한정되어 있었다.

남아메리카 대륙 내에서는 카카오 재배지역에 변화가 있었다. 멕시코에서 카카오가 성장하기에 적합한 조건을 갖춘 카리브 해로 재배지역이 이전된 것이다. 카리브 해에서는 멕시코처럼 광산과 경쟁할 필요도 없고, 유럽으로 운반하기도 편했다. 거의 동시에 베네수엘라, 에콰도르, 브라질이 주요 생산 국가로 등장했으며, 몇십 년 사이 이들 국가는 중요한 카카오 생산국으로 발전했다.

생산 국가 내에서도 카카오 재배가 번성한 지역이 형성되었다. 브라질의 경우 산살바도르 항구를 낀 바히아 지역이 대표적이다. 산살바도르는 당시 가장 큰 카카오 수출항 중 하나였다. 해마다 카카오 약 1만 7천 톤이 수출되었지만, 득을 본 자들은 몇 안 되는 대지주였고, 농장 노동자 대부분은 여전히 가난에 허덕였다.[6]

호르헤 아마도의 유명한 소설 《황금 열매의 나라》를 읽어 보면 바히아 지방 카카오 농장 노동자들의 삶이 어떠했는지를 잘 알 수 있다. 소설이 비록 1950년에 쓰이기는 했지만, 사정은 1900년대도 마찬가지였을 것이다. 카카오 농장 노동자들의 노동환경과 생활환경은 수십 년 동안 전혀 변하지 않았다. 그 대표적인 예가 오늘날까지도 계속되는 카카오 수확기의 아동노동이다. 호르헤 아마도는 소설 속에서 이렇게 묘사했다.

"아이들은 하루에 2분의 1밀레이스*를 벌었다. 벌거벗은 채로 돌아다녔으며, 마치 임신한 여자들처럼 배가 불룩 나와 꼴사납

---

* Milreis, 옛 브라질의 화폐 단위

게 보였다. 이유는 아이들이 먹는 흙 때문이었다. 아이들은 형편없는 끼니를 그렇게 보충했다. 흑인이건, 혼혈아건, 백인이건 아이들은 모두 다 누렇게 떠, 마치 카카오 나뭇잎을 연상시켰다. (……) 열매가 땅으로 떨어지면 아이들이 걸어가면서 주었고, 여인들이 칼로 열매를 잘랐다. 어떤 이들은 실수로 손을 다치기도 했다. 그러면 상처에 흙을 발랐고 거기다 카카오 과육 즙을 뿌렸다."[7]

카카오 재배에서 중남미가 차지하던 선도적 지위는 오랫동안 노예와 값싼 노동력에 의존한 것이다. 짧은 시간 내에 카카오 농장이 말 그대로 우후죽순처럼 생겨난 서아프리카의 경우도 사정이 다르지 않았다. 농장 수익성을 보장하려면 대량으로 이용할 수 있는 값싼 노동력 외에는 다른 방법이 없었다.

중남미 카카오가 어떻게 아프리카로 들어오게 되었는지는 아직까지 명확히 밝혀지지 않았다. 다만 아프리카로 확산된 것은 19세기 전반이었다는 것만은 확실하다. 한 이야기에 따르면, 1822년 서아프리카의 작은 섬인 프린시페에 카카오를 들여온 것은 포르투갈 육군 대령이었다. 얼마 뒤에 카카오는 인접 섬인 상투메로도 퍼졌다. 두 섬은 15세기부터 포르투갈 영향권에 있었으며, 수백 년간 아프리카 노예를 카리브 해로 운반하는 중간기지 역할을 했다.

1807년 영국이 노예무역을 금지하자, 두 섬은 급속하게 쇠퇴했다. 19세기 마지막 20년 동안 카카오 재배가 집중적으로 확산되기 전에, 상투메 섬에서는 짧은 기간이지만 대체 수입원으로 커피를 재배했다.[8] 약 830제곱킬로미터에 달하는 섬 전체 면적 중에서 1900년까지 500여 제곱킬로미터가 카카오 재배지역이었다. 1910년에는 두 섬에서 약 3만 8천 톤의 카카오가 생산되었는데, 이는 당시 전 세계 생산량의 거의 10퍼센트에 해당하는 양이었다.[9] 작은 섬 면적에 비하면 엄청난 생산량이었다.

이 두 섬에서 몇 년 사이에 카카오 재배가 급속도로 확산된 것도 값싼 노동력을 많이 투입한 덕분이다. 아프리카 본토에서 이른바 원조 노동자들을 강제로 잡아들였는데, 이들은 노예와 같은 조건으로 카카오 농장에서 일해야 했다. 이 노동자들과는 계약이 체결되었지만, 종종 자동으로 연장되었다. 임금이 지불되는 경우도, 오로지 농장 자체 상점에서만 이용할 수 있는 지불 수단 형태로 지급되었다. 농장을 떠나는 것은 금지되었으며 농장 소유주가 노동자들의 결혼 상대를 결정했다. 육체적 징벌과 학대는 다반사였다.[10]

농장에서의 비인간적인 노동 조건은 몇몇 유럽 국가, 특히 영국에서 19세기 후반부터 커다란 반향을 불러일으켰다. 1900년 영국 초콜릿 업계는 이 문제를 정면으로 다루었다. 영국에서 제일 큰 초콜릿 기업 이사이자 '반 노예 협회' 회원인 윌리엄 A. 캐드버리는 포르투갈 정부에게 서아프리카 섬의 노동 조건을 개선할 것을 요구했다. 이 요구에 아무런 반응이 없자, 캐드버리는 1908년 이 섬에 카카오 수입 금지 조치를 내렸으며, 이 조치는 제1차 세계대전이 시작된 다음에야 끝났다.[11]

프린시페 섬과 상투메 섬은 서아프리카에서 제일 중요한 카카오 생산지로 성장했을 뿐 아니라 서아프리카에 카카오를 도입한 관문이기도 했다. 카카오는 여기에서 현재 세계 최대 카카오 생산국이 된 가나로 건너갔다. 가나에서는 1880년대 초에 처음으로 카카오를 재배한 것으로 보인다. 이 나라의 카카오 생산은 1895년 13톤에서 1905년에는 5천 165톤으로 증가했다. 카카오 재배는 소농들에 의해 이루어졌으며 영국 식민지 정부가 장려했다. 비슷한 상황이었던 코트디부아르에서도 소농들이 카카오를 재배했다. 그곳 카카오 생산은 1890년 6톤에서 1906년에는 519톤으로 늘어났다.[12]

수확한 카카오 상당량은 독일로 수출했다. 독일에서는 함부르크가 중요한 카카오 거래소로 성장했다. 19세기 중반부터 이 한자도시에 무시할 수 없는 분량의 카카오를 하역했다. 물론 처음 수입된 분량은 비교적 소규모였지만 시나브로 증가했다. 1840년대에는 해마다 카카오 약 860톤을 수입했으며, 50년대에는 1천 220여 톤, 60년대에는 1천 580톤 가량을 수입했다. 1900년이 되자 수입량이 눈에 띄게 늘어났다. 독일 제국 내에서 초콜릿 소비가 급속하게 증가한 것이 그 이유였다. 20세기 초반 함부르크에서는 해마다 카카오 약 4만 4천 500톤을 하역했다. 물론 카카오의 상당 부분은 함부르크에서 베네룩스 국가들, 스칸디나비아 반도 국가들, 러시아로 다시 거래되었다. 또 발칸 국가들도 카카오 상당량을 함부르크에서 가져갔다.[13]

같은 시기, 한자동맹*을 통해 형성된 한자도시의 카카오 거래상들은 카카오 생산국에서 매우 적은 양을 직접 구매했다. 그들은 자체 지점과 농장 혹은 사업상 긴밀한 관계를 유지하던 한자 무역회사를 통해 카카오를 들여왔다. 한자 무역회사들은 산업 생산품을 수출하고 그 대가로 카카오 원두를 가져왔다. 카카오 거래상과 한자 무역회사 사이에는 에이전트와 중간상인이 있었고, 이들이 양자의 거래나 계약 체결을 알선해주었다.

---

* 중세 북유럽의 상업권을 지배한 북부 독일 도시들과 외국에 있는 독일 상업 집단이 상호 교역의 이익을 지키려고 창설한 조직

지금까지 활동하는 카카오 전문 한자 무역회사 중 하나가 알브레히트&딜(Abrecht&Dill)이다. 이 회사는 1806년 요한 위르겐 니콜라우스 알브레히트가 설립했다. 그의 가문은 여러 세대에 걸쳐 함부르크에 살았고, 다른 수공업 분야에서도 활동했다. 그는 1806년 6월 2일 회사를 창업했고 초창기에 무척 번성했다. 알브레히트는 동, 기름, 라인 포도주, 광천수, 설탕을 거래했다. 1819년 테오도르 딜이 회사에 들어와 나중에 회사 공동 소유주가 되었다. 1835년 1월 1일 회사명을 알브레히트&딜로 변경했다.[14]

　　알브레히트&딜과 같은 무역회사들은 주로 상품 무역과 수수료 업무에서 수익을 창출했다. 19세기 중반에는 후자의 경우가 수입 대부분을 차지했다. 이 회사의 상품 무역은 대단히 방대했다. 몇 가지 품목만 열거하면 곡물, 왁스, 뼈, 와인, 양모, 모피, 타조 깃털 등을 거래했다. 그중 중요한 무역품은 커피, 카카오, 차, 설탕, 향신료, 담배였다. 19세기 중반 이 회사는 카카오를 주력 상품으로 특화해서 거래 품목에 넣었다.

　　알브레히트&딜은 상품 거래를 위해 암스테르담, 안트베르펜, 런던, 모스크바, 파리, 뉴욕, 빈 등과 같은 도시에 창고를 운영했다. 창고 운영은 회사 입장에서는 비용이 많이 들지만, 당시 열악하고 불안정한 운송 상태를 고려하면 불가피한 일이었다. 겨울에는 배가 다니지 못했을 뿐 아니라, 다닌다 하더라도 대단히 제한적이었다. 철도 수송량 역시 오랫동안 매우 제한적이었다. 함부르크 한 곳만으로는 고객들에게 빨리 물건을 공급하기가 불가능했다. 다른 상인들과 마찬가지로 알브레히트&딜 역시 선박업자로부터 독립하고자 19세기 중반에 자체 선박을 구매했다. 여러 척을 운항한 적도 있었다.

1850년대 말, 알브레히트&딜은 경제위기와 여러 가지 회사 내부 문제들로 회사 구조에 변화를 줘야 했다. 1870년 무렵부터 회사 거래 품목을 전문화한 것도 그 이유에서다. 오랫동안 숙고한 끝에 회사는 카카오 무역에 집중하기로 결정했다. 카카오에서 회사를 성장시킬 수 있는 큰 잠재력을 보았기 때문이다. 당시 초콜릿은 점차 국민식품으로 자리를 잡아가고 있었으므로 수요가 증가할 것은 확실했다.[15]

19세기 후반, 알브레히트&딜은 처음에는 주로 중남미 여러 지역에서 카카오를 들여왔고, 아주 적은 양만 자바와 실론 섬에서 가져왔다. 초기에 아프리카는 아무런 역할도 하지 못했지만, 아프리카에 카카오 재배가 확산된 1900년 즈음 상황이 바뀌었다. 알브레히트&딜은 아프리카 카카오 재배지역에서 인맥으로 알던 여러 무역회사를 통해 카카오를 수입했다.

하지만 이런 방법에 문제가 없었던 것은 아니다. 알브레히트&딜 책임자들은 반복해서 원두에 껍질이나 다른 이물질이 혼합되었다는 것과 카카오 무역에서 투기가 일어난다는 점에 불만을 표시했다. 1901년 회사 연간보고서에 따르면 가격 변동 이유에 대해 다음과 같이 밝혔다.

"유감스럽게도 카카오 품목에 얼마 전부터 투기적 조작 등이 파고들고 있다. 이로 인해 시장 사안에 대한 정상적이며 합당한 판단과 발전이 방해 받고 있으며, 공매도를 남발하는 시기에는 가격이 상승할 아무런 이유도 없는데 일시적으로 가격이 상승했다. 때문에 안정적이고, 정상적인 거래가 방해 받고 있다."[16] 여기서 분명히 드러나는 것은 카카오의 가격 변동이 당시에도 투기를 통해 야기되었

364

다는 점이다. 투기는 오늘날에 등장한 새로운 문제가 아니다.

알브레히트&딜 고객은 대부분 드레스덴의 하르트비히&포겔(Hartwig&Vogel), 베를린의 마욱시온(Mauxion), 쾰른의 슈톨베르크처럼 독일의 유명한 초콜릿 제조업체였다. 그밖에도 러시아, 스칸디나비아, 프랑스, 이탈리아, 오스트리아-헝가리 제국의 고객도 이 회사로부터 카카오를 납품 받았다.[17] 현재도 알브레히트&딜은 계속해서 카카오와 카카오 반제품 무역을 전문으로 한다. 고객 역시 독일과 유럽에 본사를 둔 수많은 카카오 기업이다.

독일 식민지에서 온 카카오

1871년 통일 민족국가를 건설하면서 독일은 경제적, 정치적 팽창을 시작했다. 자체 식민지 건설도 그 가운데 하나였다. 독일의 식민지 열망 배후에 숨겨진 세력 중 하나가 아프리카와 적극적으로 무역을 하던 한자도시 상인들이었다. 함부르크의 선박업체 C. 뵈르만(C. Woermann)과 무역회사 얀첸&토르멜렌(Jantzen&Thormählen)이 대표적이다.

두 회사는 1870년 무렵 서아프리카와 수익성 높은 거래를 시작하며, 카메룬에는 대규모로 토지도 매입했다. 함부르크 상인들은 향후 그들의 무역과 재산을 보호하고자 독일의 카메룬 식민지화를 지지했다. 이러한 시도의 정점은 제국 의회 의원이자 함부르크 상공회의소 회원이었던 선박업자 아돌프 뵈르만(Adolph Woermann, 1847~1911)이 1883년 제국 정부에 제출한 진정서다.

1884년 4월, 첫 번째 지역으로 지금의 나미비아가 독일-서남아프리카라는 이름으로 독일 제국의 '보호' 하에 놓였다. 뒤이어 아프리카와 아시아에 계속 식민지를 건설했다. 아돌프 뵈르만이 진정서에서 밝힌 카메룬 식민지화는 몇 달 뒤에 이루어졌다. 1884년 7월 14일 공식적으로 카메룬 강가의 주거지에 대해 독일이 보호 지배를 선언했다.[18] 카카오를 생각하면 카메룬을 지배하에 두는 것이 중요했다. 카메룬은 후에 상당량의 카카오를 재배해 독일로 수출한 유일한 독일 식민지였다.

카메룬에 대형 농장을 건설하는 것은 처음부터 독일 정부의 핵심 사안이었고, 제국 의회에서도 논의했던 내용이다. 1886년 1월 19일 의회에서 아돌프 뵈르만은 독일 식민정책의 어려움과 목표에 대해 발표했다.

"이미 카메룬에 대형 농장 건설을 시도하는 업체들이 있습니다. 또 그곳에서 토지를 개간하려고 자금을 마련한 회사도 있습니다. 당연히 현재 시점에서는 보고할 만한 구체적인 결과는 없습니다. 이 회사의 해당 직원이 현지에 도착한 지 이제 겨우 네 달이 지났습니다. 관건은 마음대로 부릴 수 있는 값싼 흑인 노동자를 충분히 확보하는 일인데, 저는 성공할 것이라고 확신합니다. 마찬가지로 현재 현지에서 시도하고 있는 기업이 성공한다면, 이는 식민지 현지뿐 아니라 독일을 위해서도 큰 이득이 될 것이라고 확신합니다."[19]

카메룬에 대형 카카오 재배농장을 건설하려는 시도는 쉬운 일이 아니었다. 식민지를 개척하고 얼마 지나지 않아 대형 농장을 만들었지만, 초기에는 담배 재배에 집중했다. 이후 소농들이 카카오를 생산하다가 1886년부터 대형 농장 체제로 전환했다. 1889년에는 카카오 다섯 자루라는 아주 보잘 것 없는 수출량을 보였지만, 곧 빠르게 양이 늘었다. 1893년에는 카메룬에서 독일로 선적된 카카오는 1천 320자루에 달했다.[20]

카카오 재배와 수출은 독일에서 증가하는 수요를 충족시키고자 카메룬 현지 독일 행정당국의 강력한 지원을 받았다. 카카오 검사국이 설치되었고 카카오 재배에 자문역을 맡는 시범 농장도 건설되었다. 이 밖에도 식민지 정부 측에서는 법적 규정을 의결해 토지 수용을 손쉽게 만들어 대형 농장 형성을 촉진했다. 시간이 지나자 효과가 드러났다. 제1차 세계대전이 발발하기 전, 독일은 전체 카카오 수요의 13퍼센트를 자체 식민지에서 조달했는데, 그중 90퍼센트는 카메룬에서 들어왔다. 1887년 설립된 서아프리카 재배회사 빅토리아(WAPV)는 카메룬에서 제일 큰 농장을 운영했으며, 연간 카카오 원두 1천 700톤을 생산했다.[21]

대형 카카오 농장이 지속적으로 건설되고 수확량도 점진적으로 늘어났지만, 원주민들에게는 결코 성공의 역사가 아니었다. 오히려

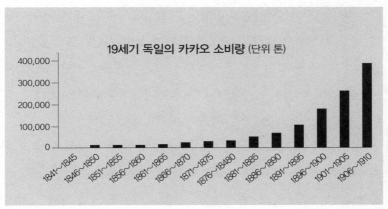

19세기 독일의 카카오 소비량 (단위 톤)

출처: 독일제국 통계연감

슈톨베르크 초콜릿이 '독일 식민지 카카오'를 사용한다는 것을
소비자들에게 보여 주고 있다. 1907년 광고사진

대형 농장의 노동 조건은 비참하기 짝이 없었다. 브레멘 상인 J. V.
비토르는 1913년 농장 상황에 대해 쓴 것을 보자.

"죽어 나간 사람들이 얼마나 되는지 정확히 알 수 없다. 이는 현
재 대형 농장에서 일하는 이들의 상황이 얼마나 열악한지 보여 주
는 징표다. 작년에 카메룬에 있었을 때, 들은 바로는 티코 농장에서
는 노동자의 50퍼센트, 심지어 75퍼센트가 6개월 내에 죽었다고 했
다. 그곳 관리인이 확인해준 사실이다."[22]

사망률이 높은 데는 여러 가지 이유가 있었다. 끔찍한 위생 상태
와 부족한 의료 시설 말고도 병, 학대, 영양실조로 농장 노동자들이
희생되었다. 힘든 노동 조건, 높은 사망률, 카카오 경작 확대로 인해

368

카카오 농장에 노동력을 충분히 제공하는 것이 점점 더 어려워졌다. 결국 강제 동원을 시행했는데, 이 조치가 얼마나 무자비했는지 어떤 동네에서는 사람의 자취가 사라졌다고 한다.

농장 노동자들의 비참한 상황에도 식민 지배자들과 농장 소유주들은 꿈쩍하지 않았다. 오히려 자신들의 조치가 교육적으로 의미 있다고 확신했다. 이런 태도는 제1차 세계대전 바로 직전 카메룬을 탐사한 지리학자 프란츠 토르베케(Franz Thorbecke, 1875~1945)의 아내 마리 파울리네 토르베케(Marie Pauline Thorbecke, 1882~1971)가 남긴 기록에서 분명히 드러난다.

"이제야 이런 조치들이 검둥이들에게 교육적인 효과가 있다는 것을 알았습니다. 과거에 그들이 덤불 속에서 살았을 때 (……) 그들은 필요한 만큼만 곡식을 재배했지요. 기껏해야 기장을 세 광주리 이상 거두지 못했습니다. 이제 이곳에서 그들은 필요 이상으로 식량을 조달해야 한다는 것을 배웁니다. 왜냐하면 생필품을 사려면 대상(隊商)들에게 식량을 팔아야 하기 때문이죠. (……) 이렇게 해서 게으른 검둥이들이 부지런해진 겁니다. 비록 느리기는 하겠지만 그들도 벌이를 해서 경제적으로 나아질 겁니다."[23]

카메룬의 독일 상인들은 오랫동안 배후지와 해안지역 상거래를 통제하던 원주민 집단인 두알라와 경쟁했다. 이런 중간거래가 두알라에게 일정한 부를 가져다주었다. 그러나 독일과 유럽의 무역회사와 식민지 정부의 압력으로 결국 두알라는 농사를 짓도록 강요당했다.[24] 그들은 농사에서도 대부분 큰 성공을 거두었다. 그래서 자체 카카오 농장을 운영했으며, 노동자 수백 명을 고용하기도 했다.

하지만 독일 식민 지배가 진행되면서 두알라는 계속해서 식민

정부와 부딪혔다. 식민 정부는 두알라에게서 경제적인 토대만 앗아
간 것이 아니라, 모든 저항을 사전에 봉쇄했다. 억압정책의 정점은
1893년 당시 부총독 라이스트의 명령에 따라 남편들이 보는 앞에
서 두알라 부인들을 발가벗겨 채찍질한 사건이었다. 총독부는 남녀
370명을 팔아넘겼고, 그중 일부는 정부 농장에서 일해야 했다. 팔려
나가면서 그들은 아무런 보상도 받지 못했고, 이는 두알라의 저항
으로 이어졌다.[25]

　유럽의 정치적 불안과 세계 경제위기로 점철된 전후시기, 독일
의 식민 지배가 끝나면서 카메룬에서의 카카오 재배도 잠정적으로
중단되었다. 독일 농장 소유주들은 전쟁이 끝나자 예외 없이 재산
을 몰수당했다. 두알라의 몇몇 농장은 1930년대까지 계속 카카오를
재배했지만, 곧 포기해야 했다. 이 시기 모든 유럽 식민국가의 카카
오 농장 사정은 마찬가지였다.[26]

혁신의 시대, 초콜릿 생산의 산업화

　19세기 후반, 산업화와 구매력 증가로 유럽에서 초콜릿 수요가
늘어났고, 전 세계적으로 카카오 재배도 확산되었다. 독일에서는 제
국의 등장과 1870~1871년 독불전쟁에 따른 프랑스의 배상금으로
경제가 급속하게 성장했으며, 거의 모든 산업 분야에서 기술 발전
이 급격하게 빨라졌다. 초콜릿 산업에서도 많은 기업이 창업했으며
새로운 기술이 퍼져나갔다. 공장에서 초콜릿을 생산하므로 늘어나
는 수요를 충족시킬 수 있었다.

레만의 제작 방식에 따른 카카오 버터 압축기. 이 발명 덕분에 값싼 카카오 분말을 제작할 수 있게 되었다.

이런 기술 혁신의 밑바탕에는 1828년 네덜란드 화학자 코엔라트 요하네스 반 후텐이 개발한 기계식 카카오 버터 압축기가 있었다. 이 기계 덕분에 카카오 원두의 지방을 압축할 수 있게 되었다. 이전까지 카카오 버터는 오랫동안 푹 끓이거나 화학 약품을 첨가해 추출했다. 하지만 방법들은 모두 손이 많이 갈뿐 아니라 비용도 만만치 않았다. 압축기가 발명되면서 간단히 카카오 버터를 압축해 반죽을 얻을 수 있었고, 이를 갈아서 가루로 만들었다.

마지막 가공 단계에서는 카카오 가루에 알칼리 처리를 해야 한다. 이는 카카오가 물에 잘 녹을 수 있도록 칼륨이나 탄산나트륨으로 처리하는 것을 말하며, '더칭(Dutching)'이라고 부른다. 덕분에 소화가 잘되고, 가격이 저렴하며 쉽게 조리할 수 있는 기존 초콜릿 음료의 대용 음료를 만들 수 있었다. 또한 카카오 버터 압축기가 발명되기 전까지는 초콜릿 음료를 마실 때마다 표면에 엉긴 카카오 버터를 힘들게 떠내거나 잘 휘저어야 했는데, 그럴 필요가 없어 훨씬 간편해졌다.

지금까지 마셔온 지방을 함유한 초콜릿 음료와 달리 조리도 쉬워졌다. 이전까지 초콜릿 음료를 만들 때는, 고체인 카카오 덩어리를 얇게 저며 초콜릿 조각으로 만들어 설탕, 노른자나 전분제(감자 전분, 귀리 전분, 칡 전분, 도토리 전분, 사고*, 잘게 자른 아이슬란드 이끼, 영국에서는 으깬 조개껍질과 쌀 전분을 사용)와 함께 조리해야 했다. 때로는 초콜릿 음료에 바닐라, 계피, 용연향, 때로는 사향을 첨가해 다양한 변화를 주기도 했다. 빨간 피망을 첨가해 초콜릿 음료에 색을 넣는 것도 자주 사용한 방법 중 하나였다.

기술 혁신으로 생산 가격이 저렴해지자 가난한 계층을 위한 음료로 적합하다는 선전과 육체노동에 지친 공장 노동자들에게 원기회복제로 좋다는 이야기가 나돌았다. 영국에서는 마침 많은 사업가가 술 소비를 강하게 비판하던 시기였기에, 이 저렴하고 영양에 맛까지 갖춘 새로운 카카오 음료가 알코올 대용품이 되었다. 스위스 초콜릿 제조업자 슈프륑글리-암만(Sprüngli-Ammann, 1816~1897)은 1883년 취리히 주 초콜릿 전시회에 대해 쓴 보고서에서 이 점을 상세히 언급했다.

"노동자 계층에 속하는 가난한 사람들 대다수는, 소박하지만 몸에 좋고 기운을 북돋는 음식을 필요로 한다. 그러나 평생 영양가 없

---

* Sago. 사고야자의 나뭇고갱이에서 뽑은 녹말

는 커피나 치커리 커피까지 마신다. 또 어떤 지역에서는 아주 어린 아이까지 포함해 온 가족이 따뜻한 설탕물에 향을 넣은 알코올을 첨가해 마신다. 엄청나게 소비되는 이 보잘 것 없는 혼합물이 잠시 위를 채워줄 수는 있다. 하지만 특히 어린이의 경우, 정신과 육체를 망가뜨리는 알코올 중독 위험에 노출되어, 제대로 배우고 성장하기 어렵다.

반대로 값도 싸고 양심적으로 제조한 초콜릿은 지속적으로 영양을 공급하며, 심한 육체노동을 하는 사람뿐 아니라 어린이에게도 좋다. 알코올 설탕물이 무기력증으로 인한 여러 질환과 크레틴병을 일으키는 것과 달리 초콜릿은 생기를 불어넣고, 원기를 회복시켜 준다. 많이 마실 필요도 없다. 초콜릿은 평범한 사람들이 진짜 필요로 하는 모든 특성을 다 갖추고 있으므로, 이제 산골에 살아 돈이 없는 계층도 즐길 수 있도록 해야 한다."[27]

그는 카카오와 초콜릿 제품의 영향에 대한 증거로 군대에서 초콜릿을 비상식량으로 쓰는 것을 예로 들었다. 그리고 하층민들에게 초콜릿을 알리고자 요리 실습을 통해 가정주부들에게 초콜릿 조리법을 알려줄 것을 권했다.

코엔라트 요하네스 반 후텐이 카카오 버터 압축기를 발명한 이후 다른 회사들도 유사한 기계 개발을 시도했다. 독일에서는 드레스덴의 회사 레만(Lehmann)이 두각을 나타냈다. 1834년, 요한 레만(Johann Lehmann)이 설립한 이 회사는 몇십 년 지나지 않아, 독일 초콜릿 산업에서 가장 중요한 기계 개발사 및 생산 기업으로 자리를 잡았다. 레만은 이론 교육을 전혀 받지 않았지만, 다양하고 중요한 초콜릿 제조 기계를 발명했다. 그와 아들 루이스 베른하르트 레만

초콜릿 제조에 중요한 발명과 기술 개발

1811년   포앙슬레(Poincelet)가 카카오 매스와 설탕 혼합 반죽기를 개발했다.

1828년   코엔라트 요하네스 반 후텐(Coenraad Johannes van Houten)이 카카오 버터 압축기를 발명했다. 이로써 값싼 카카오 가루 생산이 가능해졌다.

1846년   기술자 도플레(Daupley)가 초콜릿 판형을 제작했다. 처음으로 통일된 규격의 초콜릿을 대량 생산할 수 있게 되었다.

1847년   영국의 초콜릿 제조업체 프라이&선스(Fry&Sons)가 최초로 고체 초콜릿을 시장에 출시했다.

1873년   슈톨베르크(Stollwerck) 사가 초콜릿을 정밀하게 압축할 수 있는 5기통 실린더 압축기를 제작했다.

1875년   다이엘 피터(Daniel Peter)가 밀크 초콜릿을 제조했다. 앙리 네슬레(Henri Nestlé)가 최초로 개발한 우유 가루를 사용했다.

1879년   로돌프 린트(Rodolphe Lindt)가 콘칭기를 개발하다.

은 끊임없이 새로운 기술 개발에 매진했으며, 그 결과 초콜릿 생산의 간편화와 가속화를 이루어냈다.

1840년 자체적으로 초콜릿 첨가물을 분쇄하고 혼합하는 반죽기를 개발해 초콜릿 질을 향상시켰다. 1850년에는 자체 유압 카카오 버터 압축기를 개발했다. 훗날 레만은 특히 초콜릿 매스를 압축할 때 사용하는 철 압축기 개발에서 두각을 나타냈다. 압축을 하면 초콜릿을 세밀하게 녹일 수 있다. 이때 중요한 것이 초콜릿 매스를

슈톨베르크가 개발한 5기통 실린
더 압축기는 초콜릿을 세밀하게
펼 수 있게 했다. 1873년에 제작
된 이 기계는 화강암을 실린더로
사용했지만, 나중에는 내부를 물
로 냉각할 수 있는 금속 실린더를
이용했다.

가능한 미세하게 만드는 것이었다. 20세기 초까지 통용되던 표면이
거친 화강암 실린더는 너무 금방 달구어져 회전 속도를 높일 수가
없었다. 새로운 금속 실린더를 투입해서 이 문제를 해결했고, 실린
더 내부에 냉각수를 넣어 달구어진 온도를 조절하도록 했다.[28]

카카오 버터 압축기 외에도 프랑스 기술자 도플레(Daupley)가
1846년 초콜릿 판형 장치를 개발한 것은 초콜릿 제조에서 두 번째
로 중요한 발명이다. 지금까지 초콜릿은 대개 마시는 것으로, 고체
초콜릿은 큰 역할을 하지 못했다. 만든다 해도 형태나 양이 일정하
지 않았는데, 도플레 기계 덕분에 처음으로 크기와 무게가 통일된
판형 초콜릿을 제조할 수 있었다. 처음에 판형 초콜릿은 그리 큰 호

응을 얻지 못했다. 너무 딱딱한데다 쓴맛이 났기 때문이다. 제대로 즐길 수 있는 판형 초콜릿을 만들려면 초콜릿 매스 조리에 몇 가지 변화를 줘야 했다. 영국 회사 프라이&선스(Fry&Sons)가 많은 실험을 거친 후에 판형으로 가공하기에 적합하고, 덜 딱딱하고, 쓴맛도 덜한 초콜릿 매스를 개발하는 데 성공했다.

프라이&선스는 18세기 중반에 요셉 프라이가 브리스톨에서 창립한 회사다. 그는 소규모 초콜릿 공장을 세웠고, 그의 아들 요셉 스터스 프라이(Joseph Storrs Fry, 1767~1835)는 1789년에 처음으로 증기 기계를 구매했다. 기계를 사용하면서 카카오를 분쇄하는 장시간의 고된 육체노동이 간편해져, 카카오 원두를 대량으로 가공할 수 있었다.

1847년, 창업자의 손자 프란시스 프라이(Francis Fry, 1803~1886)는 최초로 시중에 판매할 수 있는 고체 초콜릿을 만드는 데 성공했다. 반 후텐이 제조한 카카오 가루를 설탕과 액체 카카오 버터에 섞어서 얇은 반죽을 만든 뒤, 판형 틀에 부어 만든 간단한 초콜릿이었다. 이렇게 만든 판형 초콜릿은 2년 뒤 버밍햄 시장에서 선보였다. 프라이&선스는 카카오 버터 압축기와 초콜릿 판형이라는 중요한 두 가지 발명을 결합한 것이다. 참고로 이 회사가 빅토리아 시대 말까지 세계 최대 초콜릿 생산업체로 성장한 이유 중 하나는 프라이&선스가 영국 해군 초콜릿과 카카오 독점 납품업체로 선정되었기 때문이다.

초콜릿 제조 및 조리법과 관련해서 처음에는 네덜란드와 영국이 주도적인 역할을 했지만, 다른 모든 중요한 발명은 스위스에서 이루어졌고 적용되었다. 19세기 후반부터 스위스에서 초콜릿 산업은 중요해졌다. 이 분야에 초석을 놓은 이는 1819년 제네바 호수에 최초로 초콜릿 공장을 연 프랑수아 루이 카이에(François Louis Cailler, 1796~1852)다. 뒤를 이어 많은 회사가 생겼고, 창업자들 모두 특별한 혁신 의지를 가진 사람들이었다.

1825년, 루이 카이에 다음으로 필립 쉬샤르가 초콜릿 회사를 창업했다. 필립 쉬샤르는 초기 초콜릿 산업에서 특히 흥미로운 인물 중 한 사람이다. 그는 소도시 보드리에서 태어났다. 부모는 그곳에서 직물업에 종사하다 화재로 직물 창고가 타버려 사업을 포기했다. 하지만 곧 작은 농지가 딸린 그 지역 숙박업소를 인수했다. 그들은 늘 자식들에게 끈기와 뚝심을 보여 주었고, 아들도 그 성격을 그대로 이어받았다.

하지만 초콜릿에 대한 관심은 부모에게서 물려받은 것은 아니다. 어린 시절, 그가 초콜릿을 만들기로 결심하게 된 데는 특별한 사건이 있었다. 병든 엄마에게 주치의가 원기회복제로 초콜릿을 처방해주었다. 당시 열 살이던 그가 멀리 떨어진 약국에 가서 초콜릿을 사려는데, 초콜릿 값이 너무 비싸 깜짝 놀랐다. 그리고서 자기도 나중에 직접 초콜릿을 만들어 부자가 되겠다고 결심했다는 것.[29]

그는 뇌샤텔에서 과자점을 시작해, 다양한 디저트와 직접 만든 맛있는 초콜릿도 팔았다. 과자점을 연 지 1년 정도 지나서 필립 쉬샤르는 이웃 마을 세리에르의 제분소를 구매했다. 나중에 이곳을 초콜릿 공장으로 개조해 자신의 경력을 살려 제과사 교육을 시작했다. 1824년에는 뉴욕으로 건너가 스위스 시계와 자수를 판매했으나, 그리 성공을 거두지 못했다. 곧 스위스로 돌아온 그는 다시 초콜릿 제조 기술에 몰두했다.

1870년 스위스 초콜릿을 유럽 전체 초콜릿의 척도로 만든 것은 가공과 조합 분야에서 일어난 두 가지 기술 혁신이었다. 하나는 다니엘 피터(Daniel Peter, 1836~1919)가 세운 공이다. 그는 1879년 최초로 밀크 초콜릿을 시장에 내놓았다. 그동안 무수한 실패를 거듭한 까닭은 우유에 포함된 수분이 많아서 초콜릿과 섞이지 않았고, 반대로 초콜릿의 높은 지방 함량도 안정적인 유화 상태를 방해했기 때문이다. 게다가 악취까지 풍겼다. 그래서 다니엘 피터는 밀크 초콜릿을 만드는 데 연유를 사용했다. 압축해서 카카오 매스의 지방을 대부분 제거하고, 설탕과 카카오 버터를 넣기 전에 연유를 첨가했다. 이렇게 밀크 초콜릿인 '쇼콜라 올 래(Chocolat au lait)'를 발명했고, 후에 유럽의 다른 초콜릿 회사들이 이를 모방하기 시작했다.[30]

린트&슈프링글리는 1890년에야 직접 만든 밀크 초콜릿을 출시했다.[31] 다니엘 피터가 새로운 초콜릿을 선보인 그해, 로돌프 린트는 콘칭이라고 하는 가공법을 개발했다. 이것은 초콜릿 질을 근본적으로 개선한 가공법이었으며, 덕분에 부드러운 입자가 살살 녹는 지금의 초콜릿이 탄생했다.

로돌프 린트는 초기에 로잔의 콜러&필스(Kohler&Fils)에서 교육을 마쳤으며, 1879년 베른에서 작은 초콜릿 공장을 개업했다. 자금이 충분하지 않았던 그는 몇 대 안되는 낡은 기계로 초콜릿을 생산했다. 처음에 린트의 초콜릿 품질이 형편없던 것은 그 때문이었을 것이다. 금방 회색으로 변색되었고 유효기간도 무척 짧았다. 로돌프 린트는 초콜릿의 질을 개선하려고 수없이 실험했다. 그는 초콜릿의 용해 특성을 개선하고자 초콜릿 매스에 추가로 카카오 버터를 첨가했고, 그 결과 살살 녹는 초콜릿을 얻었다. 지금 일반적으로 쓰이는 초콜릿 제조 방식이다.[32] 당시까지 초콜릿 매스는 끈적끈적한 성질 때문에 늘 형틀에 압착해야 했는데, 형틀에 바로 부을 수 있게 된 것이다.

쉼 없이 일하며 위기를 즐기다, 초기 초콜릿 기업가

19세기 전반까지만 해도 초콜릿은 가족 단위 소유인 작은 수공업 제과점에서 생산되었다. 초콜릿은 다양한 취급 품목 중 하나일 뿐이었다. 일반적으로 최초 초콜릿 생산업자는 숙련된 제과사나 제빵사였다. 시간이 지나면서 그들은 점점 더 초콜릿 제조와 판매에 전념했고, 지속적으로 생산을 늘리면서 새로운 기술 수준에 적응해 갔다. 그들은 쉼 없이 일하며 위기를 즐기는 기업가였다. 늘 새로운 광고와 판매 방식을 개발했을 뿐 아니라 생산기술 분야에서도 적극적이어서, 어떤 기업가는 직접 초콜릿 생산 기계를 개발하기도 했다.

이런 몇몇 수공업 공장은 19세기를 지나면서 대기업으로 발전해, 초콜릿이 대중상품으로 변모하는 데 기여했다. 이렇게 기업이 발전하는 데는 혁신적인 판매 방식과 광고가 큰 역할을 했다. 광고 효과가 좋은 포장을 했고, 1900년 무렵에는 판매량을 늘리려고 스티커 모음 같은 작은 선물을 제품에 넣기도 했다. 또한 독자적인 상표를 만드는 것도 판매에 도움이 되었다. 밀카(Milka) 같은 상품명과 사로티(Sarotti)가 좋은 예다.

18세기 영국에서 최초의 초콜릿 회사가 탄생했지만, 현재도 여전히 활동하는 기업의 대부분은 19세기 전반에 스위스, 프랑스, 독

초기 창업 초콜릿 회사

1748년	프라이&선스(Fry&Sons), 영국
1785년	론트리(Rowntree), 영국
1804년	할로렌(Halloren), 독일
1817년	힐데브란트(Hildebrand), 독일
1819년	카이에(Cailler), 스위스
1821년	펠쉐(Felsche), 독일
1823년	요르단&티메우스(Jordan&Timaeus), 독일
1824년	메니에(Menier), 프랑스
1824년	캐드버리(Cadbury), 영국
1825년	쉬샤르(Suchard), 스위스
1830년	콜러(Kohler), 스위스
1839년	슈톨베르크(Stollwerck), 독일
1845년	린트&슈프륑글리(Lindt&Sprüngli), 스위스
1848년	발트바우르(Waldbaur), 독일

일에서 창업한 회사들이다. 1819년 프랑수아 루이 카이에가 브베 근처에 스위스 최초로 초콜릿 공장을 세웠으며, 5년 뒤에는 영국에서 '티 앤 커피숍'이 문을 열면서 캐드버리(Cadbury)의 역사가 시작되었다.

19세기와 20세기에 개별 초콜릿 회사의 전형적인 발전사를 보여 주는 구체적인 사례로, 스위스의 린트&슈프륑글리와 독일의 슈톨베르크를 좀 더 자세히 살펴보도록 하겠다. 두 회사는 19세기에 창립된 많은 회사를 대표하기 때문이다.

린트&슈프륑글리의 역사는 다비드 슈프륑글리가 1836년 6월

15일 취리히 현지 과자점을 인수하면서 시작되었다. 그는 당시 60세였지만, 아들 루돌프의 도움을 기대할 수 있었다. 그렇지 않았다면 과자점을 인수하면서 큰 빚을 졌던 그가 기업가로서 이러한 위험을 감행하지 못했을 것이다.[33] 몇 년간 과자점으로 성공을 거둔 뒤 1845년, 초콜릿 생산을 시작한 것도 아들 루돌프의 제안인 것으로 보인다.

루돌프 슈프륑글리는 작은 카카오 원두 로스팅 기계와 손으로 작동시키는 마쇄기를 구매했다. 하지만 초콜릿을 생산하기에는 과자점의 공간이 너무 좁아서 1847년 또 다른 건물을 구매해 작은 공장으로 개조했다. 초콜릿 영업도 불만족스러운 것은 아니었지만, 여전히 과자가 주 수입원이었다. 나중에 슈톨베르크 사의 예에서 보듯이, 여기서도 아버지와 아들이 두 생산 분야를 분할해서 맡았다. 다비드 슈프륑글리가 과자점을 운영하고, 아들 루돌프는 꾸준히 성장하는 초콜릿 공장을 맡았다.

1892년에는 손자 세대가 사업에 뛰어들었을 때, 회사는 성장을 거듭해 당시의 공장으로는 너무 좁아 다른 곳으로 회사를 옮긴 상태였다. 이어 초콜릿 공장은 처음에 제과사 교육을 받고 빈과 파리에서 보조 제과사로 일한 적 있는 손자 루돌프 슈프륑글리-쉬페를리가 넘겨받았다. 이제 이 기업의 역사에서 격동의 시기가 시작된다.

기업을 지속적으로 확장하고자 루돌프 슈프륑글리-쉬페를리는 1898년 6월 21일 주식회사 쇼콜라 슈프륑글리를 설립했다. 그는 곧 슈트륑글리-쉬페를리의 초콜릿 공장을 인수했으며, 같은 해에 킬히베르크에 새로운 공장을 건설했고 1899년부터 생산을 시작했다. 같은 해에 린트 사를 합병해 '살살 녹는' 린트 초콜릿의 생산 비밀도

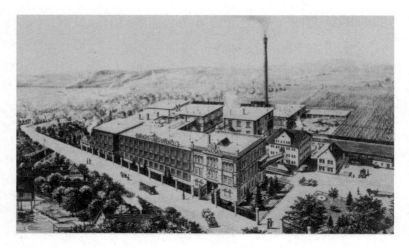

스위스 킬히베르크의 린드&슈프륑글리 초콜릿 회사. 1899년부터 제품을 생산했다.

•

알아냈다.

하지만 루돌프 슈프륑글리-쉬페틀리와 로돌프 린트는 처음부터 불편한 관계였다. 갈등의 정점은 새로운 공장 건설과 1906년 로돌프 린트 후손들인 아돌프 린트와 발터 린트가 린트 초콜릿을 매각한 사건이었는데, 이는 기존의 계약 관계로 볼 때 원래 금지된 것이었다. 이로 인해 법적분쟁이 발생해 1927년까지 끌다가, 결국 합의로 끝을 맺었다. 로돌프 린트의 후손들은 그들의 초콜릿 공장을 린트&슈프륑글리 주식회사에 매각했으며, 더는 초콜릿을 생산하지 않기로 했다.

독일도 19세기에 급성장한 초콜릿 생산국에 속한다. 19세기 중반까지도 독일 초콜릿 산업의 중심지는 베를린과 드레스덴이 있는 동부였으며, 다른 지역들은 후발 주자였다. 독일에서 가장 오래된 초콜릿 회사는 1839년 쾰른에서 제과업자 프란츠 슈톨베르크가 창업한 회사다. 슈톨베르크 사의 역사는 추진력 있고 위험을 두려워하지 않는 기업가의 성공을 보여 주는 좋은 예다. 이는 당시 성장하던 초콜릿 산업의 전형적인 모습이다. 프란츠 슈톨베르크는 여러 차례 파산에 직면했지만, 결국 19세기 후반과 20세기 초에 대규모 초콜릿 기업의 초석을 마련하는 데 성공했다.

기업의 출발은 당시로서는 특별할 것이 없었다. 프란츠 슈톨베르크는 우선 제과사 교육을 받았으며, 곧 남독일과 스위스, 프랑스로 나가 전전했다. 1839년 다시 쾰른으로 돌아와, 바로 샤브레 제과점을 개업해 처음에는 살짝 구운 단단한 비스킷인 츠비박, 도넛, 브레첼(Brezel)을 팔았다. 그러다 몇 년 뒤에 과자류로 가게를 특화했다. 이때만 해도 초콜릿이 차지하는 비중은 미미했으며, 거의 역할을 하지 못했다.

대신 그는 1843년에 '가슴을 시원하게 하는 사탕(Brustbonbon)'이라는 완전히 새로운 상품을 만들어 시장에서 성공했다. 나중에 스톨베르크 사가 초콜릿을 양산하기 시작했을 때도 이 사탕은 기업의 막중한 수입원이었다. 사실 이 사탕은 오래전부터 쾰른에서 판매되던 새로울 것이 없는 제품이었다. 그런데 이 회사의 대대적인 광고와 지속적인 판매 전략이 사탕을 새로운 상품으로 만들었다. 프란츠 슈톨베르크는 의사들의 추천서를 받았고, 독특한 포장과 상표를 개발했으며, 지속적으로 기차역을 사탕 판매 경로로 삼았다.[34] 그는 나중에 이 전략을 초콜릿 마케팅에도 그대로 적용했다.

그의 아들인 루드비히 슈톨베르크는 1860년대 중반 초콜릿을 기업의 대표 상품으로 격상시켰다. 아들의 제안에 따라 슈톨베르크는

1867년 쾰른 시내에 현대적인 초콜릿 공장을 세웠고, 당시 언론에서도 큰 반응을 보였다. 다음은 새로운 공장에 대한 기사의 일부다.

"증기력을 이용해 초콜릿, 사탕, 드라제(Dragée) 사탕, 설탕 제품을 생산하는 프란츠 슈톨베르크 공장이 쾰른에 새로운 창고를 선보였다. 지금까지 우리가 보아 온 규모의 창고와는 격이 다르다. 이른 아침부터 늦은 저녁까지 거대한 진열창 9개에 군중들이 몰려들었다. 궁궐 모양인 건물 1층 전면은 세부 창고, 통합 창고, 기계실로 나뉜다. 방문객들은 이 공간에서 어떻게 원료가 수많은 손을 거치면서 과자로 탄생해, 중량이 매겨지고 포장·정리되어 운송되는지 직접 눈으로 확인할 수 있다.

제일 관심이 가는 곳은 거대한 기계실이다. 매우 우아하게 작동하는 10마력의 증기 기계가 초콜릿 기계 6대를 가동시킨다. 이 기계들이 방문객들이 보는 앞에서 매일 초콜릿 약 1천 500킬로그램을 생산하면 지하에 저장된 다음, 거대한 회랑 모양의 작업실에서 수많은 여직공이 얇은 은종이로 포장한다. 중앙 건물 뒤로는 사탕과 과자 공장이 보인다. 여기도 마찬가지로 온갖 기계가 돌아가고, 직원 240명이 일한다. 이곳에서는 특히 그 유명한 '가슴을 시원하게 하는 사탕'이 매일 9천~1만 개 생산된다.

슈톨베르크 사가 이렇게 세를 확장할 수 있는 이유는 제품의 우수성과 시장 수요에 대한 유연성 덕분이다. 이 회사 초콜릿은 세심한 가공과 원료의 결합으로 관세동맹 지역 중에서 가장 우수한 제품으로 인정받고 있으며, 곧 독일 시장에서 프랑스 제품을 몰아낼 것이다."[35]

이 신문기사를 보면 당시 기술 발전에 대한 열광이 어느 정도였

● 초콜릿 제작 기계 생산 공장. 1890년 무렵

● 1896년 슈톨베르크 사 직원들. 쾰른에 위치한 이 회사는 1900년까지 세계적인 기업체로 성장했다.

는지 잘 알 수 있다. 슈톨베르크 사는 바로 이 점을 선전한 것이다. 그의 다른 아들인 하인리히 슈톨베르크는 초콜릿 공장 기계 분야를 책임지고 있었다. 그의 주도로 나중에 초콜릿 기계를 자체 설계 · 제작하는 공장을 설립했다. 1890년 그 공장은 노동자 90명을 고용했으며, 본사를 위한 기계뿐 아니라 외국 수출용 기계도 제작했다. 자체 기계 공장을 세운 목적은 사실 기계 제작 회사들이 초콜릿 공장주가 원하는 특별기계 제작에 신경을 쓰지 않았기 때문이다. 자체 기계를 제작함으로써 실제 초콜릿 생산에서 얻은 경험과 초콜릿 공장의 특별한 요구를 반영할 수 있었다.[36] 이렇게 슈톨베르크 사는 다른 초콜릿 기업을 앞질렀다.

19세기 후반, 슈톨베르크 사는 세계적인 초콜릿 기업으로 성장했다. 성공의 바탕에는 제품의 높은 품질, 혁신적인 광고를 통한 지속적인 마케팅 전략이 있었다. 품질과 광고, 이 두 부문에서 슈톨베르크 사는 전 세계 초콜릿 기업의 기준이 되었으며, 많은 국내외 경쟁사를 압도했다. 이 두 부문에 대해서는 나중에 상세히 살펴보도록 하겠다.

19세기 말, 독일 초콜릿 산업은 30년 동안 카카오 원두의 높은 관세에 시달리고 있었다. 반면, 초콜릿 반제품이나 완제품 수입가격은 그다지 높지 않아, 외국 기업들이 밀고 들어오는 식이었다. 기업 입장에서는 원자재와 완제품의 가격 차이가 크지 않기 때문에 독일에서 자체 생산하는 것보다는 수입하는 것이 경제적으로 훨씬 유리했다. 이런 상황은 '독일초콜릿 공장주 연합'을 결성하게 된 요인 중 하나였다.

슈톨베르크 사 역시 높은 관세 때문에 회사를 네덜란드로 이전

할지 여부를 진지하게 고민했다. 카카오 수입가격이 너무 높아 손해를 본다고 느꼈던 것이다. 연합 측은 세율을 낮추거나 세금에 대한 환급을 받고자 여러 가지를 시도했지만 성공하지 못했다. 독일 초콜릿 업계와 카카오 업계에서 세금이 대단히 중요한 역할을 한 이유는 유럽 다른 나라에 비해 세율이 훨씬 높았기 때문이다. 100년 전에 이런 논의가 있었다니, 어쩌나 그 상황이 현재와 비슷한지!

수십 년간 초콜릿 업계가 끊임없이 카카오 수입관세 환급을 위해 노력한 결과, 기업이 원두에서 생산한 초콜릿을 수출했다는 증명서를 제출하면 일부 환급이 이루어졌다. 하지만 환급을 받으려면 먼저 여러 가지 조치를 해야 했는데, 초콜릿 업계에는 여간 큰 부담이 아닐 수 없었다.

이 규정에 따라 슈톨베르크 사는 공장 일부가 수출용 제품 공장이라는 것을 증명해야 했다. 초콜릿이 불법적인 방식으로 공장에서 출하되는 것을 방지하고자, 공장 창문과 담장은 철책으로 폐쇄되었다. 게다가 공장문도 감시를 당했으며, 감시 관리자 두 명이 근무하는 감시 초소도 설치되었다. 세무 관리들이 생산을 감시했으며, 이 비용도 슈톨베르크 측이 감당해야 했다.

그게 다가 아니었다. 행정 조치 때문에 추가적인 생산은 더욱 힘들어졌다. 예를 들어 럼주를 반입하려면, 우선 통에서 병으로 옮겨 담은 다음, 모든 병에 봉인을 붙였다. 그리고 생산용으로 럼주를 투입하려면 필요한 양만큼 전날 신청해야 했다. 그러면 세무 관리가 직접 럼주 병의 봉인을 풀고 해당 노동자에게 건네주었다.

이런 과정 때문에 초콜릿 업계는 계속해서 높은 세금과 복잡한 절차에 저항했다. 하지만 1892년이 되어서야 수입관세 환급과 절차가 눈에 띄게 단순해졌다. 이 시기에 슈톨베르크 사는 이미 다른 해결책을 찾아 외국에 지점을 개설했다.

초콜릿 공장의 여성 노동

일반적으로 19세기 노동자들의 상황은 열악했다. 물론 노동자들 사이에서도 수입과 생활수준은 차이가 났다. 업계 차이도 있었지만, 지역별 차이도 컸다. 전문 인력은 비숙련 노동자보다 임금을 2~3배 더 받았다. 여성의 경우 많아야 남성 노동자 임금의 3분의 2를 받았다. 임금은 낮고 일용품 물가는 높아서 노동자 대다수의 생활수준은 대단히 열악했다. 전체 가족 수입의 3분의 2는 식료품비로 지출되었고, 나머지는 방세, 난방, 의복과 나머지 항목으로 지출되었다. 적은 수입 외에도 불안정한 고용 관계, 전혀 없거나 아주 미미한 휴식과 긴 노동시간은 엄청난 육체적, 정신적 부담을 의미했다.

몇몇 기업에서는 노동자와 기업주 간의 힘든 관계를 늘 낭만적으로 변용했는데, 이는 린트&슈프륑글리 사의 기업 사보에서 분명하게 드러난다.

"루돌프 슈프륑글리가 노동자들과 좋은 관계를 맺었다는 사실은 반드시 강조되어야 한다. 그는 아버지 같은 자상함으로 노동자들을 돌보며 기업의 드높은 기상을 다지는 전통을 이어갔다. 이러한 전통에 힘입어 노동 조건과 복지 시설이 늘 전향적인 모습을 갖출 수 있었다. 그는 노동자들을 위해 노조의 압력이 있기 전에 이미 유급 휴가를 도입했다. 그가 업무 과정에서 가부장적인 태도를 보이는 것은, 남을 도우려는 자세에서 비롯된 것이다. 그를 알지 못하는 사람도 작고 말랐지만 선량한 눈을 가진 그와 대화를 나눈다면, 이 사람이 노동자 수백 명에게 일자리를 주고, 자신의 상품을 전 세계에 판매하는 공장 주인이라고는 도저히 상상하지 못할 것이다."[37] 누구라도 이런 묘사가 사실에 완전히 부합하지 않는다는 것을 알 것이다.

다른 산업 분야와 달리 초콜릿 업계에서는 육체적으로 과도한 중노동은 없었다. 따라서 초콜릿 공장의 노동자는 초기부터 주로 소녀와 젊은 여성이 대다수를 차지했다. 공장주 입장에서는 초콜릿 같은 섬세한 제품에 여성의 손재주와 청결함이 꼭 필요했다. 이런 입장은 1939년 슈톨베르크 사 100주년 기념집을 발간한 역사학자 브루노 쿠스케가 한 발언에서 알 수 있다.

"회사는 여성들에게 섬세한 제품을 다룰 때 필수적인 철저한 청결과 정기적인 신체 위생을 지도하는 등 아주 특별한 영향을 미쳤다. 또한 여성들이 대외적으로도 회사에 좋은 인상을 준다는 점을 중시했다. 앞치마와 머리 덮개 수천 개를 구매해 여성 노동자들에게 하얀 작업복을 제공했다. 제품 품질을 유지하려면 정돈과 정확성이 습관으로 밴 여성 노동자들의 정밀하고 세심한 작업 방식이 반드시 필요했다."[38]

여기서 알 수 있듯이 청결과 세심함은 초콜릿 산업의 중요한 가치였다. 뿐만 아니라, 사업주는 노동자를 고용하는 것이 일종의 사회적 사명감이라고 보았다. 이런 사업주들의 믿음 때문에, 결혼한 여성을 고용하는 것이 노동자 가정의 생활 개선으로 이어진다는 주장도 나왔다.

1900년 무렵 쾰른의 초콜릿 공장 슈톨베르크의 종업원은 3분의 2가 여성으로, 대개 막 14살이나 15살이 된 소녀들이었다. 비록 이들이 가정 수입에 일정 부분 기여는 했지만, 어린 소녀들이 공장에서 일한다는 것에 비판적인 시선도 많았다. 1902년 신문기사는 슈톨베르크 공장 처녀들을 이렇게 묘사했다.

"이 가련한 존재들은 전혀 단정치 못하다. (……) 밖에서 일하다 보니 집안일에는 신경을 쓰지 않는다. 저녁이면 집안일은 뒷전이고 거리를 배회한다. (……) 그들은 할 줄 아는 게 없다. 바느질과 뜨개질도 못하니, 옷을 깁거나 수선은 엄두도 못 낸다. 게다가 빨래와 다림질도 제대로 하지 못한다. (……) 정갈한 가정주부 같으면 자기와 자식들에게 오랫동안 제대로 입힐 수 있는 옷도 이 처자들이 입으면 금세 해지고 만다. (……) 그들은 음식도 못한다. (……) 젊은 처자란 남편이 힘들게 일을 하고 돌아오면 가정에서 마땅히 편안함을 제공해야 하는데, 그렇게 할 수도 없다. (……) 그래서 남편이 불만을 갖는다면, 누가 그들을 탓하겠는가? (……) 그는 밖으로 나가 (……) 술집으로 간다."[39]

1902년의 이 신문기사는 기혼 여성을 공장 노동자가 아니라, 남편을 위해 가정의 평안을 책임지는 사람으로 보고 있다.

초콜릿 공장에서 일하는 여성들은 숙련된 전문 인력이 아니기 때문에, 당연히 버는 돈도 많지 않았다. 숙련된 제과사가 회사에서 시간당 25페니히를 받은 반면, 그들은 시간당 10페니히를 받았다. 하지만 1874년, 노동시간은 이들 모두 똑같이 주당 84시간이었다. 그들은 월요일부터 토요일까지, 아침 6시에서 저녁 8시까지 중간에 한 시간 점심 휴식을 빼고는 계속 일했다. 일요일에도 아침 6시에서 12시까지 일했다. 주당 노동시간은 서서히 줄어들어 1910년에는 60시간이었다.

여성 노동자들이 특정한 혜택을 받으려면 여러 해 동안 회사에서 일해야 했다. 예를 들어 그들은 1900년부터는 2년 간 근속하면 임금의 반을 받는 조건으로 일주일 간 여름휴가를 받았고, 25년을 근속해야 완전한 유급으로 2주일 간 여름휴가를 받았다. 여기서 알수 있듯이, 초콜릿 업계의 사회보장은 한계가 분명했으며, 노동의 성취란 회사 근속 연수로 대변되었다.

19세기 말부터는 다른 업계와 마찬가지로 초콜릿 업계에서도 회사 식당, 도서관, 목욕탕 같은 복지 시설이 생겨났다. 슈톨베르크 사도 1900년 무렵 다양한 요리 강좌와 가사 강좌를 제공했으며, 30년대에는 사무직원 자녀들을 근무시간에 돌봐 주는 유치원도 개설했다.

초콜릿의 변신, 건강 초콜릿에서 학생 초콜릿까지

19세기 후반부터 초콜릿 제품 수는 지속적으로 늘어났다. 대규모 초콜릿 회사들은 예외 없이 다양한 카카오와 초콜릿 상품을 출시했다. 초콜릿 제품은 크게 네 가지 유형으로 나눌 수 있다. 이러한 구분은 19세기 중반 프랑스 의학 아카데미가 발행한 의학 사전에 나온다.

기본적인 제품은 설탕과 카카오로 만든 단순 초콜릿으로, 소화가 잘 안 되므로 노인이나 병약자에게는 적합하지 않았다. 바닐라,

계피, 용연향 등 다양한 향료를 첨가한 초콜릿은 소화가 잘 될 뿐 아니라 맛도 개선되었고, 향도 강했다. 사고(Sago)나 전분 성분을 첨가한 전분 함유 초콜릿도 업체들이 많이 생산하는 품목에 속했다. 이 초콜릿은 원기회복에 도움을 주었다. 마지막으로 의학 성분과 치료제를 함유하고 있어 약국에서만 판매되는 약품 초콜릿이 있다.

약품 초콜릿 생산에서는 초콜릿 제조업자와 약사의 업무 분야가 겹쳤다. 약사나 초콜릿 제조업자 모두 약품 초콜릿 제조에 필수적인 설탕 졸이는 방법을 알았다. 약사 측에서 약품 제조권은 그들의 독점 권리라고 주장했기 때문에 자주 갈등이 불거졌다. 쾰른에서는 제과업주 프란츠 슈톨베르크와 여러 약사들 간에 법적 다툼이 있었다. 1846년 법원은 제과업자와 초콜릿 제조업자는 가정용 제품은 생산할 수 있지만, 의약품은 불허한다는 판결을 내렸다.

하지만 약품 초콜릿이라는 범주는 좀 더 자세히 살펴볼 필요가 있다. 초콜릿이 유럽으로 들어온 이후 오랫동안 의학적 효능에 대한 논의가 있었다. 하지만 19세기 연구는 이 문제를 해결하는 데 거의 아무런 역할도 하지 못했다. 물론 초콜릿이 밀가루와 결합하면 원기회복제로 효능이 있다는 것은 유명하다. 여기서 한 걸음 더 나아가 19세기에는 허약한 체질이나 영양 결핍증에 좋은 성분을 첨가한 건강 초콜릿이 나왔다. 쾰른의 초콜릿 기업인 슈톨베르크는 19세기 후반 다양한 건강 초콜릿 제품을 선보였다. 애로루트(Arrowroot)* 초콜릿, 고기 추출액 초콜릿, 과라나(Guarana) 초콜릿, 아이슬란드 이끼 초콜릿, 콩 초콜릿, 펩톤(Peptone) 초콜릿, 쌀 초콜

---

* 뿌리줄기에 녹말이 들어 있는 여러해살이풀

위생 초콜릿과 도토리 초콜릿 종류. 19세기 말

릿이 나왔다. 또한 빈혈과 구토에 효험이 있는 철분 초콜릿과 폐결
핵에 좋은 칡 초콜릿, 기생충 박멸하는 데 쓰는 산토닌 초콜릿, 원기
회복제 살렙(Salep) 초콜릿 등도 있었다.

　건강 초콜릿이 동시대 사람들에게 환영만 받은 것은 아니었다.
대단히 비판적인 반응도 있었다. 1860년 프랑스 신문에 무명의 기
자는 이런 기사를 썼다.

　"이렇게 많은 초콜릿이 나온 것은 처음이다. 사실 이 정도면 조
롱이다. 이제 초콜릿에 포함시키지 못할 성분은 없다. 마지못해 불
편한 약을 삼켜야 하는 이들에게 마치 초콜릿에 모든 약품 성분이
들었다는 양 속이는 것은 사기다. 타피오카 가루가 들었다더니, 이

1900년 무렵 슈톨베르크 사가 출시한 초콜릿. 대규모 초콜릿 기업들은 수백 종에 이르는 다양한 제품들을 선보였다.

장식이 아름다운 슈프륑글리 초콜릿의 나무 상자. 19세기 말

끼가 들어갔고, 키닌 성분이 함유되었고, 칡으로 만들었다는 새로운 초콜릿 소식까지 들린다. 어떤 제조업자는 한 술 더 떠서 심지어 철가루가 함유된 월경 촉진 초콜릿도 내놓았다. 이러다가는 모든 약이 초콜릿으로 제조될 것이고, 병마다 해당 초콜릿이 나올 것이다!"[40]

19세기 말 슈톨베르크 사는 카카오와 초콜릿 말고도 캐러멜 사탕, 여러 가지 맛 과일 사탕, 드라제 사탕, 영국 비스킷, 빈 와플, 버번 바닐라, 중국 차, 아몬드, 다양한 설탕 등을 생산했다. 이즈음 다른 대규모 초콜릿 기업들도 엄청나게 많은 제품을 출시했는데, 일일이 열거하기도 힘들 정도다.

초콜릿은 특정한 고객이나 장소를 대상으로 생산·판매되기도
했다. 기차역 초콜릿, 아침식사 초콜릿, 호주머니 초콜릿, 극장 초콜
릿, 아동 초콜릿이나 학생 초콜릿 등을 예로 들 수 있다. 고객층을
겨냥해 초콜릿 포장에 '근면과 집중을 위해서' 혹은 '우선 일하고
놀자'와 같은 교훈적인 문구를 넣는 일도 흔했다.

초콜릿 제품 포장은 1870년대까지 로코코 분위기를 풍기는 프
랑스식을 따랐다. 특히 정교한 속지와 포장지는 프랑스에서 직접
수입했다. 초콜릿은 나중에 장신구 보관함으로도 재사용할 수 있는
나무 상자, 갑, 장식 포장, 앨범, 케이스에 담아 판매했다. 나무, 종
이, 함석 외에도 유리, 격자 세공, 벨벳, 비단이 포장 재료로 쓰였고,
나중에는 은박지가 사용되었다. 상점에서도 고객의 관심을 끌고자
개별 초콜릿 상품을 금속 통, 진열장 등에 전시했다.

초콜릿 광고나 포장에서
빈번하게 사용된 것은 카카오
원산지의 이미지였다. 수확 장
면이나 코끼리와 근동의 이미
지가 등장했다. 특히 유명한
광고 심벌은 자로티 무어인이
다. 제과업자 후고 호프만은
1868년 베를린 모렌슈트라세
10번지에 고급 프랄린, 퐁당
(Fondant), 과일 파이를 생산하
는 작은 회사를 차렸다. 그리
고 창립 50주년을 기념해 베

● 함석으로 만든 초콜릿 상자

를린 광고업체에 회사 상표 개발을 맡겼는데, 그 결과물이 쟁반을 들고 있는 '무어인' 세 명이었다. 이 상표는 놀랄 정도로 오랫동안 생명을 유지하다가, 유행과 정치적인 민감성에 따라 달라졌다. 현재 생산되는 자로티 초콜릿을 보면 무어인은 얼굴색이 황금빛이며, 쟁반은 들고 있지 않다. 또 포장에는 '감각의 마술사'라는 설명이 붙었다.

19세기 말에는 초콜릿에 사은품이 따라붙었다. 예를 들면 '사진-초콜릿'이 있었는데, 이 초콜릿 안에는 여러 가지 사회적 주제를 담은 사진들이 있었다. 주로 유명한 인물의 사진이나, 중요한 사회적 사건 혹은 유명 예술작품 사진들이었다. '대형 메모 초콜릿'에는 '쉬퍼 메모판과 특허 펜'이 사은품이었다.

위조품과의 전쟁

초콜릿 생산의 산업화는 음식 습관이 급격하게 변한 것과도 밀접하게 연관되어 있다. 19세기 초반, 식료품은 직접 생산하거나 지역 시장에서 구매하는 정도였다. 여전히 계절적 요인에 영향을 받았으며 장기 보관을 할 수 없다는 문제가 있었다. 19세기 중반부터 식품 생산이 산업화되면서 이런 상황이 변했으며, 비로소 균질한 영양 공급을 보장할 수 있게 되었다.

식품 산업이 독자적인 분야로 독립하게 된 것은 18세기 말부터 유럽에서 일어났던 다양한 발전의 결과였다. 특히 오랜 시간동안 공장에서 일하는 인구가 늘어나면서, 자체적으로 식품을 생산하거나 조리할 시간이 거의 사라진 것이 큰 이유다. 그밖에도 급격한 인구 증가와 도시화로 인해 작은 텃밭을 가꾸거나 가축을 사육할 공간도 없어졌다.

식품 산업의 독립은 영양학 연구 및 새로운 식품 가공기술 개발과 병행해 진행되었다. 이 시기에는 노동자층의 영양이 학문적 토론 대상이 되었다. 자연스레 건강에 유해한 첨가제 사용 및 식품 위조에 대한 문제가 대두되었다.

이 문제는 초콜릿에도 큰 영향을 끼쳤다. 초콜릿은 비교적 비싼 제품이기에 위조의 위험성도 높았다. 19세기에는 원료의 가격이 높았기 때문에 저질 원료나 값싼 대체 성분을 사용해 돈을 벌려는 유혹이 특히 심했다. 초콜릿 제조업자들 역시 제품을 위조하면서도 적발될 위험을 피할 수 있다고 생각한 이유는, 위조되는 품목은 대부분 잘 알려지지 않은 제품이기에 특정 제조업체 제품이라고 꼭 못 박기 어려웠기 때문이다. 19세기 후반에는 이런 상황과 관련된 학술적인 저서부터 대중적인 지침서에 이르기까지 많은 저작물이 쏟아져 나왔다.

영국에서는 초콜릿 위조 문제를 비교적 초기에 인식했다. 1850년 영국에서 출범한 식품분석위원회에서는 다양한 초콜릿 제품들을 검사했다. 분석 결과, 예상했던 대로 많은 업체가 비싼 카카오 함량을 줄이려고 여러 가지 허용되지 않은 첨가제를 넣어 초콜릿을 제조했다. 대다수 초콜릿에서 벽돌 가루와 전분이 검출되었다. 자사 제품에 부정적인 평가를 받은 영국 캐드버리 사는 곧 바로 공세에 들어갔다. 이 회사는 100퍼센트 순도와 위조되지 않은 초콜릿을 생산하겠다고 하면서, 초콜릿 포장에 모든 첨가제 비율을 명시하자고

제안했다.[41]

독일에서도 19세기 후반부터 초콜릿 위조가 널리 확산되었으며, 보통 사람들도 이 사실을 알고 있었다. 대중 가사 지침서인《여성들을 위한 상품정보》에는 1868년 일반적으로 초콜릿에 사용되는 여러 가지 허용되지 않은 첨가제가 나온다.

"유감스럽게도 빈번하게 발생하는 카카오 매스 위조에는 볶은 호밀가루나 밀가루, 너도밤나무 열매가루와 완두콩가루를 쓰고, 카카오 버터 대용으로 동물 수지를 사용하는 것이 밝혀졌다. 초콜릿 자체도 밀전분이나 감자 전분, 쌀가루, 밀가루, 호밀가루, 옥수수가루, 귀리가루와 다른 곡물가루, 치커리, 비상용 건빵, 겨 가루, 볶은 헤이즐넛, 아몬드, 도토리, 커피, 밤가루, 콩가루, 편두가루 그리고 심지어는 석필가루, 벽돌가루, 황토, 석고, 황화수은, 흙이나 톱밥 등으로 위조되고 있다."[42]

결론적으로 이런 실태에 대해 강력하게 경고했다.

"경찰의 주요 임무 중의 하나가 모든 식품과 음료, 특히 값싼 초콜릿 위조 여부를 조사하는 일이다. 우리 독자들은 값싼 초콜릿이나 카카오 제품에 대해 주의하길 신신당부한다."[43]

캐드버리의 예를 따라서 독일에서도 몇몇 초콜릿 제조업자들이 일반 대중들 사이에서 악화된 초콜릿 평판에 직접 맞서, 제품의 순도와 품질을 내세웠다. 이 부분에서 특히 두드러진 기업이 슈톨베르크다. 이 기업은 1869년에 자발적으로 정기적인 위생 경찰의 검사를 받았으며 당연히 그 결과를 일반에 공표했다. 1869년 9월 1일자 신문에는 다음과 같은 공지사항이 실렸다.

"서명자는 아래 사실을 공증합니다. 쾰른 소재 초콜릿 공장 프란츠 슈톨베르크&죄네(Stollwerck&Söhne)는 자사 제품 순도를 보증하며 자발적으로 위생 경찰의 검사를 받아 사용 원료와 첨가제 및 완제품을 분석케 해 소비자에게 순수한 초콜릿, 즉 오직 카카오와 설탕만을 사용한 순수한 초콜릿을 보장합니다."[44]

슈톨베르크 사는 이미 초기에 순도와 품질을 중시하는 마케팅 전략의 장점을 잘 알고 있었다. 이런 방식으로 이후에도 계속해서 저렴한 가격을 위해 위조한 초콜릿을 생산한 수많은 경쟁자와 거리를 두었다.

그러나 국가의 감시를 받는다고는 해도 특별한 규정이 없으니 초콜릿 위조 사정은 크게 달라지지 않았다. 초콜릿 뿐만 아니라 다른 식품에서도 마찬가지였다. 슈톨베르크 사가 신문에 품질보증 공지를 낸 것으로부터 약 10년 뒤에도 소시지와 함께 초콜릿이 가장 위조가 심한 식품으로 간주되었다. '식품위조일반협회'는 이런 상황을 알리고자 노력했으며 1878년에는 《뻔뻔한 위조자들의 노래책》을 발행했다. 하나만 읽어 보자.

"소시지와 초콜릿이
   이렇게 엉망일 수 있을까
   쓰레기, 먼지에다 오물까지
   섞어 팔다니
   초콜릿에는 볶은 곡물과 견과류 가루,
   황토, 진흙에다 포도 씨까지 넣으니
   카카오 껍질은 물론이고 어떤 이는 밤,
   너도밤나무 열매, 도토리를 넣고

또 어떤 사기꾼들은 벽돌가루나 동물 기름을 넣는다네"[45]

위에서 언급한 예에서 볼 수 있듯이, 1870년대에 이르러 식품 위조에 대한 일반인들의 저항이 거세졌다. 강력한 법 제정과 엄격한 검사를 요구하는 단체들이 결성되었다. 그밖에 학술회의와 집회, 강연에서도 이 주제를 다루었다. 식품 조작 가능성을 설명하고 이를 확인할 수 있는 방법을 안내해주는 책자도 많이 나왔다. 하지만 그 방법이라는 것이 너무 복잡해서 실제 독자들이 실행했는지는 알수 없다. 한 가지 예를 들면 석회와 같은 광물 혼합 여부를 가리는 방법은 다음과 같다.

"깨끗하게 닦은 양철 수저에 초콜릿 한 조각을 놓고 알코올램프에 아주 서서히, 조심스럽게 가열한다. 이때 나는 냄새와 맛이 벌써 여러 가지를 말해 준다. 좀 더 가열해 재가 되게 한 다음, 무게를 달아 원래 무게의 10분의 1 이상이면 광물질로 위조된 초콜릿이다. 식초나 산 몇 방울을 떨어뜨렸을 때, 거품이 약간 나면 이 재가 석회거나 그와 비슷한 탄산을 함유한 흙이라는 것을 말한다."[46]

소비자들이 확인할 수 있는 초콜릿 순도 검증법이 나왔다고 해서 문제가 해결된 것은 아니었다. 오히려 1870년대 초, 경제 상황이 악화되면서 카카오 가격이 오르자 상황은 더욱 나빠졌다. 이렇게 여론이 들끓자 결국 초콜릿 제조업자들도 생각을 바꾸었고, 그 결과 1877년 1월 '독일초콜릿제조업자협회'가 결성되었다. 프랑크푸르트에서 열린 창립총회에는 46개 업체 가운데 24개 업체만이 참석했다. 그렇지만 업계의 대표적 기업인 슈프렝겔(Sprengel), 발트바우르(Waldbaur), 하르트비히&포겔(Hartwig&Vogel)은 자리를 함께 했다.[47]

제1차 세계대전이 발발하기 전까지 협회에는 독일 초콜릿 기업의 약 80퍼센트가 참여했다. 협회는 창립되자마자 초콜릿 순도를 지키고자 여러 가지 조치를 취했다. 제일 중요한 조치는 순도 표시를 도입하는 것이었다. 초콜릿 포장지에 협회명이 들어간 제국 독수리와 '카카오와 설탕만 사용했음을 보증함'이라는 문구가 들어간 인증 표시를 붙였다. 순도 표시를 사용하는 생산자들은 특정한 기준을 준수해야 했으며 이를 무시할 경우 처벌을 받았다. 이 기준을 세 번 저촉하면 협회에서 제명되었다. 협회는 대대적인 신문광고를 통해 일반인들에게 순도 표시와 상품 인증을 알렸다.

달콤하게 유혹하라! 초콜릿 광고의 변천사

19세기 초반만 해도 카카오와 초콜릿 제품은 대개 신문광고를 통해 선전되었다. 광고는 문구를 길게 나열하는 식이어서 매우 복잡할 뿐 아니라, 스타일도 지루했다. 그림 광고는 거의 없었으며, 있다 하더라도 아무런 특징이 없었다. 초기 초콜릿 제조업자들에게는 제품 순도와 제작의 엄격함을 강조하고, 궁중 공급업체라는 것을 밝히거나 제품이 세계전시회에서 상을 받았다는 것이 중요한 광고 내용이었다.

슈톨베르크 사가 해마다 발행하는 제품 가격 카탈로그에는 늘 궁중 납품업체라는 표시와 메달 수상 현황이 담겼다. 1888년 카탈로그에는 이런 내용이 있다.

"우리 제품은 독일 도시에서 대부분 구매할 수 있습니다. 재고가 없는 경우에는 현수막으로 공지된 업체의 해당 판매업자가 여러분을 모시도록 하겠습니다. 따라서 저희 제품이 공급되지 않는 지역에는 직접 물건을 배달해드립니다. 저희 제품은 최상의 원료만을 사용하며, 철저한 위생이 강조되는 제품에 필요한 모든 사항을 준수합니다. 또한 자체 화학 실험실에서는 사용되는 재료와 포장을 감독합니다. 명예대사 43명, 수상한 금·은·동메달, 대다수 유럽 군주들에게 납품하는 업체로서, 획득한 특허가 바로 제품의 품질을 말해줍니다."[48]

1889년 카탈로그에는 각국 궁중대사 26명의 명단이 들어 있는데, 독일 황제 빌헬름 2세의 대사, 오스트리아 황제 프란츠 요제프의 대사, 터키 술탄의 대사, 이탈리아의 왕 움베르토 1세의 대사, 영국 왕세자의 대사 등이다. 그밖에도 전시회와 박람회에서 획득한 메달 44개도 나열했다.

박람회나 비슷한 성격의 전시회에 참여한 사실도 늘 강조거리였고, 언론 역시 대대적으로 보도했다. 1881년 프랑크푸르트 전시회에 대한 신문기사를 살펴보자.

"위쪽으로 개방된 회랑의 거대한 현관에서 아래를 내려다보면 여러 개의 나선형 통로가 보이며, 전체적으로 놀라운 인상을 받게 된다. 그중에도 눈에 띄는 전시품은 두 번째 통로에 설치된 슈톨베르크 사의 개선문이다. 실제 브란덴부르크 개선문을 축소한 형태지만, 그래도 말을 타거나 걸어서 드나들 수 있고, 차도 통과할 수 있을 정도의 크기다. 이 개선문은 안내판이 자랑스럽게 설명하듯이 전체가 '화강암을 모사한 초콜릿'으로 만들어졌는데, 워낙 신기해서 사람들은 믿을 수 없다는 표정을 짓는다. 이 사실을 보도하는 기

1893년 시카고 세계박람회에 출품된 슈톨베르크사의 화려한 전시품. 이 '초콜릿 개선문'은 유럽과 해외 전시회에서 엄청난 반향을 불러일으켰다. 높이가 12미터에다가 무게만도 약 30톤에 달했다.

자도 마찬가지다. 아이들 사이에서 이곳은 만남의 장소로 유명해졌다. 7월 햇살의 엄청난 열기로 둥근 천장 아래 초콜릿 장식이 꼭대기부터 녹기 시작해서 뚝뚝 떨어지고 있다. '프랑크푸르트가 전부 이런 돌로 지어졌다면 얼마나 좋을까' 관람객들이 지나가면서 하는 말이다. (……) 황제께서 이 전시품에 대해 이렇게 인정하시는 말씀을 하셨다. '이야말로 독일 초콜릿 산업의 개선문이다' 그리고는 전시회장에서 직접 만든 초콜릿 디저트를 시식하셨다. 여하튼 초콜릿 애호가들이 애칭으로 부르는 '세상을 달콤하게 하는 슈톨베르크 형제'는 이미 이전 전시회에서도 늘 새로운 것을 출품해왔다. 이들의 전시품을 처음 접하는 사람들은 그 앞에서 15분가량 머물면서, 이제 초콜릿이나 과자 때문에 독일 돈이 옛날처럼 외국으로 유출되지 않아도 된다는 것을 기뻐한다."[49]

19세기 말, 슈톨베르크 사는 광고와 판매 부분에서 무척 혁신적인 기업이었다. 그중 한 예가 초콜릿 자판기다. 창립자의 아들 중 한 명인 루드비히 슈톨베르크는 아마도 외국 여행에서 초콜릿 자판기를 알았을 것이고, 초콜릿 판매에 긍정적인 영향을 미치게 될 것이라 믿었다. 이 시기 영국에서는 이미 초콜릿 자판기가 널리 퍼졌고, 1857년에는 동전 자판기 특허가 출원되었다. 독일에서도 슈톨베르크 사 이전에 동전 자판기가 있었다. 1883년에 나온 '담배 자판기'다.

1887년 슈톨베르크 사는 처음으로 초콜릿 자판기를 제작했다. 특히 사랑받은 자판기는 동물 모양 자판기였다. 형태도 암탉부터 황새, 줄무늬 고양이까지 다양했다. 커다란 고정식 자판기 말고 작은 이동식 자판기도 출시했다.

원래 자판기는 샘플 제품 판매용으로, 자사 초콜릿의 광고 수단으로 간주

● 알을 품고, 우는 소리까지 내는 암탉 장식의 초콜릿 자판기. 1920년 무렵

되었다. 초기에는 초콜릿 상표에다가 아예 그 표시를 했다('슈톨베르크 바닐라 초콜릿 샘플'이라는 식으로). 과자류 말고도 자판기를 통해 담배, 바늘, 핀, 단추, 이쑤시개, 비누 같은 일상용품도 판매했다. 초기에는 관심 있는 업자가 자판기를 임대해 자기 비용으로 설치했지만, 나중에는 아예 슈톨베르크 사가 자판기 판매에도 나섰다.

자판기는 레스토랑이나 공공장소에 설치했다. 슈톨베르크 사는 제국철도와도 특별 계약을 체결했다. 철도에 차표 자판기를 제공하는 대신 초콜릿 자판기를 플랫폼에 설치할 수 있는 허가를 받았다. 처음 몇 해 동안 슈톨베르크 사의 초콜릿은 철도역에서 가장 많이 팔렸다.

나중에는 자판기 판매용 초콜릿에 유명 인사의 초상화, 풍경화 등과 같은 다양한 그림을 끼워 넣었다. 얼마 지나지 않아 이 그림들을 초콜릿과 교환하는 곳도 생겨났다. 1890년대 말, 슈톨베르크 사는 또 최초로 그림 수집 앨범을 내놓았다. 이런 아이디어로 1886~1889년에 내수 판매가 두 배로 늘었다. 세기 말 직전에는 해마다 그림 약 5억 개와 앨범 10만여 개가 제작되었다. 1890년대에는 막스 리버만, 에밀 되플러, 엘리 히르시(Elli Hirsch) 같은 유명화가들이 직접 그림 제작에 참여했다. 모티브를 고르는 경연대회를 열기도 했다. 슈톨베르크 사는 한 시리즈물에 대해 12만 마르크까지 지불했다.

전체적으로 초콜릿 자판기는 대성공이었다. 1890년대 초에만 이미 역과 공공장소에 자판기 1만 2천 개를 설치했다. 외국에서도 슈톨베르크 초콜릿 자판기를 설치했다. 1900년 즈음 뉴욕에만 자판기 약 4천 개가 설치되었다. 물론 모든 이가 초콜릿 자판기에 감탄

한 것은 아니다. 격렬하게 비판하는 사람들도 많았고, 자판기 설치
에 대해 법적인 규제까지 요구했다. 1900년 7월 12일 함부르크 신
문기사를 보면 자판기 반대자들의 비판이 잘 요약되어 있다.

"함부르크 시장은 자판기와 관련해서 다음과 같은 대단히 현실
적인 규정을 공포했다. 공공거리와 장소에 설치된 자판기를 통해
온갖 과자류가 비교적 싼 가격으로 제공되어, 학생들의 군것질과
낭비를 부추길 뿐 아니라, 여러 가지 범법 행위로까지 이어지고 있
다. 이 위험은 특히 몇몇 회사가 자판기를 운영하면서 제품에 작은
그림을 끼워 넣어, 일정한 수를 모아 회사로 보내면 상품을 주는 등
수집 욕망을 부추김으로써 더욱 커졌다. 아이들이 돈을 모았다 하
면, 그 돈을 들고 자판기로 달려가는 것도 나중에 심각한 결과를 낳
을 수 있는 해악이기는 하지만, 그래도 참을 만하다. 하지만 지금까
지 경험한 바에 따르면, 정직하지 못한 방법으로 돈을 모으기도 하
고, 온갖 꾀와 힘을 동원해 자판기에서 물건을 절취하는 등 범죄의
길로 들어서는 아이들이 많다. 자판기와 관련해 이와 유사한 일이
벌어졌는지, 드러난 문제를 해결하려고 어떤 조치를 취했는지 한
달 내에 진술해줄 것을 간청한다.

그리고 공공거리에 자판기 같은 기계를 설치하거나 주택 외부에
진열장을 설치할 때 경찰의 허락을 받아야 한다는 경찰 규정에 따
라, 공공도로와 광장에 설치된 자판기를 철거할 수 있는가에 대한
근거도 살펴봐야 할 것이다. 혹은 자판기 운영 허가를 의무적으로
하거나 판매 물품 종류와 장소를 제한하는, 보다 효과적인 수단을
도입하는 것이 필요한지 여부도 고려해주기 바란다. 자판기 운영의
허가 의무 여부가 제국 입법 과정을 거쳐야 한다는 것은 더는 언급

하지 않아도 될 듯싶다. 결국 문제는 아이들이 아무런 통제도 받지 않고 어울리는 장소에 자판기를 설치해도 되는지, 특정한 물품과 관련해서는 경찰 규정에 따라 금지할 수 있는지에 관한 여부다."

공적인 토론의 결과 자판기 설치는 경찰의 허가 의무사항이 되었다. 하지만 '자판기 홍수'를 막은 것은 1908년 7월 1일자로 발효된 동전 자판기에 대한 세금 의무 도입이었다. 자판기를 설치하려면 허가증을 신청하고, 20~50마르크를 지불해야 했다. 그럼에도 자판기는 그 이후에도 중요한 초콜릿 광고 및 판매 수단이었다. 제1차 세계대전이 발발하고, 힘든 전후시기가 되어서야 상황이 바뀌어 자

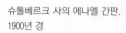
슈톨베르크 사의 에나멜 간판.
1900년 경

판기가 점점 자취를 감추었다.

20세기 초, 초콜릿 광고 매체로 널리 퍼진 것은 에나멜 간판이다. 이전 간판이 상대적으로 소박했고 상세한 설명 위주였다면, 19세기 말에는 그림 간판이 주를 이루었다. 스위스 초콜릿 제조업체들은 알프스나 유명한 세인트 버나드 개 '베리'의 그림을 사용했다. 에나멜 간판은 외부 기후조건에 영향을 받지 않는데다 수명도 길어 산업사회에 들어서는 더욱 각광을 받았다. 하지만 점점 제품의 변환 주기가 짧아지면서 더는 간판의 수명이 길어야 할 필요가 없어졌다. 게다가 이 간판에는 비용이 너무 많이 들어가, 20세기 후반에는 광고 매체로서의 의미를 상실했으며 이후 완전히 사라졌다.

광고 포스터의 경우는 사정이 다르다. 비록 전과 같지는 않지만, 포스터는 초콜릿 제조업체에서 포기할 수 없는 광고 수단이다. 광고 포스터도 에나멜 간판과 마찬가지로 처음에는 순수하게 텍스트 중심이었다. 19세기 후반이 되어서야 예술적으로 수준 높은 이미지를 담은 포스터가 등장했다. 이후로 큰 업체들은 모두 포스터를 광고 매체로 삼았다. 특히 짧은 시간 내에 대량으로 찍어낼 수 있다는 점에서 포스터는 초콜릿 광고에 적합했다. 1900~1920년에 포스터는 전성기를 누렸지만, 제2차 세계대전이 끝난 뒤에는 다시는 그런 호시절이 돌아오지 않았다. 1960년대부터 전자 매체가 강력하게 부상하면서 포스터는 오랫동안 누렸던 주인공 자리를 내놓게 된다. 텔레비전과 라디오가 소비자들을 상대하기 시작한 것이다.

알프스 이미지를 담은
스위스 초콜릿 회사
쉬샤르의 포스터.
1990년 경

네덜란드 초콜릿 회사
후텐의 포스터.
1900년 경

초콜릿, 아이들의 친구가 되다

독일 초콜릿 산업은 제1차 세계대전이 발발하기 전 몇 년 동안 급속하게 성장했다. 특히 슈톨베르크 사가 그랬다. 심지어 전쟁 발발에도 불구하고 초콜릿 판매가 늘었다. 전쟁 2년 차에 이 기업은 2백만 마르크라는 기업 역사상 최대 흑자를 기록했다. 그 이후에는 원료 공급 부족으로 생산이 감소하다가 전쟁이 끝날 무렵에는 거의 중단된 상태였다. 전쟁이 패배로 끝나자 전 세계적으로 활동하던 슈톨베르크 사는 큰 타격을 입었다. 외국에 세운 공장들이 몰수당했으며, 그중에는 미국 현지에서 두 번째로 큰 공장도 포함되었다.

보상액이 지급된다고는 했지만, 마냥 기다리는 것 외에는 방법이 없었다. 기업은 전쟁 때 진 부채를 감당할 능력을 상실했다. 1920년대 사업보고서를 보면 기업의 어려운 정치적, 경제적 상황을 언급하는 내용이 계속 등장한다. 세계 경제위기는 과거 전 세계적인 거대 기업의 더딘 몰락을 가속화했다. 사태가 이렇게 진전되자, 결국 슈톨베르크 집안은 회사 경영에서 손을 뗐다. 슈톨베르크 사는 1931년 독일은행에 매각되었다.

슈톨베르크 사가 직면한 사태는 사실 비슷한 성격의 모든 회사에 해당되었다. 1900년 무렵 급속한 성장세에 뒤이어 중간 중간 아주 짧은 기간 동안 잠시 회복하는 듯 했지만, 몇십 년 간 이어진 경제 위기로 초콜릿 업계는 침체되었다. 초콜릿은 성격상 전쟁 중에는 포기해야 하는 사치품이었기 때문이다.

나치는 초콜릿과 카카오를 새롭게 평가했다. 나치는 카카오를 '독일 순수혈통을 열등하게 만드는 독약'으로 간주했고, 그것을 소

'쇼-카-콜라'는 주로 비행조종사들이 애용했기 때문에 사람들은 '비행조종사 초콜릿'이라고 불렀다. 초콜릿은 일정량의 카페인과 테오브로민을 함유하며, 이 두 성분은 자극 작용을 한다. 이 제품은 카페인을 함유한 '에너지 드링크'의 시초로, 아직도 이 부분에서는 확고하게 시장을 점유한다.

•

비하는 것은 '민족의 건강'을 위협하는 것으로 보았다. 그러자 초콜릿 생산업체들은 카카오와 초콜릿의 평가 절하를 막으려고 시도했다. 게다가 카카오는 나치 입장에서 보자면 '열등한' 인간들이 생산하는 품목이었다. 하지만 이런 나치의 부정적인 평가에도 불구하고 초콜릿과 카카오를 군대에서 원기회복제와 비상식량으로 사용하는 것을 막을 수는 없었다. 그래서 슈톨베르크와 다른 초콜릿 업체들은 제2차 세계대전 중에 군인을 위해서만 초콜릿을 생산했다.

군인 초콜릿 중 가장 잘 알려진 예가 '쇼-카-콜라'인데, 이 제품은 1934년 베를린의 초콜릿 회사 힐데브란트가 국가로부터 위임을 받아 개발한 제품이다. 이 초콜릿의 특징은 카카오 · 커피 · 콜라 열매 추출물을 함께 사용했다는 점이다. 이렇게 해서 쇼-카-콜라는 흥분 작용이 뛰어났으며 영양가도 높았다. 지금까지도 이 제품은 상징인 둥글고 평평한, 독특한 캔으로 판매된다. 한 캔에 들어간 초콜릿은 16조각이다.

제2차 세계대전이 끝나자 독일 초콜릿 산업의 일반적인 위기가 종말을 고했다. 이전 몇십 년은 경제적 궁핍이 일상이었다면, 전후에는 과거를 만회하고자 하는 독일인들의 욕망이 커졌다. 1950~1960년에 평균 수입은 두 배로 늘면서 사치품을 위해 지갑을 열 여력이 생겼다. 독일 대형 초콜릿 업체들도 다시 제품 생산을 시작했다. 짧은 시기에 공급량은 전쟁 이전 수준으로 회복되었다.

전쟁이 끝나자 독일에서는 초콜릿을 고정가격제로 바꿨다. 대형 도매상이 초콜릿을 제조업자로부터 73페니히에 구매하면, 이를 개인 소매상에게 91페니히에 넘긴다. 그러면 소비자에게는 1.3마르크로 판매되는 방식이다. 고정가격제는 전쟁을 통해 극심한 피해를 입은 초콜릿 업계를 경제적으로 보호하고자 도입한 조치였다. 이 조치는 1964년 폐지되었다. 유통업자와 백화점이 초콜릿을 더 싼 값에 제공해 대형 초콜릿 제조업체의 판매가 급속히 늘었기 때문이다.

물론 이런 판매 붐은 오래가지 못했다. 외국 경쟁사들이 바로 혁신적인 제품을 들고 시장에 뛰어들었기 때문이었다. 마르스나 페레로 같은 기업들은 초콜릿 바나 무게가 다양한 새로운 초콜릿을 출시했다. 반면, 슈톨베르크 사 같은 독일 기업들은 전통적인 100그램 판형 초콜릿을 고집했다.

특히 마르스 사가 개발한 초콜릿 바는 시대의 요구에 부응했다. 1961년 독일에서도 처음 출시된 초콜릿 바는 노동 부담 때문에 '정상적인 식사시간'을 낼 수 없는 이들을 위한 간식으로 구상되었다. 유명한 광고 문구가 등장한 것도 이 시기였다. "간편하게 마르스를. 일할 때나, 운동할 때 그리고 놀 때."

고정가격제의 철폐와 더불어 하락한 초콜릿 가격은 몰아내기 경쟁으로 이어졌으며, 그 여파로 많은 중소기업이 희생되었다.

　　1960년대부터는 초콜릿 시장에 혁신적이고 다양한 제품들이 넘쳐났다. 이름에서부터 어린이가 주요 고객이라는 것을 분명히 보여주는 제품들도 시장에 나왔다. 초콜릿의 가격이 아이들이 구매하기에는 비쌌기 때문에 애초부터 어른을 대상으로 했다는 점에서 이 제품은 새로운 것이었다.

　　이러한 변화는 카카오 분말 제품인 '카바'의 광고에서 잘 나타난다. 1932~1955년까지 이 제품의 포장을 장식한 얼굴은 1930년 '미스 독일' 도리트 니티코프스키였다. 이 시기에 아이들은 카바 광고의 목표 집단이 아니었다. 그러나 사정은 변했다. 1985년 광고에는

카바는 식료품상 루드비히 로젤리우스가 개발한 제품으로 1929년 처음 출시되었다. 그 이후에 워낙 유명해져 지금까지도 카카오 함유 음료의 대명사로 불린다.

1967년 처음 출시된 어린이용 초콜릿. 어린이를 목표 집단으로 삼은 최초의 초콜릿이다.

●

'농장의 곰 베리'가 실렸다. 이 곰은 포장지와 스티커, 다림질용 스티커 등에 등장할 뿐 아니라, 만화와 애니메이션에서도 아이들과 함께 모험을 즐긴다. 줄거리는 늘 비슷해서 초콜릿을 먹는 것으로 끝난다.

새로운 어린이용 초콜릿 제품 중 가장 유명한 것은 '킨더* 초콜릿(Kinderschokolade)'과 '어린이용 깜짝 선물 초콜릿(Kinderüberraschung)'이다. 1967년 페레로가 출시한 어린이용 초콜릿은 초콜릿 바 한 개씩 포장한 제품으로 부모가 아이의 초콜릿 섭취 분량을 쉽게 조절할 수 있도록 했다.

이처럼 지금도 어린이용 초콜릿 텔레비전 광고는 어린이가 아니라 아이의 초콜릿 소비를 결정하는 엄마에게 맞춰져 있다. 페레로

---

* Kinder(Kind), 어린이를 뜻하는 독일어

414

의 포장처럼 엄마들의 구매 결정을 끌어내고자 오래전부터 '풍부한 우유 함유'라는 표현이 사용되었다. 하지만 페레로 광고 메시지는 마치 '어린이용 초콜릿'이 건강한 식품인 것 같은 인상을 심어 준다고 늘 비판을 받아 왔다. 초콜릿에 함유된 지방과 설탕 함량은 높은 편이므로, 당연히 건강식품이라고는 말할 수 없다.

1974년 시장에 나온 어린이용 깜짝 선물 초콜릿의 성공은 달걀 모양 초콜릿에 들어 있는 작은 장난감 덕분인데, 수집광이 아주 좋아하는 아이템이다. 독일인이라면 누구나 어린 시절 초콜릿을 흔들어서 내용물을 알아내려고 했던 경험이 있을 것이다. 그리고 나서야 초콜릿을 선택했던 경험 말이다. 이 어린이용 깜짝 선물 초콜릿에는 '위'라고 불리는 광고 캐릭터를 사용했다. 깜짝 선물 초콜릿과 같은 달걀 모양에 팔, 다리, 머리를 달아 살아 있는 동물처럼 만든 '달걀 인간'이다. 이 캐릭터의 광고 효과는 대단했다. 텔레비전 프로그램의 거의 모든 중간 광고에 등장하며, 밀카 초콜릿의 암소와 더불어 가장 유명한 초콜릿 광고 캐릭터가 되었다.

고정가격제 철폐로 야기된 업체 집중화는 지금까지도 계속된다. 많은 중소 초콜릿 회사가 지난 몇 년 사이 문을 닫았다. 몇몇 경우에는 이름만 살아남았다. 제일 유명한 경우가 바로 여러 번 언급한 전통적인 초콜릿 회사 슈톨베르크 사다. 1970년대 한스 임호프가 인수한 다음 잠시 성공을 거두었다가 2002년 스위스 초콜릿 회사 바리 깔레바우트(Barry Callebaut)가 인수했다. 하지만 구조 조정이 뒤따르더니 결국 문을 닫았다. 이렇게 쾰른에서 160년 넘는 초콜릿 역사가 막을 내렸다.

현재 초콜릿 시장은 몇 안 되는 대형 국제 기업들의 지배를 받지만, 최근에는 작으면서도 혁신적인 기업들이 많이 탄생하고 있다는 사실도 간과해서는 안 된다. 작지만 다양한 기업들이 새롭게 등장하는 이유는 그만큼 소비자들의 품질 의식이 높아졌기 때문이다.

주 ―――――――――

1) Stollwerck 1907, 33쪽
2) Tilly 1990, 145쪽
3) Ott 1874, 42쪽
4) 3)과 같은 책, 같은 곳
5) Stollwerck 1907, 77쪽 이하
6) Quintern 2006, 17쪽 이하
7) Amado 1953, 176쪽 이하
8) Wein이 2007, 45쪽 이하
9) Quintern 2006, 19쪽 이하
10) Weindl 2007, 46쪽
11) 10)과 같은 책, 53쪽 이하
12) Stollwerck 1907, 25쪽 이하
13) Verein der am Rohkakaohandel beteiligten Firmen e.V. 1986, 16쪽 이하
14) Hauschild-Thiessen 1981, 21쪽
15) 14)와 같은 책, 72쪽
16) 14)와 같은 책, 75쪽 이하
17) 14)와 같은 책, 81쪽 이하
18) Roder 2002, 23쪽
19) Reichstagsprotokolle 1885/ 86,1, 642쪽
20) Roder 2002, 24쪽
21) 20)과 같은 책, 25쪽 이하
22) 20)과 같은 책, 26쪽 이하
23) 22)와 같은 곳
24) Wirz 1972, 80쪽 이하
25) Gründer 2000, 139쪽
26) Niemann 2006, 29쪽 이하
27) Schmid 1970, 49쪽 이하
28) Roder 2002, 34쪽 이하
29) 이 부분 및 아래 내용과 관련해서는 Edlin 1913/ mm1992, 11쪽 이하

30) Lindt&Sprüngli 1995, 35쪽 이하

31) 30)과 같은 책, 38쪽

32) Schmid 1970, 73쪽

33) 이 부분 및 회사의 역사에 대해서는 Schmid 1970, 13쪽

34) Joest 1989, 11쪽 이하

35) Rheinisch-Westfälisches Wirtschaftsarchiv, 1868년 1월 11일자 Gubener Wochenblatt

36) Joest o.J., 38쪽 이하

37) Schmid 1970, 54

38) Kuske 1939, 567쪽 이하

39) Rheinisch-Westfälisches Wirtschaftsarchiv

40) 29)와 같은 곳

41) Coe&Coe 1998, 295

42) Ruß 1868, 193쪽

43) 42)와 같은 책, 193쪽 이하

44) Rheinisch-Westfälisches Wirtschaftsarchiv

45) Mueller 1957, 142쪽

46) Ruß 1868, 194쪽

47) Rheinisch-Westfälisches Wirtschaftsarchiv

48) Joest o.J., 33쪽 및 Hierholzer 2007, 86쪽 이하

49) 48)과 같은 곳

전망을 위한
회고

앞에서 살펴본 바와 같이 카카오는 수천 년이 넘는 역사 속에서 긴장감 넘치는 이야기를 담고 있다. 그래서 오늘날까지도 해결되지 않은 무수한 문제를 제시하고 또 혁신과 연구의 공간을 제공한다.

신들의 양식으로 불리는 카카오는 여러 시대와 문화를 거치며 승리의 행진을 계속하고 있다. 인류 역사의 오랜 기간 동안 초콜릿은 마시는 음료였다. 사람들은 이 원료를 가지고 늘 이런저런 실험을 해왔다. 중앙아메리카 가정에서는 지금도 여전히 조리해 먹는 음료와 음식이기도 하고, 용연향이나 재스민이 첨가된 향을 내는 초콜릿이나 노른자와 맥주가 가미된 초콜릿처럼 특별한 조리법으로 시대의 기호를 반영해 유행을 타기도 한다.

오랫동안 초콜릿은 만병통치약으로 통했다. 메소아메리카 문명에서 알려진 카카오의 많은 의학적 효능은 오늘날 과학적으로도 입증되었다. 물론 시간이 흐르면서 기대한 만큼의 효과를 보지 못했던 몇 가지 처방이 개발되기도 했다. 예를 들면 아일랜드 이끼, 철, 산토닌, 라듐, 수은이 첨가된 초콜릿 제품은 기관지 통증, 빈혈, 기생충, 매독에 효험이 있는 것으로 여겨졌다.

카카오라는 주제와 관련해 사람들은 몸에 좋으니 나쁘니 하는 문제로 수백 년간 티격태격 했다. 그리고 이 문제는 오늘날 다시 새롭게 다뤄진다. 소비자에게 건강한 영양섭취는 대단히 중요하고, 이를 위해 사람들은 기꺼이 비용을 지불할 용의도 있다. 이제 다시 초콜릿이 약국에서 판매된다. 약품 분야에서의 신제품은 특수 보호공법으로 제조하고 플라바놀이 다량 함유된 초콜릿이다. 런던 대학 자체 연구에 따르면 플라바놀이 많이 함유된 초콜릿을 섭취하면 심장 혈액순환 체계에 좋은 영향을 미치는 것 외에도, 자외선에 민감한 피부를 보호하는 효능도 있다고 한다.

카카오가 신체 내부에서만 작용하는 것은 아니다. 역사를 거치면서 카카오는 외상용 치료에도 늘 사용되었다. 앞에서 살펴본 바와 같이 카카오 버터는 메소아메리카 문명에서 연고나 햇빛차단제로 쓰였다. 지금도 많은 화장품이나 의약품에 사용된다. 카카오 버터와 카카오 매스는 미용 상품으로 각광받는다. 버터는 크림이나 비누, 목욕 오일에 함유되어 있다. 카카오 원두의 미세한 조각들은 클렌징 폼으로 사용된다. 갈색 액체인 카카오 매스는 원액 형태나 다른 추출물과 혼합되어 얼굴이나 전신용 팩으로 쓰인다.

당연히 카카오는 지금도 대부분 맛있는 먹거리로 쓰인다. 현재 시장 점유율이 가장 높은 것은 판형 초콜릿이다. 얼마 전까지 쓴맛이 나는 고급 초콜릿이 소비자들의 장바구니를 채웠다면, 현재는 그 경향이 다소 누그러졌다. 지금은 카카오 함량이 높은 전유 초콜릿이 선두를 달린다.

또 여전히 특별한 첨가제가 들어간 초콜릿에 대한 수요가 높다. 가장 최근에 인기를 끌었던 것은 고추, 후추, 소금 같은 첨가제가 들어간 제품이었다. 현재는 꽃잎을 추출한 아로마, 여러 종류의 차나 캐러멜을 입힌 열매가 들어간 다양한 제품이 만들어지고 있다. 술을 넣은 초콜릿도 변함없이 인기다. 이렇듯 새로운 시도는 끝이 보이지 않는다. 앞으로도 이국적인 초콜릿은 인기를 끌 것이다. 최근에 마나 말 젖을 넣은 초콜릿이 나왔으니 앞으로는 연어, 양파, 치즈혹은 올리브를 넣은 초콜릿을 기대해도 좋을 것이다.

오래전부터 카카오 원두의 원산지를 정확하게 표기하는 농장 초콜릿이 대단히 인기를 끌고 있다. 어떤 제조업자들은 포장지에 사용된 카카오 종류나 혼합된 비율도 표시한다.

근래 사람들이 많이 찾는 초콜릿은 신선한 초콜릿이다. 초콜릿가게 진열장에서 포장되지 않은 채 손님을 기다리는 초콜릿은 좀처럼 보기 힘든 장식품처럼 보인다. 이 초콜릿에 들어가는 첨가제도독특하기는 마찬가지다. 신선한 초콜릿은 멋진 외양으로 손님들의시선을 끈다. 멋지다고 너무 오랫동안 바라만 봐서는 안 된다. 신선한 초콜릿의 유통기한은 매우 짧기 때문에 바로 먹어야 한다.

모든 초콜릿은 공통적인 부작용이 있다. 칼로리의 문제다. 물론이 분야도 지속적으로 연구가 진행 중이다. 설탕 대신 스테비아 잎에서 추출한 자연 감미료를 사용해 칼로리를 줄인 판형 초콜릿이최근에 출시되었다. 물론 칼로리를 완전히 제거할 수는 없다. 그래서 얼마 전에는 창의력을 발휘해 개발한, 기체 형태로 들이마시는기체형 초콜릿 '르 위프(Le Whif)'가 나왔다.

요즘 인기를 끄는 것 중에는 인증 초콜릿이나 바이오 초콜릿이있는데, 시장 점유율이 점점 높아지고 있다. 대형 초콜릿 제조업체들도 공정거래, UTZ 인증, 레인보우연합 등과 같은 인증마크를 붙인 제품을 출시한다. 소비자들이 초콜릿 생산에 있어 인권과 자연보호를 얼마나 중요하게 생각하는지 잘 알 수 있다.

특별한 초콜릿을 대자면 한도 끝도 없다. 초콜릿을 즐기는 사람들을 설레게 하는 것은 창의적이며 유혹적인 생산 아이디어가 끊임없이 나온다는 확신이다. 카카오의 역사는 앞으로도 흥미진진할 것이다. 아주 멋들어지게 카카오를 묘사한 예수회 수사 알로이시우스 페로니우스의 표현을 빌려 이 이야기를 끝맺고자 한다. 알로이시우스 페로니우스는 1664년 다음과 같은 라틴어 제목으로 초콜릿 송가를 지었다.

〈오, 먼 나라에서 태어난 나무, 멕시코 해안의 영광이여〉

(Onata terris Arbor in ultimis et Mexicani gloria littoris)

먼 나라에서 태어난 나무여
멕시코 해안의 영광이여
맛보는 이를 제압하는 천상의 열매여

네게 숭배를 바치지 않는 나무가 어디 있으며
너를 칭송해 고개 숙이지 않는 꽃이 어디 있으랴
월계관을 쓴 너, 떡갈나무, 오리나무, 멋지다고 하는 삼나무도
모두 너의 승리를 전하네

너는 전에 에덴에서 아담과 같이 살았다고 하지
아담이 에덴에서 도망치면서 너도 데려왔다고 하지
그렇게 너는 여기 서인도제도로 왔구나
그리고 손님을 환대하는 이곳에서 무럭무럭 자라나

줄기에서는 고귀한 싹이 나니, 풍요로운 은총이구나
너는 끝없이 흐르는 포도주로 유명한 바카스 신의
또 다른 선물인가?
아니지, 크레타와 마시카의 열매들은 그 고향땅에
네가 이 땅에 안긴 그만한 영광을 주지 못하네

너는 가슴을 적시는 신선한 비
시인의 부드러운 감정의 원천
오, 달콤한 음료여! 저 먼 별에서 보낸 것인가
너야말로 신들의 양식이로다!

부록

카카오 이름과 재배지역

아래 두 표는 현재 통용되는 카카오 종류를 이름과 재배지역으로 분류한 것이다. 어떤 이름은 역사적인 배경을 보여 주며, 대개는 교배를 통한 혼합종임을 알 수 있다.

이름

크리올로 (Criollo)	이 종자의 재배지역, 원산지를 크리올로 혹은 크레올레(스페인어로 토종)라고 부른 데서 유래. 씨앗의 색은 밝다.
포라스테로 (Forastero)	재배지역에 새로 들어온 품종을 포라스테로(스페인어로 외래종)라고 불렀다. 아마존 지역이 원산지며, 씨앗은 보라색, 갈색이다.
트리니타리오 (Trinitario)	원래 포라스테로라고 했으나, 트리니다드에서 베네수엘라로 들어온 품종이라 이렇게 불렀다. 지금은 크리올로와 포라스테로의 혼합종을 말한다.
나시오날 (Nacional)	에콰도르 산 크리올로를 기반으로 개발된 변종으로, 독특한 꽃향기를 내며 과육질이 좋다.
레알(Real)	니카라과에서 재배하며, 크리올로의 잡종으로 추정된다.
포르셀라나 (Porcelana)	열매의 표면이 부드럽고 반질반질한 크리올로 종을 말함. 주로 수리남과 자바, 베네수엘라의 마라카이보 호수 주변에서 재배한다. 호두 향이 난다.
펜타고나 (Pentagona)	열매 표면에 거친 줄이 뚜렷한 크리올로 종이다.

구아사레 (Guasare)	베네수엘라가 원산지인 크리올로 순종 중의 하나로, 열매가 매우 크고 원두 껍질은 울퉁불퉁하다. 향기가 대단히 짙으며 미묘한 맛이 난다.
코로니 (Choroni)	과거에는 무척 품질이 좋은 카카오를 지칭하는 말이었으나, 지금은 거의 사용하지 않는다. 열매는 빨갛고 울퉁불퉁하며 깊게 홈이 파였다. 과육이 무척 맛있다.
오쿠마레 61 (Ocumare 61)	베네수엘라 산 크리올로. 열매는 울퉁불퉁하며 빨간 빛을 띤다. 흙과 꽃향기가 혼합된 향이 난다.
IMC 67	IMC는 이키토스 혼합종 칼라바실로(Iquitos Mixed Calabacillo)의 약자다. 페루 아마존 지역의 포라스테로 종을 말하며, 육질이 풍부하다. 전 세계에서 상용으로 재배한다.
스카비나 6 (Scavina 6)	에콰도르 산 포라스테로. 과육이 무척 달며, 원두는 꽃향기가 난다. 빗자루병에 저항력이 강하며, 세계 곳곳에서 재배한다.
아멜로나도 (Amelonado)	아마존 하류지역의 포라스테로. 열매가 멜론 모양이라 붙은 이름이며, 중성적인 향이 난다.
아리바 (Arriba)	나시오날의 변종으로, 포라스테로 종으로 분류한다. 에콰도르 산. 유통 과정에서는 고급카카오 혹은 아로마 원두라고 부른다. 현재는 찾아보기가 어렵다. 크리올로 종과 마찬가지로 꽃향기가 강하며, 발효시간이 짧다. 대단히 인기가 많은 포라스테로다.
ICS 1	ICS는 제국대학 선별종(Imperial College Selection)의 약자다. 1933년 유전학자 E. J. 파운드가 식물학자 E. E. 치즈맨과 함께 트리니다드에서 카카오 1천 그루를 선별해, 실험을 통해 그중 100 그루를 추려 번호를 매겼다. 1번 종은 현재까지도 연구자들에게 대단히 중요한 품종이다. 이 품종은 굵은 원두 수확량이 많으며, 맛은 부드럽고 풍부하다. 스카비나 6과의 교배종은 생산성이 높고 빗자루병에 강하다.

재배지역

상투메	카메룬 앞 대서양의 섬으로, 원산지가 다양한 카카오를 재배한다. 그중 특히 브라질의 바히아·에스피리토 산토 산 포라스테로, 베네수엘라 산 크리올로를 주로 재배한다.
아마조나스	포라스테로 종 특성이 있는 모든 카카오의 원산지다.
에콰도르	주로 크리올로 종을 재배하지만, 최근에는 교배종도 재배한다.
자바	오래된 재배지역으로 다양한 혼합종을 재배하나, 주로 크리올로를 재배한다.
트리니다드	원산지가 다양한 카카오를 재배한다. 현재는 크리올로와 포라스테로를 교배한 혼합종이 대세를 이룬다.
베네수엘라	주로 크리올로 종을 재배한다.
가나	브라질 산 포라스테로 종, 상투메에서 들어온 서아프리카 아멜로나도 종, 크리올로 유전자형을 재배한다.
코트디부아르	브라질 산 포라스테로 종, 상투메를 통해 들어온 서아프리카 아멜로나도 종을 재배한다.
카메룬	포라스테로와 크리올로 혼합종을 재배하며, 카메룬의 빅토리아 소재 식물원에서 주로 재배해 '빅토리아 카카오'라고 부른다.
사일론	트리니다드에서 재배되는 종들과 크리올로 변종이 주를 이룬다.
인도네시아	과거에는 크리올로가 주종이었으나, 현재는 포라스테로의 비중이 높다.

카카오의 재배지역과 확산 경로 (16〜19세기)

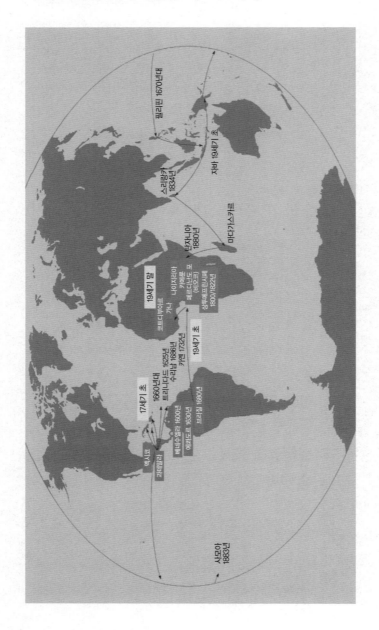

참고문헌

Adrian, Hans G. et al.: Das Teebuch. Geschichte und Geschichten. Anbau, Herstellung und Rezepte. Wiesbaden 1997.

Aguilar-Moreno, Manuel-in: Cameron L. McNeil, (Ed.): Chocolate in Mesoamerika. A cultural history of cocoa. The good and evil of chocolate in colonial Mexico. Gainesville 2009.

Amonn, Otto: Kaffee, Tee und Kakao. Ihr Verbrauch in den Industriestaaten der westlichen Welt nach dem zweiten Weltkrieg. München 1954.

Azteken. Ausstellungskatalog. Deutsche Ausgabe. Köln 2003.

Bachmann, Manfred und Monika Tinhofer: Osterhase, Nikolaus&Zeppelin: Schokoladenformen im Spiegel alter Musterbücher. Husum 1998.

Bavendamm, Dirk et al.: 150 Jahre C. Woermann. Wagnis Westafrika. Die Geschichte eines Hamburger Handelshauses 1837-1987. Hamburg 1987.

Bayer, Ehrentraud-in: Maya. Könige aus dem Regenwald. Katalog zur Sonderausstellung. Mais: Eine Gabe der Götter. Hildesheim 2007 (2. Auflage).

Beckmann: Vorbereitung zur Waarenkunde. Göttingen 1793/ 1800.

Beliaev, Dimitri, Albert Davletshin and Alexandre Tokovine: in: Staller, John. E. and Michael D.Carrasco (Ed.): Pre-columbian foodways: Interdisciplinary approaches to food, culture and markets in ancient Mesoamerica. Sweet cacao and sour atole: Mixed drinks on classic maya vases. New York 2010.

Bellin, Friederike: Auswirkungen des Anbaus von Kaffee, Kakao und Ölpalmen auf Einkommen und Ernährung der kleinbäuerlichen Haushalte in Süd-Sierra Leone. Gießen 1991.

Berliner Museum zur Geschichte von Handel und Gewerbe (Hg.): Die bunte Verführung. Zur Geschichte der Blechreklame. Berlin 1985.

Bernegg, Andreas: Tropische und Subtropische Weltwirtschaftspflanzen. Ihre Geschichte, Kultur und volkswirtschaftliche Bedeutung. III. Teil: Genusspflanzen. 1. Band: Kakao und Kola. Stuttgart 1934.

Berthold, Klaus (Hg.): Von der braunen Chocolade zur lila Versuchung: die Design geschichte der Marke Milka. Bremen 1996.

Bletter, Nathaniel and Douglas C. Daly-in: Cameron L. McNeil (Ed.): Chocolate in Mesoamerika. A cultural history of cocoa. Cacao and its relatives in South America. Gainesville 2009.

Bibra, Ernst Freiherr von: Die narkotischen Genussmittel und der Mensch. Nürnberg 1855.

Böer, Friedrich: 750 Jahre Hamburger Hafen-Ein deutscher Seehafen im Dienste der Welt. Hamburg 1939.

Bontekoe, Cornelius: Kurtze Abhandlung Von dem Menschlichen Leben/ Gesundheit/ Kranckheit/ und Tod. Budissin 1685.

Borrmann, Axel et al. (Hg.): Vermarktungs-und Verteilungssysteme für Rohstoffe.

Eine Untersuchung möglicher Ansatzpunkte zur Rationalisierung bei Kakao, Baumwolle, Kautschuk und Zinn. Hamburg 1973.

Brillat-Savarin, Jean Anthelme: Physiologie des Geschmacks. Braunschweig 1865.

Brinkmann, Jens-Uwe (Hg.): Der bitter-süße Wohlgeschmack. Zur Geschichte von Kaffee, Tee, Schokolade und Tabak. Göttingen 1994.

Bruckböck, Alexandra (Hg.): Götterspeise Schokolade: Kulturgeschichte einer Köstlichkeit-dieSchokoladenseiten zur Ausstellung. Linz 2007.

BUKO Agrar Koordination (Hg.): Zucker. Stuttgart 1992.

BUKO Agrar Koordination (Hg.): Welthandel. Stuttgart 1996.

BUKO Agrar Koordination (Hg.): Kakao. Stuttgart 1996.

Bundesverband der Deutschen Süßwarenindustrie e.V. (Hg.): Süßwaren und Ernährung. Bonn 1995.

Bundesverband der Deutschen Süßwarenindustrie (Hg.): Süßwarentaschenbuch 2006/ 2007. Bonn 2007.

Bundesverband der Deutschen Süßwarenindustrie (Hg.): Süßwarentaschenbuch 2008/ 2009. Struktur und Entwicklungstendenzen der Süßwarenindustrie der Bundesrepublik Deutschland. Bonn 2009.

Bundesverband der Deutschen Süßwarenindustrie e.V. (Hg.): Gesund essen und genießen. Süßwaren und Knabberartikel in der Ernährung. Bonn o.J.

Busch, Carmen: Bittersüße Schokolade. Eine kritische Analyse des Kakaoweltmarktes unter besonderer Berücksichtigung der Produzentenseite. Stuttgart 2005.

Cacao Atlas. A project initiated and financed by the German Cocoa and Chocolate Founda tion: Edition 2006.

Cocoa Atlas. A project initiated and financed by the German Cocoa and Chocolate Founda tion: Edition 2010.

Chocoladenseiten. Weihnachten 2009. Lindt&Sprüngli.

Ciolina, Evamaria und Erhard: Das Reklamesammelbild: Sammlerträume; ein Bewertungskatalog; von Schokolade bis Schuhcreme-kleine Kunstwerke in der Werbung. Regen stauf 2007.

Ciolina, Evamaria und Erhard: Emailschilder. Glanzstück alter Reklame. Augsburg 1996.

Codex Mendoza: Aztekische Handschrift. Fribourg 1984.

Coe, Sophie, D. und Michael D.: Die wahre Geschichte der Schokolade. Frankfurt am Main 1997.

Cook, Russell L.: Chocolate production and use. New York 1982.

Corbin, Alain: Pesthauch und Blütenduft-Eine Geschichte des Geruchs. Berlin 1982.

Cortés, Hernán: Die Eroberung Mexikos. Eigenhändige Berichte an Kaiser KarlV. 1520-1524. Tübingen 1975.

Dahlmann, Dittmar (Hg.): Eisenbahnen und Motoren-Zucker und Schokolade: Deutsche im russischen Wirtschaftsleben vom 18. bis zum frühen 20. Jahrhundert. Berlin 2005.

de Castro, Inés und Stefanie Teufel-in Inés de Castro (Hg.): Maya. Könige aus dem Regenwald. Katalog zur Sonderausstellung. Lebensraum und Landwirtschaft. Hildesheim 2007 (2.Auflage).

de Castro, Inés-in Dies. (Hg.): Maya. Könige aus dem Regenwald. Katalog zur Sonderausstellung. Kunst und Keramik: Die Vasenmalerei der Klassik. Hildesheim 2007 (2.Auflage).

de Castro, Inés-in Dies. (Hg.): Maya. Könige aus dem Regenwald. Katalog zur Sonderausstellung. Das Ballspiel der Maya. Hildesheim 2007 (2.Auflage).

de Castro, Inés-in Dies. (Hg.): Maya. Könige aus dem Regenwald. Katalog zur Sonderausstellung. Leben zwischen Tradition und Moderne. Hildesheim 2007 (2.Auflage).

De Landa, Diego: Bericht aus Yucatan. Stuttgart 2007.

Deutsche Botschaft Accra. Landwirtschaft in Ghana. Kakao. Wi 403. 2005.

Diaz del Castillo, Bernal: Geschichte der Eroberung von Mexiko. Frankfurt am Main 1988.

Diemair, Stefan (Hg.): Lebensmittel-Qualität. Ein Handbuch für die Praxis. Stuttgart 1990.

Deutsche Automatengesellschaft Stollwerck AG (Hg.): Preisliste. Köln 1898.

Deutsches Museum (Hg.): Wenn der Groschen fällt …… Münzautomaten gestern und heute. München 1988.

Douven, Henry, Ivan Fabry und Gerhard Göpel: Schokolade. Stolberg 1996.

Draper, Robert: Das Vermächtnis der Azteken. In: National Geographic. November 2010.

DuFour, Philippe Sylvestre: Drey neue curieuse Tractätgen von dem Trancke Cafe, sinesischen The undder Chocolata [Neudr. d. dt. Erstausg. Bautzen 168/ mit einem Nachwort von Ulla Heise]. München 1986.

Durán, Fray Diego: History of the indies of new Spain (1588). Oklahoma 2009.

Durry, Andrea, Aiga Corinna Müller und Caroline Wilkens-Ali: Das süße Geheimnis der Schokoladennikoläuse. In: Alois Döring (Hg.): Faszination Nikolaus. Kult, Brauch und Kommerz. Essen 2001.

Durry, Andrea und Thomas Schiffer: Das Schokoladenmuseum. Geschichte und Gegenwart der Schokolade. Köln 2008.

Edsmann, Carl-Martin und Carl-Otto Sydow: Ausstellungskatalog der Universität Tübin gen. Carl von Linnè und die deutschen Botaniker seiner Zeit. Tübingen 1977.

Edlin, Christa: Philippe Suchard. Schokoladenfabrikant und Sozialpionier. Glarus 1992.

Eiberger, Thomas: Zur Analytik von Nicht-Kakaobutterfett in Kakaobutter. Berlin 1996.

Ellerbrock, Karl-Peter: Geschichte der deutschen Nahrungs-und Genussmittelindustrie. Stuttgart 1993.

Emsley, John: Sonne, Sex und Schokolade: mehr Chemie im Alltag. Weinheim 2006.

Enzensberger, Hans Magnus: Las Casas oder Ein Rückblick in die Zukunft (1966). In: Las Casas. Kurzgefasster Bericht von der Verwüstung der Westindischen Länder. Frankfurt a.Main 2006.

Epple, Angelika: Das Unternehmen Stollwerck. Eine Mikrogeschichte der Globalisierung. Frankfurt amMain 2010.

Epple, Angelika: Das Auge schmeckt Stollwerck. Uniformierung der Bilderwelt und kulturelle Differenzierung von Vorstellungsbildern in Zeiten des Imperialismus und der Globalisierung. In: Werkstatt Geschichte 45, 2007, S. 13-31.

Euringer, Günter: Das Kind der Schokolade. O.O. 2005.

Feuz, Patrick, Andreas Tobler und Urs Schneider: Toblerone. Die Geschichte eines SchweizerWelterfolgs. Zürich 2008.

Fincke, Heinrich: Die Kakaobutter und ihre Verfälschungen. Stuttgart 1929.

Fincke, Heinrich: Festschrift 50 Jahre Chemikertätigkeit in der Deutschen Schokoladen indus trie. Köln 1934.

Fincke, Heinrich: Handbuch der Kakaoerzeugnisse. Berlin 1965.

Franc, Andrea: Wie die Schweiz zur Schokolade kam: der Kakaohandel der Basler Handelsgesellschaft mit der Kolonie Goldküste (1893-1960). Basel 2008.

Franke, Erwin: Kakao, Tee und Gewürze. Wien 1914.

Franke, Gunther und Albrecht Pfeiffer: Kakao. Wittenberg 1964.

Frauendorfer, Felix: Zum Einfluss des Röstvorgangs auf die Bildung wertgebender Aroma stoffe in Kakao. München 2003.

Frei, René: Über die Schokolade im allgemeinen und die Entwicklung der bernischen Schokoladeindustrie.Luzern 1951.

Friebe, Richard: Der Erfinder des Blümchensex. In: Frankfurter Allgemeine Zeitung 20.Mai 2007. Nr. 20.

Geschichtliche Weltkunde: Band 2. Frankfurt 1977.

Geo: Frühe Kakaoholiker. 01/2008.

Gillies, Judith-Maria: Die Schokoladenseite. In: Die Zeit, Nr. 51 vom 10. Dezember 2009.

Gniech, Gisela: Essen und Psyche. Über Hunger und Sattheit, Genuss und Kultur. Berlin 2002.

Gore, Al: Eine unbequeme Wahrheit. Die drohende Klimakatastrophe und was wir dagegen tun können. München 2006.

Graf, Roland: Adliger Luxus und die städtische Armut. Eine soziokulturelle Studie zur Geschichte der Schokolade in Mitteleuropa vom 16. bis zum 18. Jahrhundert. Wien 2006.

Greenpeace: Give the Orang-Utan a break. Ausgabe 2/2010.

Greiert, Carl: Festschrift zum 50-jährigen Bestehen des Verbandes deutscher SchokoladenFabrikanten e.V. Dresden 1926.

Grube, Nikolai-in Inés de Castro (Hg.): Maya. Könige aus dem Regenwald. Katalog zurSonderausstellung. Gefaltete Bücher: Die Codizes der Maya. Hildesheim 2007 (2.Auflage).

Grube, Nikolai-in Inés de Castro (Hg.): Maya. Könige aus dem Regenwald. Katalog zurSonderausstellung. Die Staaten der Maya. Hildesheim 2007 (2. Auflage).

Grube, Nikolai: Maya. Gottkönige im Regenwald. Potsdam 2006/2007.

Gründer, Horst: Geschichte der deutschen Kolonien. Paderborn 2000.

gtz: Kakao und Kinderrechte-Wachsamkeitskómitees setzen sich für Kinder ein. Eschborn 2009.

Gugkiotta, Guy: Die Maya. Ruhm und Ruin. In: National Geographic. Ausgabe Oktober 2007.

Gundemann, Rita: Der Sarotti-Mohr: Die bewegte Geschichte einer Werbefigur. Berlin 2004.

Hakenjos, Bernd und Susanne Jauernig: Böttger-Steinzeug und-Porzellan-Ausgewähltes Meißen. Berlin 2004.

Hamburger Freihafen-Lagerhaus-Gesellschaft (Hg.): 750 Jahre Hamburger Hafen. Hamburg 1939.

Hancock, B., L. and M. S. Fowler-in S.T. Beckett (Ed.): Industrial Chocolate Manufacture anUse. Cocoa bean production and transport. London 1997.

Handt, Ingelore und Hilde Rakebrand: Meißner Porzellan des achtzehnten Jahrhunderts 1710 bis 1750. Dresden o.J.

Hanisch, Rolf und Curd Jakobeit (Hg.): Der Kakaoweltmarkt. Weltmarktintegrierte Entwick lung undnationale Steuerungspolitik der Produzentenländer. Band Ⅰ: Welt markt, Malay sia, Brasilien. Band Ⅱ: Afrika. Hamburg 1991.

Harkin-Engel-Protokoll; Wien 2001.

Hartwich, Carl: Die menschlichen Genussmittel. Ihre Herkunft, Verbreitung, Geschichte, Anwendung, Bestandteile und Wirkung. Leipzig 1911.

Hauschild-Thiessen, Renate: Albrecht&Dill 1806-1981. Die Geschichte einer Hamburger Firma. Hamburg 1981.

Heenderson, John, S. and Rosemary A. Joyce-in Cameron L. McNeil (Ed.): Chocolate in Mesoamerika. A cultural history of cacao. The development of cacao beverages in formative Mesoamerica. Gainesville 2009.

Heidrich, Hermann und Sigune Kussek (Hg.): Süße Verlockung: von Zucker, Schokolade und anderen Genüssen. Molfsee 2007.

Heise, Ulla: Kaffee und Kaffeehaus. Leipzig 1996.

Hengartner, Thomas und Christoph Maria Merki (Hg.): Genussmittel. Ein kulturgeschichtliches Handbuch. Frankfurt am Main 1999.

Herold, Anja-in: Geo Epoche: Das Magazin für Geschichte. Maya-Inka-Azteken. Altamerikanische Reiche: 2600 v. Chr. bis 1600 n. Chr. Kolosse im Regenwald. Nr. 15. 2004.

Herrmann, Roland: Internationale Agrarmarktabkommen: Analyse ihrer Wirkungen auf den Märkten fürKaffee u. Kakao. Tübingen 1988.

Hillen, Christian (Hg.): »Mit Gott«. Zum Verhältnis von Vertrauen und Wirtschafts geschichte. Köln 2007.

Himmelreich, Laura: Warum Schokogiganten auf politisch korrekten Kakao setzen.

In: Spiegel Online 3. Januar 2010.

Hochmuth, Christian: Globale Güter-lokale Aneignung: Kaffee, Tee, Schokolade und Tabak im frühneuzeitlichen Dresden. Konstanz 2008.

Hoffmann, Simone: Die Welt des Kakaos. Neustadt an der Weinstraße 2008.

Holl, Frank: Alexander von Humboldt. Mein vielbewegtes Leben. Der Forscher über sich und seine Werke. Frankfurt 2009.

Holst, Herbert: Kleine Kakaokunde. Hamburg 1961.

Holsten, Nina: Industrialisierung und Überseehandel in Deutschland: Anregungen für den Besuch des Ausstellungsbereichs Arbeit im Kontor-Handel mit Übersee im Museum der Arbeit [Einzelthema Rohstoffe aus Übersee-Kautschuk und Kakao].Hamburg 1997.

Hütz-Adams, Friedel: Die dunklen Seiten der Schokolade. Große Preisschwankungen-schlechte Arbeitsbedingungen der Kleinbauern. Langfassung. Eine Studie des Südwind e.V. gefördert vom Bistum Aachen und den Evangelischen Kirchenkreisen Aachen und Jülich. Aachen 2009.

Hütz-Adams, Friedel: Menschenrechte im Anbau von Kakao. Eine Bestandsaufnahme der Initiativen der Kakao-und Schokoladenindustrie. INEF Forschungsreihe. Universität Duisburg-Essen 2010.

Hütz-Adams, Friedel: Ghana: Vom bitteren Kakao zur süßen Schokolade. Der lange Weg von der Hand in den Mund. Südwind e.V. Siegburg 2011.

Humboldt, Alexander von: Versuch über den politischen Zustand des Königreichs Neu-Spanien. Bd. 3. Buch IV. Tübingen 1812.

Humboldt, Alexander von: Politische Ideen zu Mexiko. Politische Landeskunde. Hg. von Hanno Beck. Darmstadt 1991.

ILAB and United States Department of Labour: US Department of Labour"s 2008 findings on the worst forms of child labour. International Child Labour reports. 2009 Washington.

Imhof, Paul: Nach allen Regeln der Kunst-von der Cacaobohne zur Edelschokolade. Zürich 2008.

Imhoff, Hans: Das wahre Gold der Azteken. Düsseldorf 1988.

Informationsgemeinschaft Münzspiel et al. (Hg.): Für"n Groschen Glück&Seife. Alte Münz-automaten. Berlin 1990.

Info-Zentrum Schokolade (Hg.): Kakao und Schokolade. Vom Kakaobaum zur Schoko lade. Leverkusen 2004.

International Institute of tropical Agriculture (ITTA): Child Labor in the Cocoa Sector of West Africa. A synthesis of findings in Cameroon, Côte d"Ivoire, Ghana and Nigeria. Under the auspices of USAID/ USDOL/ ILO. 2002.

Italiaander, Rolf: Xocolatl. Ein süßes Kapitel unserer Kulturgeschichte. Düsseldorf 1980.

Italiaander, Rolf: Speise der Götter. Eine Kulturgeschichte der Xocolatl in Bildern. Düsseldorf 1983.

Joest, Hans-Josef: 150 Jahre Stollwerck. Das Abenteuer einer Weltmarke. Köln 1989.

Jolles, Adolf: Die Nahrungs-und Genußmittel und ihre Beurteilung. Leipzig 1926.

Journal der Gesellschaft für selbstspielende Musikinstrumente e.V. (Hg.): Das mechani sche Musikinstrument. Bergisch Gladbach 1995.

Kappeller, Klaus: Vergleich der gesetzlichen Bestimmungen über Schokolade und Kakaoerzeugnisse. Bonn 1955.

Kaufman, Terrence and John Justeson-in Cameron L. McNeil (Ed.): Chocolate in Mesoamerika. A cultural history of cocoa. History of the word for »cacao« and related terms in ancient Meso-America. Gainesville 2009.

Kittl, Beate: Schokolade in Gefahr. Schädling bedroht Kakaoernte. In: Süddeutsche Zeitung online, 2. Januar 2008.

Kleinert, Jürg: Handbuch der Kakaoverarbeitung und Schokoladeherstellung. Hamburg 1997.

Klüver, Reymer: in: Geo Epoche: Das Magazin für Geschichte. Maya-Inka-Azteken. Altamerikanische Reiche: 2600 v.Chr. bis 1600 n.Chr. Karriere eines Killers. Nr. 15. 2004.

Kluthe, Reinhold et al. (Hg.): Süßwaren in der modernen Ernährung-Ernährungsmedi zini sche Betrachtungen. Stuttgart 1999.

Klopstock, Fritz: Kakao. Wandlungen in der Erzeugung und der Verwendung des Kakaos nach dem Weltkrieg. Leipzig 1937.

Köhler, Ulrich (Hg.): Altamerikanistik. Eine Einführung in die Hochkulturen Mittel-und Südamerikas.Umweltbedingungen und kulturgeschichtliche Entwicklung. Berlin 1990.

König, Viola-in Ulrich Köhler (Hg.): Altamerikanistik. Eine Einführung in die Hochkulturen Mittel-und Südamerikas. Berlin 1990.

Kohler, Andreas: in: Spiegel Online, Ältestes Schriftstück Amerikas entdeckt. 15. Septem ber 2006.

Krämer, Tilo: Zur Wirkung von Flavonoiden des Kakaos auf Lipidperoxidation und Protein-Tyrosinnitrierung von menschlichem LDL. Düsseldorf 2006.

Krempel, Guido und Sebastian Matteo: Ein polychromer Teller aus Yootz. In: Baessler Archiv. Beiträgezur Völkerkunde, Bd. 56, 2008, S. 244-248.

Kruedener, Jürgen von: Die Rolle des Hofes im Absolutismus. München 1971.

Kurze, Peter, Thomas Schaefer und Gabi Siepmann: Schiffe, Schnaps und Schokolade-Bremer Produkte der 70er-Jahre. Bremen 1998.

Kuske, Bruno: 100 Jahre Stollwerck-Geschichte 1839-1939. Köln 1939.

Kwem, Maurice C.: Der Weltmarkt für Kakao unter besonderer Berücksichtigung der Position Nigerias. Frankfurt am Main 1985.

Lacadena, Alfonso-in Inés de Castro (Hg.): Maya. Könige aus dem Regenwald. Katalog zur Sonderausstellung. Stimmen aus Stein, Stimmen aus Papier: Die Hieroglyphenschrift der Maya. Hildesheim 2007 (2.Auflage).

Laessig, Alfred: Die Grundelemente der Kakao-und Schokoladenfabrikation. Eine technische undwirtschaftliche Untersuchung. Dresden 1928.

Las Casas, Bartolomé de: Kurzgefasster Bericht von der Verwüstung der

Westindischen Länder. Frankfurtam Main 2006.

Leimgruber, Yvonne (Hg.): Chocolat Tobler-Zur Geschichte der Schokolade und einer Berner Fabrik.Begleitpublikation zur Ausstellung »Chocolat Tobler-eine Drei ecks geschichte. Von 1899 bis Heute« im Kornhaus Bern, 12.Mai bis 1. Juli. Bern 2004.

Lewin, L.: Phantastica. Die betäubenden und erregenden Genussmittel. Berlin 1924.

Lieberei, R.: Die Vielfalt des Kakaos. Der Einfluss von Provenienz und Varietät auf seinen Geschmack. Moderne Ernährung heute. Nr. 2, Oktober 2006.

Linné, Carl von: Des Ritter Carl von Linné Auserlesenen Abhandlungen aus der Naturgeschichte, Physikund Arzneywissenschaft. Carl von Linné. Leipzig 1777.

Loeffler, Bernd Matthias Nikolaus: Untersuchungen zur Pharmakokinetik von Coffein, Theophyllin und Theobromin beim Hund nach Aufnahme von Kaffee, Tee und Schokolade. Leipzig 2000.

Luhmann, E.: Kakao und Schokolade. Eine ausführliche Beschreibung der Herstellung aller Kakaopräparateund der dafür erforderlichen Einrichtungen. Hannover 1909.

Matissek, Reinhard (Hg.): Moderne Ernährung heute. Sammelband I. Köln 1999.

Matissek, Reinhard (Hg.): Moderne Ernährung heute. Band 4. Köln 2001.

Matissek, Reinhard (Hg.): Moderne Ernährung heute. Band 5. Köln 2003.

Matissek, Reinhard (Hg.): Moderne Ernährung heute. Band 6. Köln 2005.

McNeil, Cameron L. (Ed.): Chocolate in Mesoamerika. A cultural history of cocoa. Gainesville 2009.

McNeil, Cameron L., Jeffrey W. Hurst and Robert J. Sharer-in Cameron L. McNeil (Ed.): Chocolate in

Mesoamerika. A cultural history of cocoa. The use and representation of cacao during the classicperiod at Copan and Honduras. Gainesville 2009.

Meier, Günter: Porzellan aus der Meißner Manufaktur. Stuttgart 1983.

Meißner, Erich: Die sächsische Kakao-und Schokoladenindustrie unter besonderer Berück sichti gung dergewerblichen Betriebszählung vom 16. Juni 1925. Leipzig 1930.

Meiners, Albert et al. (Hg.): Das neue Handbuch der Süßwarenindustrie. Band I und II. Neuss 1983.

Menezes, Albene Miriam Ferreira: Die Handelsbeziehungen zwischen Deutschland und Brasilien in den Jahren 1920-1950 unter besonderer Berücksichtigung des Kakao handels. Hamburg 1987.

Menninger, Annerose: Tabak, Zimt und Schokolade. Europa und die fremden Genüsse (16. bis 19. Jahrhundert), in: Urs Faes und Béatrice Ziegler (Hg.): Das Eigene und das Fremde. Festschrift für Urs Bitterli. Zürich 2000, S. 232-262.

Menninger, Annerose: Die Verbreitung von Schokolade, Kaffee, Tee und Tabak in Europa (16. bis 19. Jahrhundert). Ein Vergleich. In: Yonne Leimgruber et al. (Hg.): Chocolat Tobler. Zur Geschichteder Schokolade und einer Berner Fabrik. Bern 2001, S. 28-37.

Menninger, Annerose: Genuss im kulturellen Wandel. Tabak, Kaffee, Tee und Schokolade in Europa (16. bis 19. Jahrhundert). Stuttgart 2004.

Michaelowa, Katharina und Ahmad Naini: Der Gemeinsame Fonds und die Speziellen Rohstoffabkommen. Baden-Baden 1995.

Mielke, Heinz-Peter: Kaffee, Tee, Kakao. Der Höhenflug der drei »warmen« Lustgetränke. Viersen 1988.

Montignac, Michel: Gesund mit Schokolade. Offenburg 1996.

Morton, Marcia und Frederic: Schokolade, Kakao, Praline, Trüffel und Co. Wien 1995.

Mühle, Thea: Technologische Untersuchungen des Conchierprozesses als Grundlage zur Entwicklung eines rationellen Schokoladenherstellungsverfahrens. Dresden 1974.

Müller, Michael (Hg.): Kaffee-Eine kleine kulinarische Anthologie. Stuttgart 1998.

Mueller, Wolf: Seltsame Frucht Kakao. Geschichte des Kakaos und der Schokolade. Hamburg 1957.

Museum für Gestaltung (Hg.): Email-Reklameschilder von 1900-1960. Zürich 1986.

National Geographic. Blut für Regen. Ausgabe März 2008.

Ndine, Roger Mbassa: Die Nahrungs-und Genußmittelindustrie als Impuls zur Wand lung von Agrarökonomien in Afrika. Ein dynamisches Modell der Ernährungswirtschaft in Kamerun. Mannheim 1984.

Neehall, Caryl: The Giant African Snail (Achatina fulica). Research division MALMR. The Ministry of Agriculture, Land and Marine Resources. Trinidad&Tobago 2004.

Neues Universallexikon: Band 3. Köln 1975.

Nimmo, Leonie-in: Ethical consumer. Chocolate. Melted more. November/ December 2009.

Nuyken-Hamelmann, Cornelia: Quantitative Bestimmung der Hauptsäuren des Kakaos. Braunschweig 1987.

Oberparleitner, Sabine: Untersuchungen zu Aromavorstufen und Aromabildung von Kakao. München 1996.

Obert, Michael und Daniel Rosenthal, in: Greenpeace-Magazin: Kinderschokolade. März 2009.

Öko-Test. Schokolade. Bitterschokolade. November 2005.

Ogata, Nisao, Arturo Gómez-Pompa and Karl A. Taube-in Cameron L. McNeil (Ed.): Chocolate in Mesoamerika. A cultural history of cocoa. The domestiction and distribution of Theobroma cacao L. in the neotropics. Gainesville 2009.

OroVerde&GTZ (Hg): Amazonien. Geheimnisvolle Tropenwälder. Bonn 2007.

OroVerde (Hg.): OroVerde. Das Magazin für die Freunde der Tropenwälder. Bonn 2006.

Ott, Adolf: Wiener Weltausstellung 1873. Bericht über Gruppe IV. Nahrungs-und Genuss mittel als Erzeugnisse der Industrie. Schaffhausen 1874.

Payson Center for International Development and Technology Transfer der Tulane

University: Oversight of public an private initiatives to eliminate the worst forms of child labour in the cocoa sector in Côte d''Ivoire and Ghana. New Orleans 2011.

Pallach, Ulrich-Christian: Materielle Kultur und Mentalitäten im 18. Jahrhundert. München 1987.

Pape, Thomas (Hg.): Schokolade-Eine kleine kulinarische Anthologie. Stuttgart 1998.

Perré, Sandra: Einfluss von flavanolreichem Kakao auf die Endotheldysfunktion bei Rauchern. Düsseldorf 2006.

Pfnür, Petra Anne: Untersuchungen zum Aroma von Schokolade. München 1998.

Pietsch, Ulrich: Frühes Meißener Porzellan. Aus einer Privatsammlung. Lübeck 1993.

Popol Vuh: Die heilige Schrift der Maya. Hamburg 2004.

Prager, Christian M.-in Inés de Castro (Hg.): Maya. Könige aus dem Regenwald. Katalog zur Sonderausstellung. Der Weg ins Jenseits. Tod bei den Maya. Hildesheim 2007 (2.Auflage).

Prager, Christian M.-in Inés de Castro (Hg.): Maya. Könige aus dem Regenwald. Katalog zur Sonderausstellung. Kampf um Ressourcen und Vormachtstellung: Krieg und Gefangennahme. Hildesheim 2007 (2. Auflage).

Prem, Hanns J.-in Ulrich Köhler (Hg.): Altamerikanistik. Eine Einführung in die Hochkul turen Mittel-und Südamerikas. Kalender und Schrift. Berlin 1990.

Prem, Hanns J.: Die Azteken. Geschichte Kultur Religion. München 2006

(4. Auflage).

Prem, Hanns J.: Geschichte Alt-Amerikas. Oldenbourg Grundriss der Geschichte. München 2008.

Prescott, William: Die Eroberung von Mexiko. Der Untergang des Aztekenreichs. Köln 2000.

Presilla, Maricel, E.: Schokolade. Die süßeste Verführung. München 2007.

Quintern, Detlev: »Nicht die Bohne wert?«. In: Hartmut Roder (Hg.): Schokolade. Geschichte, Geschäft, Genuss. Bremen 2002, S. 11-22.

Rademacher, Cay-in Geo Epoche: Das Magazin für Geschichte. Maya-Inka-Azteken. Altamerikanische Reiche: 2600 v.Chr. bis 1600 n.Chr. Azteken. Nr. 15. 2004.

Rath, Jürgen: Arbeit im Hamburger Hafen. Hamburg 1988.

Rätsch, Christian (Hg.): Chactun-Die Götter der Maya. Quellentexte, Darstellung und Wörterbuch. O.O. 1986.

Reents-Budet, Dorie-in Cameron L. McNeil (Ed.): Chocolate in Mesoamerika. A cultural history of cocoa. The social context of kakaw drinking among the ancient Maya. Gaines ville 2009.

Rembor, Ferdinand und Heinrich Fincke: Was muss der Verkäufer von Kakao, Schokolade und Pralinen wissen? Ein verkaufskundlicher Lehrgang für den Unterricht an Berufs-, Gewerbe-, Handels-und Verkaufs-Schulen. Eine Anleitung für Geschäftsinhaber und Beschäftigte im Schokoladenhandel.

Dortmund 1954.

Rincón, Carlos-in Diego de Landa: Bericht aus Yucatan. Stuttgart 2007.

Riese, Berthold: Die Maya. Geschichte-Kultur-Religion. München 2006 (6. Auflage).

Riese, Berthold-in Ulrich Köhler (Hg.): Altamerikanistik. Eine Einführung in die Hochkulturen Mittel-und Südamerikas. Kultur und Gesellschaft im Maya Gebiet. Berlin 1990.

Roder, Hartmut (Hg.): Schokolade: Geschichte, Geschäft und Genuss. Bremen 2002.

Rodríguez, Guadalupe-in: Regenwaldreport. Regenwald in Mexiko. Nr. 3/ 2009.

Röhrle, Manfred: Über die Aromabildung beim Rösten von Kakao. München 1970.

Roeßiger, Susanne et al.: Hauptsache gesund! Gesundheitsaufklärung zwischen Disziplinierung und Emanzipation. Marburg 1998.

Rohsius, Christina: Die Heterogenität der biologischen Ressource Rohkakao (Theobroma cacao L.). Dissertation. Hamburg 2007.

Rolle, Carl Jürgen: Der Absatz von Schokolade: Unter bes. Berücks. d. Absatzorganisation d. Schokoladenindustrie. O.O. 1955.

Rossfeld, Roman: Schweizer Schokolade: industrielle Produktion und kulturelle Konstruktion einesnationalen Symbols 1860-1920. Baden 2007.

Rüger, Otto: Festschrift zum 25-jährigen Bestehen des Verbandes deutscher Chokolade-Fabrikanten. Dresden 1901.

Rühl, Gerhard: Untersuchungen zu den Ursachen der Kühlungs-und Trocknungsempfindlichkeit von Kakaosamen. Braunschweig 1987.

Sandgruber, Roman und Harry Kühnel (Hg.): Genuss&Kunst. Kaffee, Tee, Schokolade, Tabak, Cola. Innsbruck 1994.

Sandgruber, Roman: Bittersüße Genüsse. Kulturgeschichte der Genussmittel. Wien 1986.

Schafft, Helmut und Heike Itter: Risikobewertung von Cadmium in Schokolade. BfR-Status-seminar.Cadmium-Neue Herausforderungen für die Lebensmittelsicherheit? Bundesinstitut für Risikobewertung. Berlin 2009.

Schantz, Birgit: Zur Wirkung oberflächenaktiver Substanzen in Schokolade auf Verarbeitungs-eigenschaften und Endprodukt. Dresden 2003.

Schiedlausky, Günther: Tee, Kaffee, Schokolade. Ihr Eintritt in die europäische Gesellschaft. München 1961.

Schimmel, Ulrich und Helga: Indianische Genussmittel, Rohstoffe und Farben-Von Konquistadoren entdeckt und von der alten Welt genutzt. Göttingen 2009.

Schivelbusch, Wolfgang: Das Paradies, der Geschmack und die Vernunft. Eine Geschichte der Genussmittel. München 1980.

Schmid, Ulla Karla: Die Tributeinnahmen der Azteken nach dem Codex Mendoza. Frankfurt 1988.

Schmidt-Kallert, Einhard: Zum Beispiel Kakao. Göttingen 1995.

Schreiber, Nicola: Vom Genuss der Schokolade. Warum die süße Verführung uns glücklich macht. Niedernhausen 1999.

Schröder, Rudolf: Kaffee, Tee und Kardamom. Stuttgart 1991.

Schütt, Peter und Ulla M. Lang-in Peter Schütt et al. (Hg.): Bäume der Tropen. Ham burg 2006.

Schulte-Beerbühl, Margot: Faszination Schokolade-Die Geschichte des Kakaos zwischen Luxus, Massenproduktion und Medizin. In: Vierteljahrschrift für Sozial-und Wirtschafts-geschichte, 4/ 2008.

Schwarz, Aljoscha A. und Ronald P. Schweppe: Von der Heilkraft der Schokolade-Genie ßen istgesund. München 1997.

Schwebel, Karl (Hg.): Die Handelsverträge der Hansestädte Lübeck, Bremen und Ham burg mitüberseeischen Staaten im 19. Jahrhundert. Bremen 1962.

Schwebel, Karl: Bremer Kaufleute in den Freihäfen der Karibik. Von den Anfängen des BremerÜberseehandels bis 1815. Bremen 1995.

Seidenspinner, Annett und Kerstin Niemann: Die Akzeptanz von Bio-Produkten: eine Conjoin-Analyse. Marburg 2008.

Seling-Biehusen, Petra: »Coffi, Schokelati, und Potasie«. Kaffee-Handel und Kaffee-Genuss in Bremen. Idstein 2001.

Senftleben, Wolfgang: Die Kakaowirtschaft und Kakaopolitik in Malaysia. Hamburg 1988.

Siegrist, Hannes, Hartmut Kälble und Jürgen Kocka (Hg.): Europäische Konsumgeschichte. Frankfurt am Main 1997.

Sievernich, Michael (Hg.): Der Spiegel des Las Casas. In: Las Casas. Kurzgefasster Bericht von der Verwüstung der Westindischen Länder. Frankfurt am Main 2006.

Spieker, Ira: Ein Dorf und sein Laden. Warenangebot, Konsumgewohnheiten und soziale Beziehungen imländlichen Ostwestfalen um die Jahrhundertwende. Göttingen 1998.

Stadt Frankfurt am Main (Hg.): Der Palmengarten: Tropische Nutzpflanzen. Von Ananas bis Zimt. Frankfurt am Main 1999.

Steffen, Yvonne: Zur Schutzwirkung des Polyphenols (-)-Epicatechin auf Gefäßendothelzellen. Düsseldorf 2008.

Steinbrenner, Larry-in Cameron L. McNeil (Ed.): Chocolate in Mesoamerika. A cultural history of cocoa. Cacao in Greater Nicoya. Ethnohistory and a unique tradition. Gaines ville 2009.

Steinle, Robert Fin: Schokolade-Nahrungsmittel oder Pausenfüller? [Begleitband zur Sonderausstellung »Der Siegszug der Süßen Verführung-Schokolade« im Knauf-Museum Iphhofen]. Dettelbach 2004.

Steinlechner, Joachim: Kaffee, Kakao, Tee-Österreichs Außenhandel mit Kolonialwaren 1918 bis 2004. Wien 2008.

Stiftung Warentest: Milchschokolade zwischen »gut« und »mangelhaft«. 20 Marken im Test. Heft 11. November 2007.

Stiftung Warentest. Dunkler Genuss. Bitterschokoladen. Heft 12. Dezember 2007.

Stollwerck AG (Hg.): Kakao und Schokolade, ihre Gewinnung und ihr Nährwert. Berlin 1929.

Stollwerck, Walter: Der Kakao und die Schokoladenindustrie. Jena 1907.

Streitberger, Claudia: Mauxion Saalfeld. Erfurt 2007.

Strobel, Alexandra und Andrea Hüsser: 100% Schokolade-Portraits ausgewählter Personen und ihreBeziehung zur Schokolade. Luzern 2009.

Struckmeyer, Friedrich K. et al.: Alte Münzautomaten. Bonn 1988.

Stuart, David-in Cameron L. McNeil (Ed.): Chocolate in Mesoamerika. A cultural history of cocoa. The Language of Cocoa. References to cacao on classic Maya drinking vessels. Gainesville 2009.

Suchard-Schokolade GmbH (Hg.): Suchard. Bludenz 1887-1987. Bludenz 1987.

Sweet Global Network: 1/ 2010. Nestlé to sell Fairtraide Kit Kats in UK and Ireland.

Sweet Global Network: 12/ 2009. Kraft Foods erweitert Verpflichtung zum nachhaltigen Kakaoanbau.

Sweet Global Network: 11/ 2009. Wild Cocoa de Amazonas Chocoladen von Hachez.

Sweet Global Network: 5/ 2009. Mars Inc. will nachhaltigen Kakaoanbau fördern.

Sweet Global Network: 4/ 2009. Cadbury will Fairtrade-Zertifikat für die Marke Cadbury Dairy Milk.

Taube, Karl: Aztekische und Maya-Mythen. Stuttgart 1994.

Teufl, Cornelia; Claus, Stefan: Kaffee-Die kleine Schule. Alles was man über Kaffee wissen sollte. München 1998.

Thiele-Dohrmann, Klaus: Europäische Kaffeehauskultur. Düsseldorf 1997.

Thomas, Hugh: Die Eroberung Mexikos. Cortés und Montezuma. Frankfurt 1998.

Tillmann, Michael: Kakaobuttersubstitute in Schokolade: das Kohärenzprinzip wird durch den Kakaogezogen. Bonn 1999.

Tilly, Richard H.: Vom Zollverein zum Industriestaat. Die wirtschaftlich-soziale Entwicklung Deutschlands 1834 bis 1914. München 1990.

Timm, Mareile: Evaluation des Wertstoffpotentials von biogenen Reststoffen der Lebensmittelindustrie: untersucht am Beispiel der Kakao-und Schokoladenproduk tion. Hamburg 2007.

Transfair e.V.: Jahresbericht 2009.

Valdés, Juan Antonio-in Inés de Castro (Hg.): Maya. Könige aus dem Regenwald. Katalog zur Sonderausstellung. Tikal: Imposante Metropole im Regenwald: Die Vasenmalerei der Klassik. Hildesheim 2007 (2. Auflage).

Vargas, Rámon Carrasco, López Verónica A. Vázquez and Martin Simon-in: PNAS. Daily life if the ancient Maya recorded in murals at Calakmul, Mexico. November 2009. Vol. 106. No. 46.

Verein der am Rohkakaohandel beteiligten Firmen e.V.: Geschäftsbericht 2008/ 2009.

Verein der am Rohkakaohandel beteiligten Firmen e.V. (Hg.): Rohkakaohandel in Ham burg 1911-1986. Hamburg 1986.

Vogel-Verlag (Hg.): Magazin 75 Jahre Automaten. Würzburg 1998.

von Anghiera, Peter Martyr: Acht Dekaden über die Neue Welt. Übersetzt, eingeführt und mit Anmerkungen versehen von Hans Klingelhöfer. Bd. 2: Dekade V bis VIII. Darmstadt 1973

Wagner, Elisabeth-in Inés de Castro (Hg.): Maya. Könige aus dem Regenwald. Katalog zur Sonderausstellung. Götter, Schöpfungsmythen und Kosmographie. Hildesheim 2007(2.Auflage).

Weber, Anton: Der Kakao. Eine wirtschaftsgeographische Studie. Würzburg 1927.

Welz, Volker (Hg.): Katalog Email-Reklameschilder. Essen 1991.

Westphal, Wilfried: Die Maya. Volk im Schatten seiner Väter. Bindlach 1991.

Weindl, Andrea: Vertrauen auf internationale Regulierungsmechanismen? Die Stollwerck AG, der internationale Kakaomarkt und die Frage der Sklavenarbeit in den portugiesischen Kolonien, ca. 1905-1910. In: Christian Hillen (Hg.): »Mit Gott«. Zum Verhältnis von Vertrauen und

Wirtschaftsgeschichte. Köln 2007, S. 44-57.

Wild, Michael: Am Beginn der Konsumgesellschaft. Mangelerfahrungen, Lebens haltung, Wohlstandshoffnung in Westdeutschland in den fünfziger Jahren. Hamburg 1995.

Willenbrock, Harald: Urgeschmack. In: Geo 12/2006.

Wirz, Albert: Vom Sklavenhandel zum kolonialen Handel. Wirtschaftsräume und Wirtschaftsformen in Kamerun vor 1914. Zürich 1972.

Wolschon, Miriam: Lustgetränk und Stärkungsmittel-Wie die Medizin der Schokolade zum Durchbruch verhalf. Hamburg 2008.

Wolters, Bruno: Agave bis Zaubernuss. Heilpflanzen der Indianer Nord-und Mittel amerikas. Greifenberg 1996.

Wood, G. A. R. and R. A. Lass: Cocoa. New York 1989.

Young, Allen M.: The chocolate tree. A natural history of Cacao. Florida 2007.

Zeng, Yuantong: Impf-und Scherkristallisation bei Schokoladen. Zürich 2000.

Zipprick, Jörg: Schokolade-Heilmittel für Körper und Seele. Kreuzlingen 2005.

TV 방영물

Mistrati, Miki: Schmutzige Schokolade.
2010년 10월 6일 독일 ARD방송

카카오 관련 링크

www.cocoainitiative.org   www.fairtrade.org   www.gepa.de
www.infozentrum-schoko.de   www.icco.org   www.kakaoverein.de
www.oroverde.de   www.theobroma-cacao.de   www.transfair.org
www.worldcocoafoundation.org

사진 및 그림 출처

출판사는 최선의 노력을 기울여 사진 및 그림의 출처를 확인했으며, 누락된 부분은 추후 조치할 예정이다.

1장 표지 Florian Rink, fotolia
  1-2 wikimedia commons
  3 Ellen Ebenau, fotolia
  4-5 Schokoladenmuseum Köln
  6 Shariff Che"Lah, fotolia
  7 Schokoladenmuseum Köln

2장 표지 leungchopan, fotolia
  1 oben Marc Rigaud, fotolia
  1 unten chudodejkin, fotolia
  2 Elke Mannigel, OroVerde
  3 Matthias Lembke, Cotterell GmbH&Co. KG
  4-11 Schokoladenmuseum Köln

3장 표지 Melanie Dieterle, fotolia
  1 Anne Welsing, GEPA-The Fair Trade Company
  2 Daniel Rosenthal, laif
  3 Anne Welsing, GEPA-The Fair Trade Company
  4 Max Havelaar-Stiftung (Schweiz)

4장 표지 Yao, fotolia
  1 Kennet Havgaard, Max Havelaar Denmark
  2 Schokoladenmuseum Köln
  3 Helmut Stradt
  4-6 Seereederei Baco-Liner GmbH
  7 H.D. Cotterell GmbH&Co. KG
  8 Schokoladenmuseum Köln
  9 Anne Welsing, GEPA-The Fair Trade Company
  10 Herbert Lehmann, zotter Schokoladen Manufaktur GmbH

5장 표지 Ines Swoboda, oekom verlag
  1 Schokoladenmuseum Köln

2 Palmengarten Frankfurt

3 Schokoladenmuseum Köln

4-5 Herbert Lehmann, zotter Schokoladen Manufaktur GmbH

6-8 Schokoladenmuseum Köln

6장 표지 Schokoladenmuseum Köln
1 Alexander Czabaun, 참고문헌 Taube 1994의 내용을 바탕으로 그림
2 Olaf Vortmann
3 Schokoladenmuseum Köln
4-6 Olaf Vortmann
7-8 Schokoladenmuseum Köln
9-10 Zeichnung von Guido Krempel
11-15 Schokoladenmuseum Köln

7장 표지 Info-Zentrum Schokolade
1 Zeichnung von Christoph Weidlitz의 그림
2 Antonio De Solis, wikimedia commons
3 역사 장면 묘사(Historia de Tlaxcala), 참고문헌 William Prescott 2000에서 인용
4 wikimedia commons

8장 표지 rimglow, fotolia
1-8 Schokoladenmuseum Köln

9장 표지 Schokoladenmuseum Köln
1-9 Schokoladenmuseum Köln
10 Ölgemälde von Joseph Karl Stieler, 1828, wikimedia commons
11 Schokoladenmuseum Köln

10장 표지 Kramografie, fotolia
1-16 Schokoladenmuseum Köln

전망을 위한 회고
Einstieg by-studio, Rob Stark; fotolia

부록
카카오의 재배지역과 확산 경로 Alexander Czabaun, Durry&Schiffer 2008을 바탕으로 그림

446

감사의 말

이 책에 수록된 사진과 그림을 제공해준 다음의 기관과 기업에 감사드린다.

GEPA: 공정무역 회사
OroVerde: 열대림재단
Cotterell: 유한회사&Co. 합자회사
Baco-Liner: 해운 유한회사
zotter: 초콜릿 유한회사

그리고 자료를 제공해준 알렉산더 스차바운(Alexander Czabaun), 구이도 크렘펠
(Guido Krempel), 마티아스 렘브케(Matthias Lembke), 헬무트 슈트라트(Helmut
Stradt)와 올라프 포르트만(Olaf Vortmann)에게 감사드린다.

이 책의 출판을 지원해준 것은 물론, 많은 사진 및 그림 자료의 이용을 허락해준 쾰른
초콜릿박물관에도 감사드린다.

안드레아 더리&토마스 쉬퍼

역사를 바꾼 물질 이야기 5
신들의 양식, 인간의 욕망

카카오

펴낸날 2014년 8월 11일 초판 1쇄

지은이 안드레아 더리, 토마스 쉬퍼
옮긴이 조규희

펴낸이 조영권
책임편집 노인향
꾸민이 김보형

펴낸곳 자연과생태
주소 서울 마포구 신수로 25-32, 101(구수동)
전화 (02) 701-7345-6 **팩스** (02) 701-7347
홈페이지 www.econature.co.kr
등록 제2007-000217호

ISBN 978-89-97429-42-4 03900